Mosaik

Bildatlas der Haus- und Hoftiere

J. Hintnaus

Mosaik Verlag

Mitarbeiter

Texte: Jaroslav Hintnaus
Deutsche Übersetzung: Jürgen Ostmeyer
Zeichnungen: Alena Čepická, Libuše und Jaromír Knotek,
Jan Maget, Marie Preclíková

Der Mosaik Verlag ist ein Unternehmen der Verlagsgruppe Bertelsmann

Graphische Gestaltung: Pavel Helísek
Schutzumschlaggestaltung: Mascha Blömer
Redaktion der deutschen Ausgabe: Dr. Ernö Zeltner

Satz: Filmsatz Schröter GmbH, München
3/13/13/52 – 01
ISBN 3-570-05985-5

Inhalt

Tierdomestikation aus historischer Sicht

Die Anfänge der Tierhaltung fallen in eine Zeit, in der der Mensch immer häufiger und für immer längere Perioden von seiner wandernden Lebensweise (Nomadisieren) abkam, also ins 12.–11. Jahrtausend v. Chr. Die seßhafte Lebensweise schuf zwar erste Voraussetzungen für die Haltung von Tieren in der Gefangenschaft, doch kamen die Bedingungen für die Domestikation nur sehr langsam zustande, und auch deren Verlauf vollzog sich ganz allmählich. Die Stammesgeschichte der wildlebenden Tiere war zu lang und die Wandlung zum Haustier zu kompliziert, als daß plötzlich im Verlauf einiger weniger Generationen die Tiere ihr Verhalten sowie Aussehen und der Mensch seine Denkweise hätten ändern können. Aus diesem Grund sind die Haustiere in der Menschheitsgeschichte erst so spät aufgetreten, darum hat der Domestikationsprozeß so lange gedauert. Praktisch spielt er sich immer noch ab, sowohl in der Domestizierung neuer Tierarten als auch in der sich umstrukturierenden Nutzung von längst domestizierten Tieren.

Anfänglich hat sich der Mensch Tiere durch den Fang von wildlebenden Individuen beschafft. Die eingefangenen Tiere, unter denen sich auch junge und trächtige Weibchen befanden, hielt er zunächst auf eingefriedeten Plätzen, bis sie ihm nach einiger Zeit als Nahrung, gegebenenfalls auch als Kultopfer dienten.

Diese wenn auch kurze Gefangenschaft war wichtig, um das Tier und seine Bedürfnisse kennenzulernen. Nach und nach gewann der Mensch Erfahrungen, die ihm halfen, die Bedürfnisse der Tiere besser zu befriedigen und so die Zeit zwischen Einfangen und Töten zu verlängern. Mit dem länger werdenden Aufenthalt in der Gefangenschaft änderten auch manche Tiere ihr Verhalten. Allmählich gewöhnten sie sich an die Anwesenheit des Menschen, legten ihre

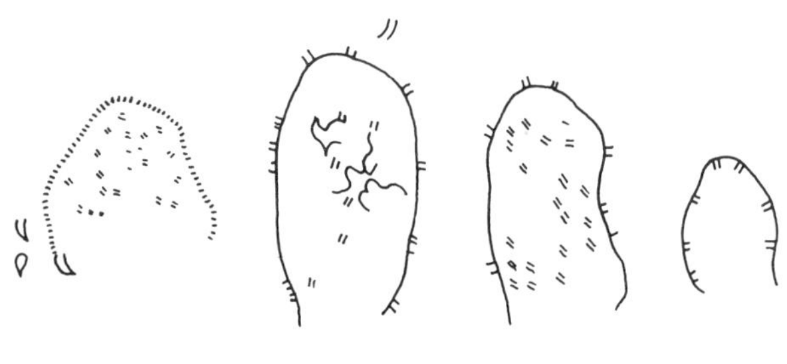

Die Felszeichnung aus La Pileta, Spanien, stellt eine von den Jägern errichtete Einzäunung mit Hufspuren und angedeuteten Ziegen dar.

Aggressivität ihm gegenüber ab und ließen sich mehr oder weniger manipulieren – sie wurden zahm. Die Zähmung erwachsener Tiere lief zwar meist auf einen Mißerfolg hinaus, aber das Zähmen eingefangener Jungtiere und vor allem der in Gefangenschaft geborenen Jungen war viel erfolgreicher. Deren Zahmheit nahm mit der Zeit zu und beinflußte auch andere Individuen günstig.

Das Leben oder, besser gesagt, das Überleben in der Gefangenschaft schlug sich bei den Tieren nicht nur im Wandel der psychischen Eigenschaften, sondern auch in physischen Veränderungen nieder. Die primitiven Bedingungen der Tierhaltung einschließlich der unzureichenden Ernährung (die Beschaffung von genügend geeignetem Futter war für den damaligen Menschen recht schwierig) hatten zur Folge, daß die gefangenen Tiere abmagerten, in ihrer Entwicklung zurückblieben und sich nicht vermehrten. Erst nach der Anpassung an die neuen Lebensbedingungen nahm die Fortpflanzungsfähigkeit wieder zu, so daß die Zahl der geborenen und aufgezogenen Jungen wieder anstieg. Die psychisch und physisch gleichermaßen veränderten Tiere unterschieden sich merklich von ihren wildlebenden Artgenossen. Sie sahen ein wenig anders aus, ließen sich leichter beherrschen und folglich auch vielseitiger und rationeller nutzen. Infolgedessen kam es zwischen Mensch und gezähmtem Tier zu enger gegenseitiger Bindung und zu einem qualitativen Wandel ihrer Beziehungen. Zu dieser Zeit, etwa im 10. Jahrtausend v. Chr., kann man also von den Anfängen der Domestikation sprechen.

Die Zähmung der Tiere zu Haustieren gehört zu den erfolgreichsten und wichtigsten Leistungen in der Geschichte der Menschheit. Darwin hielt die Domestikation für ein großartiges, mit dem Evolutionsprozeß in der Natur vergleichbares Experiment. Das Einzigartige daran war, daß alle körperlichen und funktionellen Wandlungen der Tiere das Ergebnis des aktiven menschlichen Einflusses waren. Darin unterscheiden sich diese grundsätzlich von den sporadischen und spontanen Veränderungen, wie sie bei wildlebenden Tieren auftreten.

Als Haustiere gelten solche Tiere, die aus wilden Stammformen zur unmittelbaren Nutzung durch die ganze Gesellschaft erzüchtet worden sind und Eigenschaften besitzen, die wichtig für menschliche Aktivitäten waren: Wirtschaft, Verteidigung, Verkehr, Kommunikation, Kriegswesen, später auch für Sport,

Wissenschaft und Hobbys. Haustiere sind mit ihrer ganzen Existenz vom Menschen abhängig, sie leben in seiner Nähe, werden zum großen Teil von ihm ernährt, systematisch veredelt, sie vermehren sich unter seiner Leitung und unterliegen seiner Zuchtwahl. Sie haben auch einige charakteristische Merkmale und Verhaltensweisen, die sie prinzipiell von den wilden Tieren unterscheiden. Am auffälligsten sind die Änderungen des Äußeren. Haustiere haben im Erwachsenenstadium veränderte Körperproportionen, manchmal mit erhaltenen Jugendmerkmalen, eine makro- und mikroskopisch veränderte Körperdecke (Haare, Federn) in vielfältiger Färbung. Auch ihre morphologischen und physiologischen Eigenschaften sind weitaus variabler als die der wilden Tiere. Haustiere haben ein kleineres Gehirn (bei einigen Formen sogar um 30%). Durch die Domestikation haben meist auch die Sinne ihre Schärfe eingebüßt, denn der Aufenthalt von vielen Tiergenerationen in relativer Sicherheit hat sie abstumpfen lassen. Was sich aber gegenüber den wildlebenden Artgenossen beträchtlich vergrößert hat, ist der Umfang der Verdauungsorgane, gleichzeitig ist auch ihre Fruchtbarkeit gestiegen. Das Auffälligste am Verhalten der Haustiere ist ihre abgelegte Menschenscheu.

Die Bedeutung der domestizierten Tiere für den Menschen ist nicht die gleiche. Einige Tiere werden normalerweise unter dem Begriff Wirtschaftstiere zusammengefaßt, sie gewähren dem Menschen seinen materiellen Nutzen in Form von Nahrung, Industrierohstoffen (Rinder, Schafe), Arbeitskraft (Esel) und werden zu diesem Zweck systematisch veredelt. Andere hält der Mensch nur zum Vergnügen (Katze) oder für sportliche Zwecke (Reitpferde, Windhunde), einige berühren beide Sphären (Pferde, Tauben). Zu den Haustieren im weiteren Sinne gehören auch Laboratoriumstiere, die primär für wissenschaftliche Zwecke gezüchtet und gehalten werden (Ratten und Mäuse), doch können praktisch alle Haustiere als Versuchstiere verwendet werden.

Der Begriff Haustier umfaßt also eine verhältnismäßig reiche Gruppe von Lebewesen, die unterschiedlich stark an den Menschen gebunden sind, von ihm beeinflußt werden und auf vielerlei Weise in allen möglichen Bereichen menschlicher Tätigkeit auftreten. Es bleibt die Frage, ob man zu den Haustieren auch einige unter künstlichen Bedingungen gehaltenen Fische zählen kann (Karpfen, Aquarienfische). Zwar wurden sie veredelt und unterscheiden sich von den wilden Stammformen, doch fehlen ihnen einige Merkmale der Haustiere – so hat sich z. B. ihr Verhalten dem Menschen gegenüber nicht verändert.

Haustiere kann man nicht als zoologisch definierte Arten betrachten, darin sind sich die meisten heutigen Wissenschaftler einig. Haustiere haben sich nicht durch natürliche Entwicklung herausgebildet und können daher nicht mit den stammesgeschichtlich entstandenen Arten auf eine Ebene gestellt werden. Da sie aber ins Tierreich gehören, müssen sie notwendigerweise wissenschaftlich benannt werden. Heute geht man dabei von einer wildlebenden Stammform aus, die in einer Reihe von Fällen als bekannt gilt. Die Bezeichnung des Haustieres wird dann an den Namen der Wildform-Art angehängt, keineswegs jedoch als Unterart, sondern als Form (abgekürzt f.) oder Varietät (var.).

Der Domestikationsprozeß ist nicht in gleichmäßigem Tempo vor sich gegangen. In der Anfangsphase geschah alles sehr langsam, doch mit zunehmendem Erfolg in der Tierhaltung und mit wachsenden Erkenntnissen über Bedürfnisse und Biologie der Tiere verlief er immer rascher. Nicht nur die Zahl der domestizierten Tierformen nahm zu, sondern auch die Zahl der an einem Ort gehaltenen Tiere. Ihre Konzentration stieg bis in die Gegenwart unablässig an und hat in der industriellen Großzucht ihre bislang höchste Stufe erreicht. Die neuesten Erkenntnisse in der Zoologie und der modernen Technik werden ständig ausgewertet, und die Intensität der Domestikation nimmt weiterhin zu.

Die anatomischen und funktionellen Wandlungen der gezähmten Tierarten entsprachen dem langsamen Tempo der Domestizierung und waren auch nicht besonders markant. Große und häufig grundlegende Änderungen sind bei den meisten Haustieren erst in den letzten hundert bis dreihundert Jahren eingetreten. Verglichen mit den anfänglich nicht besonders veredelten Rassen werden nun solche mit deutlich unterschiedenem anatomischem Bau und unterschiedlicher Nutzung gezüchtet. Die Ursache liegt darin, daß der Mensch mit seinen steigenden Ansprüchen in die Entwicklung der Tiere eingegriffen hat und in der Zucht nur Individuen mit erwünschten Eigenschaften hält und vermehrt, während er die übrigen nach und nach ausgemerzt hat.

Die Domestikation wildlebender Tiere begann an verschiedenen Stellen auf der Erde, das heißt, es wurden die verschiedensten geographischen Rassen (Unterarten) ein und derselben Tierart domestiziert, und zwar gleichzeitig oder mit einer gewissen zeitlichen Verschiebung. Eine und dieselbe Art wurde auch nach einem vorausgegangenen Mißerfolg im gleichen Domestikationszentrum wiederholt zum Haustier gemacht.

Anfänglich war der Mensch nicht in der Lage, mehrere Tierarten auf einmal zu zähmen. Erst nachdem er wenigstens teilweise die Probleme einer Art in den Griff bekommen hatte, ging er versuchsweise an die Domestikation weiterer Arten. Das waren nicht nur die, deren domestizierte Formen wir heute kennen. Begreiflicherweise setzte die Domestikation bei den kleinen Herdentieren ein, also bei Schafen und Ziegen, und man ging nach der Methode von Erfolg und Irrtum vor. Manche Tierarten eigneten sich überhaupt nicht, bei anderen wurde von einer weiteren Domestikation abgelassen, da die bereits domestizierten Tiere von anderen, leistungsfähigeren Arten abgelöst wurden. Einige Tiere sind in der Gegenwart sowohl wildlebend aus der freien Natur bekannt (Wildgans, Wolf) als auch domestiziert in den verschiedenen Rassen (Hausgans, Hund), andere wieder haben nur in domestizierter Gestalt überlebt (Rinder und praktisch auch Pferde, denn das Przewalski-Pferd wird nur noch in einigen zoologischen Gärten gehalten).

Eine der wichtigsten Voraussetzungen für eine erfolgreiche Domestikation ist die Soziabilität der Tiere, das heißt ihre Fähigkeit, in größeren Gesellschaften zu leben. Aus diesem Grund sind ausgesprochene Einzelgänger unter den Tieren (z. B. Bären) nie zu Haustieren geworden, erfolgreicher waren Versuche mit Herdentieren. Die Soziabilität ist unerläßlich für die Unterwerfung unter den menschlichen Willen. Nicht weniger wichtig ist andererseits die Fähigkeit des Menschen, Tiere zu domestizieren, und die ist bei den verschiedenen menschlichen Rassen und ethnischen Gruppen recht ungleich entwickelt.

Bei der Zähmung begannen die Menschen natürlich mit den am jeweiligen Ort wildlebenden Tieren. Diese geographisch (klimatisch, nahrungsmäßig) gebundene Domestikation verhinderte eine größere Verbreitung der bereits domestizierten Tiere in andere Regionen. Daher ist z. B. das Yak in den tieferen Lagen des asiatischen Kontinents nicht heimisch geworden, das europäische Rind nicht in Nordafrika usw. Trotzdem kam es unter bestimmten Bedingungen zu Verschiebungen bereits domestizierter Tiere über relativ große Entfernungen. So wurde die Domestikation in Gebieten, wo sie noch nicht eingesetzt hatte oder erst in ihren Anfängen steckte, angeregt, und darüber hinaus fing man an, schon domestizierte Tiere miteinander zu kreuzen.

Intensität und Tempo der Domestikation wurden auch von der Ernährungsweise des Menschen in den einzelnen Regionen beeinflußt. So ist sie z. B. in Südamerika, wo die pflanzliche Komponente in der Ernährung überwog, langsamer vonstatten gegangen als in Europa oder Asien, wo der Anteil der tierischen Nahrung viel größer war.

Die wichtigsten Haustiere befinden sich unter den Säugern, daher überwiegen auch in der Gegenwart die Bemühungen um die Veredelung ausgewählter Säugetiergruppen (Rinder, Schafe). Weitere wichtige Haustiere gehören zu den Vögeln. Amphibien und Reptilien wurden gar nicht domestiziert. Der Mensch hält auch einige Fischarten sowie Insektenarten wie Bienen und Seidenspinner *(Bombyx mori)*.

Hausziege

(Capra aegagrus f. *hircus)*

Das älteste domestizierte Tier war mit größter Wahrscheinlichkeit die Ziege. Archäologischen Funden zufolge war sie schon gegen Ende des 10. Jahrtausends v. Chr. auf dem Gebiet des heutigen Irans zum Haustier gemacht worden. Bis zum Ende des 6. Jahrtausends ist sie von dort bis ins Gebiet der heutigen Karpaten gelangt und wurde nach einem knappen Jahrtausend auch in Mitteleuropa gehalten.

Der Ursprung der Hausziege ist immer noch nicht eindeutig geklärt. Die Anhänger einer monophyletischen Abstammung (Abstammung aus einer einzigen Urform) geben als ihren Urahnen die Bezoarziege *(Capra aegagrus)* an. Sie führen als Beweis das Vorkommen der Bezoarziege in den Gebirgen Kleinasiens, des Westirans, Kretas und Zyperns an, wo die Ziege erstmalig domestiziert worden ist, und deren Fähigkeit, sich mit Hausziegen zu kreuzen. Andere Forscher halten die Bezoarziege nur für die Stammform der Kurzhaarziegen mit säbelförmigen Hörnern. Den Ziegen mit schraubenförmig einwärts gedrehten Hörnern schreiben sie als Stammform die mittelasiatische Marchur (Schraubziege – *Capra falconeri*) zu. Die Ziegen mit schraubenförmig auswärts gedrehten Hörnern haben die bereits ausgestorbene *Capra prisca* als Stammform.

Die ersten Domestikationserfolge mit Tieren wurden im östlichen Mittelmeerraum und Westiran erzielt, weil hier außerordentlich günstige Bedingungen für eine primitive Landwirtschaft herrschten – hier wuchs wildes Getreide, das angebaut werden konnte.

Die Ziege war wohl deshalb das erste domestizierte Tier, weil sie erstens genügsam in ihren Ansprüchen war und zweitens infolge ihres recht hoch entwickelten Herdeninstinkts in der Lage war, auch mit dem Menschen zusammenzuleben, der ja zu dieser Zeit noch keinerlei Erfahrungen mit der langfristigen Gefangenschaft von Tieren besaß.

Anfänglich wurden Ziegen nur wegen des Fleisches gehalten, doch bald wurden sie auch zum Milchlieferanten. Die Ziegenlämmer wurden bald nach der Geburt geschlachtet und die Muttertiere dann weitergemolken. Dieser Trend hat sich über lange Zeiträume erhalten; dort, wo die Landwirtschaft auf einer niederen Stufe verblieben ist, dauert er immer noch an. In ärmlichen Gegenden werden Ziegen immer noch als Zugtiere benutzt. Im Mittleren Osten wurde Ziegenmist getrocknet und als Heizmaterial verwendet. Dreitausend Jahre v. Chr. war Ziegenhaar in Vorderasien ein wichtiger Rohstoff, aus dem schon damals Stoffe hergestellt wurden.

Gegenwärtig ist unter den europäischen Bedingungen das Leder von Ziegenlämmern und -muttertieren ein unersetzlicher Rohstoff zur Herstellung hochfeiner Kürschner- und Lederwaren, besonders von Handschuhen. Die in trockenen, warmen Regionen lebenden Rassen mit dichter Unterwolle liefern sehr gute, zur Pelzherstellung verwendete Felle. Auch heute, wo der Textilindustrie die verschiedensten synthetischen Gewebe zur Verfügung stehen, dient Ziegenhaar zur Anfertigung von groben Tuchen, Filzen, Teppichgarnen und anderen Produkten. Ziegenhaar wird auch mit Schafwolle oder Kunstseide gemischt. Auf dem Speisezettel vieler Völker hat auch die Ziegenmilch immer noch eine wichtige Stellung. Ihr hoher Nährwert besteht darin, daß ihr Milcheiweiß im Unterschied zur Kuhmilch im Magen zu kleinen, leicht verdaulichen Flöckchen gerinnt und ihr Fett in kleinen Tropfen verteilt ist, die leicht mit dem Gallensaft emulgieren und somit leicht aufgenommen werden. Aus Ziegenmilch wird auch Butter gemacht, die allerdings weniger fest ist als Butter aus Kuhmilch und bei gleichem Gewicht ein um 20% größeres Volumen hat. Mitunter wird aus Ziegenmilch auch Käse hergestellt. Kleintierhalter verwenden Ziegenmilch auch gern bei der Ferkelaufzucht und Geflügelhaltung.

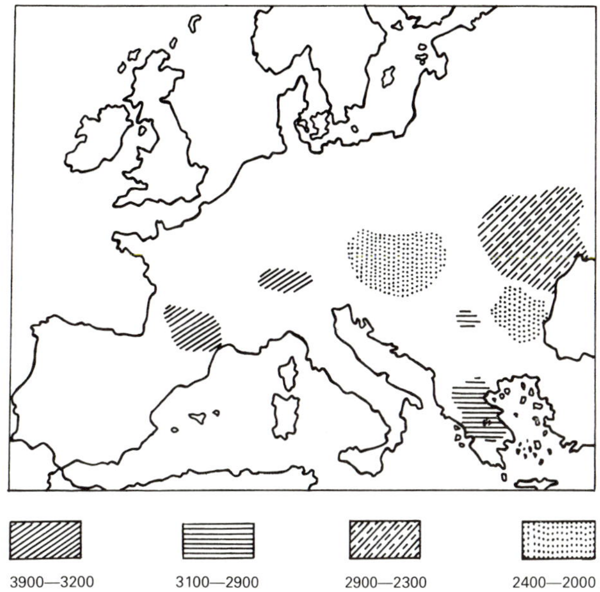

Gebiete mit Ziegen- und Schweinezuchtkulturen in Europa von 3900 bis 2000 v. Chr.

In einer modernen hochentwickelten Landwirtschaft ist die Ziegenhaltung größtenteils eine Angelegenheit der Kleinzüchter, die als Weide die Vegetation auf Steilhängen, Böschungen, Dämmen, an buschigen Standorten usw. nutzen können, also auf Flächen, die sogar für Schafe schwer zugänglich sind. Unter solchen Bedingungen ist die Ziegenhaltung viel rentabler als die Haltung anderer Wirtschaftstiere, zumal Ziegen auch anspruchslos bezüglich der Einstallung sind. Für den Kleinlandwirt wird die Ziege auch bei der Erhaltung der Bodenfruchtbarkeit zum guten Helfer, denn Ziegenmist hat dank seines Stickstoffgehalts eine 5mal höhere Düngewirkung als Rindermist und eine 4mal höhere als Pferdemist. Während einer Stallsaison gewinnt man von einer Ziege bei guter Einstreuung annähernd 350–500 kg Mist.

Das übliche Klassifizierungsmerkmal für Ziegenrassen ist die Haarlänge. Unter den europäischen Bedingungen konzentriert sich gegenwärtig die Zucht auf die Haltung von Kurzhaarziegen. Auf den Mittelmeerinseln, in Nordafrika und vor allem in Kleinasien werden dagegen Langhaarziegen gehalten. In Europa zielt die Ziegenhaltung nicht auf eine einzige Nutzrichtung ab, von den Ziegen wird eine kombinierte Nutzung erwartet, d. h. vor allem Milch und Fleisch, aber auch Leder.

Hausschaf

(Ovis musimon f. *aries)*

Annähernd tausend Jahre nach der Ziege wurde das Schaf domestiziert, und zwar gleichfalls in den Südwestgebieten des Irans. Im Laufe von weiteren zwei Jahrtausenden sind die Schafe nach Südosteuropa vorgedrungen und im 6. Jahrtausend v. Chr. erschienen sie auch in Frankreich, von wo aus sie sich dann im Laufe des 4. Jahrtausends nach England weiterverbreitet haben.

Die Abstammung des Schafs ist immer noch ein zoologisches Rätsel, genau wie der Ursprung von Ziege und Pferd. Vor allem ist bisher nicht geklärt, ob alle eurasischen Schafe zu einer einzigen Art gehören. Manche Fachleute sind der Ansicht, daß mögliche Stammformen der Hausschafe die Argali *(Ovis ammon)*, Rundhornschafe *(Ovis orientalis)* und Mufflons *(Ovis musimon)* sind, doch neigen die meisten dazu, die Entstehung des Hausschafs aus dem Mufflon (was auch aus dem wissenschaftlichen Namen hervorgeht), und zwar aus einer ausgestorbenen kleinasiatischen Unterart, anzunehmen. Diese Ansicht wird noch von der Tatsache gestützt, daß alle Schafe von Korsika bis in den Iran die gleiche Chromosomenzahl wie das Mufflon aufweisen (54). Die Chromosomenzahl von *O. orientalis* (58) und *O. ammon* (56) weicht davon ab.

Das Schaf wurde ähnlich wie die Ziege zur Gewinnung von Fleisch, Milch, Fell und Mist genutzt. Lediglich als Zugtier ist das Schaf nie verwendet worden. Dafür wurde aber, anders als bei der Ziege, die Nutzung seines Haars zur höchsten Vollendung gebracht. Archäologische Funde aus Ägypten und Libyen bringen die erste Kunde davon, daß bereits im 6. Jahrtausend v. Chr. Schafe zur Wollgewinnung gehalten wurden. In Mesopotamien gab es gleichfalls eine hochentwickelte Schafzucht.

In einer Tempelwirtschaft aus der Zeit vor dem 3. Jahrtausend v. Chr. wurden dort rund eine halbe Million Wollschafe gehalten. In der Gegenwart ist die Nutzungsweise des Schafs die gleiche wie in diesen längst vergangenen Zeiten, nur wird sie wesentlich intensiver betrieben. In Gegenden, deren Bedingungen für die Landwirtschaft ungünstig sind, bzw. in solchen mit rückständiger Landwirtschaft, hat sie sich jedoch gar nicht von der Wirtschaftsweise der vergangenen Zeiten entfernt und sich auch nicht weiterentwickeln können, da gerade dort nur primitive Schafrassen gehalten werden (z. B. Shetlandschafe).

Die Mehrzahl der heutigen Schafrassen bietet eine kombinierte Nutzung. Sie werden also wegen Wolle und Fleisch, Wolle und Milch, Fleisch und Wolle usw. gehalten. Das heißt, die Schafe weisen zwei Nutzrichtungen auf, von denen aber stets eine die bedeutendere ist. Es existieren aber auch Rassen mit Dreifachnutzung (sie liefern Fleisch, Milch und Wolle), z. B. das Balbasschaf. Bei einigen Rassen wiederum ist jeweils eine der Nutzrichtungen besonders in den Vordergrund getreten: es gibt Fleischrassen (Hissarschaf), Wollschafe (Merino), Milchschafe (Ostfriesenschaf), Fellschafe (Romanowschaf) und Pelzschafe (Karakulschaf).

Das Schaffleisch, insbesondere das Lammfleisch, nimmt heute in der bewußten Ernährung eine führende Stellung ein. Lammfleisch gilt als Diätkost. Sein Gehalt an unentbehrlichen Eiweißstoffen kommt dem Schweinefleisch nahe, ist allerdings geringer als beim Rindfleisch. Schafdärme dienen als Pellen für feinste Würstchen.

Schafsmilch hat einen doppelt so hohen Nährwert wie Kuhmilch, einen etwa doppelten Gehalt an Eiweiß, Milchfett und Milchzucker; der Eisengehalt beträgt sogar das Dreifache. Daher haben Käse und andere Schafsmilchprodukte einen so hohen Nährwert, darüber hinaus noch einen hervorragenden Geschmack.

Das wertvollste Produkt des Schafs ist bis auf den heutigen Tag sein Haar – die Wolle. Sie hat im Unterschied zum Fellhaar anderer Tiere einen unterschiedlichen Bau.

Schafwolle besteht aus mehreren Haararten. Grannenhaare sind grob, relativ stark (50–150 μm), mit einem Markkanal im Inneren, der die Hälfte bis zwei Drittel der Haarstärke einnimmt. Sie erreichen im Jahr eine Länge von 30–35 cm. Die Unter- oder Wollhaare sind dünner (10–13 μm) und haben keinen Markkanal, im Jahr wachsen sie 5–12 cm in die Länge. Die Deckhaare haben ein dünnes oder über die ganze Länge unterbrochenes Markkanälchen. Ihre Stärke bewegt sich zwischen 30 und 50 μm, in einem Jahr werden sie 12–15 cm lang. Die sog. Stichelhaare haben ein dickes Mark (200 μm), sind konisch und nur 5–6 cm lang.

Die den größten Teil des Haarkleides beim Schaf bildende Wolle heißt Vlies. Dessen Grundfarbe ändert sich je nach Hygieneverhältnissen, Staubanteilen, Sauerstoff und anderen Gasen in der Atmosphäre. Die Vliesqualität hängt vom mengenmäßigen Anteil der einzelnen Haararten ab, von Kräuselung,

Verbindung, Feinheit und Ausgeglichenheit des Haarkleides. Je mehr Wollhaar, desto wertvoller die Wolle. Wollhaare ohne Grannenhaare bilden die sog. echte Wolle oder Unterwolle, die am wertvollsten ist. Sie erscheint bei den am weitesten veredelten Wollschafrassen, wie z. B. bei den Merino-, Hampshire-, Texel- oder Cheviotschafen. Bei den übrigen Schafen unterscheidet sich der Anteil von Grannen-, Deck- und Unterhaar je nach Veredelungsgrad der Rasse. Bei primitiven Schafrassen (z. B. bei den Shetlandschafen) besteht die Wolle fast nur aus Grannenhaar und einem schütteren Unterhaar. Im Frühjahr haart die Wolle dieser Schafe, was bei den höher gezüchteten Schafrassen nicht vorkommt. Die Haare derselben Art bilden Strähnen, die sich zu Stäpelchen und bei einigen Rassen noch zu Stapeln häufen. Die einzelnen Strähnen, Stäpelchen und Stapel sind durch querwachsende Haare (Bindehaare) untereinander verbunden, die zusammen mit Wollfett und mit verschiedenem an den Haaren haftendem Schmutz dem Vlies die Kohäsion verleihen. So kann das Vlies nach der Schur nicht zerfallen.

Das charakteristische Aussehen des Vlieses wird vor allem von der Ausbildung der Stäpelchen beeinflußt. Zylindrische Stäpelchen haben an der Haut, d. h. als innerer Stapel, den gleichen Durchmesser wie an der Vliesoberfläche, d. h. als äußerer Stapel. Sie sind so dicht aneinandergedrängt, daß die Grenzen zwischen den einzelnen Stäpelchen an der Vliesoberfläche nicht mehr auszumachen sind; die Vliesoberfläche sieht wie ein Blumenkohl aus. Ein so strukturiertes Vlies wird als geschlossen bezeichnet. Die auch von der Feinheit der Haare bedingte hohe Dichte des geschlossenen Vlieses bewirkt, daß der Schmutz nicht bis in die Tiefe vordringen kann, so daß nur das obere Fünftel der Stapellänge verunreinigt ist. So einen Vliestyp besitzen die Merinoschafe.

Bei mittelfeinen und mittelgroben Wollen haben die Stäpelchen Kegelform. Aussehen, Höhe und Breite dieser Kegel hängen von Haarlänge, Kräuselung und Feinheit ab. Kegelförmige Stäpelchen haben einen weniger vollkommenen Zusammenhalt als die zylindrischen im geschlossenen Vlies, daher heißt das Vlies halbgeschlossen; es kommt z. B. bei den Hampshire- und Ostfriesenschafen vor. Halbgeschlossene Vliese bildende Wollen sehen bei den verschiedenen Schafrassen unterschiedlich aus und haben auch unterschiedliche technologische Eigenschaften. In dieser Hinsicht sind zwei Wollarten am wichtigsten: Lister- und Kreppwollen.

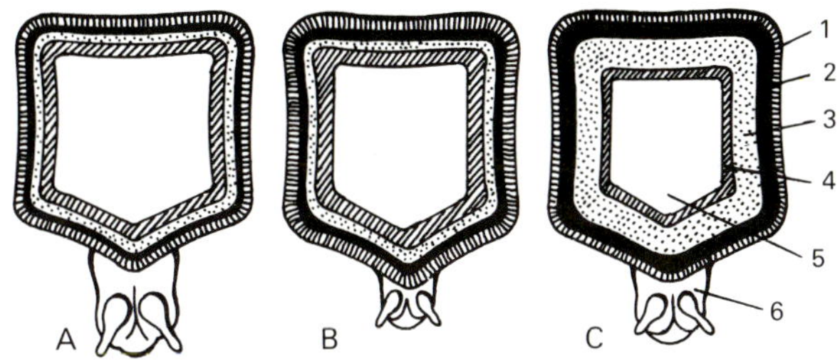

Schematischer Querschnitt durch den Körper eines Milch- (A), Woll- (B) und Fleischschafs (C): 1 Haut, 2 Fettschicht, 3 Muskelschicht, 4 Skelett, 5 Körperhöhle mit den Verdauungsorganen, 6 Euter

Erstere haben einen hohen Glanz, ihre Stäpelchen sind strähnig-herabhängend und scheiteln sich auf dem Schafrücken. Ihre Faserlänge erreicht 25–30 cm. Diese Wolle liefern Schafe der Rassen Leicester, Lincoln, Border-Leicester. Kreppwolle (Cheviot-, Demi-Listerwolle) besteht aus unregelmäßig liegendem Haar, so daß die Stäpelchen gekrümmt und verflochten sind – sie neigen zur Verfilzung. Die Wolle hat einen matten Glanz, rauhen Griff, ist jedoch feiner als Listerwolle, sehr fest und wärmend. Ein typisches Zeichen für diesen Wolltyp ist die unregelmäßige Scheitelung beim Auseinanderstreichen des Fells. Die Fasern sind kürzer als bei der Listerwolle: 8–15 cm. Diese Wolle haben z. B. die Rassen Hampshire und Cheviot.

Gewichts- und Mengenunterschiede des geschlossenen Vlieses rühren von der Wolldichte und -länge her. Die gewonnene Wollmenge ist um so größer, je länger und dichter die Wolle ist. Im Hinblick auf die Anforderungen der Textilindustrie hat die Wolle eine Reihe von unersetzlichen Eigenschaften. Zwar sind die heutigen Stoffe aus Kunstfasern z. B. chemikalienfester als Wollstoffe, häufig auch billiger herzustellen, doch halten sie in einer Reihe von weiteren Eigenschaften keinen Vergleich mit der Wolle aus. Bisher ist noch nicht die Herstellung einer Faser gelungen, die bei ähnlicher Feinheit so zug-, knick- und scheuerfest, elastisch, fein im Griff, glänzend und verfilzungsfähig, wärmeisolierend, kräuselfähig, feuchtigkeitsanziehend und gleichzeitig wasserabstoßend wäre wie die Schafwollfaser.

Die physikalisch-chemischen Eigenschaften rühren vom Fettschweiß her. Das ist ein Ausscheidungsgemisch aus den Talgdrüsen (sog. Wollfett) und Schweißdrüsen des Schafs. Der Fettschweiß schützt die Wolle vor ungünstigen Witterungseinwirkungen und Mikroorganismen. Er hält die einzelnen Wollhaare dicht beieinander, so daß sie Stapel bilden und keinen Staub ins Vliesinnere hindurchlassen. Es handelt sich dabei um eine sehr komplizierte chemische Mischung aus Fetten, Seifen, höheren Alkoholen, Säuren usw. Bei der Wäsche gewinnt man Fettschweiß, der 44% Kaliumcarbonat enthält, das zur Herstellung von Pottasche dient. Neben weiteren Stoffen werden aus dem Fettschweiß auch 2–3% reines Lanolin gewonnen, das viel in Kosmetik und Pharmazeutik verwendet wird. Bei unsachgemäß gelagerter Wolle kann das Lanolin zur Selbstentzündung führen, da es leicht oxidiert.

Ein weiterer stark gefragter und immer noch geschätzter, von den Schafen gelieferter Rohstoff sind Felle, d. h. mitsamt den Haaren abgezogene Schafhäute. Durch Gerben wird daraus ein Halbfabrikat, das Pelzwerk, gewonnen, das dann weiterverarbeitet wird. Das Leder wird als Riemen bezeichnet; es wird verschieden gefärbt und aufbereitet. Die Verwendung des Pelzwerks hängt von der Feinheit und Länge der Fasern sowie von der Lederstärke ab. Felle mit hochfeiner Wolle und einer durchschnittlichen Lederstärke von 0,75 mm lassen sich nur für Galanteriewaren verwenden. Zur Herstellung von Mantelfutter werden Felle mit feiner Wolle und einer Lederstärke von 0,85 mm verwendet, aber auch mit mittelfeiner Wolle und einer Lederstärke von ca. 1 mm. Das Haar wird auf eine Faserlänge von ca. 0,5 cm geschoren, Pelzwerk mit über 1 mm starkem Leder eignet sich für Schafpelze. Nicht jede Rasse liefert ein für Pelze gleichermaßen geeignetes Fell. Das wertvollste Pelzwerk liefern Schafe mit feiner und mittelfeiner Wolle. Besser als Pelze von erwachsenen Schafen sind Lammpelze; die allerbesten Lammfelle liefert das berühmte Karakulschaf. Die von ungeborenen oder kaum haarbedeckten neugeborenen Lämmern gewonnenen Felle heißen Schmaschen. Werden Lämmer bis zum 5. Tag nach der Geburt getötet, erhält man das Persianer genannte allerfeinste Rauchwerk. Bei älteren Lämmern strecken sich mit dem Wachstum der Wolle bereits die anliegenden Haarwülstchen, und dieser Persianer ist von weitaus geringerem Wert.

Haushund

(Canis lupus f. *familiaris)*

Der Ursprung keines anderen Haustieres hat zu so viel Streit Anlaß gegeben wie der des Haushundes. Alles spricht dafür, daß die Urahnen der heutigen Hunde verschiedene Unterarten des Wolfs *(Canis lupus)* waren, denn von den übrigen hundeartigen Raubtieren hat sich keines domestizieren lassen. Allerdings ist es nicht ausgeschlossen, daß sich andere Raubtiere der Gattung *Canis*, z. B. der Schakal *(Canis aureus)*, fruchtbar mit dem gezähmten Wolf gekreuzt haben, da zwischen einigen von ihnen keine genetischen Barrieren bestehen.

Die Domestikation des Hundes setzte unmittelbar nach der von Ziege und Schaf ein, wenn nicht sogar gleichzeitig. Darauf verweist auch das Gebiet mit den ältesten Funden – Vorderasien. Es hat mehrere Domestikationszentren gegeben; sie liegen an ganz verschiedenen, mitunter sehr weit voneinander entfernten Stellen des Erdballs (Türkei, USA).

Beim Hund ist die Domestikation viel schneller vonstatten gegangen als bei Ziege und Schaf. Die Anlage dafür hat ihre Wurzeln zweifellos in seinen wölfischen Vorfahren. Nur bei wenigen Tierarten ist ein derart hochentwickeltes Sozialverhalten und ein so ausgeprägter Sinn für Rangordnung innerhalb einer Gemeinschaft vorhanden wie bei den Wölfen. Das hat Wolf und Mensch ein so erstaunliches Zusammenleben ermöglicht.

Anfänglich mochte es wenigstens in einigen Regionen zur Autodomestikation von Wölfen gekommen sein, die dem Menschen gefolgt sind und sich von seinen Abfällen ernährt haben. In der Frühphase von Ausnutzung und Annäherung hat der Mensch den Hund wohl des Fleisches halber gehalten, das sogar bei Kulthandlungen verzehrt wurde. Das bestätigten Funde aus Dänemark und England aus dem 7. bis 5. Jahrtausend v. Chr. Sehr früh hat der Mensch die Wachsamkeit der Hunde zum Schutz seiner Herden und Wohnstätten zu nutzen gewußt. Im 6. bis 4. Jahrtausend v. Chr. begann er sich ihren Jagdinstinkt für den eigenen Jagderfolg zunutze zu machen, ihre Kraft zum Zug sogar in der Landwirtschaft einzusetzen, z. B. beim Pflügen. In kühleren Landschaften wärmten die Hunde ihren Herrn mit dem eigenen Körper, dienten also als eine Art biologisches Öfchen. Mit fortschreitender Zeit bekam der Hund eine Funktion, die keinem der bisher domestizierten Tiere zuteil geworden war: Er wurde zum Spielzeug für reiche Damen und Herren sowie zum Gefährten der Herrscher. Das belegen zahlreiche Funde aus dem Ägypten des 3. Jahrtausends v. Chr. Auch den schlichten Jägern und Bauern war der Hund lieber als andere Haustiere.

Vergleicht man die Bedeutung des Hundes für den Menschen einst und jetzt, wird man nicht viele Unterschiede entdecken. In einigen Ländern, z. B. in der Mongolei, dient sein Fleisch den Armen als Nahrung. Der Hund dient zum Schutz von Besitz und fast überall auf der Welt als Jagdhilfe. In seiner Funktion als Freund und Beschützer eines Blinden kann er von keinem anderen Tier abgelöst werden, ein ähnlich unentbehrlicher Helfer ist er für alle Polizei- und Rettungsorganisationen. Auch der aus reiner Liebhaberei gehaltene Hund hat als Gesellschafter des Menschen seine volle Berechtigung.

Zweifellos wäre die Erfüllung so mannigfaltiger Aufgaben über die Kräfte und Möglichkeiten einer einzigen Rasse oder einiger weniger Rassen gegangen. Daher begann man schon bald nach seiner Domestikation, Rassen für die verschiedenen Verwendungszwecke zu züchten.

Im Bestreben, die Unzahl von Rassen in irgendein System zu bringen, hat man sie nach verschiedenen Gesichtspunkten geordnet (nach Entstehungsort, Verwendung, gemeinsamen Vorfahren u. ä.). Am logischsten ist eine Ordnung der Hunderassen nach dem Verwendungszweck. Folglich kann man sie in Arbeits-, Jagd-, Wind- und Gesellschaftshunde einteilen.

Bei den Arbeitshunden werden die Eigenschaften der Tiere auf vielerlei Weise genutzt. Diensthunde verfolgen Täter, spüren versteckte Rauschgifte auf, kontrollieren Gasleitungen. Bei Rettungs- und Bergeorganisationen, z. B. bei Bergwacht und Lawinenrettungsdienst, helfen sie sehr wirksam bei der Suche nach Vermißten. Im Zweiten Weltkrieg dienten Hunde bei der Suche nach Minen und Blindgängern. Höchst human ist ihre Verwendung als Blindenführer. Das sind in der Regel Deutsche Schäferhündinnen, deren charakteristische Treue und Anhänglichkeit dem Herrn gegenüber genutzt wird. Auch der Schlittenhund der Polarregionen darf nicht unerwähnt bleiben. Zu dieser Tätigkeit wurden bestimmte Rassen ausgewählt, bei denen durch zielstrebige Abrichtung ihre ungeheure Kraft, Leistungsfähigkeit, Genügsamkeit und Härte noch gesteigert wurden. Bei den Hütehunden wurden durch gezielte Auswahl zwar einige natürliche Fähigkeiten unterdrückt, z. B. zu apportieren und Fährten zu verfolgen; verstärkt wurde hingegen die Fähigkeit, im Rudel und gemeinsam mit dem Menschen als dem »Leittier« des Rudels zu arbeiten und die anvertrauten Tiere zu treiben und zusammenzuhalten.

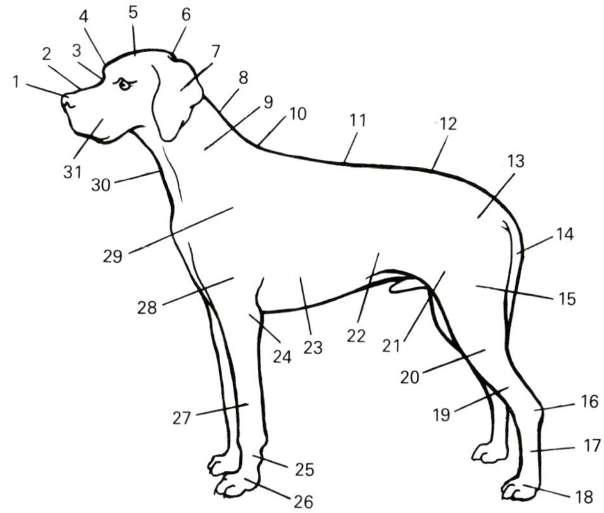

Körperteile des Hundes: 1 Nase, 2 Nasenrücken, 3 Stirnabsatz (Stop), 4 Stirn, 5 Scheitel, 6 Nackenhöcker, 7 Ohr, 8 Genick, 9 Hals, 10 Widerrist, 11 Rücken, 12 Lenden, 13 Hinterteil, 14 Schwanz, 15 Oberschenkel, 16 Ferse, 17 Rist, 18 Hinterpfote, 19 Wade, 20 Knie, 21 Weiche, 22 Bauch, 23 Brustkorb, 24 Ellenbogen, 25 Vorderfußwurzel, 26 Mittelfuß, 27 Unterarm, 28 Schulter, 29 Schulterblatt, 30 Kehle, 31 Schnauze

Alle diese Eigenschaften der Arbeitshunde werden bei speziellen Leistungsprüfungen erprobt. Die Bewertung des Äußeren, die Einreihung von Tieren in die Zucht sowie die Organisation dieser Zucht unterliegen in jedem Land eigenen Regeln.

Jagdhunde werden der Jagdweise entsprechend in Gruppen eingeteilt. Zu den ältesten Jagdhundegruppen gehören die Bracken oder Lauf- bzw. Hetzhunde. Einst wurden sie sehr viel bei der Jagd verwendet, für die früher weitaus größere Wälder als heutzutage zur Verfügung standen. Ihre Aufgabe war es, das Wild in den weiten und schwer zugänglichen Bergwäldern aus der Deckung zu jagen und dem Jäger zuzutreiben. Wegen ihrer Wildschärfe, d. h. der Gier, das Wild zu reißen, können sie nicht in kleinen Waldgebieten eingesetzt werden, vor allem nicht dort, wo Rehwild vorkommt. Laufhunde müssen hauptsächlich auf die Fährte von Schwarzwild, Füchsen und Hasen gehen und den Jäger zum Wild führen.

Eine sehr gebräuchliche Jagdhundgruppe sind die Stöberhunde, die Vorgänger der Vorstehhunde. Sie werden vor allem bei der Jagd auf Federwild eingesetzt. Sie stöbern nur auf kurze Entfernung in Schußweite vor dem Jäger. Vor dem Wild stehen sie nicht, sie stöbern es lautstark auf und apportieren erlegte Stücke. Stöberhunde werden insbesondere in den

Dickungen kleiner Waldgebiete und bei der Wasserarbeit gebraucht.

Zu den besonders beliebten Jagdhundgruppen gehörten in der Vergangenheit die Schweißhunde. Ihre Aufgabe bestand darin, einen von den Jägern anhand der Trittsiegel angesprochenen Hirsch zu verfolgen und den Jäger bis auf Schußweite an ihn heranzuführen. Später wurden die Schweißhunde auf der Fährte von berittenen Jägern begleitet, die dann den Hirsch mit Hilfe von Bracken zu Tode hetzten oder in einer geeigneten Situation zur Strecke brachten. Heute besteht die Aufgabe der Schweißhunde in der Nachsuche von angeschossenem Schalenwild (Rot-, Reh-, Schwarzwild). Ein guter Hund muß eine über 24 Stunden alte Schweißfährte ausarbeiten können.

In der Gruppe der Erdhunde sind zahlreiche Rassen vertreten, hierher gehören die Dackel oder Teckel und einige Terrier. Zwar besteht ihre wichtigste Aufgabe darin, Füchse und Dachse aus dem Bau zu sprengen und vor die Flinte des Jägers zu bringen, aber sie sind auch fähig, an der Oberfläche sehr gute Arbeit zu leisten. Dackel können ausgezeichnet Schweißfährten verfolgen. Sie und die Terrier haben die Veranlagung für das laute Treiben des Wildes auch in unzugänglichen Waldabschnitten, wodurch sie die Bracken zufriedenstellend ersetzen.

Die Vorstehhunde sind die verbreitetste und auch umfangreichste Jagdhundgruppe. Ihrer Herkunft nach werden sie in englische und kontinentale (vom europäischen Kontinent stammende) Hunde eingeteilt. Der Haarlänge bzw. -beschaffenheit nach unterscheidet man bei den englischen Vorstehhunden kurz- und langhaarige, bei den kontinentalen kurz-, rauh- und langhaarige. Die typische Eigenschaft dieser Hunde ist das Stehen vor dem Wild. Auch im Laufen wittert ein Hund das Wild über eine Entfernung von 50 und mehr Metern. Sobald er die Witterung aufgenommen hat, bleibt er auch in der schnellsten Bewegung augenblicklich reglos stehen und nimmt eine Stellung ein, bei der er den Kopf in die Richtung des versteckten Wildes neigt oder reckt. In dieser Stellung verharrt er, bis der Jäger herankommt und das Wild selbst zum Verlassen der Deckung bringt. Hervorragende Hunde können oft sogar eine Stunde lang vor dem Wild stehen, ohne ihm nachzusetzen. Die Fähigkeit vorzustehen wurde insbesondere bei den englischen Hunden durch zielstrebige Zucht so gefestigt, daß sie die übrigen natürlichen Eigenschaften des Hundes unterdrückt, wie z. B. das Apportieren oder das Verfolgen einer Schweißfährte. Daher werden in England bei der Jagd neben den Vorstehhunden weitere spezialisierte Apportierhunde verwendet, z. B. die Retriever. Auf dem europäischen Festland kommt man jedoch bereits von einer derart hohen Spezialisierung ab und verlangt vom Hund vielseitige Leistungen: schnelle Suche, Vorstehen, die Nachsuche von angeschweißtem und das Apportieren von kleinem Wild. Natürlich ist auch der beste vielseitige Hund nicht in der Lage, in den einzelnen Disziplinen die gleiche Leistung zu erbringen wie der früher ausschließlich für eine bestimmte Arbeit abgerichtete Hund. Trotzdem erfüllt bei den europäischen Jagden im typischen Gelände aus Feldern, Waldungen und Gewässern ein guter Vorstehhund alle Pflichten, vor die ihn das Weidwerk unter diesen Bedingungen stellt.

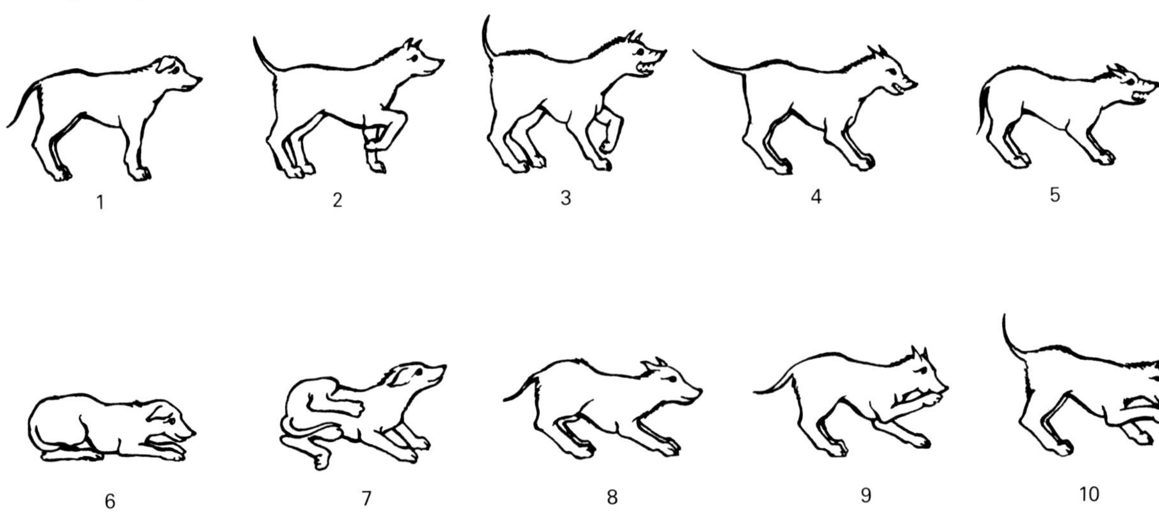

Ausdrucksmittel des Hundes: 1 und 2 Aufmerksamkeit, 3 und 4 Drohung, 5 defensive Drohung, 6, 7 und 8 Unterwürfigkeitsbezeugungen, 9 und 10 Spielaufforderungen

Für jede der erwähnten Jagdhundgruppen werden Leistungsprüfungen ausgeschrieben. Beobachtet und beurteilt werden nicht nur die Arbeitsleistung, sondern auch die psychischen Eigenschaften des Hundes. Zu diesen Prüfungen werden in fast allen europäischen Ländern nur reinrassige Hunde mit einem Abstammungsnachweis (Stammbaum) zugelassen. In vielen Ländern wird der Stammbaum nur für solche Welpen ausgestellt, deren Eltern entsprechende Leistungsprüfungen bestanden haben und in ihrem Exterieur dem verlangten Standard entsprechen. Diese Forderung ist berechtigt, da zwischen dem Exterieur (Körperbau, Fellqualität, Gesundheitszustand usw.) und den Anlagen für gute Leistung ein enger Zusammenhang besteht. Die Beurteilung des Äußeren wird von erfahrenen Fachleuten auf öffentlichen Hundeschauen durchgeführt. Die schriftlichen Unterlagen darüber werden zentral registriert und dienen zur Beurteilung der Zuchtqualität von einzelnen Rüden und Hündinnen, aber auch von ganzen Linien einer Rasse. In vielen Ländern haben sich die Hundezüchter zu Verbänden zusammengeschlossen, die dann die Vermehrung ihrer Rasse lenken. Aufgrund der zentral gesammelten Unterlagen über alle reinrassigen Tiere werden dann aufgrund moderner wissenschaftlicher und genetischer Erkenntnisse die geeigneten Elternpaare zusammengestellt. Die internationale Zusammenwirkung der Jagdkynologieorganisationen in den einzelnen Ländern wird von der internationalen Kynologieorganisation FCI (Fédération Cynologique Internationale) gelenkt, deren Mitglieder die meisten Staaten sind.

Bei den Rassen der sog. Gesellschafts- und Windhunde handelt es sich bereits um eine ausgesprochene Liebhaberei. Leistungsprüfungen werden nicht verlangt, doch werden Ausstellungen veranstaltet, auf denen beide Hundegruppen streng nach dem Äußeren beurteilt werden. In manchen Ländern gibt es Hunderennen, deren Ergebnisse bei der Beurteilung von Windhunden berücksichtigt werden. Das Prinzip von Zucht und Zuchtlenkung ist das gleiche wie bei den Arbeits- und Jagdhunden.

Hausschwein

(Sus scrofa L. domestica)

Die Domestikation des Schweins wurde erst möglich, als der Mensch seßhaft geworden war, da das Schwein nicht wie Schaf und Ziege mit den Nomaden ziehen konnte. Wahrscheinlich ist es zuerst in Südwestasien oder in Ostindien vom 9. bis zum 8. Jahrtausend v. Chr. gezähmt worden. Die ältesten archäologischen Funde von gemästeten Schweinen entstammen der Wende vom 6. zum 5. Jahrtausend v. Chr. im Nordirak. In Europa ist eine einheimische Schweinehaltung an der Südküste Schwedens und in Ostmitteleuropa aus einer Zeit um 3500 v. Chr. belegt. Die Abstammung des Hausschweins wurde nie zum Streitgegenstand; die an den verschiedensten Stellen unseres Planeten gefundenen Überreste verweisen nahezu eindeutig auf das Wildschwein *(Sus scrofa)*.

Das Schwein hatte als Haustier das einfachste Schicksal. Von der frühesten Phase seiner Domestizierung bis in die Gegenwart diente es nahezu ausschließlich der menschlichen Ernährung, hier und da wurde auch seine Haut verarbeitet. Am Unterlauf des Nils benutzten die Bauern zweieinhalb Jahrtausende v. Chr. nach dem Rückgang des Hochwassers ihre Schweine, um das ausgesäte Getreide in den Boden zu stampfen. Viel später wurden in Frankreich Schweine zum Suchen und Auswühlen von Trüffeln benutzt.

Der Anteil des Schweins an der Tierproduktion in den einzelnen Ländern ist unterschiedlich. Während in Europa die Schweinebestände zahlenmäßig die Rinderbestände übertreffen, gibt es in den islamischen Ländern überhaupt keine Schweinezucht.

Das Schwein wird in erster Linie wegen seines Fleisches und Fettes gezüchtet. Wegen des Wohlgeschmacks, der Nahrhaftigkeit und Haltbarkeit wurde dem Schweinefleisch der Vorzug vor Rindfleisch gegeben, vielerorts ist das bis heute noch so. Auch das Schweineschmalz erfreute sich großer Beliebtheit. In den vergangenen Jahrzehnten wurde ein stark fettdurchwachsenes Fleisch bevorzugt. Unter dem Einfluß von sozialen Veränderungen, der im Rückgang befindlichen körperlichen Schwerarbeit und der Umstellung auf eine gesündere Ernährungsweise überwiegt heute das Interesse an magerem Schweinefleisch. Daher haben sich die Züchter bei der Wahl von Schweinerassen und ihrer Veredelung immer mehr ausgesprochenen Fleischrassen zugewandt und die Schweine einiger Fettrassen durch Veredelung zu Fett-Fleischrassen umgeformt. Heute orientiert sich die Schweinezucht in allen Ländern mit hochentwikkelter Landwirtschaft auf solche Fleischrassen, die Tiere mit zartem Knochenbau und mächtig entwickelter Keulen- und Bugmuskulatur liefern. Diese sog. Schinken-Schlachtschweine eignen sich nicht nur für die unmittelbare Verarbeitung in der Küche, sondern

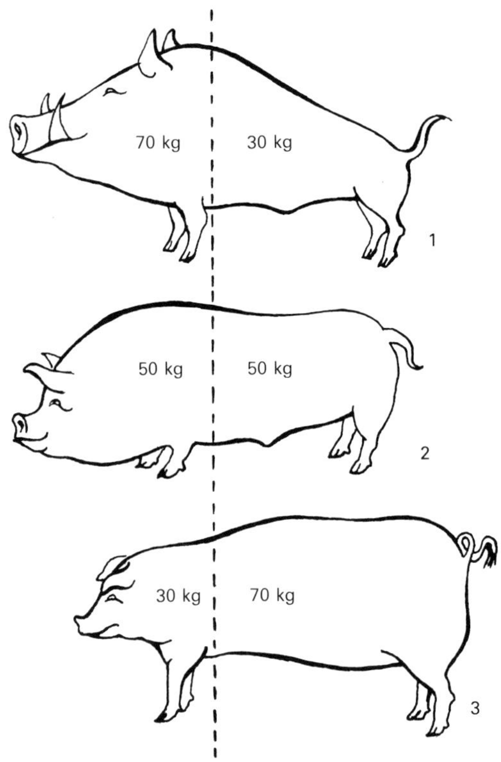

Körperform eines Wildschweins (1), einer wenig veredelten Schweinerasse (2) und einer hochgezüchteten Rasse (3)

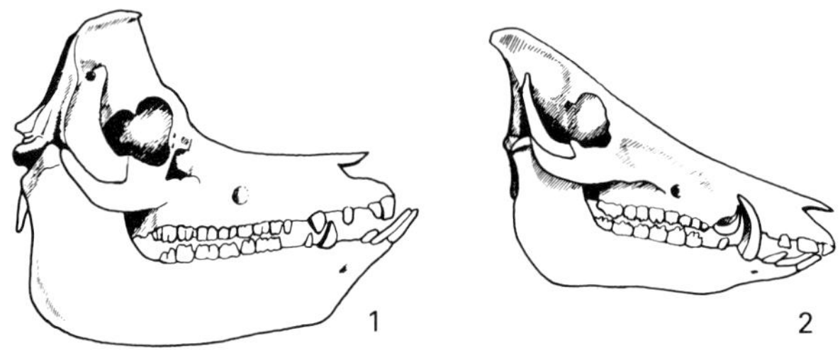

Unterschiedliche Schädelausbildung beim Wildschwein (2) und einem kurzschädeligen Hausschwein (1)

vor allem für die Herstellung von Räucherwaren. Zu diesem Zweck werden junge, noch nicht geschlechtsreife Schweine mit einem maximalen Lebendgewicht von 100–110 kg geschlachtet. Bei Schweinen von über 120 kg Gewicht nimmt nicht mehr die Muskelmasse, sondern nur noch das Fett zu, daher werden sie in erster Linie zur Schmalzherstellung verwendet. Eine besondere Kategorie sind die sog. Baconschweine (Landrasse, Yorkshire und Tamworth). Das sind Fleischschweine mit außerordentlich gut entwickelten Keulen und Kotelettstücken, aber leichtem Bug. Sie werden bei einem Lebendgewicht von 82–95 kg geschlachtet.

Auch das Schwein liefert Schlachtnebenprodukte, die für einige Industriezweige von Bedeutung sind. Die Haut ist ein Rohstoff für die Lederwarenindustrie, die Borsten für die Bürstenherstellung und die chemische Industrie, die Drüsen mit innerer Sekretion werden in der Pharmazeutik verwendet.

Bereits seit der ersten Domestikationsphase des Schweins hat der Mensch nach und nach Tiere mit gut ausgebildeten, wertvollen Körperpartien zur Zucht ausgewählt, denn sie boten ihm den größten Nutzen. Durch weitere Veredelung erzielte er dann einen erheblichen Umbau des Schweinekörpers. Während beim Wildschwein Kopf und Vorderpartie mächtig ausgebildet sind, haben die Edelschweinrassen infolge der besseren Bemuskelung von Rücken und Keulen sowie des weniger massiven Skeletts mit dem leichteren Schädel ein besonders gut entwickeltes Hinterteil.

Die Entwicklung der heutigen Kulturrassen hat sich beim Schwein wesentlich rascher vollzogen als bei den Rindern. Es ist praktisch binnen 100 Jahren gelungen, aus einem wildschweinähnlichen, primitiven Hausschwein eine große Reihe von Rassen mit hervorragender Nutzleistung, Frühreife und Fruchtbarkeit zu erzüchten. Ermöglicht wurde das durch die hohe Reproduktionsfähigkeit des Schweins: die große Jungenzahl pro Wurf und das kurze Generationsintervall. Wildschweine haben für gewöhnlich einmal im Jahr 6–8 Frischlinge, die Sauen der heutigen Kulturrassen werfen regelmäßig 2mal im Jahr 10 und mehr Ferkel. Die Trächtigkeit des Schweins dauert 115 Tage, nach dem Abferkeln werden die Jungen 6–8 Wochen gesäugt. Bei der sog. Frühabsetzung werden die Ferkel nach 2–3 Wochen auf künstliche Ernährung umgestellt, und die Sau kann nach 14 Tagen wieder gedeckt werden. Geschlechtsreife und Zuchteignung treten bei den Jungsauen und -ebern mit dem 9. Lebensmonat und 120 kg Gewicht ein.

Bei den Schweinen ist ähnlich wie bei den Rindern die künstliche Besamung zur fast ausschließlichen Reproduktionsmethode geworden. Die Beweggründe dafür sind die gleichen wie beim Rind. Die Samen werden in eine künstliche Vagina gespritzt, als Sexualpartner des Ebers dient entweder eine lebende Sau, häufiger aber eine künstliche Nachbildung (Phantom). Die Durchschnittsmenge des ejakulierten Samens schwankt zwischen 150 und 500 ml, in Einzelfällen können bis zu 900 ml gewonnen werden. Eine derartige Ejakulatmenge besteht vor allem aus dem Sekret der akzesorischen Geschlechtsdrüsen, in dem sich 20–80 Milliarden Spermien befinden. Im Hinblick auf die sehr große Gebärmutter, vor allem auf die langen Gebärmutterhörner, muß eine Inseminationsdosis 5 Milliarden Spermien enthalten und die Gesamtmenge des eingebrachten Ejakulats 100 ml ausmachen. Durch die Verdünnung eines einzigen Ejakulats auf die benötigte Spermienzahl und Flüssigkeitsmenge kann man Inseminationsdosen für 10 Zuchtsauen erhalten. Von einem einzigen Eber lassen sich im Jahr 500 Inseminationsdosen gewinnen, was einer annähernd 10mal größeren Nutzung als bei der natürlichen Begattung gleichkommt.

Die Ernährung der Schweine unterscheidet sich wesentlich von der der Wiederkäuer. Schweine verwerten Rauhfutter nur schlecht, da sie nur einen einfachen Magen haben, der Pflanzenzellulose nicht in größerem Umfang verdauen kann. Daher muß dem Schwein wertvolleres Futter vorgelegt werden, u. a. Getreide, Kartoffeln und eine ganze Reihe von besonders aufbereiteten und folglich kostspieligeren Futtermischungen.

Hausrind

(Bos primigenius f. *taurus)*

Mit der Domestikation der großen Haustiere hat der Mensch erst begonnen, als er die Haltung von kleinen Wiederkäuern, also von Schafen und Ziegen, schon beherrschte.

Der ökonomisch bedeutendste und ausgiebigste Nahrungslieferant ist das Hausrind, das die Palette der Haustiere im 8. Jahrtausend v. Chr. bereichert hat. Archäologische Funde im östlichen Mittelmeergebiet haben überzeugend nachgewiesen, daß diese Region auch ein großes Domestikationszentrum des Rindes war. Von hier aus hat sich die Rinderhaltung im 6. Jahrtausend in südöstlicher Richtung nach Palästina, in den Iran und Irak verbreitet, in nordwestlicher Richtung nach Europa. Möglicherweise hat es mehrere Domestikationszentren gegeben, doch am ehesten wird wohl die Rinderzucht aus einem einzigen Zentrum hervorgegangen sein, und an den weiteren Orten wurden dann nur neue Rassen erzüchtet.

Die Stammform des Hausrindes ist der bereits ausgerottete Ur oder Auerochse *(Bos primigenius)*. Neben diesem sind aber mit unterschiedlichem Erfolg auch weitere Wildrinder domestiziert worden. Aus

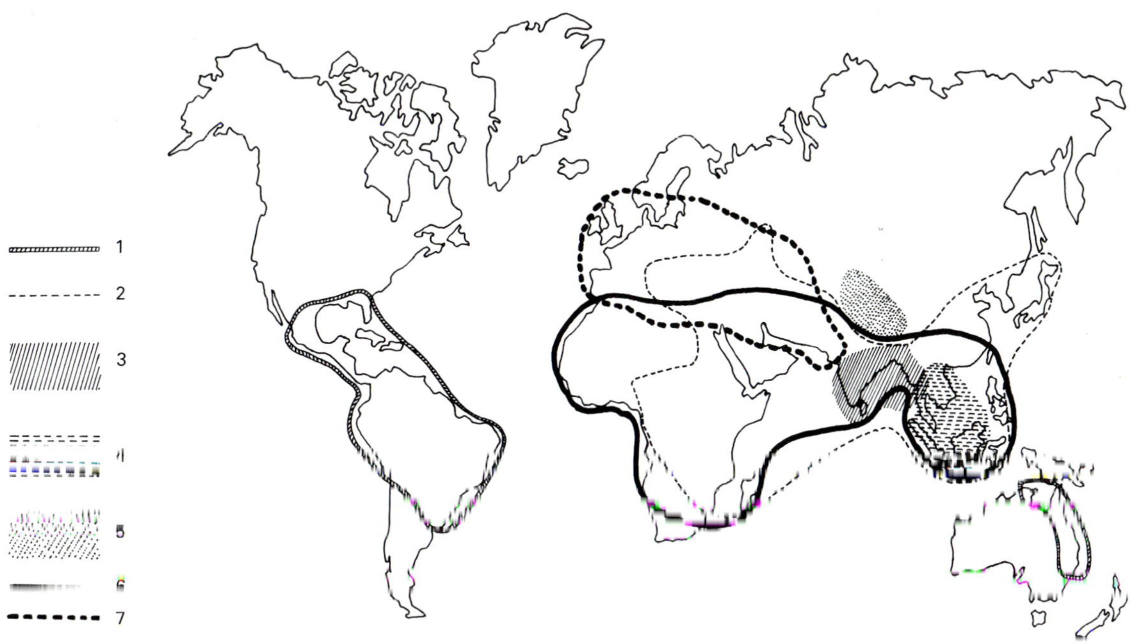

Verbreitungsgebiet des Rindes im Lauf der Domestikation: 1 Zebu (neue Zuchtgebiete), 2 Büffel, 3 Gaur, 4 Banteng, 5 Yak, 6 Zebu (Zuchtgebiet bis ins 19. Jahrhundert), 7 Ur

Unterschiedliche Körperformen der Rinder im Lauf der Veredelung: 1 Ur, 2 Stier einer primitiven Steppenrindrasse, 3 Stier einer hochgezüchteten Milchrindrasse

dem indischen Arni *(Bubalus arnee)* entstand im 4. Jahrtausend v. Chr. der Hausbüffel *(Bubalus arnee* f. *bubalus)*, aus dem Banteng *(Bos javanicus)* das Balirind *(Bos javanicus* f. *domestica)*, aus dem Gaur *(Bos gaurus)* entstand im 3. Jahrtausend v. Chr. das Gajal *(Bos gaurus* f. *frontalis)* und aus dem Wildyak *(Bos mutus)* im 2. Jahrtausend v. Chr. das Hausyak *(Bos mutus* f. *grunniens)*. Sie alle werden so ähnlich wie das Hausrind genutzt, doch nirgends wurden durch die Domestikation solche Veränderungen hervorgerufen wie gerade beim Hausyak. Die übrigen Verwandten des Urs – der Wisent *(Bison bonasus)* und Kaffernbüffel *(Syncerus caffer)* – sind nicht domestiziert worden.

Die Zähmung des Urs gehört zu den entscheidenden Errungenschaften des Menschen, denn sie ermöglichte der Landwirtschaft einen großen Sprung nach vorn. Und das auch aus technischer Sicht, denn sie hat z. B. zur Erfindung des Wagens geführt. Die Nutzung des Rindes ließ sich mit dem Fortgang der Domestikation weiter steigern. Anfänglich lieferte es nur Fleisch und Leder, sehr bald auch Milch. Seine physische Leistungsfähigkeit machte es zum Lasttier, später auch zum Reit- und Zugtier. In der Gegenwart ist das Rind in weltweitem Maßstab das wichtigste Haustier und wird am intensivsten genutzt. Es liefert wichtige Grundnahrungsmittel (Milch, Fleisch, Butter) sowie Rohstoffe zur Verarbeitung in einer Reihe von Industriezweigen (Leder, Hufhorn, Fett). In vielen Gegenden wird es als Zugtier verwendet, es dient sogar als Kulttier.

Das wichtigste Produkt des Rindes ist die Milch. Mit Milch kann sich kein anderes Nahrungsmittel messen, denn nirgends findet sich eine solche Konzentration von so vielen biologisch wertvollen und nutzbaren Stoffen. Die Milch ist ein Träger von vollwertigen Eiweißstoffen, enthält viele Mineralstoffe, Vitamine und Fette. Sie ist der Grundstoff für die Herstellung von Sahne, Butter, Käse, Quark, wird getrocknet, eingedickt und zu den verschiedensten Erzeugnissen verarbeitet. Die nach der Milchverarbeitung zurückbleibenden Nebenprodukte (Magermilch, Molke, Buttermilch) werden weiterverwendet, denn auch sie enthalten noch wichtige Eiweiß- und Mineralstoffe. In der bäuerlichen Einzelhaltung werden diese Nebenprodukte bei der Ernährung von Jungtieren anderer Haustierarten verwendet (Ferkel, Kälber, Geflügel).

Eine unersetzliche Stelle in der Ernährung des Menschen nimmt das Rindfleisch ein. Sein großer Vorzug ist, daß es sich auf mannigfaltige Weise zubereiten läßt. Es ist energiearm, dafür aber reich an Vitaminen und hat einen hohen Gehalt an unentbehrlichen Aminosäuren. Die Verdaulichkeit der Eiweißstoffe im Rindfleisch erreicht 97%! Sehr günstig ist auch das Verhältnis der Mineralstoffe zueinander.

Mist nimmt in der Landwirtschaft eine ganz wichtige Stellung ein – sein größter Produzent ist gerade das Rind. Ohne Stallmist läßt sich die Fruchtbarkeit des Bodens nicht erhalten, denn er schafft die Bedingungen für die Entstehung von Bodenbakterien und Humus. Kunstdünger allein ist nicht in der Lage, über längere Zeit hinweg die Bodenfruchtbarkeit zu erhalten.

Durch eine immer besser durchdachte Ernährung, Einstallung, Pflege und Auswahl geeigneter Tiere wurden die heutigen Milch- und Fleisch-Nutzrindtypen entwickelt. Noch vor 300 Jahren produzierten die meisten Kühe in einem Laktationszyklus nur 600–800 l Milch, was gerade zur Ernährung eines Kalbes ausreichte. Heute macht die Milchleistung pro Laktation in Herden mit veredelten Tieren im Durchschnitt rund 5000 l pro Milchkuh aus, bei einzelnen Tieren auch 10000 l und mehr. Gewandelt hat sich auch die Fähigkeit der Tiere, Muskelmasse zu bilden. Früher nahm ihre Masse täglich 100–200 g zu, heute betragen die Tageszunahmen bei Jungrindern 700–800 g, in Spitzenzuchten sogar 1,5 kg und mehr. Bei der Auswahl zur Mast werden Jungtiere bevorzugt, da sie bessere Wachstumseigenschaften zeigen als Färsen oder Ochsen und das Futter günstiger verwerten. Bei Färsen und Ochsen bildet sich außerdem in der Mastspätphase mehr Darm- und Hautfett, was für die menschliche Ernährung unerwünscht ist. Die Mast befaßt sich mit jungen Tieren, da diese schneller wachsen, mehr Fleisch und weniger Fett bilden, während erwachsene Tiere nur noch Fett ansetzen. Geschlachtet werden sie im Alter von etwa 14 Monaten bei einer Lebendmasse von rund 500 kg.

Ähnlich wie in der Schafzucht hat man auch in der Rinderzucht in vielen Ländern begonnen, sich der Züchtung von Rassen mit kombinierter Nutzung zuzuwenden, die sowohl Milch als auch Fleisch liefern. Zur Veredelung werden Tiere aus Rassen mit einseitiger Milch- oder Fleisch-Nutzung herangezogen. Selbstverständlich werden auch die einseitig spezialisierten Rassen weiter veredelt. In Regionen, in denen bisher noch keine Bedingungen für das Gedeihen von Kulturrindern mit höheren Ansprüchen an Fütterung, Einstallung und Pflege geschaffen worden sind, werden immer noch mit Erfolg primitive Rinder gehalten.

Die Veredelung der Rinder zeigt sich in der geschlechtlichen Frühreife, durch die sie in den Reproduktionsprozeß einbezogen werden können. Die Kühe primitiver Rassen sind durchschnittlich erst ab dem dritten Lebensjahr fortpflanzungsfähig, veredelte Kühe schon ab anderthalb bis zwei Jahren. Allerdings sind auch verschiedene Probleme aufgetreten. Während die Kühe primitiver Rassen jährlich trächtig werden, ist das Trächtigkeitsintervall der hochproduktiven Zuchtkühe vor allem bei den Milchrassen wesentlich länger. Die Ursache liegt darin, daß Geschlechtsfunktion (Brunst) und Milchbildung von gegenläufigen Mechanismen gesteuert werden. Die auf eine hohe Milchproduktion veredelten Kühe müssen sogar 3mal täglich gemolken werden, damit die Milchdrüse unablässig gereizt und die Sexualfunktion unterdrückt bleibt. Am Fruchtbarkeitsschwund der

Veredelungstypen beim Rind: 1 Kuh einer nicht veredelten Rasse, 2 Milchrindkuh, 3 Kuh einer Doppelnutzungsrasse, 4 Fleischrindkuh

hochproduktiven Kühe hat auch der schwer belastete Stoffwechsel seinen Anteil. Zwar ist es gelungen, Tiere mit hohen Milchleistungen zu züchten, doch ist es dabei nicht geglückt, die Fähigkeit zu ausreichender Futterverwertung zu erzielen, die für eine derartige Produktion notwendig wäre. Diese Milchkühe geben also mehr Nähr- und Baustoffe ab, als sie aufnehmen können. Bei den Fleischrindern sind die Reproduktionsprobleme bei weitem nicht so groß.

Eine große Rolle für die Veredelung der Rinder hat auch die künstliche Besamung gespielt. Bei dieser Methode bringt man den Samen des Stieres zuerst in eine künstliche Scheide und dann in die Geschlechtsorgane der Kuh. Bei der Spermagewinnung belegt der Stier anstelle einer Kuh einen anderen Stier. Das Prinzip dieser Methode ist schon über 2000 Jahre lang bekannt, allgemein angewendet wird sie aber erst seit dem 2. Weltkrieg. Heute ist die Insemination in allen hochentwickelten Ländern zur einzigen Reproduktionsmethode geworden. Dafür gab es mehrere Gründe. In erster Linie haben die Tiere keinen direkten physischen Kontakt mehr zueinander, und damit wird der Verbreitung verschiedener Infektionskrankheiten vorgebeugt (z. B. der seuchenhaften Verkalbung, der sog. Abortus-Bang-Infektion, TBC). Später kam noch die Möglichkeit hinzu, hochwertige Zuchttiere maximal ausnutzen zu können. Ein Milliliter Samenflüssigkeit (Ejakulat) enthält durchschnittlich eine Milliarde Spermien. Bei der natürlichen Begattung gelangen 2–12 ml in die Geschlechtsorgane der Kuh. Zur eigentlichen Befruchtung, d. h. zur Verschmelzung mit der Eizelle, ist zwar nur ein einziges Spermium nötig, doch müssen die übrigen mit ihren im Kopf enthaltenen Fermenten die Zellmembran der Eizelle angreifen, damit eine Samenzelle eindringen kann. Mit einer Menge von 2–12 ml Samenflüssigkeit kann man nach der Verdünnung auf 30 Millionen Spermien pro Milliliter der Inseminationsdosis künstlich 70–400 Zuchtkühe besamen. Bei natürlicher Vermehrung kommen auf einen Stier je nach Alter 40–120 Kühe pro Jahr. Bei der Insemination mit frischem Sperma verzehnfacht sich der Nutzeffekt eines Zuchtbullen. Verwendet man langfristig konservierten Samen, ist der Nutzen noch höher.

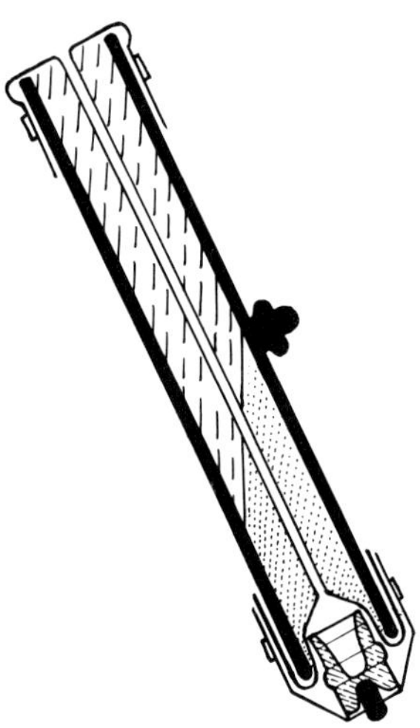

Schema der künstlichen Scheide.

Bei der Langzeitkonservierung wird der verdünnte Samen in einem komplizierten Verfahren in Flüssigstickstoff auf −196° C gefroren und bleibt so über viele Jahre hinweg verwendungsfähig. Dabei gewinnt man von jedem Stier 25 000–50 000 Inseminationsdosen. Hat ein Stier diese Leistung erreicht (durchschnittlich im Alter von 3–4 Jahren), wird er geschlachtet. Zeigen sich bei der Erbgutkontrolle Mängel an den Nachkommen oder stellt sich heraus, daß dieser Stier für die Nutzleistungssteigerung keinen positiven Beitrag liefert, wird der konservierte Samen vernichtet. Verbessert der betreffende Stier die Eigenschaften der Nachkommen, wird die gesamte Menge verwendet.

Die künstliche Besamung ist eine der großen wissenschaftlichen Errungenschaften, die der Verbesserung der Tierproduktion dienen, vor allem in Entwicklungsländern. Die Überführung von Kulturrassen-Zuchtbullen in klimatisch erheblich andere und anspruchsvolle Regionen ist keine Lösung, da sich die Tiere schwer anpassen, von zahlreichen Erkrankungen befallen werden und größtenteils ihre Zeugungskraft verlieren. Auch der Transport eines lebenden Tieres macht häufig technische Schwierigkeiten, abgesehen von der physischen und psychischen Belastung, die das Tier durchstehen muß. Der Transport von tiefgekühltem Samen läßt alle diese Probleme wegfallen. Die bereits unter veränderten Bedingungen geborenen Kälber passen sich viel leichter, gründlicher und unter viel kleineren Verlusten an.

Eine weitere moderne Reproduktionsmethode ist die Übertragung von Embryonen. Bei züchterisch wertvollen Kühen erzielt man durch Hormonalpräparate in einem Geschlechtszyklus die Ovulation mehrerer Eizellen gleichzeitig. In der Brunst wird eine solche Kuh besamt, und am siebenten bis neunten Tag nach der Inseminierung werden die befruchteten Eizellen entweder chirurgisch durch die Bauchdecke entnommen oder aus der Gebärmutter gespült. Durch einen einzigen Eingriff werden mindestens zwei, aber auch über zwölf Keimlinge gewonnen. Gesunde, unbeschädigte Keimlinge werden einzeln in die Gebärmutter anderer, weniger leistungsstarker, sich in der gleichen Geschlechtszyklusphase befindlicher Kühe gebracht. Diese Ersatzmütter tragen sie dann aus und gebären sie auch. Von einer hochwertigen Zuchtkuh kann man so in einem Geschlechtszyklus bis zu 12 Kälber gewinnen, ohne das Tier selbst kalben zu lassen. Diesen Eingriff kann man nach einem gewissen Zeitabstand mehrmals wiederholen. Die allermodernste gegenwärtige Reproduktionsmethode ist die Embryoteilung. Mit dem siebenten Entwicklungstag kommt es zur Keimfurchung, d. h. die Zellen vermehren sich, spezialisieren sich aber noch nicht und bleiben in der Keimblase, einem maulbeerähnlichen Gebilde, zusammen. Dieses Gebilde kann man unter dem Mikroskop mit einem besonderen Skalpell in einer der Meridianfurchen in zwei völlig identische Hälften teilen und jede für sich in die Gebärmutter einer neuen Empfängerin einbringen. So gewinnt man Tiere mit einer völlig gleichen Genausstattung, die man mit spontan im Mutterorganismus entstehenden eineiigen Zwillingen gleichsetzen kann. Diese Methode ermöglicht in einem bisher ungeahnten Umfang das Studium der Erbzusammenhänge, vor allem der Einflüsse des Mutterorganismus auf die Frucht. Derzeit werden Versuche angestellt, die Keimblase in 4 Embryos zu teilen. Gleichzeitig wird auch an einer Methode zur Langzeitkonservierung von Embryos gearbeitet.

Die modernen Reproduktionsmethoden führen jedoch zu einer zahlenmäßigen Verringerung der Zuchttiere, vor allem der Bullen. Dadurch sinkt auch die Genvariabilität, die Variationsfähigkeit der Eigenschaften und damit die Garantie von gesunden Populationen. Schon heute existieren z. B. Zuchtbullen, die rund 100000 Nachkommen haben. Geht die Reproduktion der Individualität dieser Zuchttiere so weiter, kann einmal die Zeit kommen, in der jedes Kalb in einem bestimmten Land oder einer Region nur noch Verwandte hat, so daß es zur Verwandtschaftszucht mit allen dazugehörigen negativen Resultaten kommt. Vorerst droht diese Gefahr noch nicht, doch wird sie einkalkuliert, und es werden Maßnahmen getroffen, die den ungünstigen Einfluß eindämmen oder verhindern sollen.

Unschätzbar sind die Rinder in ihrer einzigartigen Fähigkeit, Rauhfutter (Stroh, Heu, Gras) in hochwertige, für die menschliche Ernährung wichtige Tierprodukte umzusetzen. Außer den übrigen domestizierten Wiederkäuern, den Schafen und Ziegen, ist dazu keine andere domestizierte Tierart in der Lage. Die Fähigkeit der Rinder, energetisch minderwertige Nahrung zu verarbeiten und zu verwerten, wird durch den besonderen Bau des Verdauungstrakts ermöglicht. Vor dem eigentlichen Magen, dem Labmagen (Abomasus), werden von einer Speiseröhrenwölbung mächtige Vormägen gebildet, die Pansen (Rumen), Netzmagen (Reticulum) und Blättermagen (Omasus) heißen. Jeder ist mit einer typisch geformten Schleimhaut ausgekleidet, doch die Verdauungssäfte bildenden Drüsen sitzen in der Schleimhaut des eigentlichen Magens, des Labmagens. Der Pansen hat ein durchschnittliches Volumen von 120 l und mehr, der Netz-

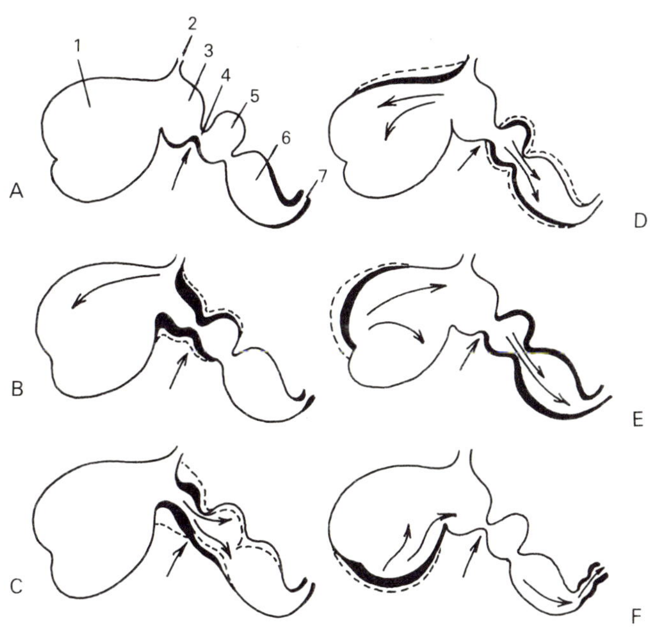

Chronologische Bewegungsfolge der Rindervormägen: 1 Pansen (Rumen), 2 Mündung der Speiseröhre in den Pansen (Kardia), 3 Netzmagen oder Haube (Reticulum), 4 Psalteröffnung, 5 Blättermagen oder Psalter (Omasus), 6 Labmagen (Abomasus), 7 Pförtner (Pylorus), Austritt in den Zwölffingerdarm; A Vormägen in Ruhe, Psalteröffnung halb geöffnet; B Haubenkontraktion, Psalteröffnung geschlossen, der unzulänglich zerkleinerte Haubeninhalt kehrt in den Pansen zurück; C bei völliger Haubenkontraktion wandert die Nahrung durch die weit geöffnete Psalteröffnung in den Psalter weiter; D die Peristaltikwelle wandert über Psalter und Labmagen weiter, gleichzeitig erfolgt eine Zusammenziehung des Pansens, sein Inhalt wandert in Pförtnerrichtung weiter; E die sich fortsetzende Pansenkontraktion hängt mit dem Weitertransport der Nahrung zusammen, die Öffnung zwischen Haube und Psalter ist leicht geöffnet. Die sich über den Labmagen fortsetzende Peristaltikwelle schiebt den Nahrungsbrei in Richtung Pförtner weiter; F durch Kontraktion des unteren Pansensacks schiebt sich die zerkleinerte Nahrung in die Haube weiter, die noch nicht wiedergekäute verbleibt im Pansen. In der Schlußphase der Peristaltikwelle wird der Labmageninhalt durch den Pförtner in den Zwölffingerdarm weitergeschickt.

magen 5–10 l und der Blättermagen 7–16 l. In den Vormägen werden die grundlegenden Bedingungen für die Verwertung der Pflanzenfasern geschaffen. Das geschieht mit Hilfe von Mikroorganismen (Infusorien und Bakterien), die in den Vormagensäcken, vor allem im Pansen, leben. Beim Rind treten 120 Infusorien- und mindestens 4 Bakterienarten auf, die alle zusammen 10% des gesamten flüssigen Panseninhalts ausmachen.

Die Voraussetzung für eine erfolgreiche Verwertung der Pflanzenfasern ist ihre Zermalmung. Diese beginnt bereits beim Wiederkäuen. Noch weiter zerkleinert wird der Nahrungsbrei, wenn er zwischen den Schleimhautpapillen des Pansens durchgedrückt wird, in der gekammerten Netzmagenschleimhaut und zwischen den Schleimhautleisten des Blättermagens. Auch der Durchgang der Infusorien zwischen den Nahrungsteilchen trägt zum Auflösen der Fasern bei. Auf das zermahlene und von den Infusorien angedaute Fasermaterial wirken dann bakterielle Enzyme ein, wobei sich die schwer verdauliche Zellulose und die übrigen Polysaccharide zu leicht verdaulichem Zucker umwandeln. Die sich im Pansen unablässig vermehrenden Infusorien sowie Bakterien gelangen mit der Nahrungsmasse in den Darm, wo sie gemeinsam mit dieser verdaut werden. Die Mikroorganismen decken so 50–70% des Eiweißbedarfs der Wiederkäuer.

Die heutigen industrieähnlichen, mit komplizierten Maschinen für die Stallarbeiten ausgestatteten Großzuchtanlagen sind einer der tiefsten Eingriffe des Menschen ins Tierleben während des ganzen Domestikationsablaufs. In keiner seiner Etappen ist es zu so großen und tiefgreifenden Änderungen der Umwelt für die Tiere gekommen wie in den letzten 3–5 Jahrzehnten. Sie alle hatten das eine Ziel: die Kosten und den menschlichen Arbeitsaufwand bei der Tierhaltung zu senken, aber mehr Produkte zu gewinnen.

In der Tierpflege und -behandlung wurden viele Arbeitsvorgänge und Maßnahmen eingeführt, die nicht immer in Einklang mit den physiologischen Bedürfnissen der Tiere stehen. Manche Intensivierungsmaßnahmen schienen zunächst sehr effektiv, haben aber auf lange Sicht ungünstige Folgen, hauptsächlich die höhere Anfälligkeit der Tiere gegen Krankheiten und die verminderte Fruchtbarkeit.

Zum Musterbeispiel für eine sehr zweischneidige Zuchtmaßnahme wurde die frühzeitige Trennung der Jungen von den Muttertieren. Bei der Kälberaufzucht wird das am deutlichsten. Bei ihrer Haltung wurde die physische Arbeit des Menschen auf ein Minimum reduziert. Fütterung und Pflege laufen vollkommen mechanisch ab; sowohl Zubereitung als auch Verabreichung des Futters sind automatisiert und computergesteuert. Jedes Kalb wird unmittelbar nach der Geburt mit einer Nummer versehen, sein ganzes Leben lang wird es dann auch wie eine Nummer behandelt, seine Individualität geht verloren. Das Ignorieren der Bedürfnisse von Jungtieren, vor allem im psychischen Bereich, schlägt sich in einer wesentlich höheren Anfälligkeit für Krankheiten, geringerer Fruchtbarkeit und niedrigerem Schlachtalter nieder, verglichen mit Tieren, die unter dem direkten Einfluß der Mutter und später in kleinen Gruppen aufgezogen werden.

Schon die ersten Minuten und Stunden außerhalb des Mutterleibes sind für das Neugeborene eine Quelle von Reizen und Erfahrungen. Die Umwelt wirkt vermittels des nicht willengesteuerten vegetativen Nervensystems auf den Organismus, das aus dem sog. sympathischen und parasympathischen Nervensystem besteht. Der Sympathikus wirkt durch Adrenalin und ähnliche Hormone auf den Organismus ein, der Parasympathikus durch das Hormon Cholin und weitere Stoffe mit ähnlicher Wirkung. Beide Hormongruppen haben einander entgegengesetzte Wirkungen. Die ersten nach der Geburt auf das Jungtier wirkenden Reize sind Angst, Hunger und Kälte, unmittelbar danach Beruhigung durch die Anwesenheit des Muttertieres. Angst, Hunger und Kälte reizen das sympathische Nervensystem zur Freisetzung von Adrenalin und ähnlichen Wirkstoffen, die Mutter stimuliert die Tätigkeit des Parasympathikus. Angst, Hunger und Kälte sind im Leben der Tiere die ersten unangenehmen Erlebnisse, die Mutter bringt die Befriedigung aller fundamentalen Bedürfnisse: Geborgenheit, Wärme und Nahrung. Das Verhältnis dieser beiden Reizgruppen bestimmt auf die Dauer den Tätigkeitstyp des vegetativen Nervensystems: Entweder sind beide Systeme im Gleichgewicht oder eins überwiegt. Da beide Systeme schon vom Existenzbeginn des Jungtieres an einen unmittelbaren Einfluß auf Ausbildung und künftige Funktion von endokrinen Drüsen und Nervensystem einschließlich Psyche ausüben, hat das Niveau der von außen kommenden Reize eine schicksalhafte Bedeutung für die weitere Entwicklung des Tieres. In der Zucht mit Großproduktionstechniken kommt das Junge mit dem Muttertier überhaupt nicht in Berührung, mit dem Menschen nur minimal. Ein Leben ohne Mutter, d. h. Frühabsetzung, ungeeignete Behandlung oder ungeeignete

Umgebung, schaffen die Bedingungen für ein Übergewicht des sympathischen Systems, das bis ins Erwachsenenstadium anhält. Die Tiere sind häufig aggressiv, zeigen unangemessene Anpassungsreaktionen, Lern- und Wahrnehmungsstörungen gegenüber psychischen und physischen Belastungen. Nach Erreichen des Lebensabschnitts, in dem sie mit dem Menschen in Kontakt kommen müssen, sind sie nicht in der Lage, diese Belastung auszuhalten und sich entsprechend anzupassen. Eine weitere Folge der neuroendokrinen Tätigkeit dieses Typs ist eine verminderte Nutzleistung. Die Tiere werden dann, da man die wirkliche Ursache ihres Zustandes nicht erkennt, als ungeeignet oder unerwünscht aus der Zucht ausgemerzt. Praktisch könnten aber eine Einschränkung der negativen Einflüsse gleich nach der Geburt und später gute Erfahrungen im Jungtieralter die genetisch gegebenen ungünstigen Anlagen eines Tieres ausgleichen.

Eine weitere und immer häufigere Folge der negativen Erfahrungen im Saugalter beim Kalb und das unausgeglichene vegetative Nervensystem bei erstkalbenden Rindern, die nie eine mütterliche Pflege kennengelernt haben, ist die Gleichgültigkeit gegenüber dem eigenen Neugeborenen. Diese Gleichgültigkeit geht nicht selten in Angst vor dem Jungen über und kann bis zu seiner Tötung führen. Es gibt Rinderzuchtbetriebe, in denen bis zu 90% der erstkalbenden Kühe sich weigerten, nach dem Abkalben ihr Junges zu belecken und zu säugen. Dort, wo das wichtigste Glied des Reproduktionsprozesses, die Mutter-Kind-Beziehung, erhalten bleibt, gibt es bei der Jungenaufzucht keine Schwierigkeiten durch geminderte Infektionsresistenz, Homosexualität, Kannibalismus, gegenseitige Milchräuberei der Kühe an den Eutern und mütterliche Verhaltensstörungen.

Hauspferd, Hausesel

(Equus przewalski f. *caballus* und *Equus africanus* f. *asinus)*

Mit beträchtlichem Zeitabstand wurde nach den schon erwähnten Tieren als einer der letzten Säuger das Pferd domestiziert. Wahrscheinlich hat seine Zähmung im 4.–3. Jahrtausend v. Chr. auf den weiten Steppen Südosteuropas im Bereich des Dnjepr-Oberlaufs und in den sibirischen Waldsteppen begonnen. Mesopotamien und Ägypten wurden rund 2000 Jahre später zu Domestikationsgebieten und erzielten die größten Fortschritte. Überreste von Pferden in chinesischen und indischen Ausgrabungen liefern keinen Beweis für ein selbständiges Domestikationszentrum in diesen Ländern. Hierher ist das Pferd über den Iran gelangt.

Über die Stammform des Pferdes wird immer noch diskutiert. Die Theorie der Abstammung von einer einzigen Urform, nämlich dem Przewalski-Pferd, gewinnt aber allmählich die Oberhand über die Ansicht vom Ursprung aus mehreren Wildpferdarten. Die Abstammung von verschiedenen Wildpferdformen kann man mit Sicherheit annehmen, doch waren diese Formen offensichtlich nur Unterarten des Przewalski-Pferdes.

Kaum ein Tier hat so tiefgreifend die Geschichte mitbestimmt wie das Pferd. Mit seiner Existenz sind nicht nur die Geschicke der Völker Eurasiens verknüpft, sondern auch beider Amerikas. Mit ihm haben ganze Völkerschaften ihre Hochblüte und ihren Untergang erlebt. Fast vier Jahrtausende lang war das Pferd ein Instrument der Mächtigen und ein Leidensgefährte der Unterdrückten. Es war ein ausgiebiger Nahrungslieferant (Fleisch und Milch), seine Haut diente zum Abdecken von Behausungen. Sehr bald nach seiner Domestikation trat er als Trag- und Zugtier an die Stelle des Rindes. Zu diesem Schluß gelangt man anhand der gleichen Geschirre, die ursprünglich für Rinder verwendet worden waren. Im 2. Jahrtausend v. Chr. wurden die ersten Pferde auch als Gespanne vor Streitwagen verwendet. Während die Last- und Zugpferde niederwüchsig und gedrungen waren, nahm man für die Streitwagen hohe und sehr schnelle Tiere. Im 1. Jahrtausend v. Chr. verwendete man sie auch schon als Reittiere, sie wurden natürlich sehr bald zu höchst wirkungsvollen und gefürchteten Helfern der asiatischen Reitervölker.

Ist von den verschiedenen Verwendungsweisen des Pferdes die Rede, darf auch der zweite historisch bedeutende Vertreter der Pferdeartigen nicht unerwähnt bleiben – der Esel. Er ist aus dem afrikanischen Esel *(Equus africanus)* um das 6. Jahrtausend v. Chr. in Nordafrika domestiziert worden, wohl in Ägypten. Er ist aber recht bald in allen seinen Tätigkeiten vom Pferd abgelöst worden, obgleich er genugsamer und anspruchsloser war als dieses. Wegen seines Wärmebedürfnisses hat sich der Esel in den kühleren und feuchteren Gebieten Europas nicht bewährt, hier hat er an Leistungsfähigkeit und Führigkeit verloren. Das warme Südeuropa, Nordafrika und Südwestasien behagen ihm, und so wurde er dort zu einem unentbehr-

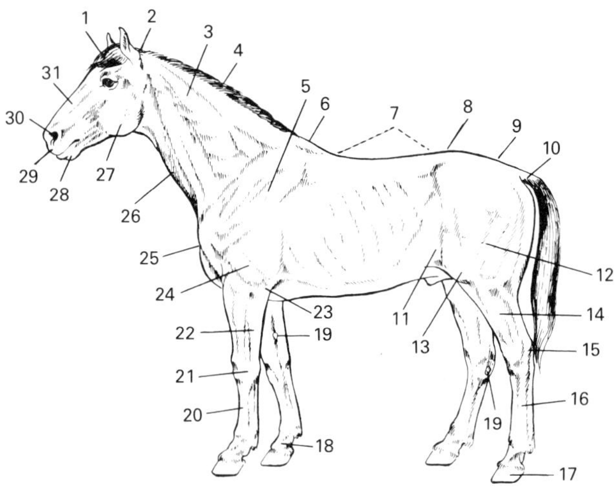

Körperteile des Pferds: 1 Scheitel mit Schopf, 2 Genick, 3 Hals, 4 Mähne, 5 Schulter, 6 Widerrist, 7 Rücken, 8 Lende, 9 Kruppe, 10 Schwanzwurzel, 11 Weiche, 12 Oberschenkel, 13 Knie, 14 Unterschenkel, 15 Sprunggelenk, 16 Hinterröhre, 17 Huf, 18 Fessel, 19 Kastanie, 20 Vorderröhre, 21 Vorderfußwurzel, 22 Unterarm, 23 Ellenbogen, 24 Schultergelenk, 25 Vorderbrust, 26 Kehle, 27 Schläfe, 28 Unterlippe, 29 Oberlippe, 30 Nüster, 31 Nasenrücken

lichen Haustier. Er trägt Lasten und Reiter, zieht Wagen, gibt eine biologisch sehr wertvolle Milch und Fleisch. Aus Eselshaut wurde das feinste Pergament hergestellt. Wegen seiner Genügsamkeit, Zähigkeit und Ausdauer wird er in diesen Gebieten mit dem Pferd gekreuzt. Die Nachkommen von Pferdestute und Eselhengst heißen Maultiere, die einer Eselstute und eines Pferdehengstes sind Maulesel. Maultiere und -esel übertreffen in vieler Hinsicht sowohl Esel als auch Pferd, vor allem in den rauhen Bergländern.

Während Rinder und Schweine im Lauf der Zeit für den Menschen immer wichtiger wurden und ihre Bestände bis auf den heutigen Tag zunehmen, ist das beim Pferd umgekehrt. Noch zu Beginn des vorigen Jahrhunderts war das Pferd eine unersetzliche Arbeitskraft. Es war nahezu das einzige Verkehrsmittel zur Personen- und Lastenbeförderung über kurze und weite Entfernungen sowohl in Friedens- als auch in Kriegszeiten. Nach der Erfindung der Dampfmaschine, später auch des Verbrennungs- und Elektromotors wurde es allmählich aus der Verwendung in der Wirtschaft verdrängt, in Land- und Forstwirtschaft war es noch bis in die Zeit nach dem Zweiten Weltkrieg ein wertvoller Helfer. In den letzten drei Jahrzehnten ist die Verwendung von Pferden auch in der Landwirtschaft stark zurückgegangen, es wird nur noch in unebenem Gelände, für bestimmte Arbeiten bei der Kultivierung ungewöhnlicher Feldfrüchte, vor allem auf kleinen Flächen, beim Transport von Lasten innerhalb der landwirtschaftlichen Betriebsanlagen usw. gebraucht. Nur in der Forstwirtschaft hat das Pferd noch seine Stellung inne. Bei der Holzabfuhr ist es immer noch ein gern gesehener Helfer, da es, anders als die Maschine, die Waldkulturen und -bestände weit stärker schont, und es außerdem in abschüssigem Gelände und tiefem Schnee noch aktionsfähig ist, wo Maschinen bereits versagen. Während die wirtschaftliche Nutzung des Pferdes in den Hintergrund getreten ist, hat der Reitsport eine unerwartete Renaissance erfahren. Immer mehr Menschen wenden ihm ihr Interesse zu, sei es als aktive Sportreiter oder als Zuschauer bei den verschiedensten Reitveranstaltungen.

All diese Veränderungen in der Nutzung haben auch zu Wandlungen in der Zucht geführt. Das ursprüngliche zahlenmäßige Übergewicht der Zugpferde ist allmählich zurückgegangen, und die Zucht orientiert sich immer mehr auf leichte Reitpferde. Allerdings ließ sich durch diese Anteilverschiebung zwischen den Rassen der Gesamtpferdebestand nicht erhalten. So sind z. B. in den EG-Ländern die Pferdebestände im Jahr 1981 auf 20% des Standes von 1951 gesunken. Seit 1970 ist aber der Rückgang in der BRD, in Dänemark, Italien und Großbritannien zum Stillstand gekommen. Dänemark, die BRD und Großbritannien verzeichnen sogar seit 1981 einen leichten Anstieg der Pferdehaltung.

Unter dem Einfluß der mannigfaltigen geographischen Bedingungen und vor allem der verschiedenen Ansprüche an die Verwendung des Pferdes ist eine große Palette von Pferderassen entstanden, die notwendigerweise irgendwie geordnet und eingeteilt werden muß. Dabei wurden mehrere Klassifizierungssysteme vorgeschlagen (nach Veredelungsgrad, Verwendung, Ursprung der Rasse usw.), doch schöpft keines restlos alle verbindlichen, für die Lenkung der Zucht bedeutsamen Aspekte aus. Am weitesten hat sich die Einteilung in Kalt- und Warmblutpferde eingebürgert. Die Bezeichnungen haben natürlich nichts mit der Bluttemperatur zu tun, sie charakterisieren nur das überwiegend ruhige bis phlegmatische Temperament der schweren, besonders zum Zug verwendeten Pferde und das lebhafte bis cholerische Temperament der leichten Reit- oder Kutschpferde. Einen ähnlich metaphorischen Charakter hat auch die Bezeichnung der Veredelungsstufe in den Ausdrücken Voll- und Halbblut. Wird ein Pferd Vollblut genannt, heißt das, daß es den Höhepunkt seiner Veredelung

Pferdetypen: 1 Kaltblut, 2 Warmblut, 3 Gebirgskleinpferd, 4 Pony

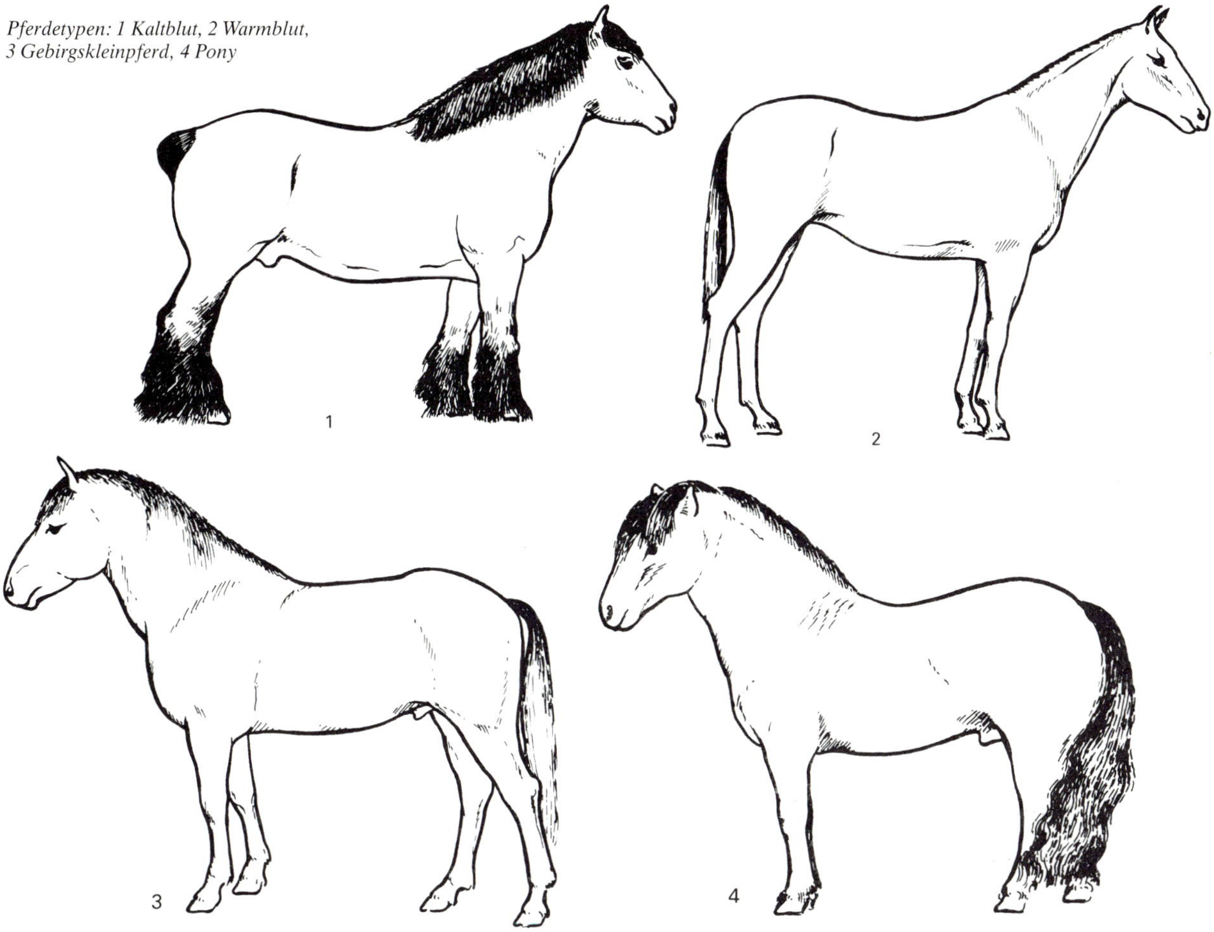

erreicht hat und durch keine andere Rasse weiter vervollkommnet werden kann. Durch die Kreuzung mit Tieren anderer Rassen verlöre es die Fülle seines Blutes und seine Zuchtqualität. Anspruch auf diese Bezeichnung haben einzig englische und arabische Pferde, die ohne jede Beimengung von Blut anderer Rassen gezüchtet werden – die Araber seit Menschengedenken, die englischen Pferde seit der Wende des 17. zum 18. Jahrhundert. Durch die Kreuzung eines englischen oder arabischen Vollbluts mit dem Pferd einer anderen Rasse entsteht ein englisches oder arabisches Halbblut. Je nach Anzahl der Vollblutpferde im Stammbaum eines Halbbluts werden diese Pferde als »hoch im Blut« und »niedrig im Blut« unterschieden. Je mehr Vollblutvorfahren ein Halbblutpferd besitzt, desto »höher steht es im Blut«. Diese Blutsanteile werden in Prozenten ausgedrückt.

Ein reinrassiges Pferd kann jeder Angehörige einer Rasse sein, sofern er unter den näheren Vorfahrensgenerationen kein Blut einer anderen Rasse hat. Reinrassigkeit bedeutet also nicht Vollblütigkeit.

Als die edelsten und schönsten Pferde der Welt gelten die Araber. Das Araberpferd hat harmonische Körperformen, einen gutmütigen Charakter und dabei ein lebhaftes Temperament, ist genügsam in der Ernährung, widerstandsfähig gegen Klimaeinflüsse und ausdauernd. Diese Eigenschaften machen es für die Araber zu einem unentbehrlichen Helfer ihres täglichen Lebens. Araberpferde sind überall dort begehrt, wo vergleichbare Klimabedingungen wie in ihrer Heimat herrschen. Meist ist aber für die Züchter in Europa und Übersee das arabische Vollblut (oder Halbblut) weder als Arbeits- noch als Sportpferd geeignet, da es klein und leicht ist. Als Reitpferd entspricht es dem Reitstil der Araber, beim kultivierten Reiten ist es jedoch schwer führig, da es den Hals aufgerichtet und den Kopf waagerecht trägt. Als Wagenpferd ist es nur zu allerleichtestem Zug fähig, da diese Pferde nie zu schwerer Zugarbeit herangezogen worden sind und Widerwillen dagegen empfinden. Die eigentliche Bedeutung des Araberpferdes liegt woanders. Es dient zur Veredelung anderer Pferde-

Auffußen des Pferdes im Trab (1) und Paßgang (2)

rassen, da es seine hervorragenden Eigenschaften auf sie überträgt. Auf diese Weise hat es die Pferderassen auf der ganzen Welt schnell und optimal. Durch sein Verdienst ist in Verbindung mit englischen Stuten um die Wende vom 17. zum 18. Jahrhundert eine zweite Vollblutrasse entstanden – das englische Vollblut. Diese Verbindung hat die schnellsten Pferde der Welt hervorgebracht, die ihrerseits noch stärker als das arabische Vollblut die Pferdezucht in allen Ländern der Welt beeinflußt haben.

Das englische Vollblut wird seit mehr als 200 Jahren immer wieder unter den verschiedensten Bedingungen auf den Rennbahnen in seiner Schnelligkeit erprobt. Grundlegende selektierende Wettkämpfe sind die sog. klassischen Rennen. Das sind Flachrennen für gleichaltrige, meist dreijährige Pferde mit gleichem Sattelgewicht über Distanzen von 1000–3200 m. Dabei wird sorgfältig das sog. Speed bewertet. Darunter versteht man die Fähigkeit eines Pferdes, in der Endphase des Rennens seine Geschwindigkeit beträchtlich zu steigern. Sie hängt nicht nur von der physischen Leistungsfähigkeit ab, sondern auch von der psychischen Festigkeit und Widerstandsfähigkeit. Diese hoch geschätzte Eigenschaft wird eindeutig auf die Nachkommen vererbt und ist zum Hauptkriterium für die Zuchtauswahl geworden. Sie hat das englische Vollblut zum konstitutionsstärksten Pferd der Welt gemacht. Die enorme Schnelligkeit (die Pferde erreichen eine Geschwindigkeit von 70 km/h) wurde jedoch mit der geringen Widerstandskraft gegen ungünstiges Klima, verschiedene Erkrankungen und Ernährungsmängel bezahlt.

Für Hindernisrennen kommen Vollblutpferde weniger in Betracht. Sie werden in langsamerem Tempo geritten und erfordern eine andere Vorbereitung. Beim Überwinden von Hindernissen werden andere Anforderungen an eine koordinierte Tätigkeit der einzelnen Muskelgruppen gestellt als bei der reinen Tempoentwicklung. Hindernisrennen, vor allem der Steeplechase (Rennen mit besonders schwierigen Hindernissen), die Military (Vielseitigkeitsprüfung, bestehend aus Steeplechase, Dressur, Geländeritt und Parcoursreiten) sind für wertvolle Vollblutpferde auch deshalb ungeeignet, weil sie eine große Verletzungsgefahr bergen und daher ein Pferd zuchtungeeignet machen können. Solche Wettkämpfe werden mit Halbblutpferden und zuchtgeeigneten Tieren der übrigen leichten Reitpferderassen beschickt, denn sie gehören mit zur Nutzleistungsprüfung.

Die Zuchterfolge des englischen Vollbluts beruhen nicht nur auf der strengen Auswahl hinsichtlich der Leistung. Die Pferde werden komplex beurteilt, d. h. einschließlich Körperbau und Qualität der Nachkommen. Heute gibt es kein einziges Land mit Pferdezucht, in dem nicht englisches Vollblut gehalten würde. Spitzenniveau erreicht ihre Zucht derzeit bei den Franzosen und Engländern, auch in der BRD wird die Zuchtqualität immer besser.

Kaltblutpferde unterscheiden sich beträchtlich in Körperbau, Konstitution und Temperament von den Warmblutpferden. Das sind Pferde verschiedener Größe, meist mit großem Rahmen, großem, grobem Kopf, kurzem, starkem Hals, kaum merklichem Widerrist, weichem, breitem Rücken und ebensolchen Lenden, kurzer, breiter, abschüssiger Kruppe, die höher ist als der Widerrist. Die Gliedmaßen sind stark, lymphatisch, mit wenig hervortretenden Gelenken und kräftig entwickelten Behängen. Der ganze Körperbau ist weit besser an einen schweren Zug als an eine schnelle Fortbewegung angepaßt. Die meisten heutigen Rassen dieser Gruppe enthalten auch ein geringes Maß von Warmblut, und zwar von englischem oder arabischem Warmblut. Eine ungeklärte Stellung nimmt hier der Haflinger ein. Er wird von einigen Forschern zum Kaltblut gerechnet, von anderen zu den sog. Gebirgspferden. Eine eigenwillige und gleichzeitig die kleinste Gruppe sind die Nordlandpferde. Sie sind klein, im Widerrist 120–130 cm hoch, im Äußeren recht unausgeglichen. Ihre gemeinsamen Merkmale sind Genügsamkeit, Widerstandskraft gegen Witterungseinflüsse und Langlebigkeit.

Auch bei der Reproduktion der Pferde ist man zur künstlichen Besamung übergegangen. Sie wird aus den gleichen Gründen und nach den gleichen Prinzipien durchgeführt wie bei den schon genannten Haustieren, ist aber noch nicht so verbreitet wie bei Rindern und Schweinen. Sexualpartner des Hengstes ist die brünstige Stute, der Samen wird in einer künstlichen Scheide aufgefangen. Die Masse des ejakulierten Samens schwankt zwischen 30–200 ml. Zur Insemination wird ein Ejakulat verwendet, das in 1 ml mindestens 200 Millionen Spermien enthält. Unmittelbar nach der Entnahme wird das Sperma mit einem Spezialmittel im Verhältnis 1:3 bis 1:4 verdünnt. Besamt wird sowohl mit frischem als auch mit kurz- bzw. langzeitig in Flüssigstickstoff konserviertem Sperma.

Hauskatze

(Felis silvestris f. *catus)*

Um Ort und Zeit der Domestikation der Katze ranken sich immer noch viele Unklarheiten. Gesicherte Beweise gibt es für die Zeit vom 3. Jahrtausend bis in die zweite Hälfte des 2. Jahrtausends v. Chr. in Vorderasien. Wahrscheinlich ist es aber auch schon früher und an mehreren Stellen auf einmal zur Domestizierung gekommen. In Mittel- und Nordeuropa wurde die Existenz der Katze erst nach dem 6. Jahrhundert n. Chr. erwähnt.

Bei der Katze ist die Mehrzahl der Forscher geneigt, eine Abstammung von einer einzigen Stammform vorauszusetzen. Sie nehmen als Stammform aller bisherigen Katzenrassen die verschiedenen Unterarten der Wildkatze an, vor allem die Falbkatze *(Felis silvestris lybica)*, die Steppenkatze *(F. s. ornata)* und *F. s. ocreata*.

Die Zähmung der Katze verdanken wir mit großer Wahrscheinlichkeit ihrem Bestreben, so leicht wie möglich kleine Nager zu erbeuten. Das war in freier Natur weit schwieriger als auf den Abfallhaufen in der Nähe menschlicher Behausungen. So ist die Katzenhaltung die älteste Form der biologischen Schädlingsbekämpfung geworden. Die Katze war das einzige Tier, das dem Menschen nie als Nahrung gedient hat. Sehr bald nach ihrer Zähmung hielt er sie häufig aus reinem Wohlgefallen an ihrem Aussehen und Verhalten. Bei keinem der Haustiere wurde durch die Domestikation die Lebensweise der wilden Stammform so wenig unterdrückt wie bei der Katze. Außer den hochgezüchteten ausgesprochenen Zierkatzen sind Hauskatzen ohne Schwierigkeiten in der Lage, in der freien Natur zu überleben.

Im Laufe der Geschichte war die Beziehung zwischen Mensch und Katze an den verschiedenen Orten in der Welt ganz unterschiedlich. In Ägypten, Klein- und Vorderasien nahm die Liebe zur Katze oft die Form göttlicher Verehrung an. Dem Propheten Mohammed (570–632) soll seine Katze so lieb gewesen sein, daß er eher seinen Mantelzipfel, auf dem sie schlief, abschneiden ließ, um sie nicht im Schlaf zu stören, wenn er sich erheben wollte. Bei den alten Ägyptern war die Katze ein geradezu heiliges Tier. Die Europäer hatten wieder ein ganz anderes Verhältnis zu ihr. Im Mittelalter galt sie als ein falsches und hinterlistiges Geschöpf, sie war das Symbol des Bösen und wurde daher überall verfolgt, wo sie sich zeigte. Im mittelalterlichen Frankreich wären die Katzen fast ausgerottet worden, wenn sich nicht die Müller ihrer angenommen und sie als unentbehrliche Helfer gegen Mäuse und Ratten unter ihren Schutz gestellt hätten. Sie mußten allerdings für die Katzenhaltung hohe Steuern zahlen.

Die Katzenverfolgung rief im 18. Jahrhundert den Widerstand der Tierschutzvereine auf den Plan, die sich übrigens auch der herrenlosen Hunde in den Städten annahmen. Das ursprüngliche Mitgefühl mit den verfolgten Katzen ist im Laufe der Zeit in Interesse, ja Bewunderung umgeschlagen, vor allem bei Katzen mit ungewöhnlichem Aussehen und Betragen. Als die Katzen in den Haushalten immer zahlreicher auftauchten, ergab sich in der zweiten Hälfte des vergangenen Jahrhunderts die Notwendigkeit, die Katzenzucht auf eine fundierte Grundlage zu stellen und irgendwie zu organisieren. In den sechziger Jahren des 19. Jahrhunderts wurde in London unter dem Patronat des Tierschutzvereins die erste Katzenausstellung der Welt abgehalten. Trotzdem kam eine

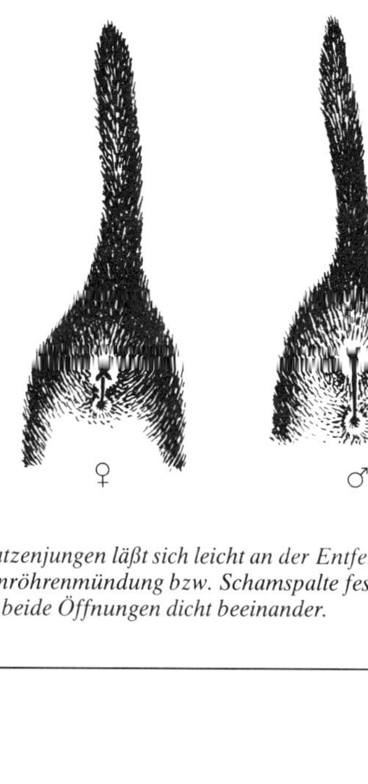

Das Geschlecht eines Katzenjungen läßt sich leicht an der Entfernung zwischen After und Harnröhrenmündung bzw. Schamspalte feststellen. Bei den Kätzchen sitzen beide Öffnungen dicht beeinander.

wirklich fachmännische und zielstrebige Zuchtlenkung nach bestimmten Veredelungsprinzipien erst nach dem Ersten Weltkrieg in England auf. Dort wurde auch der erste Katzenzüchterverband gegründet: »Governing Council of the Cat Fancy« (GCCF). Aufgrund der gewonnenen Kenntnisse hat sich die Katzenzucht auch in den anderen europäischen Ländern sowie in Amerika verbreitet und verbessert, und der Gedanke lag nahe, in der Katzenzucht eine internationale Zusammenarbeit ins Leben zu rufen und die Zuchtverfahren bzw. -methoden zu vereinheitlichen. Verwirklicht wurde diese Absicht aber erst nach dem Zweiten Weltkrieg. In Europa wurde die internationale Organisation »Fédération Internationale Féline d'Europe« (FIFE) gegründet, die die meisten europäischen nationalen Katzenzüchterverbände vereint; einige nationale Züchterverbände haben auch mehrere Klubs. Die FIFE hat die Koordination von internationalen Ausstellungen übernommen, die Vereinheitlichung und Ausarbeitung der Standards der einzelnen Katzenrassen sowie die Koordination von Zusammenarbeit und Tätigkeit der nationalen Züchterverbände.

Gegenwärtig ist die Katzenzucht am stärksten in Europa verbreitet. Hochentwickelt zeigt sie sich in den USA, obwohl hier Katzen erst seit dem 17. Jahrhundert gehalten werden. Wenn es aber darum ging, neue Rassen zu züchten, erwies sich Nordamerika häufig als Vorbild für Länder mit einer älteren Katzenzuchttradition. Auf den übrigen Kontinenten steht die Katzenzucht erst in den Anfängen. Im Laufe der Zeit wurde eine ungewöhnlich große Zahl von Katzenrassen und -varianten erzüchtet, die der Haarlänge entsprechend eingeteilt werden. Heute sind offiziell 432 Rassen und Varianten anerkannt, und es entstehen noch immer neue. Die zunehmende Zahl der Hauskatzen ist zweifellos ein Gradmesser für den sich ständig verschlechternden Kontakt des Menschen mit der Natur, sind Ausdruck des unterbewußten Bedürfnisses, das Leben durch die Gegenwart eines Geschöpfs zu bereichern, das in der Lage ist, mit seiner Zutraulichkeit die kühle Nüchternheit, Hast und Gleichgültigkeit der übertechnisierten Gesellschaft auszugleichen.

Hauskaninchen

(Oryctolagus cuniculus f. *domestica)*

Das Kaninchen ist wohl der jüngste domestizierte Säuger. Über den Ursprungsort seiner Domestikation gehen die Ansichten noch auseinander. Die einen nennen als das erste Domestikationszentrum Südosteuropa, die anderen versuchen den Nachweis für selbständige Zentren in Indien und China zu erbringen. Die Anfänge des Prozesses werden in eine Zeit von mindestens tausend Jahren v. Chr. datiert. Ob die Phönizier das Kaninchen domestiziert haben, nachdem sie es im 11. Jh. v. Chr. wildlebend in Nordwestafrika und auf der Iberischen Halbinsel entdeckt hatten, läßt sich nur schwer beurteilen. Die Archäologen halten sich mit einem Urteil zurück, ob die in menschlichen Siedlungen gefundenen Skelettreste von bereits domestizierten oder noch wilden, nur in Gefangenschaft gehaltenen Kaninchen stammen, da diese Skelette in zerstückeltem Zustand gefunden worden sind. Konfuzius erwähnt fünf Jahrhunderte v. Chr. das Kaninchen als Haustier, wohingegen es Xenophon zur gleichen Zeit und Aristoteles hundert Jahre später als Haustier nicht kennen und sein Fleisch als Wildbret bezeichnen. Kaninchen dienten also in jener Zeit zweifellos dem Menschen als Nahrung. Insbesondere Fötusse aus einer frisch getöteten Häsin oder gerade geworfene Jungtiere galten als eine unübertreffliche Delikatesse. Erst später wurden Kaninchen auch der Felle wegen gehalten. Man nimmt an, daß es sich um wildlebende Tiere gehandelt hat, die in beson-

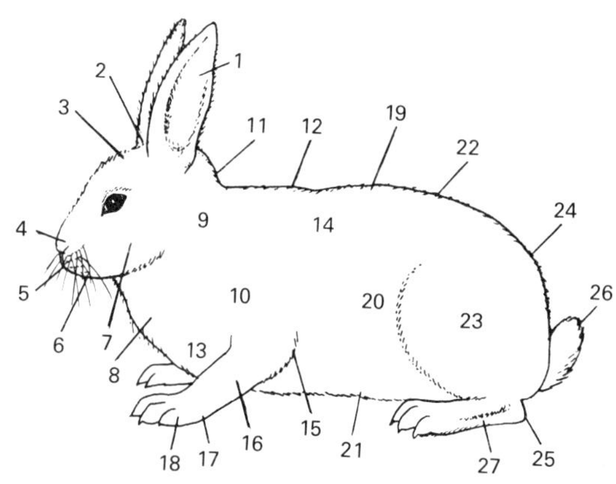

Körperteile des Kaninchens: 1 Ohren, 2 Scheitel, 3 Stirn, 4 Nase, 5 Oberlippe, 6 Unterlippe, 7 Wange, 8 Kehle, 9 Hals, 10 Schultergelenkgegend, 11 Genick, 12 Widerrist, 13 Brust, 14 Schulter, 15 Ellenbogen, 16 Unterarm, 17 Handwurzel, 18 Zehen, 19 Rücken, 20 Seite, 21 Bauch, 22 Lenden, 23 Schenkel, 24 Hinterteil, 25 Ferse, 26 Schwanz, 27 Rist

deren, als Leporarien bezeichneten Gehegen mit Bauen gehalten wurden.

Erste belegte Nachrichten über die Domestikation des Kaninchens in Europa stammen von der Wende des 12. zum 13. Jahrhundert, und zwar aus südfranzösischen Klöstern, wo Wildkaninchen bereits nicht mehr in unterirdischen Röhren wie in den römischen Leporarien gehalten wurden, sondern in ersten kunstlosen Ställen. Diese Wildkaninchen wurden dann zur Stammform aller heutigen Kaninchenrassen. Später tauchten schriftliche Nachrichten über verschiedenfarbige Fellvarianten und ein weit höheres als bei Kaninchen übliches Gewicht auf, ein Zeugnis dafür, daß es sich bereits um eine gezielte Zucht handeln mußte. Damals gab es auch die ersten Anzeichen dafür, daß Kaninchen nicht nur des Fleisches und Fells wegen, sondern auch der Haare wegen gezüchtet wurden. Die Kaninchenzucht zur Fellgewinnung gipfelte im 17. Jahrhundert; zu Beginn des 18. und besonders im 19. Jahrhundert hat sich die Zucht von neuem auf Kaninchenfleisch orientiert. Im Deutsch-Französischen Krieg 1870/71 haben die Soldaten aus dem europäischen Binnenland in den Küstengebieten die Kaninchenzucht kennengelernt und sie nach ihrer Heimkehr propagiert.

Keins der Haustiere weist eine so große Reproduktionsfähigkeit auf wie das Kaninchen. Eine Häsin ist fähig, 3mal im Jahr Junge zu setzen, in Intensivzuchten bis zu 5mal, in jedem Wurf zieht sie 6–8 Nachkommen auf. Im Schnitt sind die Hälfte davon wieder Weibchen, die im Alter von 6–7 Monaten nach etwa 32–36 Tagen Trächtigkeit selbst wieder Junge haben können. Diese Tatsache ermöglicht es, den Zuchtprozeß zu intensivieren und vor allem zu beschleunigen. Am Ende des 18. Jahrhunderts waren nur drei Kaninchenrassen bekannt (von Varianten in der Fellfärbung abgesehen), schon bald nach 1900 waren mindestens 15 Rassen erzüchtet worden. Heute ist diese Zahl auf mindestens 100 angestiegen – das alles nur dank der außerordentlichen Fortpflanzungsfähigkeit der Kaninchen.

Die Vielzahl der Rassen wurde nach verschiedenen Gesichtspunkten in Gruppen eingeteilt, je nach Nutzrichtung in Fleisch-, Fleisch-Fell-, Fell-Wollrassen, der Größe nach in Zwergrassen (bis 1,5 kg Gewicht), kleine (bis 3 kg), mittlere (bis 5 kg) und Riesenkaninchen (über 5 kg). Auch die Einteilung nach der Haarlänge wird häufig angewendet. Es gibt Kurzhaarrassen (bis 3 cm), normalhaarige (3–4 cm) und langhaarige (über 4 cm).

In der Gegenwart wird das Kaninchen als Tier mit kombinierter Nutzung gehalten – nicht ausschließlich für Fleisch oder Fell, evtl. für Wolle. Viele Rassen werden auch aus Liebhaberei gezüchtet. Daneben ist das Kaninchen ein wichtiges Laboratoriumstier.

Kaninchenfleisch ist hell, hat einen weniger intensiven Geschmack als das Fleisch von Wildkaninchen oder Hasen, ist aber fein und für Diät geeignet. Sein Geschmack läßt sich durch die Zubereitung überraschend vielseitig unterstreichen. Aus diätetischer Sicht besteht sein großer Vorzug im sehr niedrigen Cholesteringehalt. 100 g Kaninchenfleisch enthalten nur 25 mg Cholesterin, Rindfleisch 37–48 mg, fettes Schweinefleisch bis zu 120 mg. Das Schmalz von Mastkaninchen gibt ein ausgezeichnetes Backfett ab.

Für die Pelzindustrie sind die Kaninchenfelle ein ganz wichtiger Rohstoff. Gegerbt lassen sie sich ohne weiteres Scheren oder Färben zu sog. »Kaninchen Natur« verarbeiten. Meist werden die Felle aber, vor allem die von farbigen Tieren, in komplizierten technischen Verfahren aufbereitet. Am begehrtesten sind weiße und einfarbige Felle mit dichter Unterwolle; sie dienen zur Herstellung von Imitationen teurer Exotenpelze.

Bei der gerbtechnischen Verarbeitung der Häute fällt das Haar ab. Das Fellhaar von 3–6 Kaninchen liefert den Rohstoff für einen Filzhut. Die enthaarten Häute einiger Rassen lassen sich für Schuhe, Handtaschen, Geldbörsen usw. verwenden. Aus dem Abfall von Haar und Häuten wird hochwertiger Leim hergestellt. Kaninchenmist ist eine wertvolle Kompostbeigabe, denn von einem mittelgroßen Kaninchen kann man im Jahr so viele Nährstoffe gewinnen, wie in 4 kg Salpeter, 3 kg Superphosphat und 10 kg Kainit enthalten sind. Die Verwertung von Nährstoffen aus Abfällen und minderwertigen Beständen ist beim Kaninchen ausgiebiger als beim Rind, da es zur Erzielung von 1 kg Lebendmasse nur drei Viertel der Nährstoffe braucht, die zum Gewinn von 1 kg Rinder-Lebendmasse nötig sind.

Heute gibt es Kaninchen-Großzuchtbetriebe, in denen mehrere tausend Tiere gehalten werden. In den meisten Ländern liegt das Schwergewicht der Zucht jedoch in den Händen der Kleinzüchter, für die das Kaninchen ein dankbares und rentables Tier ist, da es auch manche Küchen- und Gartenabfälle verwerten kann.

Pelztiere

Pelztiere sind als Wirtschaftstiere erst an der Wende vom 19. zum 20. Jahrhundert aufgetaucht. Anfangs wurden sie eher nur sporadisch gehalten, stärker verbreitet haben sie sich nach dem Ersten Weltkrieg. Ihre Zucht hat sich zunächst in den küstennahen Landstrichen entwickelt und sich später auch ins Binnenland ausgedehnt. Am Anfang stand die Kleinzucht, oft sogar die Zucht aus Liebhaberei, doch hat sie bei einigen Pelztierarten nach und nach den Charakter einer in Tierfarmen organisierten landwirtschaftlichen Produktion angenommen. Die Amateurzucht ist dabei aber nicht verschwunden.

Bei der Pelztierhaltung werden mit Erfolg zweitrangige Futterquellen genutzt, wie Gemüseabfälle, Unkraut, junges Schilf, Schnittabfall von Obstbäumen, Fallobst, Abfälle aus Schlachthöfen, Betrieben zur Geflügel- oder Fischverarbeitung, Konservenfabriken usw.

Am weitesten verbreitet ist die Zucht von Sumpfbibern, Nerzen, Silber- und Blaufüchsen, in geringerem Umfang werden Chinchillas, Bisamratten, Marder, Iltisse und Waschbären gehalten. Alle diese Tiere werden in erster Linie wegen ihrer Felle gezüchtet, bei Bisamratten und Sumpfbibern wird als wertvolles Nebenprodukt auch das Fleisch verwertet. Unter Fell versteht man die abgezogene und getrocknete Haut. Von allen genannten Tieren wird das Fell gewonnen, indem es gepelzt wird, das heißt, es wird an den Hinterkanten der Hintergliedmaßen aufgeschlitzt und dann im Ganzen über Rumpf und Kopf gezogen, meist bleiben dabei Schnauze, Krallen, Ohren und Nase des Tiers erhalten. Dann wird das Fell auf einem Spanner getrocknet. Durch die Weiterverarbeitung, das Gerben, wird es zu Pelzwerk. Die Pelzqualität kann beim Töten des Tieres beträchtlich leiden. Deshalb sind die verschiedensten Geräte konstruiert worden, die das schnelle und schonende Töten ermöglichen und Pelzschäden verhindern. Für die verschiedenen Pelzarten wurden Standards ausgearbeitet, in denen die Anforderungen an Qualität, Farbe und Größe festgelegt sind.

Beim Sumpfbiber wird das Bauch- und nicht das Rückenfell bewertet. Am Bauch sitzen auf $1\,cm^2$ 15000–20000 Haare, auf dem Rücken hingegen nur 9000–12000. Verlangt wird, daß die Unterwollhaare auf der Bauchmitte eine Länge von 16 mm erreichen und voll von einer starken Schicht aus robustem Grannenhaar verdeckt werden. Da zuerst die Unterwolle wächst, immer dichter wird und dann erst die Begrannung, muß mit dem Töten des Tieres bis zu einem Alter von 9–12 Monaten gewartet werden. Hochwertige Pelze werden nicht nur mit Winterfellen erzielt; bei den meisten wohlgenährten Pelztieren bildet sich auch in den Übergangszeiten ein gutes Fell.

Der Sumpfbiber hat ein außerordentlich schmackhaftes und diätetisch hochwertiges Fleisch von dunkelrosa Färbung. Aus seinen Nagezähnen werden Schnallen hergestellt, aus der Haut der Schwänze Schlangenhautimitationen. Sumpfbiber werden in Käfigen oder Auslaufgehegen mit einer Badegelegenheit gehalten. Auch mit der reinen Käfighaltung ohne Wasser werden bereits Versuche angestellt, doch sind die Ergebnisse widersprüchlich.

Die Bisamratte weckte erst nach dem Ersten Weltkrieg größeres Interesse. Ihre Haltung im Kleinen ist nicht in allen Ländern Europas zulässig, häufig ist die Käfighaltung vorgeschrieben. Außer den Fellen kommt auch ihr Fleisch auf den Markt.

Silber- und Blaufüchse sind die am häufigsten gehaltenen Edelpelztiere. Das Interesse an ihrer Zucht ist immer noch groß, da ihre Felle hohe Preise erzielen. Mit der Blaufuchszucht auf Farmen wurde schon gegen Ende des vorigen Jahrhunderts begonnen, indem die Tiere auf den Inseln im Nördlichen Eismeer halbwild in weiten Ausläufen gehalten wurden, wo sie sich spontan fortpflanzen konnten. Die Entwicklung der Käfigzucht setzte erst in den 20er und 30er Jahren dieses Jahrhunderts ein, doch stand der Blaufuchs immer an der zweiten Stelle hinter dem Silberfuchs. Ende der 50er Jahre setzte ein Blaufuchs-Boom ein, der zeitweilig den Silberfuchs vom Markt verdrängt hat. Bei der modernen Veredelung gilt die Bemühung der Züchter einem ausgeglichenen Farbton des Blaufuchsfells. Am wertvollsten ist Pelzwerk mit weißlichgraublauer Unterwolle und gleichfarbiger Grannenhaarunterpartie; der über die Unterwolle hinausragende Teil der Begrannung ist dunkler und bildet einen kontrastierenden Schleier. Ein wenig ausdrucksvoller Schleier, dessen Grannenhaare mehr als 3 cm über die Unterwolle hinausragen, Verbleichen oder ein brauner bis gelblicher Farbton der Unterwolle setzen den Wert eines Fells erheblich herab.

Auch die Silberfuchszucht begann Ende des vorigen Jahrhunderts und konzentrierte sich auf die silbernen Varianten der kanadischen Rotfuchs-Unterart *(Vulpes vulpes fulva)*. Anfänglich wurde dieser Silberfuchs in fast schwarzer Farbe gezüchtet, nach und nach richtete sich seine Veredelung aber auf eine Vervollkommnung des Silbertons. Durch die Auswahl von Tieren mit schwarzer Pigmentierung ist es in den dreißiger Jahren gelungen, den Platinfuchs zu erzüchten, dessen Pelz sehr schnell zu einer viel gefragten Modeware wurde. Der Exklusivität und Attraktivität dieses Pelzes entsprechen seine Preise. Auf einer Auktion 1940 in New York wurde ein einziges Platinfuchsfell für 11000 US-Dollar versteigert. Ihren Höhepunkt hat die Silberfuchszeit in den Jahren 1938–1940 erreicht, dann ging sie zurück, da die Beliebtheit der Nerz- und Blaufuchspelze anstieg. In der letzten Zeit sind aber die Silberfüchse wieder im Kommen. Der letzte Schrei der Pelzmode sind rostrote Rotfuchs- sowie sog. Kreuzfuchsfelle, die durch die Kreuzung von Rot- und Silberfüchsen entstehen.

Beim Silberfuchs gilt eine unzureichende Durchsilberung des Fells (unter 75% der Körperoberfläche) als Pelzfehler. Ein richtig durchsilbertes Fell hat Deck- und Grannenhaare mit schwarzen Spitzen, unter denen in Richtung auf die Haut ein annähernd 1,5 cm langer, weißer Haarabschnitt sitzt. Das verleiht dem Fell den Silberton. Der Rest unter dem weißen Abschnitt ist bis auf die Haut schwarz. Die Unterwolle muß graublau sein. Gänzlich unerwünscht ist eine graue oder bräunliche Farbe der Begrannung. Bei den Platinfüchsen wird ein reiner Farbton ohne jegliche Andeutung von Gelb gefordert.

Alle Füchse werden auf Pelztierfarmen in Käfigen gehalten. Vielerorts wird die Zucht von Füchsen erfolgreich mit der Nerzzucht kombiniert. Die wichtigsten Voraussetzungen für den Erfolg ist hochwertiges und abwechslungsreiches Futter und ein weitab vom Straßenlärm liegender Standort.

Die Nerzfarmen datieren vom Anfang dieses Jahrhunderts. Gegenwärtig macht die Weltproduktion bis zu 24 Millionen Nerzfelle pro Jahr aus. Der Nerz ist das einzige Edelpelztier, dessen Fellpreise über Jahre hinweg unverändert hoch geblieben sind. Wegen der großen Beliebtheit der Nerzpelze haben die Züchter versucht, farblich möglichst attraktive Nerze herauszubringen. So entstanden mehrere als Reihen bezeichnete Farbschläge mit unterschiedlichem Erblichkeitsgrad der Farbe. In jeder Reihe gibt es bis zu 10 Farbmutationen, unter denen einige von verschiedenen genetisch bedingten Krankheiten begleitet werden. Den Markt bestimmt nach wie vor die Nachfrage nach der Standardfärbung, die in schwarzbrauner bis schwarzer Begrannung und dunkelbrauner bis schiefergrauer Unterwolle mit Hochglanz besteht. Außer Färbung und Glanz wird vom Haar verlangt, daß es beim Auseinanderblasen am Grund des so entstehenden Trichterchens keine Haut freigibt; toleriert wird lediglich eine winzige punktförmige Entblößung. Das Grannenhaar darf nicht mehr als ein Drittel über die Unterwolle hinauswachsen. Bei den Nerzen ist der Zeitpunkt des Tötens äußerst wichtig. Die größten Verluste entstehen bei vorzeitiger Tötung, also ehe das Fell ausgereift ist. Nerze sollten nicht vor dem 15. November und nach Anfang Dezember getötet werden. Gegenwärtig erlebt das Nerzöl eine große Konjunktur. Es wird durch Abschaben der Innenseite des Fells und von den abgezogenen Tierkörpern gewonnen. Seine Zusammensetzung ähnelt dem Schildkrötenfett, aus ihm werden ähnlich teure Kosmetikpräparate hergestellt. Von einem Tier lassen sich 100–200 g Nerzöl gewinnen.

Die Ernährung ist neben Vermehrung und Infektionsanfälligkeit (vor allem Botulismus) eines der größten Probleme bei der Nerzhaltung. Nerze brauchen eine äußerst hochwertige Eiweißnahrung, da sie einen kurzen Verdauungstrakt haben und die Nahrung nur unvollkommen verdauen – schon eine halbe Stunde nach der Fütterung geht der Kot aus dem Körper ab. Darüber hinaus stellt der Nerz ungewöhnlich hohe Ansprüche an eine Reihe von biologisch aktiven Stoffen (Minerale, Vitamine). An diesen Bedürfnissen der Tiere scheitert so mancher Zuchtamateur, dem nicht die richtigen Nahrungsquellen zur Verfügung stehen.

Baummarder, Steinmarder und Iltis stehen wegen ihres außerordentlich wertvollen und schönen Pelzwerks im Vordergrund von Versuchen, ihre Zucht zu intensivieren. Haupthindernis für eine Entwicklung der Zucht sind die immer noch nicht vorliegenden Kenntnisse über die Gesetzmäßigkeiten ihrer Reproduktion. In dieser Hinsicht wurden allerdings schon wichtige Erkenntnisse gewonnen, so daß man wohl doch auf eine Erweiterung ihrer Zucht bei Amateuren und auf Pelztierfarmen hoffen darf.

Hühner- und Entenvögel

Die wildlebenden Vögel konnten sich auf die Dauer nicht den Domestikationsversuchen des Menschen entziehen. Allerdings sind Anfänge und Verlauf ihrer Zähmung weniger sicher zu erkennen als bei den Haus-Säugetieren. Für die großen und kleinen Säuger hat man durch Skelettfunde den wahrscheinlichen Ort und auch den Anfang der Domestikation feststellen können, aber bei den Vögeln wird immer noch nach einer hieb- und stichfesten Antwort auf diese Fragen gesucht. Der Grund liegt darin, daß das beweiskräftige Skelettmaterial recht dürftig ist und ein Großteil aller Informationen aus schriftlichen Quellen oder künstlerischen Darstellungen geschöpft wird, denen sich aber Zeitangaben über die Domestikation nur schwer entnehmen lassen. Dagegen ist die Ableitung der zu Haustieren gewordenen Vögel aus den wildlebenden Stammarten wesentlich leichter als bei den Säugetieren.

Die ältesten belegten Nachrichten über die Domestikation des Bankiva-Huhns *(Gallus gallus)* stammen aus dem 5. bis 4. Jahrtausend v. Chr. aus Indien. Von dort ist das domestizierte Huhn weiter nach Westen gelangt. Um die Mitte des 2. Jahrtausends v. Chr. kam es nach Mesopotamien und noch vor dem Jahr 1400 v. Chr. nach Ägypten. Nach Europa ist es über Griechenland und Italien im 1. Jahrtausend v. Chr. gekommen.

Relativ spät, vor 3000 Jahren, ist das Perlhuhn *(Numida meleagris* f. *domestica)* domestiziert worden, aller Wahrscheinlichkeit nach in Westafrika. Nach Europa ist es im 1. Jahrtausend v. Chr. aus Nordafrika gelangt. Die Hausgans *(Anser anser* f. *domestica)* wurde schon auf ägyptischen Malereien des 3. Jahrtausends v. Chr. dargestellt. Da die Stammart – die Wildgans *(Anser anser)* – nicht in Ägypten lebt, wird angenommen, daß sie bereits früher in Vorderasien domestiziert worden ist. Die zweite zum Haustier gewordene Gans ist die Chinagans *(Cygnopsis cygnoides* f. *domestica)*, die wahrscheinlich in China vor mehr als 3000 Jahren erzüchtet worden ist.

Der Domestikationsbeginn der Wildente *(Anas platyrhynchos)* wurde mit einem gewissen Zögern auf ein paar Jahrhunderte v. Chr. datiert. Die Bestimmung eines Domestikationszentrums ist schwierig, wahrscheinlich hat es mehrere gegeben – China, Mesopotamien, Indien. Von der zweiten domestizierten Art, der Moschusente *(Cairina moschata* f. *domestica)*, ist bekannt, daß sie bereits von den Indianern zum Haustier gemacht worden war. Genaueres über Ort und Zeit ist unbekannt. Dem Anschein nach ist ihre Domestikation noch nicht abgeschlossen.

Die Urheimat der Truthühner oder Puten *(Meleagris gallopavo* f. *domestica)* ist der Südwesten Nordamerikas und Mittelamerika. Eine genauere Zeitbestimmung der Domestikation ist bislang nicht gelungen, man weiß nur, daß sie schon vor dem Auftauchen der Spanier in diesen Gebieten praktiziert wurde, denn bei deren Eintreffen hielten die Azteken und Mayas bereits eine hochgezüchtete weiße Truthahnvariante. Die Existenz der Truthühner in Europa verdanken wir den spanischen Seefahrern von der Wende des 15. zum 16. Jahrhundert.

Die Identifizierung der Geflügel-Stammarten hat der Forschung keine Schwierigkeiten bereitet. Das Haushuhn stammt eindeutig vom wilden südasiatischen Bankiva-Huhn *(Gallus gallus)* ab, das Perlhuhn vom afrikanischen Helmperlhuhn *(Numida meleagris)*, die Pute vom wilden Truthahn *(Meleagris gallopavo)*. Die Urmutter aller Hausgansrassen war eine vorderasiatische Subspezies der Graugans *(Anser anser)*, die der Chinagans war die sibirische Schwanengans *(Cygnopsis cygnoides)*, der Vorläufer der meisten Hausentenrassen war die Wildente *(Anas platyrhynchos)*. Die Hausmoschusente hat die südamerikanische große Moschus- oder Warzenente *(Cairina moschata)* zur Stammform.

Vögel haben für den Menschen dieselbe Bedeutung wie die Säugetiere. Zunächst lieferten sie Fleisch, später wurden auch ihre Eier verwertet. Gegenwärtig bringt die Geflügelzucht – sowohl die Zucht von Hühner- (Hühner, Trut- und Perlhühner) als auch von Entenvögeln (Enten, Gänse) – einen vielfachen wirtschaftlichen Nutzen.

Nach dem Zweiten Weltkrieg nahm die Produktion von jungem, schnell gemästetem Schlachtgeflügel einen steilen Aufschwung. Für den Bedarf dieser Schnellmast wurden daher bei allen Arten von Hühner- und Entenvögeln besonders veranlagte Rassen erzüchtet. Mit der Durchzüchtung spezieller Legerassen stieg auch die Eierproduktion spürbar an. Dadurch hat das Geflügel in der Produktion von tierischem Eiweiß die führende Stelle erlangt.

Wichtig ist auch die Produktion von Federn, vor allem der Gänsefedern, die als Füllmaterial für Federbetten, Daunenbekleidung usw. dienen. Bisher wird die Bedeutung des Geflügels als ein natürlicher und ungeheuer wirksamer Helfer bei der Bekämpfung von

Pflanzenschadinsekten (Kartoffelkäfer, Rüsselkäfer, Kohlerdflöhe usw.) leider noch unterschätzt. Vor allem die Puten und Perlhühner sind in dieser Hinsicht unübertrefflich. Die heutige Großproduktionsweise der Geflügelhaltung vereitelt diese Nutzung der Tiere, sie blieb nur den kleinen Züchtern vorbehalten.

Wassergeflügel, vor allem Enten, sind in der Lage, Teiche gänzlich von der kleinen Schlammschnecke *(Galba truncatula)* zu befreien, einem Zwischenwirt des Leberegels *(Fasciola hepatica)*, der in der Leber von domestizierten und wildlebenden Wiederkäuern parasitiert.

Ein sehr gefragtes Abfallprodukt der Geflügelhaltung ist der im spezialisierten Gartenbau verwendete Geflügelkot; er wird in beachtlichen Mengen produziert. Auf Nährstofftrockenmasse umgerechnet, gewinnt man im Jahr von einem Huhn 17 kg, von einer Pute 20 kg, einer Ente 18 kg und einer Gans 31 kg Düngekonzentrat.

Das wichtigste Produkt des Haushuhns sind die aus der menschlichen Ernährung nicht wegzudenkenden Eier. Sie enthalten leicht verdauliche Tiereiweiße, Fette, fettähnliche Stoffe (Lecithin), Vitamine und Mineralien. In der pharmazeutischen Industrie sind Hühnereier ein Rohstoff für Arzneimittel. Eine ganze Reihe von Impfstoffen wird aus Mikroorganismen hergestellt, die auf Hühnerkeimlingen gezüchtet worden sind. Die Lederindustrie braucht große Mengen von Eiern zur Behandlung der feinsten und wasserundurchlässigen Lederarten. In der Textilindustrie wird getrocknetes Eiweiß als Festiger bei der Gewebefärberei verwendet. Die chemische Industrie braucht Eier zur Herstellung von Farbstoffen, Klebern, Polituren u. ä.

Außerordentlich wichtig für den Menschen ist das Geflügelfleisch, in vergangenen Zeiten war es als Nahrungsmittel weniger geschätzt als heute. Während früher vor allem das Fleisch erwachsener Vögel verzehrt wurde, ist das heute anders. Der Verbrauch an Geflügelfleisch steigt auf der ganzen Welt. Verglichen mit dem Jahr 1970 sind die Geflügelzahlen weltweit um annähernd 40–45% gestiegen, die Rinder- und Schweinebestände hingegen nur um 13–16%. Das hängt mit dem steigenden Lebensstandard der Menschen und den ökonomischen Vorzügen der Geflügelzucht zusammen. Das Geflügel, besonders die Masthühnchen, wandeln das im Futter enthaltene Eiweiß zu 20–23% in Eigeneiweiße um, Schweine hingegen nur zu 12–15% und Rinder sogar nur zu 3–5%. Darin besteht der Vorzug der Geflügelhaltung, denn die Eiweißkomponente des Futters ist der kostspieligste Anteil.

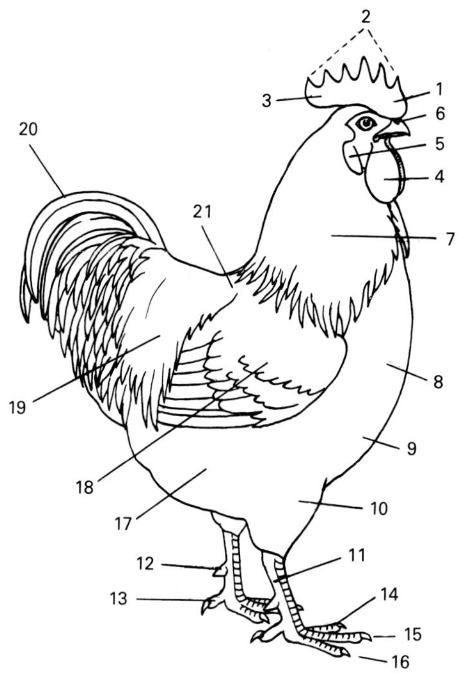

Körperteile des Hahns: 1 Kamm, 2 Zacken, 3 Fahne des Kamms, 4 Kehl- oder Kinnlappen, 5 Ohrscheibe, 6 Nasenlöcher, 7 Halsbehang, 8 Kropf, 9 Brust, 10 Wade, 11 Lauf, 12 Sporn, 13 erste Zehe, 14 zweite Zehe, 15 dritte Zehe, 16 vierte Zehe, 17 Bauch, 18 Flügel, 19 Sattelbehang, 20 Schwanzfedern, 21 Rücken

Seitdem der Mensch nicht mehr so viel physische Schwerarbeit zu leisten hat und den Vorteil einer gesünderen Ernährungsweise einzusehen beginnt, hat er sich mehr und mehr von schweren, fetten Fleischsorten abgewandt zugunsten von magerem, kalorien-

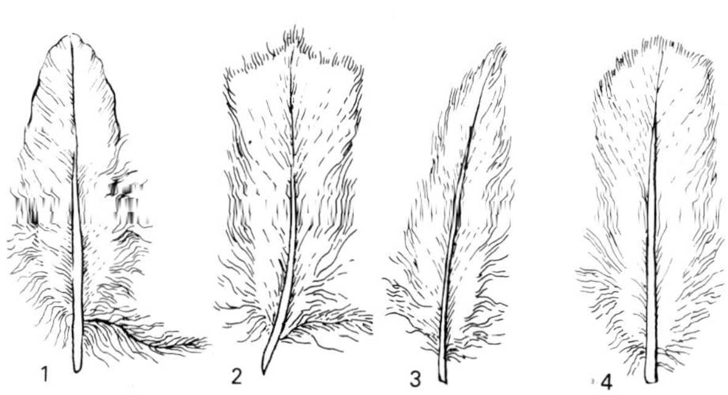

Deckfeder des Huhns (1), der Pute (2), der Ente (3) und der Gans (4)

ärmerem Geflügelfleisch, vor allem von Hähnchenfleisch. Bezüglich des Energiegehalts hat Hühner- und Putenfleisch den niedrigsten Wert. Entenfleisch ist zu 50%, Gänsefleisch genau wie Rindfleisch zu 200% und Schweinefleisch zu 400% kalorienreicher als Hühnerfleisch. Diese Unterschiede kommen durch den niedrigen Fettgehalt des Hühnerfleisches zustande (4–15%). Verglichen mit dem Fett der Säugetiere enthält das Geflügelfett viel mehr an notwendigen, günstig auf den Organismus wirkenden ungesättigten Fettsäuren. In dieser Hinsicht ist das Entenfett überhaupt am wertvollsten. Der Energiewert des Geflügelfleischs ist vom Alter abhängig. Je jünger die Tiere, desto fettärmer das Fleisch, außerdem bildet das Fett hier keine zusammenhängende Schichten, sondern durchsetzt das Fleisch fein und gleichmäßig. Das ist einer der Gründe dafür, daß Geflügel als Diät- und Schonkost bevorzugt wird. Der hohe diätetische Wert des Geflügelfleisches beruht außerdem auf seinem höheren Anteil an Eiweißstoffen und essentiellen Aminosäuren verglichen mit Rinder- und Schweinefleisch. In dieser Hinsicht ist Putenfleisch am besten.

Aus dem ursprünglich für Fleisch und Eier gehaltenen Huhn wurden nach und nach Rassen mit nur einer Nutzrichtung, d. h. mit Fleisch- oder Eierproduktion, erzüchtet. Das bedeutet aber nicht, daß das zweite Produkt, d. h. die Eier des Fleischhuhns und das Fleisch des Legehuhns, ungenutzt bliebe, es hat nur eine untergeordnete Bedeutung.

Hühner mit einseitig hochgezüchteter Nutzleistung werden vor allem in Großzuchtbetrieben mit Industriecharakter gehalten, in denen turnusmäßig in speziell ausgestatteten Hallen Zehntausende von Tieren untergebracht werden. Die Kleinzüchter hingegen bevorzugen Rassen mit kombinierter Nutzung.

Die vielen verschiedenen Haushuhnrassen werden anhand von charakteristischen Eigenschaften oder Merkmalen in Gruppen eingeteilt. Das geläufigste Kriterium ist die Nutzung. Daneben tritt häufig noch die Zugehörigkeit zu einer der Gewichtskategorien, so daß leichte Legerassen, Rassen mit kombinierter Nutzung (Fleisch-Legerassen) und schwere Fleischrassen zustandekommen. Weniger häufig werden die Rassen nach dem Entstehungsort, dem Körperbau oder nur nach dem Gewicht eingeteilt. Eine Sondergruppe unter den Hühnern sind die Zierrassen. Sie werden aus Liebhaberei gehalten, entweder ihrer attraktiven Befiederung wegen (Paduaner, dreifarbiges Orlow-Huhn) oder wegen ihrer Körperform (Shamo-Kampfhuhn). Zwar ist das Hauptmotiv für ihre Haltung das interessante Aussehen, doch ist auch ihr Nutzen nicht unerheblich. Aus diesem Grund werden sie von manchen Fachleuten auch der Nutzung entsprechend eingeordnet.

Zu den Zierrassen werden vielfach auch die sog. Zwerghuhnrassen gezählt, die aus normalwüchsigen Rassen erzüchtet worden sind (Altenglisches Zwergkampfhuhn, Deutsches Zwerghuhn u. a.). Die Zucht dieser Hühner hat außer dem Vergnügen an ihnen auch neue Erkenntnisse gebracht, die für die Rationalisierung und Verbesserung der Hühnerzucht in den Großbetrieben wichtig waren. Beim Vergleich des Futterverbrauchs von kleinen und großen Rassen hat sich gezeigt, daß die Tiere der großwüchsigen Rassen einen weit größeren Verbrauch haben als ihrem wirklichen biologischen Bedarf entspricht, sowohl bei der Aufzucht als auch während des Legens. Dabei stellte sich heraus, daß dies vor allem bei den Hennen von Fleischrassen der Fall war (besonders bei den Mast-Mutterhennen). Darüber hinaus stellen diese Hennen auch höhere Ansprüche an die Einstallung, was ja gleichfalls kostensteigernd wirkt. Daher ist man in letzter Zeit dazu übergegangen, bei den zum Mästen bestimmten Fleischrassen kleine Legehennen zu erzüchten. Zu diesem Zweck werden kleine Hennen ausgewählt, bei denen durch eine genetische Analyse das Zwergwüchsigkeitsgen »dw« nachgewiesen ist. Diese Minihennen werden im Alter von 23 Wochen und bei einem Gewicht von 1,8 kg (normalwüchsige Hennen wiegen in diesem Alter 2 kg) mit normal gewachsenen Fleischhähnen gepaart und beginnen mit der Legetätigkeit, die wie bei normalen Hennen in der 62. Woche endet. In diesem Zeitraum legen sie durchschnittlich 157 Eier (bei normalwüchsigen liegt der Durchschnitt bei 150–170) und erreichen ein Gewicht von 2,3–2,7 kg (normale Legehennen 3–3,5 kg, je nach Rasse). Der Prozentsatz der brutfähigen Eier ist bei beiden Hennen der gleiche, d. h. 82–92%. Die aus den Eiern der Minihennen geschlüpften Küken beider Geschlechter werden bis zur 6.–8. Lebenswoche auf ein Gewicht von 1,4–1,8 kg gemästet und dann geschlachtet; die Junghennen können aus der Mast ausgesondert und weitergezüchtet werden.

Die Junghühneraufzucht und die Legetätigkeit der Hennen werden allgemein sehr stark vom Licht beeinflußt. Grundsätzlich gilt, daß eine Verkürzung des hellen Tages die Geschlechtsreife hinauszögert, eine Verlängerung jedoch beschleunigt. Die meisten Fachleute neigen zu einer Helligkeitsperiode von 23–24

Stunden täglich während der ersten Lebenswoche, ab der zweiten Woche werden 14 Stunden Licht empfohlen. Mit der 24. Woche und der einsetzenden Legetätigkeit soll mit einer Verlängerung der täglichen Helligkeitsperiode um eine halbe Stunde je Woche begonnen werden, bis 18 Stunden erreicht sind.

In letzter Zeit erlebt die Perlhuhnzucht einen Aufschwung. Fleisch und Eier haben ganz hervorragende diätetische Eigenschaften. Das Fleisch zeichnet sich durch einen hohen Gehalt an Aminosäuren aus, die Eier durch viel Vitamin A. Daher erscheinen sie immer häufiger auf dem Speiseplan von Krankenhäusern, Kindererholungsheimen, Diätküchen usw. Was die Wirtschaftlichkeit angeht, wurden die Perlhühner zu einem recht aussichtsreichen Geflügel, nachdem gewisse Fortschritte mit ihrer Veredelung erzielt worden waren und sich die Kenntnisse über ihre Reproduktion verbreitet haben. Ihre Großproduktion läuft überall auf der Welt an. Das Perlhuhn ist eine der wenigen Haustierarten, die nicht in Gruppen oder Rassen eingeteilt werden, es hat nur Farbvarianten.

Das größte und mächtigste Geflügel ist das Truthuhn oder die Pute. Eine Zuchtpute kann heute so viele Mastküken liefern, daß deren Fleisch im Jahr ein Gewicht von 320–400 kg ausmacht. Puten sind ausschließlich Fleischtiere, ihre Eier werden nicht verwendet. Bei der Klassifizierung der einzelnen Putenrassen gibt es nur ein einziges Kriterium – das Gewicht; und so gibt es auch nur drei Gruppen: große, mittlere und kleine Rassen.

Unter den Geflügelarten gehört die Ente zu den Vögeln mit der breitesten Nutzung. Die Enten der meisten Rassen liefern Fleisch, Eier und Federn (kombinierte Nutzung). Es gibt aber auch Rassen, die vor allem wegen des Fleisches gehalten werden oder aber der Eier halber, auch wenn die übrigen Produkte selbstverständlich verwertet werden. Die Nutzung von Enteneiern wird in den einzelnen Ländern unterschiedlich gehandhabt. Wo Enteneier zum Verzehr angeboten werden, müssen sich die Eierlieferanten einer strengen hygienischen Kontrolle unterziehen, da Enteneier Keime des sehr gefährlichen Paratyphus (Salmonellose) enthalten können. Besonders geschätzt sind Entenlebern. Um eine möglichst große Leber zu erzielen, werden Spezialhybriden gezüchtet, deren Mutterlinie eine Kreuzung von Peking- und Rouenenten darstellt, während die Vaterlinie aus Moschusenten besteht.

Auch bei den Enten gibt es Zierrassen, doch werden diese nicht zu selbständigen Gruppen zusammengefaßt, sondern der Nutzung entsprechend eingeordnet. Trotzdem ist das Äußere der wichtigste Grund für ihre Haltung. Wegen ihrer attraktiven Befiederung wird die Hollandente gehalten, wegen der Körperform die Indische Laufente.

Von der Gans werden außer dem Fleisch mit seinen spezifischen Geschmackseigenschaften noch weitere Produkte mit hohem, biologischem Wert und eigenem Geschmack verwertet: Schmalz, Blut und Leber. Gänseleber ist eine geschätzte Delikatesse. Aus speziell gezüchteten und gemästeten Gänsen lassen sich 500–700 g schwere Lebern gewinnen.

Bis vor kurzem war die Gänsezucht eine Domäne der bäuerlichen Kleinbetriebe. Das kam daher, daß die Gans fast wie ein Wiederkäuer oder Kaninchen die Aminosäuren aus zweitrangigen Pflanzen, Getreideabfällen und ähnlichen Überresten zu biologisch hochwertigen Eiweißstoffen des eigenen Körpers umsetzen kann. Erst in den letzten 15–20 Jahren hat sich die Gänsezucht allmählich zur Großproduktion gewandelt.

Im Verlauf der Wildgansdomestikation ist eine große Zahl von Hausgansrassen erzüchtet worden. Daraus ergab sich die Notwendigkeit, sie nach bestimmten Kriterien in Gruppen einzuteilen. Eingebürgert hat sich die Einteilung in leichte, mittelschwere und schwere Rassen. Im Rahmen dieser Gewichtsschläge existiert noch eine weitere Unterteilung nach Nutzrichtung in Mast-, Braten- und Leberganstypen.

Auch bei der Geflügelreproduktion hat sich die künstliche Besamung durchgesetzt. Der Samen wird gewonnen, indem man den Bauch des Männchens massiert; mit der Pipette wird er dann in den weiblichen Organismus eingebracht. Künstliche Besamung wird bei Hühnern, Puten, Gänsen und Perlhühnern praktiziert, bei den Enten steckt sie vorerst noch in den Anfängen.

Eine höchst wirkungsvolle Zuchtmethode, die beim Geflügel weiter entwickelt ist als bei den domestizierten Säugetieren, ist die Doppel- und Mehrfachkreuzung von Angehörigen der verschiedenen Rassen (Hybridisierung), zu der vor allem bei der Produktion von Schlacht- oder Legegeflügel gegriffen wird. Die reinen Rassen bleiben aber als Grundlage für weitere Zuchtarbeit erhalten.

Haustauben

(Columba livia f. *domestica)*

Die Haustaube ist in Vorderasien und Mesopotamien domestiziert worden, wahrscheinlich schon im 6.–5. Jahrtausend v. Chr., ganz sicher aber spätestens vor der Zeit der vierten ägyptischen Dynastie im 3. Jahrtausend v. Chr. Über die Abstammung der Haustaube gibt es keinen Zweifel, die einzige Stammform ist die Felstaube *(Columba livia)*. Von allen domestizierten Vögeln verwildert die Taube am leichtesten, wobei sie teilweise die Färbung der Felstaube annimmt.

Die Zähmung der Felstaube war mit keinen besonderen Schwierigkeiten verbunden. Beim Ausnehmen der Nester von wilden Felstauben hat der Mensch zweifellos die den Tauben eigene Zutraulichkeit genutzt und sie im Laufe der Zeit in seine Abhängigkeit gebracht, vor allem, indem er ihnen Nistmöglichkeiten und Futter geboten hat. Das ging um so leichter, als sich die Felstaube selbst aktiv zu den menschlichen Behausungen gesellte.

Die Taubenhaltung ist vorwiegend eine Angelegenheit der Kleinzüchter, die Farmproduktion ist im Vergleich dazu unerheblich. Sie scheitert vor allem aus folgendem Grund: Bei den Tauben hat sich nämlich ein spezifisches Verhaltensmuster herausgebildet, das respektiert werden muß, wenn sich die Tiere fortpflanzen sollen. Der Nutzen ist heute bei der Taubenzucht zweitrangig, sie hat Hobbycharakter angenommen, die meisten Rassen werden aus Liebhaberei gezüchtet.

Unter dem Einfluß der Domestikation und der veränderten Lebensbedingungen, vor allem durch die verbesserte Ernährung, hat sich die Brutzeit beträchtlich verlängert. Während die Felstaube 2–3mal jährlich zum Brüten kommt, brüten die Haustauben einiger Rassen auch im Winter, meist 6mal im Jahr oder öfter. Die Täubin legt normalerweise zwei Eier, in Ausnahmefällen drei oder nur eins. Erscheinen in einem Nest vier Eier, stammen sie von zwei Täubinnen, die gemeinsam einen Tauber haben. Ein solches Dreiecksverhältnis kann auch zwischen zwei Taubern und einem Weibchen bestehen. Unter solchen Umständen beteiligt sich die Täubin nicht am Nestbau, den übernehmen die Tauber ganz. Einer bringt Material heran, der andere baut das Nest.

Eine gewisse Zeit vor dem Eierlegen schnäbeln Tauber und Täubin miteinander. Das ist zum Hervorrufen des Bruttriebes unerläßlich. Hat eine Täubin zwei Tauber, schnäbelt sie mit beiden und paart sich auch mit beiden. Unter normalen Witterungsverhältnissen beginnen sich die Tauben schon im Februar zu paaren. Ist der Winter besonders kalt, setzt die Paarung verspätet ein. Die Täubin sitzt 17–19 Tage auf den Eiern, bei besonders hochgezüchteten Rassen etwa 21 Tage. Die geschlüpften Jungen sind blind, mit einem schütteren Daunengefieder bedeckt, bei einigen Rassen auch nackt. Im Laufe der ersten fünf Tage füttern beide Eltern die Jungen mit einer aus dem Kropf gewürgten Ausscheidung, der sog. Kropfmilch. Diese besteht aus den geschwollenen Zellen der Kropfwand-Auskleidung, die sich mit Fetttröpfchen gefüllt (Fettdegeneration) und abgelöst haben. In dieser Kropfinnenhaut, die zur Heckzeit 7–8mal dicker ist als normal, entstehen sofort wieder neue Zellen, die den gleichen Prozeß durchlaufen. So entsteht im Kropf eine weißliche, quarkähnliche, nach ranziger Butter riechende Masse. Sie enthält außer den degenerierten und überwiegend zerfallenen Zellen auch

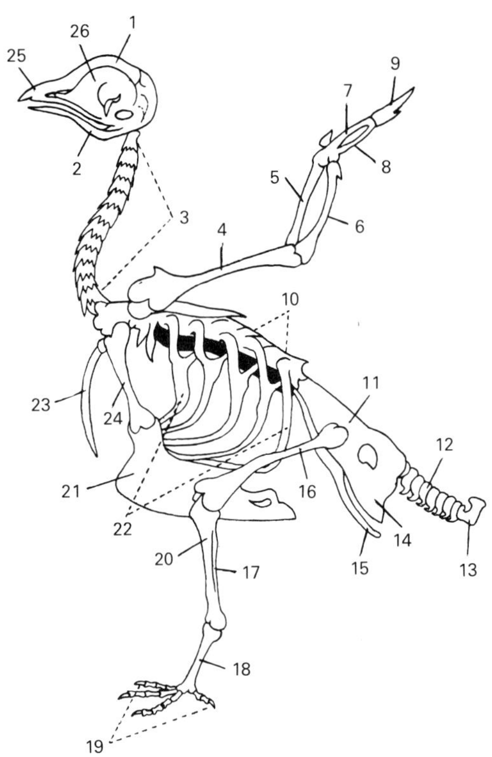

Taubenskelett: 1 Stirnbein, 2 Unterkiefer, 3 Halswirbel, 4 Oberarmknochen, 5 Speiche, 6 Elle, 7 dritter Handwurzelknochen, 8 vierter Handwurzelknochen, 9 dritter Finger, 10 Brustwirbel, 11 Hüftbein, 12 Schwanzwirbel, 13 Steißbein, 14 Sitzbein, 15 Schambein, 16 Schenkelknochen, 17 Wadenbein, 18 Lauf, 19 Zehen, 20 Schienbein, 21 Brustbein, 22 Rippen, 23 Gabelbein, 24 Schnabelbein, 25 Oberkiefer, 26 Augenhöhle

Bakterien in großen Mengen, die im Verdauungstrakt der Jungen bei der Zersetzung der Kropfmilch helfen. Diese Ausscheidung ist so nahrhaft, daß jede Jungtaube mit Ablauf des zweiten Lebenstages ihr Gewicht verdoppelt. Nach fünf Tagen beginnen die Eltern ihre Jungen auch mit Körnern zu füttern, die sie im Kropf aufweichen und auswürgen, auch wenn die Kropfmilchbildung bis zum 16. Lebenstag der Jungen anhält; danach hört sie dann rasch auf. Ihre Schlachtreife erreichen die Jungtauben mit 28–30 Tagen. Sofern sie nicht zu Fleisch verarbeitet und in der Zucht belassen werden, sind sie mit fünf Wochen flügge. Die Eltern füttern sie noch eine Zeitlang, verwehren ihnen aber oft den Zutritt zum Taubenschlag, vor allem dann, wenn sie ein neues Gelege hervorbringen. Die Taube wird mit dem 5. Lebensmonat geschlechtsreif. Die im Frühjahr geschlüpften Tiere paaren sich noch im gleichen Herbst. Die Täubinnen können acht Jahre lang fruchtbar bleiben, Tauber sogar zehn und mehr Jahre.

Nutzrassen werden wegen des Fleischs gehalten, das überwiegend durch Schlachten der Jungtiere gewonnen wird. Es ist hell und wohlschmeckend, leicht verdaulich, kalorienarm und nahezu fettfrei. Seine Geschmackseigenschaften bleiben nur dann erhalten, wenn es ganz frisch ist, da es schnell der fermentativen Reifung unterliegt.

Ein wertvolles Produkt der Taube ist der Kot, ein bei Kleingärtnern und Blumenzüchtern sehr beliebter Dünger. Verglichen mit dem Kot der übrigen Tiere, enthält er die meisten Stick- und Mineralstoffe.

Taubenzucht ist eine Liebhaberei, das Motiv besteht in der Freude am Aussehen der Tiere und an ihren Flugkunststücken. Heimatbindung, Orientierungsvermögen, physische Leistungsfähigkeit und Geschwindigkeit werden bei der Zucht genutzt und bei Brieftaubenwettbewerben erprobt. Brieftauben sind ein Überbleibsel der früher sehr gebräuchlichen Taubenpost. Dabei nützte man eine der außerordentlichen Fähigkeiten der Taube aus, nämlich immer den Weg zurück in den heimatlichen Stall zu finden. Der älteste Beleg dieser Nachrichtenübermittlung stammt aus dem 3. Jahrtausend v. Chr. aus dem alten Ägypten. Die Taubenpost war im Nahen Osten ganz geläufig. Man bediente sich ihrer sowohl im Frieden, vor allem zur Geschäftskorrespondenz, als auch im Krieg, z. B. auf den Kreuzzügen und später auf den Kriegszügen Napoleons. Eine wichtige Rolle hat sie auch in den Kämpfen des Ersten Weltkriegs auf der Seite der Entente gespielt. Im Zweiten Weltkrieg war die Taubenpost bereits durch die drahtlose Telegraphie verdrängt worden, doch hat sie in Westeuropa beim Widerstand gegen die deutsche Besatzung noch eine bedeutende Rolle gespielt. Die im Untergrund wirkende Widerstandsbewegung hat auf diese Weise wichtige Nachrichten aus den okkupierten Ländern an die Alliierten in England übermittelt, da dieser Weg unauffälliger und sicherer war als alle anderen Kommunikationsweisen.

Die Fähigkeit der Taube, auch aus großen Entfernungen den Heimweg zu finden, wird durch die außergewöhnliche navigatorische Ausstattung des Tieres ermöglicht. Wissenschaftliche Versuche haben gezeigt, daß der Organismus der Taube ähnliche Einrichtungen wie der Seemann zur Verfügung hat – den Sextanten und Chronometer. Den Sextanten der Taube bildet wahrscheinlich ein eigenartiges Kammgebilde, das nahe beim Eintritt des Sehnervs aus der Netzhaut des Auges herausragt. Die genaue Uhr – eine Art innerer Chronometer – ist wahrscheinlich in einem Nervenzellhaufen im Zwischenhirn lokalisiert. Bei Tag bestimmt die Taube ihre Position nach der Sonne und der inneren biologischen Uhr, bei Nacht nach den Sternen. Sind ihr diese Möglichkeiten verwehrt, etwa bei Nebel oder bei völlig bedecktem Himmel, hilft ihr wahrscheinlich die Fähigkeit, das Magnetfeld der Erde wahrnehmen zu können.

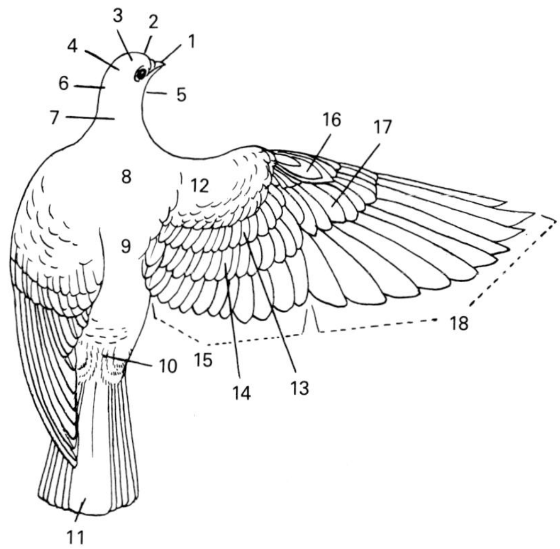

Körperteile der Taube: 1 Schnabel, 2 Stirn, 3 Scheitel, 4 Hinterkopf, 5 Kinn, 6 Nacken, 7 Hals, 8 und 9 Rücken, 10 Steiß, 11 Schwanzfedern, 12 kleine Flügeldecken, 13 mittlere Flügeldecken, 14 große Flügeldecken, 15 Unterarmschwingen, 16 Afterflügel, 17 große Flügeldecken, 18 Handschwingen

Trotzdem kann es vorkommen, daß eine Brieftaube nicht heimkehrt. Verirrt sich ein Tier, so geschieht das meist in der sich zwischen 25 und 120 km vom heimatlichen Schlag erstreckenden toten Zone. Während sich Tauben bei Entfernungen unter 25 km und über 120 km gut orientieren, ist für viele die tote Zone ein Raum, in dem sie sich nicht oder nur schwer zurechtfinden. Die Frage nach dem Warum ist bisher noch unbeantwortet.

Taubenrassen gibt es in großer Zahl, daher wurden sie nach verschiedenen Gesichtspunkten in Rassengruppen eingeteilt. Einer davon ist die Größe der Tauben und ihre Körperform, ein weiterer die Zuchtabsicht (Fleisch-, Zier-, Sporttauben). Häufig werden auch zwei und mehr Gesichtspunkte verbunden. Die häufigste Einteilung sieht folgendermaßen aus: Huhntauben (die Tauben ähneln in ihren Körperformen einem Huhn mit langen Beinen und kurzem Schwanz), Riesentauben (mächtige Tiere, die ein Gewicht von 1 kg und eine Flügelspannweite von 1 m erreichen), Nutztauben (in Form und Größe den wildlebenden Tauben gleich, mit einem Gewicht von rund 600 g, ausgezeichnete Felderer, häufig bunt gefärbt), Trommeltauben (geben anstelle des Gurrens eigenartige Trommelgeräusche von sich), Kropftauben (blasen vor allem in der Paarungszeit den Kropf auf, so weit, daß er oft breiter als der eigene Körper wird), Ziertauben, Farbentauben, Brieftauben, Warzentauben (mit verschieden ausgeformten Nasenwarzen) und Tümmler oder Flugtauben (hervorragende Flieger, die sich in Höhen von mehreren hundert bis tausend Metern bewegen).

Die Falkenbeize

Die bisherigen archäologischen Funde und schriftlichen Quellen liefern nicht viele Unterlagen, die objektiv die Anfänge der Falkenbeize zu bestimmen erlauben. Im 15. Jahrhundert v. Chr. haben in Indien eingewanderte Nomaden Raubvogeldarstellungen in Grabsteine gemeißelt, aus denen man mit einer gewissen Wahrscheinlichkeit schließen kann, daß ihnen die Beizjagd bekannt war. Sie kamen aus Mittelasien und haben offensichtlich diese Jagdweise mitgebracht. Nach Europa ist die Falkenbeize nachweislich erst mit dem Einfall der Hunnen in der ersten Hälfte des 1. Jahrhunderts n. Chr. gelangt. In Mittelasien, der Urheimat der Hunnen, ist die Beize mit abgerichteten Raubvögeln auch heute noch eine sehr verbreitete Jagdweise. Daher wird angenommen, daß die Wiege der Falkenbeize Mittelasien war.

In jeder historischen Epoche war die Beizjagd bei den verschiedenen Völkerschaften ein Bestandteil der Jagdpraktiken. Sie hat allmählich um sich gegriffen, und in der ersten Hälfte unseres Jahrtausends gab es in Europa kein einziges Land, in dem die Falkenbeize nicht in Blüte gestanden hätte. Im Mittelalter gehörte sie sogar an vielen Königshöfen zur Repräsentation und war eine Visitenkarte von Reichtum und Macht. Besonders schöne abgerichtete Falken nahmen als Geschenke sogar an diplomatischen Zeremonien und Geschäftsverhandlungen teil. Beizvögel waren ein sehr attraktiver und teurer Handelsartikel. Für ihre Hochschätzung spricht die Tatsache, daß bei den Völkern Osteuropas ein abgerichteter Falke den Wert von drei guten Pferden hatte.

Gegen Ende des 18. Jh. zeichnete sich ein Niedergang der Beizjagd ab, der Grund dafür war der stärkere Gebrauch von Jagdfeuerwaffen, doch hat sie um die Mitte des 19. Jahrhunderts allmählich eine Renaissance erlebt. Der Impuls für ihr Wiederaufleben kam vor allem aus England. In allen europäischen Ländern sind Klubs entstanden, in denen sich die Liebhaber der Beizjagd zusammenfanden. Die Zahl der Interessenten und aktiven Mitglieder der Falknerklubs zeigt auch heute noch steigende Tendenzen.

Eine uralte Falknerpraxis unterscheidet drei Gruppen der zur Jagd verwendeten Vögel: solche der niederen Beize, der hohen Beize und Adler. Erstere sind gleichzeitig Überfalljäger, sie werden bei der heutigen Beizjagd am häufigsten verwendet. Ihre Bezeichnung rührt von ihrer Jagdweise her. Der Falkner trägt den Vogel auf der Faust und gibt ihn erst nach Erblicken einer Beute frei. Der Vogel stürzt sich im Tiefflug auf die Beute, die er meist hinterrücks schlägt. Typisch für diesen Angriff ist der schon vom Start weg sehr schnelle und gewandte Flug. Die Vögel können im Flug nicht nur die Richtung, sondern auch die Geschwindigkeit ihres Angriffs sehr rasch ändern. Ihre Reaktion auf die Fluchtversuche des Wildes erfolgt blitzschnell; ohne zu zögern oder abzulassen setzen sie der Beute auch ins Gebüsch und Dickicht nach. Zu den Beizvögeln dieser Gruppe gehören Habicht *(Accipiter gentilis)* und Sperber *(A. nisus)*.

Die Vögel der hohen Beize – die Falkenvögel *(Falconidae)* – jagen hauptsächlich Federwild. Zum Angriff starten sie entweder aus dem gemächlichen Flug, bei dem sie in der Luft kreisen, oder vom Arm bzw. von der Faust des Falkners aus. Bei der Jagd mit den kreisenden Falken (Wander- und Gerfalke, *Falco peregrinus* und *F. rusticolus*) braucht der Falkner einen Hund. Sobald der Hund das Wild stellt, gibt der Falkner den Vogel frei, der sogleich in die Höhe steigt. Die Mindesthöhe, aus der ein Falke zustößt, sind 80 m, sehr gute Beizvögel stoßen sogar aus 300 m auf die Beute herunter. Erblickt das Wild den Falken, drückt es sich an den Boden. Hat der Falke Höhe gewonnen, treibt der Falkner das Wild mit Hilfe des Hundes aus der Deckung. Haarwild läßt der Falke unbeachtet, auf Federwild stößt er im Sturzflug mit einer Geschwindigkeit von 250 km/h herunter. Vor dem Zuschlagen fängt er den Sturzflug ab und geht sogar wieder in Steigflug über, greift die Beute in der Luft oder schlägt sie zu Boden.

Die Jagd von der Faust aus ist uralt. Dazu braucht der Falkner keinen Hund zum Stellen des Wildes. Er stöbert das Federwild aus seiner Deckung auf und wirft den Beizvogel hinter der fliehenden Beute her. Der Falke muß sofort geworfen werden, da er, anders als die Vögel der niederen Beize, nicht in der Lage ist, gleich nach dem Start seine Höchstgeschwindigkeit zu entwickeln. Gelingt es dem Verfolgten, in eine Deckung zu entkommen, so läßt der Falke von weiteren Angriffen ab. Gelegentlich erreicht der Verfolgte diese Deckung nicht, er wirft sich dann auf freiem Feld zu Boden und weicht mit Erfolg den Angriffen des Beizvogels aus. Eine solche Jagd gilt in Falknerkreisen als unwürdig für ein so edles Tier wie den Falken und wird abwertend als Rattenjagd bezeichnet.

Die Beizjagd mit Adlern (Steinadler – *Aquila chryaetos*, Kaiseradler – *A. heliaca* und Habichtadler – *Hieraaetus fasciatus*) ist in Europa gänzlich in den Hintergrund getreten und wird nur noch von einigen wenigen Enthusiasten betrieben. Der Grund ist der Mangel an hochwertiger, natürlicher Nahrung für die Beizvögel, außerdem die schwierige Abrichtung. Wegen seiner Größe und seines typischen Flugstils braucht der Adler weites, offenes Gelände, denn er greift seine Beute aus einer Entfernung von etwa 500 m an. In manchen Ländern Asiens findet aber die Jagd mit Hilfe des Adlers immer noch wie in der hohen Zeit der Beizjagd statt.

Fachausdrücke

Art – Unterste und grundlegende Kategorie in der Klassifikation der Organismen. In eine und dieselbe Art gehören die Individuen aller Populationen mit gemeinsamer Abstammung, die sich untereinander fruchtbar kreuzen, ein gemeinsames Gebiet mit einer spezifischen Umweltbeschaffenheit bewohnen und übereinstimmende physiologische und morphologische Eigenschaften aufweisen. Unter den Angehörigen einer Art treten häufig Gruppen von Individuen auf, die sich in bestimmten Merkmalen von den anderen unterscheiden, sich mit diesen aber problemlos kreuzen. Diese unterschiedlichen Populationen heißen Unterarten.

Artkreuzung – Paarung von Angehörigen zweier Arten (z. B. Esel und Pferd).

Broiler – Ein in Kanada und den USA vor dem Zweiten Weltkrieg aufgekommener Ausdruck, der ursprünglich gegrilltes Geflügel bezeichnete. Heute versteht man darunter intensiv gemästete Jungtiere von Geflügel und Kaninchen. Im engeren Sinne sind Broiler junge Hühner ohne Unterschied des Geschlechts, die in Intensivmast binnen 6–8 Wochen auf ein Gewicht von 1400–1800 g gebracht werden. Innerhalb des deutschen Sprachraums ist die Bezeichnung nur in der DDR üblich.

Brütigkeit – Instinkt, auf dem Nest zu brüten und Junge zu führen.

Dominanz – Das Sichdurchsetzen eines Merkmals bei den Nachkommen, auch wenn es nur bei einem Elternteil auftritt.

Exterieur – Äußeres, Gesamtheit aller körperlichen Merkmale.

Familie – Von einem einzigen Muttertier abstammende Tiergruppe, stets kleiner als eine Linie, da ein weibliches Zuchttier eine geringere Reproduktionsfähigkeit aufweist als ein männliches.

Feldern – Nahrungssuche der freigelassenen Tauben auf den Feldern.

Fessel – Bereich um das erste Zehenglied der Tiere.

Frühreife – Fähigkeit zu schnellerem Wachstum und früherer körperlichen Entwicklung, so daß die Tiere eher zuchtgeeignet und zur erwarteten Produktion fähig sind, als es bei den Angehörigen einer anderen Rasse üblich ist.

Fuchs – Pferd mit rostroter Farbe in verschiedenen Tönen; Mähne und Schweif sind stets hell oder wenigstens heller als die Farbe auf dem Körper.

Gangart – Trittfolge bei der Fortbewegung des Pferdes. Die natürlichen Gangarten sind Schritt, Trab und Galopp; künstliche Gangarten sind die Elemente der spanischen Hohen Schule. Ein flacher Gang kommt durch das niedrige Heben der Gliedmaßen zustande, beim hohen Gang werden sie weit angehoben; der raumgreifende Gang besteht aus langen, schnellen Schritten.

Geschlechtsausdruck – Gesamtheit der überwiegend am Kopf lokalisierten sekundären Geschlechtsmerkmale, anhand derer man die Geschlechtszugehörigkeit erkennen kann.

Geschlechtsdimorphismus – Geschlechtsbedingte Zweigestaltigkeit, von der Geschlechtszugehörigkeit abhängiges unterschiedliches Aussehen.

Gestichelter Brauner – Pferd mit brauner Grundfarbe, in die mehr oder weniger dicht weiße Haare eingestreut sind.

Haaren *(Haar-, Fellwechsel)* – Fellerneuerung bei Tieren, wobei die alten Haare ausfallen und neue nachwachsen. Findet 1–2mal im Jahr statt. Mähnen-, Schweif- und Tasthaare werden nicht gewechselt.

Hammel, Schöps – Kastrierter Widder; die Kastration erfolgt meist innerhalb der ersten 4 Lebenswochen.

Hochgezogener Bauch – Vom Brustbein in Richtung Becken ansteigende Linie der Bauchdecke.

Hybridisierung – Kreuzung von Angehörigen zweier Rassen oder Arten.

Junghenne – Junge, noch keine Eier legende Henne.

Kadenz – Schrittzahl in einer Zeiteinheit.

Konstitution – Körperliche Verfassung, Grad der Gesundheit bzw. Ausdruck der Energie. Sie äußert sich in einer bestimmten Reaktivitätsstufe auf äußere Reize, in der Widerstandsfähigkeit gegenüber schädlichen Einflüssen und hängt von den Erbeigenschaften des Individuums ab.

– **Harte Konstitution** – Gesunder, schlanker, gut proportionierter Körperbau; feste Muskulatur und Sehnen zeichnen sich unter der Haut ab; die Tiere sind genügsam, nicht wählerisch, gute Futterverwerter, ausdauernd und schnell bei der Arbeit.

– **Zarte Konstitution** – Niedrigere Stufe als die harte K., die Haut ist stärker als bei diesen, die Tiere sind empfindlicher und anspruchsvoller im Futter, bei der Arbeit schnell und ausdauernd, nicht zur Mast geeignet.

– **Grobe Konstitution** – Unproportionierter Körperbau, dicke Haut, grobes Fell, schwerfälliger Gang, phlegmatisches Temperament; Masttiere.

Körperrahmen – Rechteck aus zwei Parallelen durch Grundfläche und höchsten Punkt des Widerrists und den zwei Senkrechten durch Schultergelenk und Sitzhöcker.

Laktation des Rindes – Zeitabschnitt, in dem die Zuchtkuh Milch gibt, in der Regel vom Kalben bis zum Trockenstellen.

Linie – Gruppe von Tieren einer bestimmten Rasse, die von einem hervorragenden Zuchttier abstammt.

Lymphatische Gliedmaßen – Gliedmaßen mit dicker, von Gewebsflüssigkeit durchsetzter Haut.

Monophyletisch – Aus einer einzigen gemeinsamen Stammform hervorgegangen.

Mutation – Sprungartige erbliche Änderung der genetischen Information im Organismus, die sich als Änderung von Merkmalen oder Eigenschaften äußert.

Ochse – Kastrierter Stier.

Primitive Rasse – Rasse, bei der sich die anatomischen und physiologischen Eigenschaften nur wenig von der ursprünglichen Wildform unterscheiden. Tiere primitiver Rassen reifen spät heran und haben eine niedrige Nutzleistung.

Polyphyletisch – Aus mehreren Stammformen hervorgegangen.

Rappe – Pferd mit gleichmäßig schwarzer Färbung von Körperfell, Mähne und Schweif.

Rasse oder Zuchtrasse – Gruppe von Tieren innerhalb einer Art, die der Mensch unter bestimmten sozialen, wirtschaftlichen und natürlichen Bedingungen erzüchtet hat. Sie zeichnet sich durch gleiche, erbkonstante physiologische und anatomische Eigenschaften aus.

Rezessivität – Zurücktreten eines Merkmals; es tritt bei der Nachkommenschaft nur dann in Erscheinung, wenn beide Elternteile die Anlage dazu haben (Gegensatz zu Dominanz).

Schecke – Pferd mit großen weißen Flecken im Fell, oft auf albinotischer (pigmentloser) Haut.

Schimmel – Pferd oder Hund mit weißem Fell und dunkler Haut. Echte Schimmel haben im Fell keine Beimengung andersfarbiger Haare, Blau-, Braunschimmel haben andersfarbige Haarbeimengungen.

Schlupfergebnis – Prozentsatz der geschlüpften Küken aus der Zahl der angesetzten oder befruchteten Eier.

Temperament – Gemüt eines Tieres; Stufe der Reizbarkeit und Reaktionsfähigkeit des Nervensystems auf äußere Reize.

Trockenstellen – Einstellen der Milchproduktion einer Kuh eine gewisse Zeit vor dem Kalben (gewöhnlich 6–8 Wochen).

Typ – Zusammenfassende Bezeichnung für die äußeren Formen eines Individuums, bedingt durch anatomische Entwicklung und chemische Reaktionsfähigkeit von Organen und Geweben, wird von einer bestimmten genetischen Veranlagung gesteuert, welche die Eigenschaften von Art, Rasse und Einzeltier bestimmt.

Veredelung – Maßnahmen zur Verstärkung erwünschter Eigenschaften durch gezielte Zuchtwahl.

Wallach – Kastrierter Hengst.

Widerrist – Schwache Erhebung am Übergang zwischen Hals und Rücken, deren Unterlage von den Dornfortsätzen der vorderen Brustwirbel gebildet wird.

Zuchttiere – Individuen beiderlei Geschlechts, die aufgrund ihrer für die jeweilige Rasse geforderten Eigenschaften und äußeren Merkmale zur weiteren Vermehrung ausgewählt sind. Sie sollen typische Vertreter ihrer Rasse sein.

Bildtafeln

Zeichenerklärungen

♀ = Weibchen
♂ = Männchen
Gewicht = gemeint ist die Lebendmasse
Höhe = gemeint ist die Widerristhöhe

Weiße, hornlose Kurzhaarziege

Gewicht der Böcke 60–80 kg, der Geißen 55–65 kg.
Melkleistung 1000–2000 l pro Jahr, Milchfettgehalt 3,6–4,9%.

Die weißen, hornlosen Kurzhaarziegen sind aus primitiven gehörnten Landziegen herausgezüchtet worden. Nach dem Ersten Weltkrieg wurden solche Ziegen mit den veredelten Saaneziegen gekreuzt, die im Flußtal der Saane (Schweiz) gehalten wurden. Durch weitere Selektion und Verwandtschaftszucht wurde eine Rasse mit doppelter Melkleistung hervorgebracht. Die wirtschaftliche Bedeutung dieser Ziegen besteht nicht nur in der Milchproduktion, sondern auch in der Produktion von hochwertigem Leder. Ziegenleder von erwachsenen Tieren dient zur Herstellung von Mänteln; die außerordentlich feine, dünne und feste Haut der Zicklein ist ein für die Handschuhmacherei unentbehrliches Material. Die weiße, hornlose Kurzhaarziege ist auch im Hinblick auf die Erzeugung von Ziegenlammfleisch von Bedeutung, einer Delikatesse, die in vielen Ländern als Osterfestessen geschätzt wird. Die Zicklein oder Lämmer erreichen im Alter von fünf Monaten ein Gewicht von 25–30 kg.

Während zwischen den beiden Weltkriegen und auch noch nach dem Zweiten Weltkrieg die Ziegen in allen Ländern Europas sehr dankbare und verbreitete Haustiere waren, trat in den sechziger Jahren in den meisten Ländern ein Rückgang in der Ziegenhaltung ein. Außer in Italien, der Schweiz und den Balkanländern, wo bis auf den heutigen Tag Ziegen in recht großer Zahl gehalten werden, kommen in den übrigen europäischen Ländern vorwiegend nur Einzelhaltungen bzw. höchstens drei Tiere gemeinsam vor. Herden mit 20 Tieren sind eine ausgesprochene Seltenheit. Ziegenmilch wird in der menschlichen Ernährung nur wenig genutzt – sei es als Getränk oder in Form verschiedener Käsesorten. Meist wird sie an Ferkel, Puten usw. verfüttert. Das ist eigentlich schade, denn sie enthält, verglichen mit der Kuhmilch, mehr Eiweiß (3,8% gegenüber 3,5%).

♀

Zicklein, zwei Wochen alt

Braune, hornlose Kurzhaarziege

Gewicht der Ziege 45–50 kg, des Bocks 60–70 kg.
Melkleistung 900–1600 l pro Jahr, Fettgehalt der Milch 3,8%.

Diese Ziege stammt aus Deutschland, genauer aus dem Harz. Schon diese Tatsache deutet an, daß sie sich für rauhere Gebirgslagen eignet, wo die weiße Ziege nicht gedeiht. Ein charakteristisches äußeres Merkmal der braunen Ziege ist neben dem fast schwarzen Kopf der schwarze Rückenstreif, der in die Bauchpartie übergeht. Sie ist eine etwas kleinere Ziege mit geringerer Melkleistung und wird in geringerer Anzahl als die weiße Ziege gehalten.

Die europäischen Ziegenhalter haben sich fast ausschließlich auf die Zucht von Kurzhaarziegen spezialisiert, da langhaarige Ziegen das feuchte Klima Europas mit seinen Wintern nicht vertragen, sie gedeihen nur in trockenem Klima gut. Die bekanntesten Langhaarziegen, deren Fell wir bei uns nur in Form von teuren Stoffen begegnen, sind die Angora- und Kaschmirziegen. Angoraziegenwolle heißt Kämelhaar (nicht zu verwechseln mit Kamelhaar!), es wird zum sog. Mohair verarbeitet. Dieses ursprüngliche Mohair wird auch durch Wolle der Angorakaninchen ersetzt. Eine Angoraziege liefert zweimal im Jahr je 0,5 kg Wolle, eine Kaschmirziege einmal jährlich 300–400 g. Am wertvollsten ist das weiße Haar, aus dessen Unterwolle die feinsten Kaschmirschals hergestellt werden.

Neben den Ziegenrassen mit einer wirtschaftlichen Nutzung werden auch andere mit einem attraktiven Aussehen aus Liebhaberei gezüchtet, z. B. die Kamerunziege und die Walliser Ziege.

Eine unvermeidliche Begleiterscheinung der Ziegenveredelung ist der Verlust des Gehörns. Je weiter eine Rasse veredelt wurde und je weiter sie sich von ihren primitiven Vorfahren entfernt hat, desto kleinere Hörner trägt sie. Die edelsten Rassen sind hornlos. Bei den horntragenden Rassen zeigt der Bock wesentlich mächtigere Hörner als die Geiß. Die Hörner sind ebenso ein sekundäres Geschlechtsmerkmal wie der mächtigere Kinnbart des Bocks.

Saugendes Zicklein

Kamerunziegen sind klein (die Geiß wiegt 18–22 kg, der Bock 23–26 kg) und geben nur wenig Milch.

Shetlandschaf

Faserlänge 10 cm, Jahresschurertrag 1,5 kg.
Gewicht der Mutterschafe 40–50 kg, der Widder 50–60 kg.

Dies ist eine der englischen Rassen, bei denen sich viele Züge der primitiven Wildschafe erhalten haben. Sie kann nur dank ihrer Genügsamkeit und Abhärtung in den rauhen Bedingungen der Shetlandinseln gedeihen, auf denen sie fast ausschließlich beheimatet ist. Außerdem ist diese Rasse das kleinste Schaf auf den Britischen Inseln.

Shetlandschafe haben halbaufgerichtete Ohren, hellbraune Augen, die Widder besitzen leicht gedrehte Hörner, die Schafe sind hornlos. Sie produzieren eine kurzhaarige Wolle; diese ist mittelfein und außerordentlich weich, zeigt dabei eine Reihe von Farbtönen von Weiß bis Graubraun, Grau und Braun. Die weiße Farbe ist besonders geschätzt. Das ungewöhnliche Aussehen und der Charakter der Wolle haben eine große kommerzielle Bedeutung für die Wollindustrie der Insel. Aus Shetland-Naturwolle werden die berühmten hochwertigen Shetland-Strickwaren hergestellt sowie Wollstoffe in feinen Farbtönen; in Mischungen mit anderen Wollen verleiht Shetlandwolle diesen Kleidungsstücken eine besonders weiche Griffigkeit. Die Produktion von Shetlandwolle ist jedoch gering. Ein großer Teil der produzierten Wolle wird zu Handstrickarbeiten verwertet, nur ein kleiner Teil entfällt auf maschinell hergestellte Strickwaren.

Die Form der Hörner bei den einzelnen Schafrassen ist außerordentlich variabel. Es gibt hornlose Rassen, solche mit einfachen Hörnern, aber auch Rassen mit bizarr gekrümmtem Gehörn. Die Vorläufer des Schafs und somit auch die primitiven Schafrassen haben Hörner. Mit fortschreitender Domestizierung ging die Krümmung sowie die Länge des Gehörns zurück, bis es bei einigen Rassen ganz verschwand. Hörner müssen nicht unbedingt ein sekundäres Geschlechtsmerkmal sein. Innerhalb einer Rasse kommen nicht nur verschiedene Hornformen, sondern auch hornlose Individuen vor.

1

Hornform des slowakischen Walachenschafs (1) und des ungarischen Rauhwollschafs (2)

2

♀

Leicesterschaf

Faserlänge 15–25 cm, Jahresschurertrag 5,5–7 kg.
Gewicht des Mutterschafs 60–80 kg, des Widders 95–100 kg.

In der nordostenglischen Grafschaft Leicestershire wurden bodenständige, hochbeinige Wollschafe gehalten. Im 18. Jahrhundert begann der englische Züchter Robert Bakewell auf seinem Gut in Dishley Grande mit der Veredelung dieser ursprünglichen Rasse, um ein sowohl Wolle als auch vorzügliches Fleisch lieferndes Schaf zu erhalten. Die veredelten Schafe haben sich bewährt und wurden daher schon bald in die ganze Welt ausgeführt. In den einzelnen Ländern wurden sie dann mit einheimischen Rassen oder Merinoschafen gekreuzt. Überall verliehen sie den neu entstehenden Rassen Frühreife, ein besseres Aussehen, steigerten Fruchtbarkeit, Melkertrag und die Fähigkeit, auf der Weide zu leben.

Das gegenwärtige Leicesterschaf ist groß, robust und gedeiht gut unter den verschiedensten harten Weidebedingungen. Aus diesem Grund ist es zahlreich über Australien und Neuseeland verbreitet. Es produziert ein hochwertiges Fleisch und viel gekräuselte, silberweiß glänzende, halbrauhe Wolle, die eine ausgeglichene Länge und Treue, d. h. gleichbleibende Haarstärke, aufweist. Daraus werden schwere Wollstoffe für Mäntel, Überzüge, schwere Decken usw. hergestellt. Die Lämmer wachsen rasch, haben einen guten Körperbau und ein leicht fettdurchsetztes Fleisch. Die Mutterschafe sind sehr fruchtbar, geben reichlich Milch und sind gute Muttertiere.

Die Knochenzapfen des Stirnbeins (Os cornu) sind bei den Ziegen dicht nebeneinander angebracht, weisen nach hinten, leicht aufwärts und zur Seite. Beim Schaf sitzen sie weit voneinander entfernt in der verlängerten Stirnebene, weisen nach hinten und zur Seite. Diese anatomischen Verhältnisse sind die Ursache für die unterschiedliche Austragung der Zweikämpfe bei den Männchen. Ziegenböcke stoßen, indem sie in der Horizontalen mit den Hörnerbasen aufeinanderprallen, die Widder führen ihren Rammstoß mit dem Kopf von oben nach unten aus.

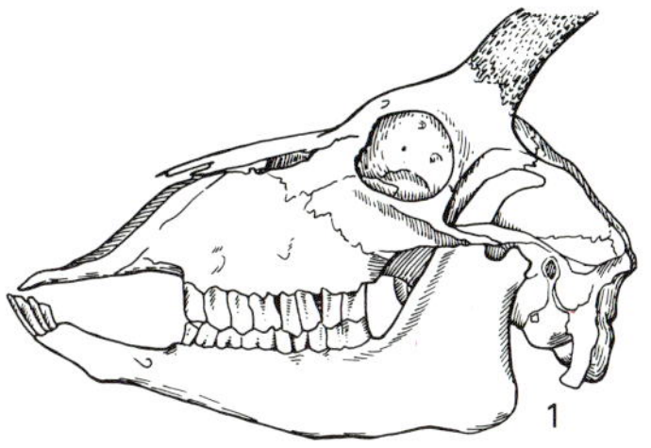

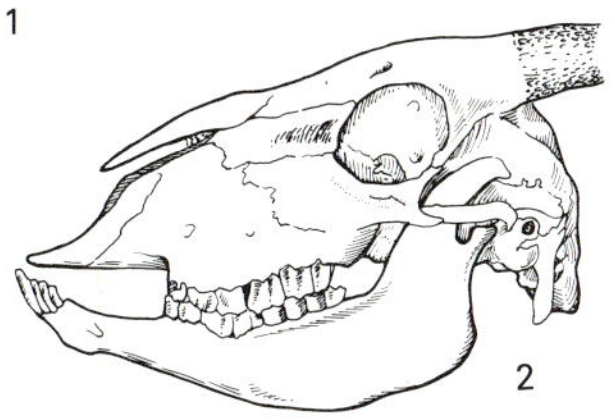

Schädel des Ziegenbocks (1) und des Widders (2)

Border-Leicesterschaf

Faserlänge 10 cm, Jahresschurertrag 1,5 kg.
Gewicht der Mutterschafe 40–50 kg, der Widder 60–70 kg.

Durch die Kreuzung von Leicesterschafen mit der Bergrasse Cheviot entstand gegen Ende des 18. Jahrhunderts in Großbritannien eine der berühmtesten Schafrassen. Sie wird wegen ihrer Frühreife und außerordentlich hohen Milchproduktion in alle Welt exportiert, um überall die Fleisch- und Milcherträge der einheimischen Schafe zu verbessern. Zum typischen Aussehen dieser Rasse gehört ihr edler Ausdruck mit dem hoch getragenen, rammsnasigen, hornlosen Kopf. Ihr Vorzug als Fleischproduzent besteht darin, daß die Lämmer rasch wachsen (da die Muttertiere reichlich Milch haben), bald heranreifen und ein vorzügliches Fleisch liefern. Das Skelett ist fein, das relativ hohe Körpergewicht kommt also überwiegend durch die Muskelmasse zustande. Ein beträchtlicher Vorteil ist auch die große Anpassungsfähigkeit an feuchtes Klima.

Die Wolle des Border-Leicesterschafs gehört zu den ganz wichtigen Rohstoffen in der englischen Textilindustrie. Sie ist bräunlich, glänzend, halbrauh; die einzelnen Fasern lassen sich leicht aus dem Stapel trennen und kräuseln sich am Ende leicht. Diese außergewöhnlichen Eigenschaften machen sie für Kleidungsstoffe geeignet, von denen Elastizität, Formtreue und gute Wärmehaltung verlangt werden.

Die Nutzung der Schafe wird von ihrem Körperbau mitbestimmt. Milchschafe haben eine zartere Haut und ein feineres Skelett, eine schwächer entwickelte Muskulatur, stark ausgebildete Verdauungs- und Atmungsorgane und keinen Hang zum Fettansatz. Bei den Fleischschafen ist das umgekehrt. Den Typ des Fleischschafs erkennt man am besten aus der Seitenansicht. Weder Mutterschaf noch Widder tragen Hörner, der Kopf ist schwer, der Hals kurz und kräftig, der Brustkorb geräumig, die Beine sind im Verhältnis zum Rumpf kurz. Die Wolle ist meist mittelfein, langhaarig und nicht sehr dicht.

Fleischschaftyp

♀

Lincolnschaf

Faserlänge 25–30 cm, ausnahmsweise bis zu 40 cm,
Jahresschurertrag 5–7 kg, in Ausnahmen bis zu 16 kg.
Gewicht des Mutterschafs 80–95 kg, des Widders 120–140 kg.

Diese Rasse ist das Ergebnis der Kreuzung alter, sehr robuster einheimischer Schafe mit Leicesterschafen. Den schon seit 1750 bekannten örtlichen Schafen verdankt das Lincolnschaf, daß es heute zu den größten und schwersten Schafen Großbritanniens gehört. Es ist ein bald heranreifendes, sehr fruchtbares Schaf, sehr abgehärtet und produziert hinreichend bräunliche bzw. weißliche Wolle. Wegen dieser Eigenschaften war es im Ausland immer sehr begehrt. Vom Jahr 1900 bis auf den heutigen Tag wurden rund 70000 dieser Schafe aus Großbritannien in die verschiedensten Länder der Welt einschließlich der kältesten Gebiete der UdSSR und Patagoniens exportiert. In Australien und auf Neuseeland war es an der Entstehung des Corriedaleschafs beteiligt, wobei es zur Verbesserung von Wolle und Fleisch beigetragen hat. Die Lämmer erreichen mit vier Monaten ein Gewicht von 35–40 kg. Obgleich sie eine größere Neigung zum Fettansatz haben, ist ihr Fleisch von guter Qualität. Keine der übrigen langwolligen Rassen produziert so viel und so glänzende Wolle wie das Lincolnschaf.

Die mittelrauhe Wolle dient zur Herstellung von Bekleidungs- und Futterstoffen, von Polstern und Teppichen. Gegerbte Felle werden vielfach zu Vorlegern, Sitzmöbelbezügen u. ä. verwendet.

Die einzelnen Partien des Schafkörpers weisen nicht die gleiche Fleischqualität auf und werden daher in dieser Hinsicht in drei Qualitätsklassen eingeteilt. Die erste Klasse bilden Rücken und Keule (1), die zweite Kamm und Bug (2), in die dritte gehören Hals und Dünnung (3).

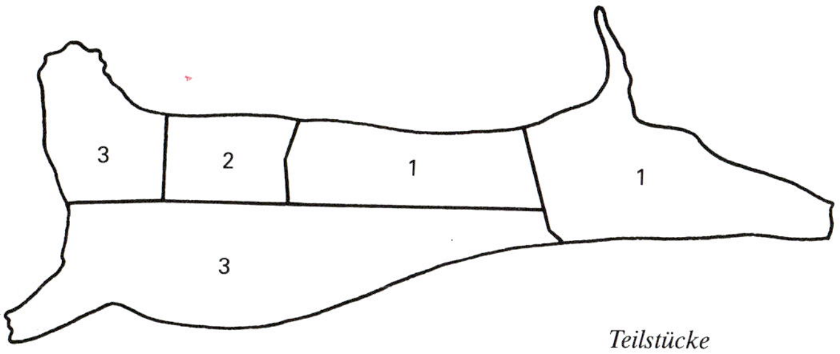

Teilstücke einer Schlachttierhälfte

Dartmoorschaf

Faserlänge 25–30 cm, Jahresschurertrag 7–9 kg.
Gewicht des Mutterschafs 50–55 kg, des Widders 80–90 kg.

Das Dartmoorschaf ist wahrscheinlich das abgehärtetste Schaf der Welt. Es hat eine außergewöhnlich feste Konstitution, die es widerstandsfähig gegen die harten Winter auf den exponierten Weideflächen der Dartmoor-Heide in Südwestengland macht. Häufig kommt es vor, daß Schafgruppen den ganzen Tag unter Schneewehen liegen und dann ohne jegliche Beeinträchtigung ihrer Gesundheit wieder hervorkommen. Ihre bräunliche oder weißliche Wolle ist kräftig, jedoch in ihrer Struktur noch hinreichend fein, lang, wellig herabhängend, gekräuselt und glänzend. Aufgrund ihrer hochgradigen Abhärtung haben sich die Dartmoorschafe in die unwirtlichen Gebiete Amerikas, Argentiniens, Südafrikas und Kanadas verbreitet.

Dieses Schaf ist mittelgroß, hornlos, Kopf und Beine sind gut mit Wolle bewachsen, das Gesicht ist grauweiß gefleckt. An die Nahrung stellt es keine Ansprüche und ist dabei sehr fruchtbar. Oft wird es zur Produktion von Schlachtlämmern in andere Rassen eingekreuzt.

Die Wolle dient zur Herstellung von Decken, Serge, Tweed und anderen Stoffen. Teppiche, Wolldecken und Überzugsstoffe aus dieser Wolle sind im Vergleich mit ähnlichen Produkten aus anderen Fasern unübertroffen. Infolge ihrer außergewöhnlichen Fähigkeit, durch Walken zu verfilzen, eignet sich die Wolle sehr gut zum Färben in feinsten Schattierungen.

Die Teilstücke einer Schlachttierhälfte enthalten unterschiedlich viele Knochen. Deren Gewichtsanteil bestimmt den Fleischpreis mit.

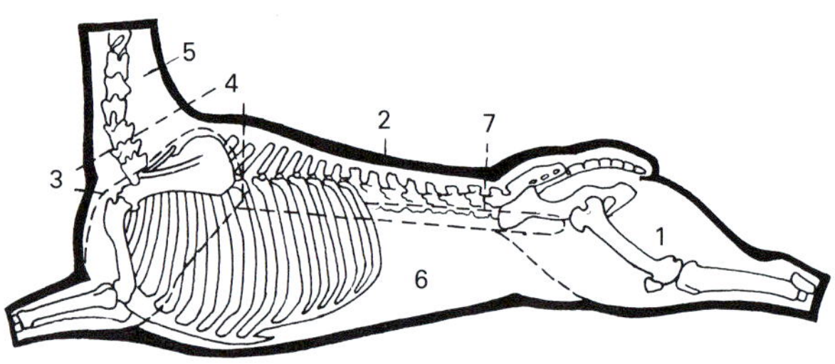

Schema für das Zerlegen einer Schlachttierhälfte: 1 Keule, 2 Nieren- und Kotelettstück, 3 Bug, 4 Kamm, 5 Hals, 6 Dünnung, 7 Filet

Hornloses Dorsetschaf

Faserlänge 5–7 cm, Jahresschurertrag 2,5–3,5 kg.
Gewicht des Mutterschafs 55–60 kg, des Widders 60–70 kg.

Die Rasse ist in der Grafschaft Dorset durch die Kreuzung bodenständiger Schafe mit Hampshirewiddern entstanden. Dorsetschafe sind frühreife, mittelgroße Tiere. Wangen, Ohren und Beine haben eine typische graubraune Färbung, die Wolle am Körper ist bräunlich, die Tiere beider Geschlechter sind hornlos. Dadurch unterscheiden sie sich von den gehörnten Dorsetschafen, die völlig weiß sind und sowohl Widder als auch Mutterschafe tragen Hörner. Hornlose Dorsetschafe sind recht fruchtbar, geben genügend Milch und sind gute Mütter. Zwar zielte die Veredelung ursprünglich vor allem auf die Produktion von mittelschweren Schlachtlämmern mit magerem Fleisch ab, und die Schafe wurden wegen dieser Eigenschaft in eine ganze Reihe von Ländern ausgeführt, doch hat sich dabei auch die Wollqualität so weit stabilisiert, daß Wolle dieser Rasse in Großbritannien zu den besonders hochwertigen Sorten gezählt wird.

Die Wolle läßt sich gut verarbeiten, ist elastisch und mittelfein. Aus ihr werden Webwaren und hochwertige feine Strickwollen hergestellt. Oft setzt man sie einer anderen Wolle zu, um eine besondere Elastizität oder Kräuselung bzw. eine Verbesserung der Griffigkeit beim fertigen Wollerzeugnis zu erzielen. England ist das einzige Land auf der Welt, in dem aus Dorsetschafwolle ausschließlich der sog. Papierfilz zur Banknotenherstellung erzeugt wird.

In großem Umfang werden diese Schafe nach Irland, in die USA, nach Kanada, Australien, Neuseeland und Südafrika zur Aufbesserung der einheimischen Rassen exportiert.

Auch der Wollschaftyp hat seine typischen Merkmale. Der Kopf ist relativ klein, hat eine leicht gewölbte Stirn, die Haut am Hals liegt in Falten. Die Widder tragen meist Hörner, doch muß das nicht der Fall sein. Mutterschafe sind stets hornlos.

Wollschaftyp

Southdownschaf

Faserlänge 5–6 cm, Jahresschurertrag 3 kg, Gewicht des Mutterschafs 45–50 kg, des Widders 55–65 kg.

Das Southdownschaf ist in der Grafschaft Sussex im englischen Süden heimisch. Im dortigen Kalkstein-Hügelland wurden Hausschafe gehalten, die seit dem Beginn des 19. Jahrhunderts nach und nach veredelt wurden. Daraus entwickelte sich die heutige Southdown-Schafzucht. Die Existenz dieser Rasse ist mit dem Namen von John Ellmann aus Glynd in dieser Grafschaft verbunden.

In erster Linie ist sie eine Fleischschafrasse, die vor allem bei der Einkreuzung in andere Rassen leichte Schlachtlämmer produzieren soll. In dieser Hinsicht ist sie auch im Ausland sehr beliebt, meist wird sie nach Übersee exportiert.

Dieses Schaf gehört zu den eher kleineren bis mittelgroßen frühreifen Rassen, die ein kühles Klima im allgemeinen gut vertragen. Die Lämmer wachsen schnell und haben nach dem Erreichen der Schlachtreife wenig Fett. Von allen in Großbritannien gehaltenen Rassen haben die Southdownschafe die feinste, wenn auch sehr kurze Wolle. Aufgrund ihrer Feinheit und weißen Farbe ist sie zur Herstellung von Webwaren, erstklassiger weicher Unterwäsche, Handstrickarbeiten, feiner Kleiderstoffe, leichter Tweeds sowie von Filzen geeignet. Dank moderner Sanforisierungsmittel lassen sich die Produkte aus dieser Wolle sehr leicht waschen.

Die Haut ist ein recht kompliziertes Gebilde. Sie besteht aus dem Haar (3), das die Hornschicht der Oberhaut (1) und die Lederhaut (2) durchdringt, von einer Epithelscheide eingehüllt ist (4) und von einem Bündel glatter Muskeln (5) beherrscht wird, die beim Zusammenziehen das Haar aufrichten. Außerdem gehören dazu die auf der Oberhaut-Außenfläche mündenden Talg- (6) und Schweißdrüsen (7), daneben Blutgefäße und Nerven. Die Talgdrüsen produzieren ein Fett, aus dem nach der Reinigung das in Kosmetik und Heilkunde verwendete Lanolin gewonnen wird.

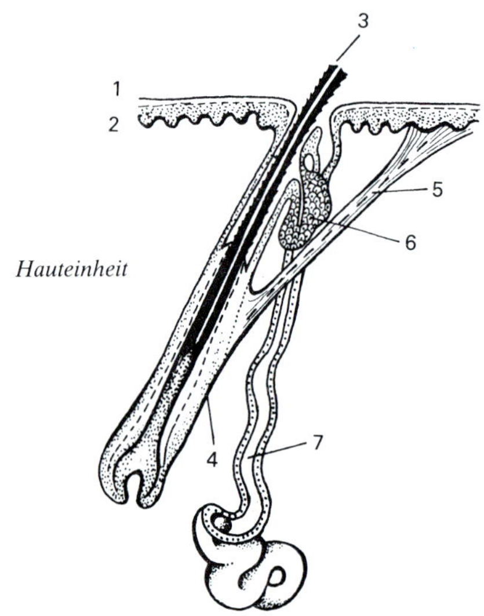

Suffolkschaf

Faserlänge 5–8 cm, Jahresschurertrag 3–4 kg.
Gewicht des Mutterschafs 60–70 kg, des Widders 90–110 kg.

Durch die langfristige Kreuzung von gehörnten Nordfolkschafen mit Southdownschafen kam in den landwirtschaftlich reichsten Gebieten der englischen Grafschaft Suffolk eine Rasse auf, die in Großbritannien zu den besonders weit verbreiteten zählt. Für ihre Qualität spricht auch der Umstand, daß sie immer stärker in den USA, in Kanada, Argentinien, Neuseeland, Australien und auf dem europäischen Festland zur Geltung kommt.

Mit seinem Körperrahmen gehört das Suffolkschaf zu den ganz großen Rassen. Es ist hornlos, der Kopf sowie die Gliedmaßenunterpartien sind dunkel, das Fell ist schmutzigweiß. Es ist frühreif und setzt ausgezeichnet Fleisch an, das zart und fettarm ist. Es kann sich den Klimabedingungen anpassen, ist aber betreffs Ernährung und Pflege anspruchsvoll. Zwar wird das Suffolkschaf vorwiegend des Fleisches halber gehalten, da es schwere Schlachtlämmer produziert, es liefert aber auch eine mittelfeine Wolle zur Herstellung von Webwaren, Strickwolle, Wollstoffen und Filz. Diese Wolle ist kurz, aber schon seit dem Mittelalter für ihre hohe Qualität und beträchtliche Festigkeit bekannt. Auf ihre Qualität gründet sich der Ruf der Suffolker Bekleidungsindustrie.

Das Fell besteht aus Wollhaaren, Grannenhaaren und Stichelhaaren. Die Wollhaare bilden die dichte, oft gekräuselte, dicht an der Haut wachsende Unterwolle. Grannen- und Stichelhaare ragen darüber hinaus und bedecken die Unterwolle. Einen besonderen Felltyp stellen die Leit- oder Sinneshaare z. B. um Maul und Augen dar. Besonders harte und lange Stichelhaare bilden Mähne bzw. Schweif. Im Inneren des Stichelhaars sitzt das aus abgestorbenen, verhornten Zellen bestehende Mark. Wollhaare haben kein Mark.

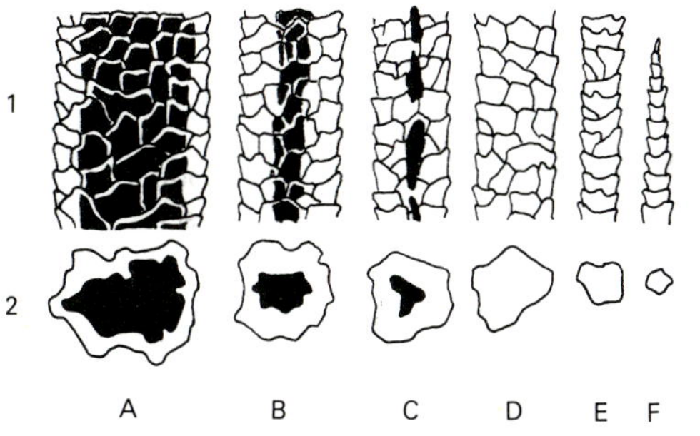

Struktur der Behaarung: 1 Längsschnitt, 2 Querschnitt A, B durch das Stichelhaar, C durch das Grannenhaar, D bis F durch das Wollhaar. Das Mark ist schwarz eingezeichnet.

Hampshireschaf

Faserlänge 6–9 cm, Jahresschurertrag 2,5–4 kg.
Gewicht des Mutterschafs 70–75 kg, des Widders 100–115 kg.

Die Hampshirerasse entstand aus Schafen, die in der Grafschaft Hampshire gehalten wurden. Es handelt sich um eine sowohl im Hinblick auf die Fleisch- als auch auf die Wollproduktion sehr wichtige Rasse, weshalb sie sich praktisch über die ganze Welt verbreitet hat.

Hampshireschafe sind hornlos, sehr frühreif, gut fleischig, ohne dabei zuviel Fett anzusetzen. Die Mutterschafe zeigen eine gute Fruchtbarkeit und geben genügend Milch. Sehr leicht passen sie sich an die unterschiedlichsten Klimabedingungen an (z. B. werden sie in Kenia in Höhen von 2700 m ü. d. M. gehalten, in Peru sogar in einer Höhe von 4200 m), sind dabei aber, was das Futter betrifft, verhältnismäßig anspruchsvoll. Diese Schafe haben sich außerordentlich gut an die Abweidung von Kulturen gewöhnt, auch von Kulturüberresten nach der Getreideernte auf Ackerland sowohl in den Niederungen als auch im Hügelland. Unter solchen Bedingungen erzeugen sie eine hochwertige, mittelfeine, weiße Wolle, sogar in zwei Schuren pro Saison. Besonders wertvoll ist die Lammwolle. Die Hauptbedeutung dieses Schafs besteht aber in der Produktion von rasch heranwachsenden Lämmern mit einem sehr guten, fettarmen Fleisch.

Die Oberfläche eines Schafhaars besteht aus einer Schicht von verhornten Schuppenzellen. Diese sind platt, überdecken einander und weisen mit ihrem freien Rand zur Haarspitze. Die Größe und die Randform dieser Schuppen ist bei den einzelnen Haartypen jeweils anders und unterscheidet sich auch bei den einzelnen Rassen (vgl. Abb. auf der vorigen Seite). Auf 1 mm² entfallen 1500–2500 Schuppen.

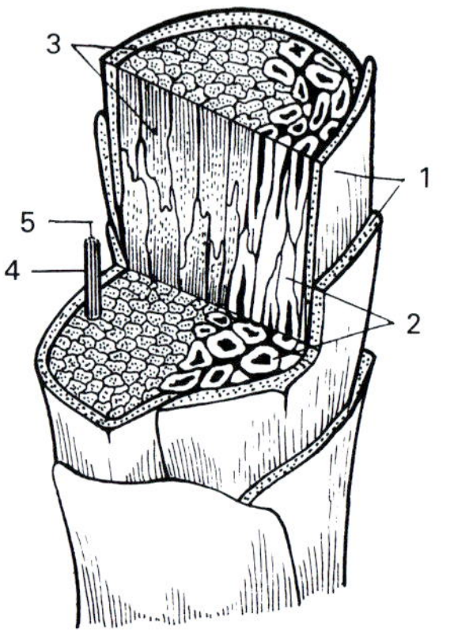

Schnitt durch ein Wollhaar: 1 Schuppenzellen, 2 Hauptzelle der Rinde (ortho cortex), 3 Nebenzellen (para cortex), 4 starke elastische Fäserchen (Makrofibrillen), 5 schwache elastische Fäserchen (Mikrofibrillen). Der Bau der Stichelhaare ist der gleiche, nur sitzt in ihrem Inneren das Mark.

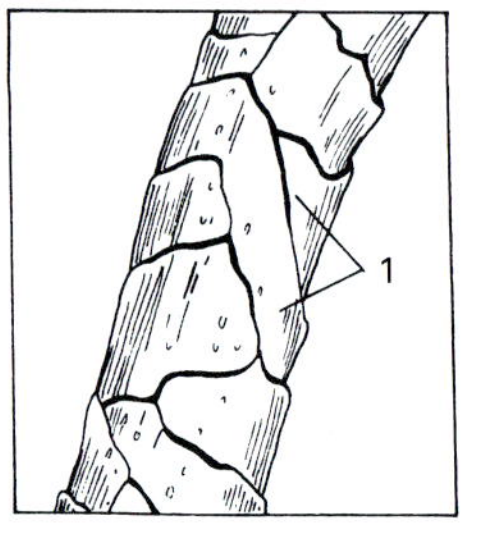

Ultramikroskopische Struktur der Haaroberfläche mit den Schuppenzellen

Texelschaf

Faserlänge 10–15 cm. Jahresschurertrag beim Mutterschaf 5 kg, beim Widder 7 kg. Gewicht des Mutterschafs 70–80 kg, des Widders 90–110 kg.

Die Anfänge des Texelschafs fallen in die Mitte des 19. Jahrhunderts. Damals wurden aus England Lincoln-, Leicester- und Southdownschafe auf die westfriesische Insel Texel gebracht. Durch gezielte Zucht im Hinblick auf Fruchtbarkeit, Melkleistung und Anpassungsfähigkeit an die rauhen Gebiete der Insel entstand die Texelschafrasse, die sich dann über ganz Westeuropa, in Übersee in Indonesien, Peru und Afrika verbreitet hat. Schafzüchter nehmen sie zur Veredelung einheimischer Schafe.

Das Texelschaf hat einen großen Körperrahmen, und es ist in erster Linie ein Fleischschaf. Die Lämmer wachsen gut, Melkleistung und Fruchtbarkeit der Mutterschafe sind gut, doch stellt das Schaf sehr hohe Ansprüche ans Futter. Es braucht auch im Winter reichlich hochwertiges, safthaltiges Futter (Silofutter, Rüben, Kartoffeln, Möhren). Die mittelfeine, weiße Wolle ist recht lang und bildet ein kompaktes Vlies mit korkenzieherartig gewundenen Stapelenden.

Feinwollige Schafe werden einmal jährlich geschoren, solche mit gröberer oder rauher Wolle zweimal. Rauhwollige Schafe wechseln zweimal im Jahr einen Teil ihrer Wolle, vor allem der Wollhaare, und verlieren so den wertvollsten Teil des Vlieses. Diese Schafe werden im Frühjahr und im Herbst geschoren. Schafe mit feiner Wolle werden möglichst vor oder nach dem Ablammen geschoren, weil dann die Wolle am feinsten ist. Durch die Schur erhält man die kompakte Haardecke des gesamten Schafkörpers, die minderwertige oder entwertete Wolle wird ausgesondert, zurück bleibt das Vlies aus mehr oder weniger fest miteinander verbundenen Stapeln. In jedem Stapel sitzen 8–100 Haare. Anschließend läßt man das Vlies bis auf 17% seiner ursprünglichen Feuchtigkeit austrocknen und legt es mit dem inneren Stapel nach oben auf vorgeschriebene Weise zusammen und verschnürt es mit einer Papier- oder Hanfschnur (keinesfalls mit Sisalschnur). In einigen Ländern wird die Wolle dann noch in große Säcke verpackt.

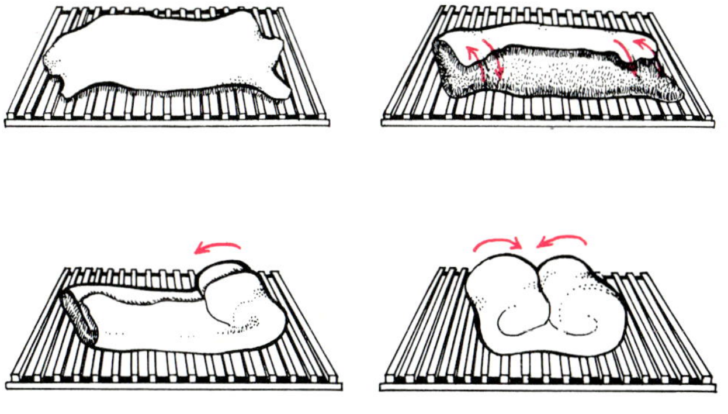

Einschlagen des Vlieses

Berrichonschaf

Faserlänge 8–11 cm, Jahresschurertrag 2,5–6 kg.
Gewicht des Mutterschafs 70–110 kg, des Widders 110–140 kg.

Das Berrichonschaf gehört zu den schwersten französischen Schafrassen. Es wurde vor allem im Departement Cher durch Einkreuzung von Ile-de-France-Schafen in den örtlichen Landschaftstyp hervorgebracht. Obgleich diese Rasse verhältnismäßig jung ist (sie entstand gegen Ende des 19. Jahrhunderts), hat sie sich nicht nur in Frankreich, wo sie heute über 4% des Gesamtbestandes ausmacht, sondern auch in weitere europäische Länder und nach Nordafrika ausgebreitet. Der Nahrungsanspruch dieses Schafs ist hoch, daher wird es nur in fruchtbaren Landstrichen gehalten.

Obschon diese Schafe einen großen Körperrahmen haben, ist ihr Skelett zart. Die Rasse ist frühreif, die Lämmer haben ein feines Fleisch und im Hinblick auf das subtile Skelett auch eine gute Fleischausbeute. Die Milchproduktion ist gut, die Wolle mittelfein und weiß. Das Berrichonschaf dient zur Kreuzung mit lokalen Rassen, denen es zu hochwertigen Schlachtlämmern verhilft, die bis zu einem Gewicht von 30–35 kg aufgefüttert werden.

Die Wollqualität unterscheidet sich an den einzelnen Körperteilen des Schafs. Die Ziffern von 1 bis 7 bezeichnen die schrittweise Qualitätsabnahme der Wolle (je höher die Zahl, desto geringer die Qualität). Die beste Wolle kommt von den Seiten, den Seitenpartien des Halses, vom Rücken und von den Schenkel-Seitenpartien; diese Wolle bildet das Vlies. Geringer ist die Wollqualität von Halsober- und -unterseite und der Bauchunterseite; diese vom Vlies ausgesonderten Teile heißen Locken und Leisten; einzeln müssen sie über 0,3 kg wiegen. Den Rest bildet die sog. Brandwolle, die verschieden stark urin- und kotbeschmutzt ist. Zu dieser Abfallwolle gehört auch Material, das kürzer als 3 cm ist.

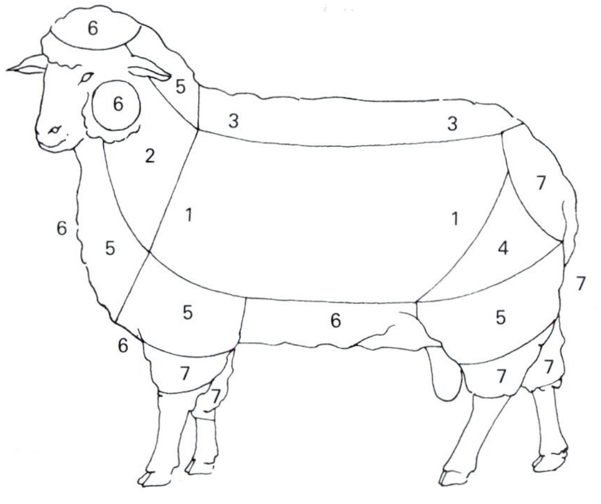

Einteilung der Schafwolle nach der Qualität: 1–4 Vlies, 5 Locken, Leisten, 6, 7 Brandwolle

♂

Corriedaleschaf

Faserlänge 10–12 cm, Jahresschurertrag 5–8 kg.
Gewicht des Mutterschafs 70 kg, des Widders 90 kg.

Diese Rasse ist in den Jahren 1880–1910 durch die Kreuzung von Merino-Mutterschafen mit Leicester- und Lincolnwiddern auf Neuseeland entstanden. Durch diese Kreuzungen wurden hervorragende Nutzleistungen sowohl in der Woll- als auch Fleischerzeugung erzielt. Da die Corriedaleschafe sehr abgehärtet und anpassungsfähig an verschiedene Klimabedingungen sind, dabei geringere Ansprüche an das Niveau der Nahrung stellen, haben sie sich über eine Reihe von Ländern mit rauhem Klima verbreitet, wie etwa die kalten Gebiete Kanadas und der USA, Südamerikas und der Sowjetunion.

Das Corriedaleschaf ist ein relativ frühreifes und fruchtbares Schaf mit ziemlich großem Körperrahmen. Die mittelfeine, weiße Wolle ist normalbogig, der Kopf soll bis zur Verbindungslinie zwischen den Augen wollbewachsen sein, die Beine ebenfalls. Hinsichtlich der Fleischproduktion sind bei diesem Schaf die wertvollen Körperpartien – Rücken, Lenden und Keulen – sehr gut entwickelt.

Die Schur eines einzelnen Schafs dauert mit der elektrischen Schermaschine 5–10 Minuten und erfordert je nach Größe des Tieres 80–150 Züge. Gleich nach dem Scheren wird die Wolle in Vlies und Abfallwolle getrennt. Das Vlies macht 75–80% des Schurgewichts aus, die Abfallwolle 15–25%. Abfallwolle (Locken, Leisten) liefern: Halsober- und -unterseite 1–3%, Bauch 7–8%, Brandwolle I 5–9%, Brandwolle II 1–3%.

In der Schafzucht ist die künstliche Besamung eine sehr wirkungsvolle Zuchtmethode zwecks Hebung des Nutzens. Eine Verdünnung des Samens gestattet die Verringerung der Zuchtwidderzahl, so daß man zur Zucht wirklich zu den allerbesten Zuchtwiddern greifen kann. Die Samenentnahme erfolgt in eine künstliche Scheide an einem brünstigen Schaf.

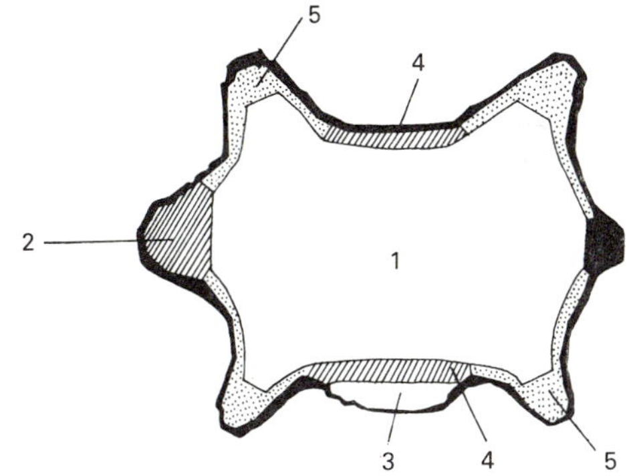

Sortierung der Wolle nach dem Scheren: 1 Vlies, 2, 3 Locken und Leisten, 4, 5 Brandwolle I und II

Île-de-France-Schaf

Faserlänge 7–15 cm, Jahresschurertrag 4–8 kg, Gewicht des Mutterschafs 65 kg, des Widders 80–120 kg.

Diese Rasse ist um die Mitte des 19. Jahrhunderts in Frankreich aufgekommen. Der französische Züchter Yvart hat aus England Leicester- und Lincolnwidder eingeführt und diese mit Mutterschafen der Rasse Rambouillet gepaart. Die Kreuzungen wurden von den französischen Schafhaltern anfänglich Disley-Merino genannt (nach dem Gut Disley, von dem sie stammten), seit der Anlegung des Zuchtbuchs und Anerkennung der Rasse im jahr 1922 heißt sie Île de France.

Île-de-France-Schafe machen gegenwärtig 7,2% des gesamten Schafbestandes in Frankreich aus. Sie werden auch in der Schweiz, in Italien, Marokko, Jugoslawien und Polen gehalten. Sie sind eine schwere, sehr frühreife Rasse. Die Lämmer haben hervorragende Schlachtviehparameter, sogar schon zur Absetzzeit im Alter von 100 Tagen. Ihr Fleisch ist zart, ohne größere Fettschichten, die Ausbeute ist gut. Fruchtbarkeit und Milchbildung der Mutterschafe sind gut, doch erfordert dieses Schaf eine reichere Ernährung und gute Stallbedingungen. Die Wolle ist glänzend weiß, fein bis mittelfein und hat Merinocharakter.

Bis zur Zeit der Geschlechtsreife entwickelt sich die Milchdrüse nur langsam. Mit ihrem Eintritt entsteht nach und nach vor allem das System der Drüsengänge. Im Laufe der ersten Gravidität wächst das milchbildende Gewebe jäh an, und das Euter vergrößert sich schnell. Nach Beendigung der Laktation und Absetzung der Jungtiere verringert sich der Umfang der Milchdrüse wieder, jedoch nie mehr auf die ursprüngliche Größe. Bei den folgenden Laktationen wiederholt sich der ganze Prozeß. Das Euter des Schafs (wie auch der Ziege) besteht aus zwei Drüsenabschnitten – einem rechten und einem linken – und hat zwei Striche oder Zitzen.

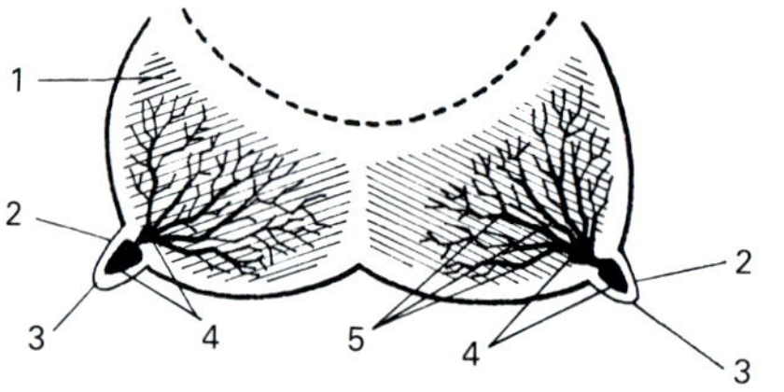

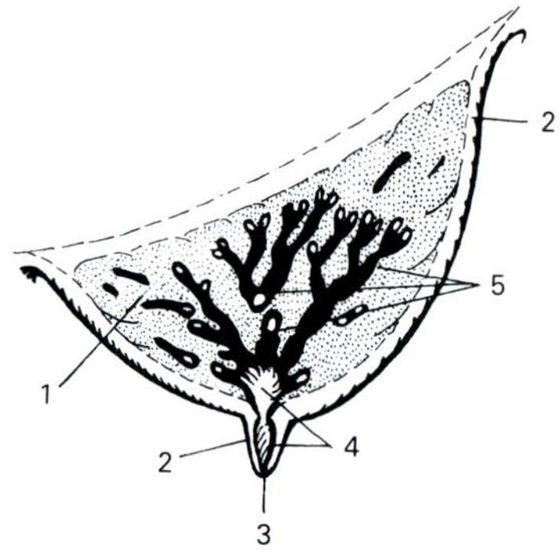

Anatomie der Milchdrüse (vereinfacht und im Detail): 1 Milchbildender Teil bzw. Drüsenkörper, 2 Haut, 3 Strichkanal (5–8 mm lang), 4 Milchzisterne (Volumen 100–200 ml), 5 Milchgänge

Cheviotschaf

Faserlänge 8–10 cm, Jahresschurertrag beim Mutterschaf 3 kg, beim Widder 4 kg. Gewicht des Mutterschafs 50–60 kg, des Widders 70–80 kg.

Diese Rasse ist seit dem Beginn des 19. Jahrhunderts nachweisbar. Sie ist in den tiefer gelegenen Gebieten Schottlands entstanden, gegenwärtig wird sie in Hügel- und Gebirgslandschaften gehalten. Die Tiere haben einen relativ langen Körper mit kurzen Gliedmaßen. Der Kopf ist nicht mit Wolle bedeckt, die aufrechten Ohren sind sehr beweglich. Die Widder haben manchmal Hörner. Cheviotschafe sind mittelfrühreif, ihr Körperbau und ihre hervorragende Fleischqualität machen sie zu einer sehr begehrten Rasse bei der Veredelung anderer Schafrassen. Außerdem sind sie hinreichend fruchtbar, haben eine gute Milchproduktion, sind widerstandsfähig sowie anpassungsfähig an rauhes Klima mit langen Wintern. Dieser Eigenschaften wegen haben sie sich weit verbreitet in Kanada, auf den Falklandinseln, in der UdSSR, in Kenia, Südafrika und auf Neuseeland.

Die von den Cheviotschafen hervorgebrachte Wollmenge macht ein Viertel der schottischen Gesamtwollproduktion aus. Aufgrund ihrer natürlichen Kräuselung und ihres Glanzes ist diese weißliche, mittelfeine Wolle wie geschaffen für die Herstellung leichter Stoffe für Kleider, Mäntel und Wolldecken. Sie läßt sich auch sehr gut färben und gegen Nässe imprägnieren.

Für die Gesunderhaltung des Euters aller handgemolkenen Tiere, also auch des Schafs, ist eine richtige Melktechnik unerläßlich. Beim Melken darf nicht an den Strichen gezogen werden. Der Strich muß mit Daumen und Zeigefinger an der Basis zusammengedrückt werden, durch den nacheinander erfolgenden Druck der übrigen Finger wird dann die Milch aus dem Zitzenteil der Zisterne herausgedrückt. Gemolken wird abwechselnd, nie beide Striche auf einmal. Schafe werden normalerweise, anders als Kühe, von hinten gemolken; bei diesen sitzt der Melker beim Melken an der rechten Körperseite. Bei dem Melken des Schafs von der Seite wird das Tier in einen Fixierkäfig gebracht, um es an Bewegungen zu hindern. Immer größere Bedeutung gewinnt das hygienische Maschinenmelken, doch erfordert es eine Auswahl von Schafen, die für diese progressive Methode geeignet sind.

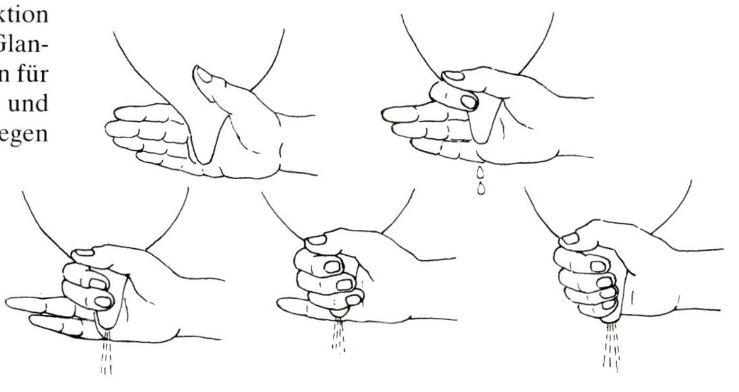

Melktechnik von Hand

Rambouilletschaf

Faserlänge 6–8 cm, Jahresschurertrag beim Mutterschaf 4–5,5 kg, beim Widder 6–7 kg. Gewicht des Mutterschafs 45–60 kg, des Widders 65–90 kg.

Die Veredelung der Rambouilletschafe begann in den fünfziger Jahren des 18. Jahrhunderts in Frankreich, nachdem die ersten Merinoschafe aus Spanien hierher gebracht worden waren. Der Grund für diesen Import lag im Bestreben der französischen Schafzüchter, die Wollproduktion der französischen Schafe zu verbessern und zu steigern. Ihre Bemühungen waren so erfolgreich, daß heute die Rambouilletschafe im Hinblick auf die Feinheit ihrer Wolle zu den besten der Welt gehören. Darüber hinaus haben sie die Zucht der merinowolligen Schafe auf der ganzen Welt beeinflußt und den Impuls zur Bildung zahlreicher Rassen in Europa und Übersee gegeben. Nach den Erfolgen mit der Wolle haben die Züchter ihre Aufmerksamkeit der Gewichtssteigerung der Schafe zugewandt, da Lamm- und Hammelfleisch in Frankreich weit beliebter ist als in anderen Ländern. Ihre Bemühungen endeten in der Herauszüchtung eines gut fleischigen Schafs von schwerem Typ mit einer grauweißen Wolle.

Die Rentabilität der Schafhaltung steigt durch die Nutzung von Weiden in Berglagen, die von anderen Nutztieren (z. B. Rindern) nur unter Schwierigkeiten beweidet werden können. Schafe lassen sich mit Erfolg auch im Bergvorland halten, wo sie die Ernterückstände auf den Feldern abweiden. Schafhütung ist ohne einen gut abgerichteten Schäfer- oder Hütehund undenkbar. Während in früheren Zeiten die Hütehunde die Herden vor Raubtieren schützen sollten, dienen die heutigen Hunde vor allem zum Treiben der Schafe und Lenken der Herdenbewegung.

Ein beliebter Hütehund ist der Tschuwatsch

Böhmisches Merinoschaf

Faserlänge 6–7 cm, Jahresschurertrag beim Mutterschaf 5–6 kg, beim Widder 8–10 kg. Gewicht des Mutterschafs 55 kg, des Widders 85 kg.

An der Wende vom 18. zum 19. Jahrhundert sind die Merinoschafe aus Spanien nach Mitteleuropa gekommen. Sie wiesen Merkmale von Überzüchtung auf, hatten eine hochfeine Wolle und eine stark gerunzelte Haut mit tiefen Falten. Feinheit und Faserlänge der Wolle waren unausgeglichen, denn in den Hautfalten wuchs eine rauhere und längere Wolle. Den Wert des Vlieses setzten auch die vielen in unregelmäßiger Länge abgeschorenen Fasern in den Hautfalten herab, zudem kam es bei der Schur häufig zu Schnittverletzungen der gerunzelten Haut. Durch zielbewußte Zuchtarbeit wurden diese unerwünschten Merkmale eliminiert, und es gelang, Merinoschafe vom Woll-, Fleisch- oder Mastschaftyp mit feiner bis mittelfeiner Wolle herauszubringen. Die Hautrunzeln wurden bis auf zwei, drei Falten am Hals reduziert.

In Böhmen und Mähren wurden die Nachkommen der spanischen Merinos zahlreich gehalten. Im 19. Jahrhundert führte man Rambouilletwidder nach Böhmen ein, um die Fleischproduktion dieser Schafe aufzubessern. Das Kreuzungsergebnis waren Schafe mit höherem Körpergewicht und besserer Wolle sowie höherer Fleischproduktion. Neben den Rambouilletwiddern wurden zur Veredelung der böhmischen Merino auch Widder der Merino precose und deutscher Merino-Fleischschafe herangezogen. Diese Zuchteingriffe führten zu größerer Frühreife und Fruchtbarkeit. Böhmische Merinos stellen hohe Ansprüche bezüglich der Ernährung. Sie eignen sich zu Haltung in tieferen Lagen bis zu 500 m ü. d. M. Länger anhaltende Regen und feuchtes Klima vertragen sie nicht, daher eignen sie sich nicht zur Pferchhaltung bzw. zur Dauerweide oder zum Daueraufenthalt im Freien bei Tag und Nacht. Die Wolle der böhmischen Merinoschafe ist fest, regelmäßig gekräuselt, dicht und grauweiß.

Unerwünschter Merinoschaftyp

♂

Australisches Merinoschaf

Faserlänge 6,5–9 cm, Jahresschurertrag beim Mutterschaf 5–7 kg, beim Widder 10–12 kg. Gewicht des Mutterschafs 40–50 kg, des Widders 65–75 kg.

Auf dem australischen Kontinent werden über 175 Millionen Schafe gehalten, von denen über 110 Millionen auf das australische Merinoschaf, eine einseitig auf die Wollproduktion ausgerichtete Rasse, entfallen. Die Wollqualität wird von den geographischen und klimatischen Bedingungen in Australien beeinflußt. Im Norden des Kontinents mit seinem tropischen Klima haben die Schafe eine rauhere Wolle, im Südteil, in dem gemäßigtes Klima herrscht, werden Schafe mit einer feinen Wolle gehalten. Die südaustralischen Schafe liefern drei Wolltypen. Die wertvollste Wolle gibt der Typ Fine Non-Peppin (er stellt 6% des südaustralischen Gesamtbestands), dann der Typ Strong (etwa 38%) und Peppin-Medium (etwa 56%). Die Produktion der gesamten sehr guten australischen Wolle beruht auf den weiten natürlichen Weideflächen im Norden und auf den sorgfältig gepflegten, künstlich angelegten Weiden im Süden Australiens.

Australisches Merinoschaf ist von mittlerer Größe, reich mit grauweißer Wolle bewachsen. Die Haut bildet in der vorderen Körperpartie 1–3 Falten. Mit Hilfe der australischen Merinos wurden in vielen Ländern der Welt die wertvollsten feinwolligen Schafrassen herausgezüchtet, in besonderem Maße in Südafrika.

In den letzten Jahren stieg die Nachfrage nach Schafkäse, daher werden in vielen Gebieten mit Schafhaltung die Tiere wieder gemolken, und die Milch wird zu den verschiedensten Käseerzeugnissen verarbeitet. Bei guter Ernährung beeinträchtigt die Melkerei die Wollqualität nicht. Die Manipulation mit der Milchdrüse beeinflußt dagegen Geschlechtszyklus und Fruchtbarkeit positiv. Nach dem Absetzen der Lämmer gewinnt man auch von ausgesprochenen Wollschafen wie den Merinos 40–50 l Milch zur Weiterverarbeitung. Neben den modernen Techniken in der Käseherstellung sind die alten Käsereigeräte immer noch unentbehrlich.

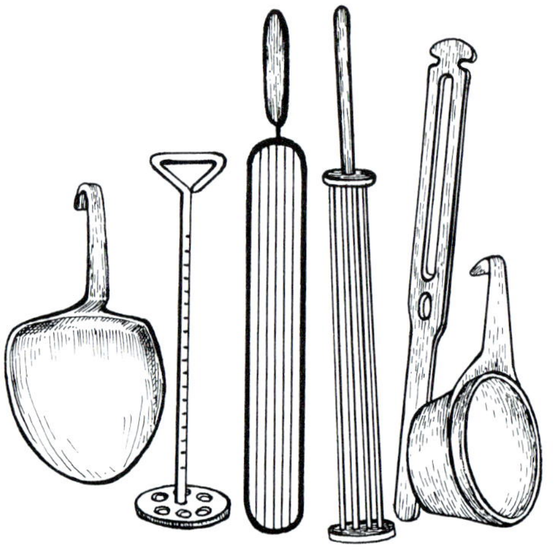

Traditionelles Käsereigerät. Die Harfe (Mitte) dient zum Schneiden des Käses im Gefäß.

♂ ♂

Stawropoler Merino

Faserlänge 8–13 cm, Jahresschurertrag beim Mutterschaf 6–8 kg, beim Widder 12–14 kg. Gewicht des Mutterschafs 55–60 kg, des Widders 90–100 kg.

Das Stawropoler Merinoschaf ist ein Beispiel für eine neu herausgezüchtete, feinwollige Schafrasse mit hohem Nutzwert. Als Rasse ist es erst 1950 anerkannt worden. Es entstand in der UdSSR durch Kreuzung der einheimischen Kaukasus-Merinos mit allerbesten amerikanischen Rambouilletwiddern. Zur Verlängerung der Wolle wurden auch australische Merinos herangezogen. Durch konsequente und systematische Selektion wurde der heutige hervorragende Standard dieser Rasse erreicht.

In der Körperform gehört das Stawropoler Schaf zu den größeren Rassen. Der Reinwollertrag reiht es unter die produktivsten Rassen ein, doch liegt er etwas niedriger als beim australischen Merinoschaf (45–48%), das einen Ertrag von 55–60% aufweist. Die Wolle enthält viel Fett. Das Wollkleid der Schafe ist sehr gut, die weißliche Wolle reicht auf dem Kopf bis an die Nase, an den Beinen bis an die Klauen. Die Körperhaut ist fein gerunzelt, am Hals weist sie eine, zwei oder auch drei Querfalten auf. Die Mutterschafe sind meist hornlos, die Widder tragen meist Hörner. Diese Schafe sind sehr abgehärtet, jedoch relativ anspruchsvoll im Hinblick auf die Ergiebigkeit der Weide. In trockenem Klima gedeihen sie weit besser als in einem feuchten, niederschlagsreichen.

Eine bedeutsame Eigenschaft der Schafwolle ist die mit der Feinheit (Stärke) der Faser zusammenhängende Kräuselung. Je feiner (dünner), desto mehr Bogen befinden sich auf einer bestimmten Länge. Durch Kräuselung zeichnet sich vor allem die Merinowolle aus, die von allen Schafwollen die feinste darstellt (1, 2, 3). Die rauheste (stärkste) Wolle hat auf 1 cm Länge keinen Bogen (8), die feinste 12–15. Eine optimale Kräuselung weist Nr. 3 auf.

Kräuselung der Wolle:
1, 2 hochfeine Wolle,
3 feine Wolle, 4 mittelfeine Wolle,
5 mittelrauhe Wolle,
6–8 rauhe Wolle

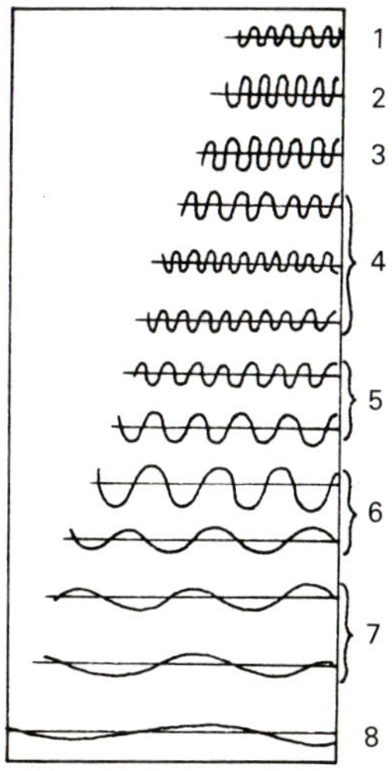

Ostfriesisches Milchschaf

Faserlänge 20 cm. Gewicht des Mutterschafs 70 kg, des Widders 90 kg. Melkleistung in einer Laktation 600–700 l, in Ausnahmen auch 1000 l, Fettgehalt 6–7%. Jahresschurertrag beim Mutterschaf 5–7 kg, beim Widder 7–9 kg.

Zu dieser Rasse gehören etwa 5% aller in der Bundesrepublik gehaltenen Schafe. Sie unterscheidet sich in ihrem Äußeren nur wenig von den ursprünglichen deutschen Marschlandschafen. Die Wurzeln ihrer Entstehung reichen bis in die Mitte des vorigen Jahrhunderts, der Standard der Rasse wurde um das Jahrhundertende festgelegt. Das Ostfriesische Milchschaf ist eine der wenigen Rassen, die nicht in großen Herden, sondern nur in kleinen Gruppen gehalten werden (bis zu 15 Stück). Daher ist es auch bei den kleinen Haltern so beliebt und verbreitet. Klimatisch sagt ihm das Marschland in den Küstengebieten beider deutscher Staaten zu, deshalb ist es vor allem dort verbreitet.

Das Ostfriesische Milchschaf hat nur ein Minimum an Fett unter der Haut. Sein Körper erweckt den Eindruck von Leichtigkeit; der Schwanz ist relativ lang, dünn und nur mit Oberhaar bewachsen, nicht mit Wolle. Im Hinblick auf die Milchproduktion gehört dieses Schaf zu den besonders leistungsfähigen Rassen. Seine Milch ist sehr fett. Auch seine Fruchtbarkeit ist hervorragend, normalerweise lammen die Mutterschafe Zwillinge. Die Lämmer reifen sehr früh, bei guter Weide erreichen sie im Herbst ein Gewicht von 45–60 kg. Die weiße Wolle ist mittelfein, lang, glänzend, fest und enthält wenig Fett. Sie bildet eine flachbogige Kräuselung am Körper und läßt sich gut verspinnen, daher wird sie hauptsächlich zu Maschinen- und Handstrickerei verwendet. In seiner Körperform ist das Ostfriesenschaf eine beispielhafte Milchschafrasse. Es hat einen leicht keilförmigen Kopf, einen flachen Brustkorb mit schrägen Rippen und ein typisches breites Becken, das die Voraussetzung für eine breite Euterbasis bietet.

Milchschaftyp

Karakulschaf

Faserlänge 15–20 cm, Jahresschurertrag beim Mutterschaf 2–2,5 kg, beim Widder 3 kg. Gewicht des Mutterschafs 30–60 kg, des Widders 50–90 kg.

Das Karakulschaf ist die bedeutendste Fellschafrasse. Aufgrund seines Körperbaus gehört es zu den Fettschwanzschafen. Seine Heimat ist Usbekistan in der UdSSR, ein heißes, trockenes Gebiet mit wenig Niederschlägen und karger Vegetation. Ein weiteres Karakulzuchtgebiet ist Afghanistan, wo sich die Bestände der Karakulschafe und ihrer Kreuzungen um 8 Millionen Stück bewegen. In der Mitte des 19. und zu Beginn des 20. Jahrhunderts haben sich die Karakulschafe in weitere Gebiete der UdSSR, nach Südost- und Südafrika ausgebreitet, wo es 3,5 Millionen Stück gibt, in die USA, wo gegenwärtig etwa 50000 gehalten werden, und nach Argentinien, wo es über 200000 gibt.

Das typische Körpermerkmal des erwachsenen Karakulschafs ist der Fettschwanz in Form einer dicken Walze, aus der die dünne, S-förmig gekrümmte Spitze herausragt. Die Wolle ist schwarz bis schwarzbraun, rauh, herabfließend und lediglich zur Teppichherstellung geeignet. Für Rauchwaren lassen sich nur die Lammfelle, die sog. Persianer, verwenden, bei denen einige Tage nach dem Ablammen die Stichelhaare noch zu Röllchen zusammengedreht sind. Die Stichelhaare sind stark glänzend und hart; der Wert des Fells hängt von der Form der Röllchen ab. Am wertvollsten sind lange Röllchen mit kleinem Durchmesser (etwa 5 mm); geschätzt sind auch Röllchen von Bohnenform. Haarröllchen von Erbsen-, Ring- oder Korkenzieherform werden geringer bewertet. Binnen 5–15 Tagen nach dem Ablammen strecken sich die Röllchen infolge des Haarwuchses, und das Fell verliert an Wert. Daher müssen die Karakullämmer bis zum fünften Tag geschlachtet werden. Ein weiteres Kriterium für den Fellwert ist die Farbe. Am wertvollsten und typischsten sind die schwarzen, Arabi genannten Felle. Sie treten am häufigsten auf, etwa in 80% der Fälle. Daneben existieren noch andere Fellschattierungen, z. B. Grau (genannt Schirazi oder Astrachan) sowie Braun (Kombar genannt).

Muster von grauen (1) und braunen (2) Karakulfellen

1 2

♀

Romanowschaf

Faserlänge der Unterwolle 8 cm, der Stichelhaare 3–5 cm.
Jahresschurertrag 2–2,5 kg, geschoren wird dreimal jährlich.
Gewicht der Mutterschafe 40–45 kg, der Widder 60–70 kg.

Zu den besonders bedeutenden Schafrassen, deren Felle zur Herstellung von Pelzen dienen, gehört das Romanowschaf. Es stammt in erster Linie aus dem Gebiet von Jaroslawl (UdSSR) und stellt eine alte, ursprüngliche, von keinerlei Einkreuzung berührte örtliche Rasse dar. Die aus den Fellen von Romanowschafen hergestellten Pelze sind um zwei Drittel leichter als die von anderen Schafen, außerordentlich dauerhaft und verlieren auch nach langem Tragen ihre Wärmekraft nicht. Das hat seinen Grund darin, daß ihr Vlies ein ausgewogenes Verhältnis von Stichel- und Wollhaaren aufweist, so daß sich die Wolle weder legt noch verfilzt. Das Vlies besteht nämlich aus feinen Wollhaaren, die länger sind als die rauhen Stichelhaare. Das weiße bis hellgraue Wollhaar mit den schwarzen Stichelhaaren gibt dem Fell eine hübsche graue Farbe. Überwiegen die schwarzen Stichelhaare, wird die Farbe dunkler. Am wertvollsten sind Pelze von taubengrauer Färbung. Die Lämmer kommen schwarz zur Welt, nach drei bis vier Monaten nehmen sie die graue Farbe an.

Das Romanowschaf ist klein bis mittelgroß. Charakteristisch ist der breite, keilförmige, rammsnasige Kopf, ähnlich wie Beine und Schwanz mit schwarzem Haar bedeckt. Auf Kopf, Gliedmaßen und Schwanz finden sich weiße Abzeichen. Den Widdern wächst auf Halsunterseite und Brust eine mächtige rauhe Mähne, manchmal haben sie auch Hörner. Die Mutterschafe sind stets hornlos. Es ist eine früh reifende, sehr fruchtbare Rasse, die Mutterschafe geben viel Milch, so daß die Lämmer schnell wachsen. Die Schafe lammen oft zweimal jährlich, im Frühjahr und Herbst. In einem Wurf haben sie regelmäßig Zwillinge, Drillinge, ja sogar Vierlinge.

Lamm, drei bis vier Tage nach dem Ablammen

♂

Balbas

Faserlänge 10–12 cm, Jahresschurertrag beim Muttertier 2 kg, beim Widder 3,5 kg. Gewicht des Mutterschafs 45–70 kg, des Widders 55–80 kg, in Ausnahmen bis zu 110 kg.

Aus einer ganzen Reihe von kaukasischen Rassen ist das dickschwänzige Balbasschaf die bedeutendste. Es produziert Fleisch, Milch und Wolle und wird in Aserbeidschan und Armenien gehalten. Das sind Länder mit ausgesprochenem Kontinentalklima, geringen Niederschlägen und großen Temperaturschwankungen. Infolgedessen haben die Weiden Steppen- bis Halbwüstencharakter mit trockener Vegetation und oft salzigem Boden. Balbas sind hornlose, rammsnasige Schafe mit langen, herabhängenden Ohren, einem relativ kurzen Körper, hohen Beinen und einer leicht überhöhten Hinterhand (das Hinterteil ist höher als die Vorderpartie). Ein charakteristisches Merkmal ist das Fettpolster des Schwanzes, das aus zwei Teilen besteht, so daß der Schwanz wie verdoppelt aussieht. Die Talgmenge im Fettpolster macht beim Mutterschaf 5–6 kg, bei den Widdern 10–12 kg aus.

Die Schafe sind weiß mit schwarzen Abzeichen an Kopf und Beinunterpartien. Die rauhe Wolle ist weiß und fest, sie dient zu groben Geweben, vor allem für die Teppichherstellung. Die Mutterschafe produzieren eine Menge Milch – von einem einzigen Tier gewinnt man nach dem Absetzen der Lämmer 120–130 l Milch.

Die Jungen der Wiederkäuer, also auch der Schafe, haben in den ersten Lebenstagen nur wenig entwickelte Vormägen, daher verläuft ihre Verdauung wie bei Tieren mit einem einfachen Magen, z. B. beim Hund oder Schwein. Das Lamm nimmt in den ersten zehn Tagen nur Muttermilch auf; das Volumenverhältnis von Pansen zu Labmagen (dem eigentlichen Magen) ist 1:2. Binnen drei bis vier Monaten wendet sich das Verhältnis mit zunehmender Aufnahme von Pflanzennahrung in 2:1, im Erwachsenenstadium in 7:1.

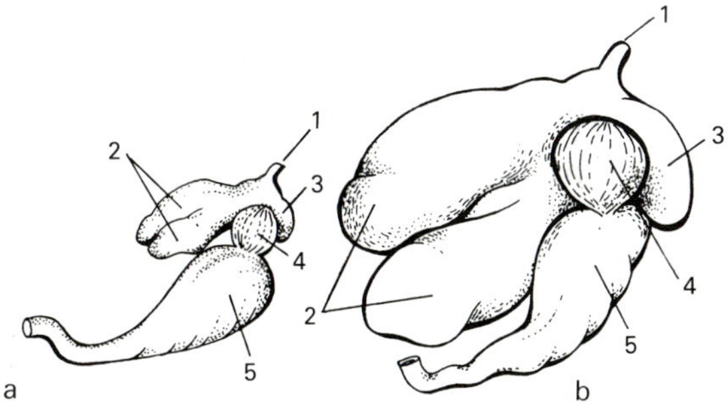

Volumen der Vormägen beim Lamm (a) und beim ausgewachsenen Schaf (b)

1 Speiseröhre, 2 Pansen (Rumen), 3 Netzmagen (Reticulum), 4 Blättermagen (Omasus), 5 Labmagen (Abomasus)

Hissarschaf

Gewicht des Mutterschafs 80–90 kg, des Widders 120–130 kg, in Ausnahmen bis zu 190 kg.

Das Hissarschaf ist in den Steppen, Halbsteppen und Halbwüsten, aber auch in den Gebirgen von Mittelasien, des Kaukasus und in den angrenzenden Landstrichen verbreitet. Es ist in diesen klimatisch exponierten Gebieten eine der wichtigsten Nutztiere. Dank seiner großen Widerstandsfähigkeit gegenüber jähen Temperaturschwankungen im Jahresverlauf, aber auch innerhalb von 24 Stunden, gegenüber jähen Veränderungen in der Nahrungsauswahl und gegenüber physischen Anstrengungen ist es auch über Gebiete verbreitet, in denen andere Nutztiere nicht gedeihen.

Sein typisches Merkmal ist das mächtige Fettpolster an der Hinterseite von Schenkeln und Becken, das sog. Kurdjuk, aus dem sich bis zu 40 kg Talg gewinnen lassen. Wegen dieses Fettpolsters wird das Schaf zu den sog. Fettsteißschafen gezählt. Hissarschafe sind die größten Schafe der Welt. Ihre Bedeutung besteht in der Produktion von Fleisch und Talg, eines für die dortigen Bewohner wichtigen Rohstoffs. Sie sind frühe Schafe, die Jungen haben nach dem Ablammen ein Gewicht von 8–9 kg und erreichen beim Absetzen im Alter von 10 Monaten 45 kg, fast das volle Gewicht der erwachsenen Tiere. Sie liefern wenig Wolle, und diese ist nicht besonders gut, hat verschiedene Brauntöne, ist rauh und weist in jeder Schur viele tote Fasern auf. Geschoren wird zweimal jährlich, wobei aus jeder Schur nur 1,5–2 kg Wolle gewonnen werden. Dafür ist die Milchproduktion dieser Schafe außerordentlich. Ihre Melkleistung nach dem Absetzen der Lämmer macht noch einmal 120–130 l aus.

Auf überschwemmter oder sumpfiger Weide werden die Schafe oft von Lungenparasiten befallen. Diese Infektionen bedrohen die Gesundheit, bei größerem Ausmaß auch das Leben der Tiere und müssen daher wirkungsvoll behandelt werden. Medikamente werden durch eine direkt in die Luftröhre des Tieres eingeführte Nasen-Kehlkopf-Sonde eingeträufelt oder dem Futter zugesetzt.

Einträufeln von Medikamenten

♀

Somalischaf

Haarlänge 1–2 cm, Jahresschurertrag 1 kg. Gewicht des Mutterschafs 50–75 kg, des Widders 60–80 kg.

In Ostafrika wird seit Menschengedenken das ungeheuer abgehärtete widerstandsfähige, in der Ernährung anspruchslose und sehr ausdauernde fettsteißige Somalischaf gehalten, das sich aus den fettschwänzigen mittelasiatischen Archarschafen *(Ovis ammon ammon)* entwickelt hat. Das sich im Bereich der Sitz- und Hüfthöcker erstreckende typische Fettpolster ist im Vergleich zum Fettpolster anderer Fettsteißrassen relativ kurz. Der Kopf und ein Teil des Halses sind schwarz. Das Schaf trägt entweder kleine oder gar keine Hörner und hat hängende Ohren. Die Wolle dieser Schafe ist kurzhaarig und weiß. Für die Bewohner Ostafrikas hat das Somalischaf eine große Bedeutung. Es verfügt nicht nur über die außergewöhnliche Fähigkeit, sich den sehr trockenen und klimatisch ungünstigen Gebieten Afrikas anzupassen, sondern kann sich sogar mit Karakulschafen paaren. In vielen Gebieten sind diese Schafe die einzige Nahrungsquelle für die Bewohner.

Ein großes Problem bei der Schafhaltung sind die Klauenkrankheiten. Darunter leiden vor allem solche Schafe, die sich auf nassen Weiden, in verschlammten Pferchen bei den Stallungen aufhalten oder nur auf schlammigen Wegen ihre Weideflächen erreichen. Können sie ihre Klauen nicht auf natürliche Weise an hartem, festem Grund abwetzen, wuchert deren Hornmasse. In nassem Boden weicht die Hornmasse auf, die überwucherte Masse springt, und in den enstandenen Rissen setzen sich Bakterien in großer Zahl fest, die dann Entzündungen der Klauenlederhaut hervorrufen. Daher ist ein Beschneiden der Klauen unerläßlich.

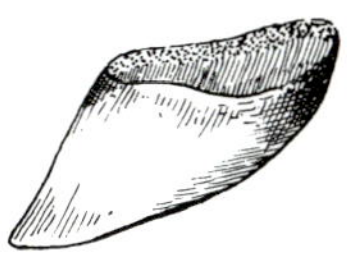

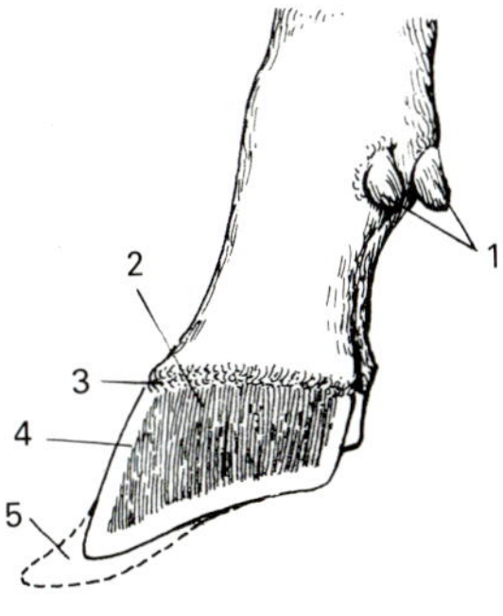

Klaue im Schnitt: 1 Afterklauen, 2 Blättchen der Klauenlederhaut, 3 kegelförmige Papillen der Kronenlederhaut, 4 Hornkapsel, 5 wuchernde Hornmasse

Schweizer Sennenhund

Schweizer Sennenhund: Höhe der Hündin 60–68 cm, des Rüden 65–72 cm, Gewicht nicht festgelegt.
Berner Sennenhund: Höhe der Hündin 58–66 cm, des Rüden 64–70 cm, Gewicht nicht festgelegt.
Appenzeller Sennenhund: Höhe der Hündin 48–50 cm, des Rüden 50–55 cm, Gewicht 22–25 kg.
Entlebucher (Emmentaler) Sennenhund: Höhe der Hündin 44–48 cm, des Rüden 45–50 cm, Gewicht nicht festgelegt.

In den schwer zugänglichen Alpentälern werden schon seit vielen Generationen Hunde gehalten, die sich nicht mit anderen Rassen vermischen konnten. Unter diesem geographischen Druck kam es zu einer Reinzucht, durch die sich Äußeres und Charaktereigenschaften stabilisiert haben. So hat jedes größere Alpental eigentlich eine eigene Rasse geschaffen. Zu erwähnen sind vier nach einzelnen Alpengebieten benannte Rassen: der Schweizer, Berner, Appenzeller und Entlebucher Sennenhund. Der Berner Sennenhund ist langhaarig, die übrigen haben ein kurzhaariges Fell. Ein Merkmal ist bei allen gleich: ihre satte Dreifarbigkeit; dafür unterscheiden sie sich in der Widerristhöhe.

Am bedeutendsten und größten von diesen Rassen ist der Schweizer Sennenhund. Das ist ein Hund mit kurzem, anliegendem, schwarzem Fell mit goldgelben und weißen, symmetrisch verteilten Abzeichen auf Stirn, Brust, Kehle, Beinen und der Schwanzspitze. Ein Kragen ist zulässig, über jedem Auge soll ein rundlicher Farbtupfer sitzen. Dieser Hund wird seit jeher als Hütehund verwendet. Er ist sehr beweglich, wachsam, treu, darüber hinaus auch ein ausgezeichneter Zughund. Sein Instinkt, Besitz zu bewachen, ist außergewöhnlich gut entwickelt.

Kopfdetail

♂

Schweizer Sennenhund

Collie

Höhe der Hündin 51–56 cm, des Rüden 56–62 cm.
Gewicht der Hündin 18–25 kg, des Rüden 20–30 kg.

Seit Jahrhunderten werden in Schottland schwarzhaarige Schafe der Rasse Colley gehalten, die von Hunden gehütet wurden, deren Aussehen und Charaktereigenschaften der Film »Lassie« populär gemacht hat. Dieser sehr intelligente und edle Hund mit außerordentlich guten Anlagen zur Hütearbeit ist vor zwei bis drei Jahrhunderten in Schottland aufgekommen. Seine Vorfahren waren wahrscheinlich der Irische Setter und der Barsoi.

Sein Körperbau erlaubt ihm die zur Hütetätigkeit unerläßliche schnelle und ausdauernde Bewegung, das lange Fell mit dem dichten Unterhaar macht ihn dem rauhen Klima der schottischen Berge gegenüber widerstandsfähig. Kopfform und Ausdruck in Verbindung mit dem langen Haar von Mähne und Kragen verleihen dem Hund ein gefälliges, elegantes Aussehen. Das Gesicht und die Ohrenspitzen müssen kurz behaart sein. In Ruhe muß der Schwanz herabhängend getragen werden, nur das Ende ist leicht aufwärts gebogen. In der Beurteilung des Äußeren wird auf die Fellfärbung der geringste Wert gelegt. Am gängigsten ist eine goldgelbe Färbung in Verbindung mit einem weißen Kragen und weißen Abzeichen auf den Gliedmaßen. Weniger häufig sind weiße Färbung mit schwarzen oder braunen, unregelmäßig über den Körper verteilten Abzeichen und braun-weiß-schwarze Färbung. Am seltensten ist die Färbung »blue merle«, die auf weißem Grund blaue Abzeichen oder umgekehrt auf blauem Grund weiße Abzeichen, eventuell mit einer Beimischung von Gold, aufweist. Bei so gefärbten Tieren können beide Regenbogenhäute oder auch nur eine blauweiß oder porzellanfarben sein. Bei den übrigen Farbvarianten hat die Regenbogenhaut eine dunkelbraune Farbe, die Augen sind mandelförmig. Die Schnauzenspitze ist ungeachtet der Fellfärbung stets schwarz.

Kopf der Variante »blue merle«

Dreifarbige Variante

♂

Deutscher Schäferhund

Höhe der Hündin 55–60 cm, des Rüden 60–65 cm. Gewicht nicht festgelegt.

Wie der Name verrät, stammt diese Rasse aus Deutschland. Die Vorfahren dieses Hundes dienten beim Schafehüten, doch war ihr Äußeres recht uneinheitlich. Ihr Exterieur und später auch ihre Charaktereigenschaften stabilisierten sich erst durch die Zucht gegen Ende des 19. Jahrhunderts.

Das Verhältnis von Widerristhöhe und Körperlänge ist 9:10. Dieser rechteckige Körperrahmen deutet an, daß der Hund in der Bewegung zum Traben veranlagt ist, einer Gangart, in der er ähnlich wie der Wolf Entfernungen von vielen Kilometern überwinden kann. Seine Behaarung weist drei Typen auf: kurzes, hartes Fell, langes, zartes Fell und langes, weiches Fell.

Das Fell ist schwarz, stahlgrau, aschgrau, rostbraun oder rotgelb. Es kann einfarbig sein oder regelmäßige rotbraune bzw. grauweiße Abzeichen haben, es kann auch gelb mit schwarzem Sattel und schwarzer Maske sein. Oft tritt auch die sog. Wolfsfarbe auf. Erwachsene Hunde müssen die Ohren stets aufrecht tragen, doch haben Welpen bis zum Alter von 4–6 Monaten Hängeohren. Unerwünschte Hautgebilde, sog. Wolfskrallen an den Hintergliedmaßen, müssen in der Jugend operativ entfernt werden.

Der Deutsche Schäferhund besitzt Charaktereigenschaften, die ihn fast zum Gesellschaftshund machten, vor allem aber zum verbreitetsten Diensthund. Er ist wachsam, furchtlos, gelehrig und treu, dazu ausdauernd und kräftig und hat einen hervorragenden Geruchssinn. Es gibt wohl keine Polizeiorganisation, die sich diese Eigenschaften nicht zunutze macht.

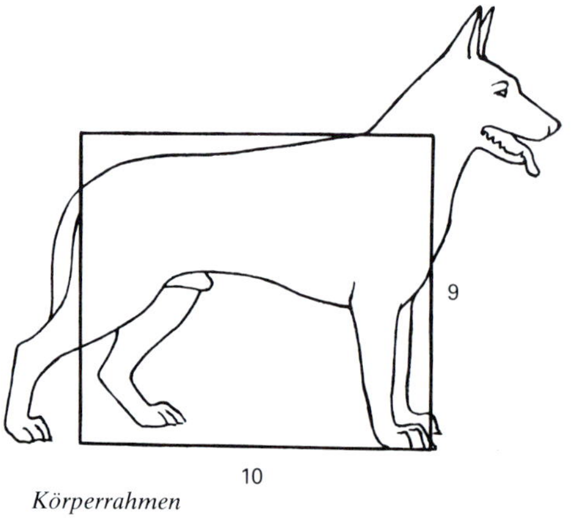

Körperrahmen

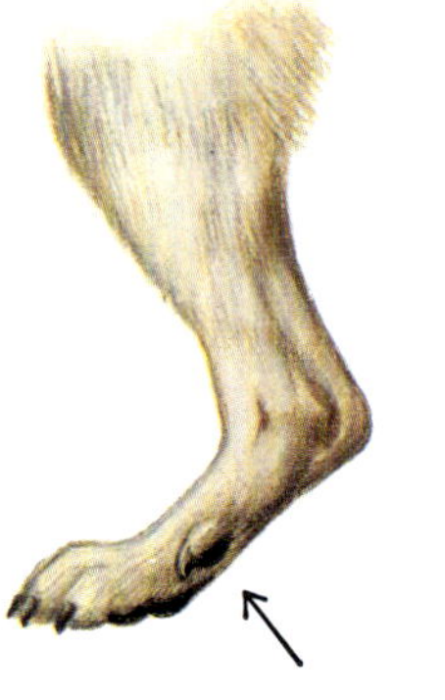

Wolfskralle

Dobermann

Höhe der Hündin 63–66 cm, des Rüden 68–70 cm. Gewicht der Hündin 30–32 kg, des Rüden 34–36 kg. Ohren und Schwanz werden gekürzt.

Der Begründer dieser Rasse war der Steuereinnehmer L. Dobermann aus der thüringischen Stadt Apolda, der durch Kreuzungen mehrerer Rassen (wahrscheinlich Schnauzer, Rottweiler, Schäferhund, Greyhound und wohl auch Weimaraner) einen scharfen, schnellen und temperamentvollen Hund gezüchtet hat, den er bei seinen Dienstgeschäften zum persönlichen Schutz verwendet hat. Seit 1890 wurde die Dobermannzucht zur Stabilisierung von Aussehen und Eigenschaften in größerem Umfang aufgenommen.

Der Dobermann ist ein sehr eleganter, edler und gefälliger Hund. Er hat einen quadratischen Körperrahmen – die Widerristhöhe entspricht der Körperlänge. Das anliegende Fell ist kurzhaarig, schwarz, braun oder blau mit satt rostroten Abzeichen. Bei der Beurteilung des Äußeren wird Wert auf die Kopfform gelegt. Die Schnauzenlänge, gemessen von der Nasenspitze bis zur Verbindungslinie der inneren Augenwinkel, und die Länge des Schädelteils von dieser Linie bis zum Nackenbeinhöcker müssen gleich sein.

Die wichtigsten Charaktereigenschaften sind Schärfe, Wachsamkeit und Furchtlosigkeit, daher ist er nach dem Deutschen Schäferhund und dem Boxer der meistgenutzte Diensthund, verwendbar als Begleit-, Schutz- und Wachhund. Manche Tiere sind für Abrichtung zu hart und erbringen ohne die feste Hand und Konsequenz des Abrichtens nicht die Leistungen, die ihrer Veranlagung entsprechen.

Zu den grundlegenden Hilfsmitteln bei der Hundedressur gehören die Halsbänder. Normal ist ein Lederhalsband; ein Stachelhalsband ist nur bei der Abrichtung harter und selbstbewußter Hunde zu rechtfertigen. Heute werden auch elektrische Halsbänder mit Induktionsstrom verwendet, die eine Strafe aus der Ferne ermöglichen.

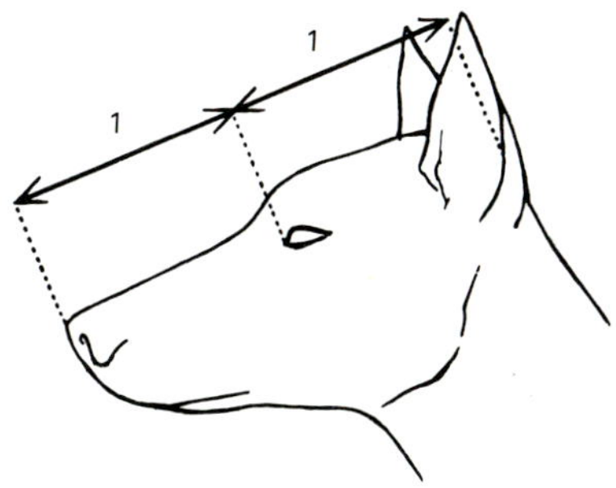

Verhältnis der Kopfpartien 1:1

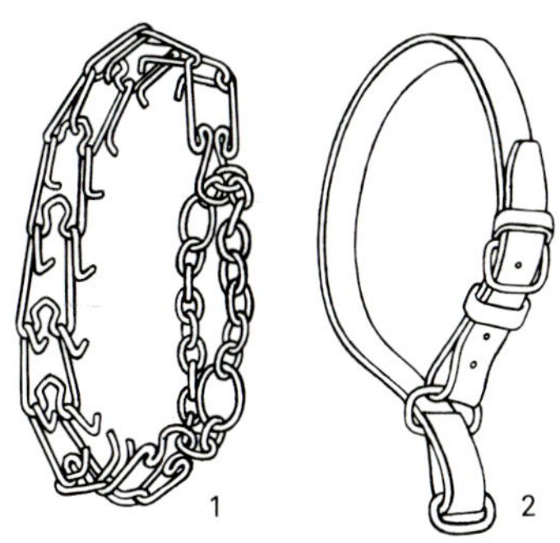

1 Stachelhalsband, 2 Lederhalsband

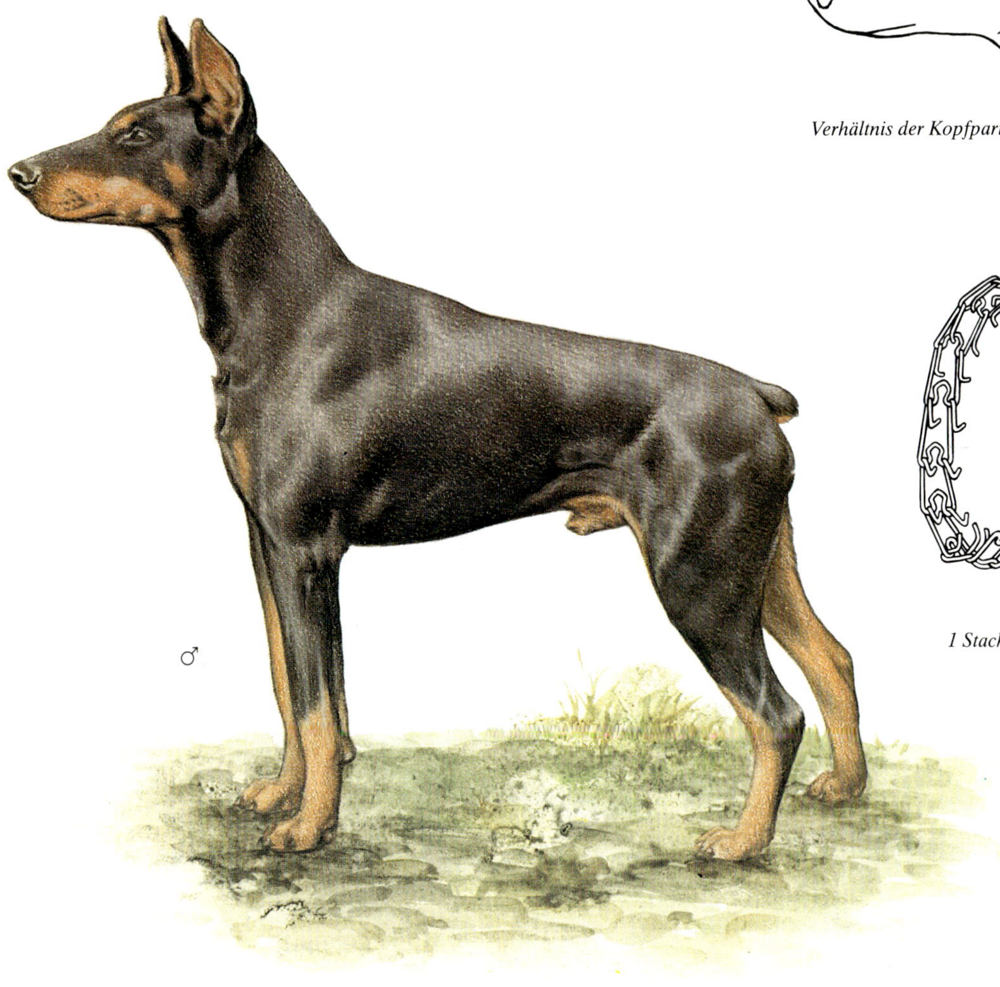

Boxer

Höhe der Hündin 53–59 cm, des Rüden 57–63 cm.
Gewicht der Hündin 24–25 kg, des Rüden 30–32 kg.
Ohren und Schwanz werden in manchen Ländern kupiert.

Der Boxer ist zweifellos ein Nachfahre der im alten Rom und vielleicht auch schon früher zu Tierkämpfen in Arenen benutzten doggenähnlichen Hunde. Sie dienten auch zur Bären-, Wolfs- und Saujagd. Die auf alten Zeichnungen und Reliefs dargestellten Hunde haben mit den heutigen Boxern vor allem in der Kopfform viel gemeinsam. Die kurzen, starken und breiten Kiefer und die mächtige Kaumuskulatur sprechen für einen außerordentlich starken Biß. Diese Fähigkeit hat der Boxer vollendet zu nutzen gewußt und wendet sie immer noch als bewährter Diensthund an. Bei der Erregung im Kampf geht dieser kräftige Biß in ein krampfartiges Schließen der Kiefer über, das sich erst nach dem Erschlaffen des Gegners wieder löst.

Von seinen Vorfahren hat der Boxer Ruhe, Mut, Zähigkeit sowie Härte gegenüber Verletzungen geerbt. Dank dieser Eigenschaften und der muskulös-eleganten Statur ist er auch als Gesellschaftshund sehr beliebt. Die typische Form von Kopf und Schnauze macht ihn allerdings für den ausdauernden Lauf ungeeignet, da der Luftstrom durch die oberen Atemwege behindert ist. Ein kurzer, schneller Lauf macht ihm aber keine Schwierigkeiten. Die ungenügende Ventilation der Lungen ist auch im Sommer bei hohen Temperaturen hinderlich, dann leidet der Hund stark an Atembeschwerden.

Das Fell ist entweder gelb (in den verschiedenen Tönen von Hirschrot bis Hellgelb) oder geflammt, wobei auf der gelben Grundfarbe in Richtung der Rippen dunklere Streifen auftreten. Weiße Abzeichen, die weniger als ein Drittel der Grundfarbe ausmachen, sind zulässig.

Geflammte Variante

Schnauzer

Riesenschnauzer: Höhe der Hündin 60–65 cm, des Rüden 65–70 cm,
Mittelschnauzer: Höhe der Hündin 45–47 cm, des Rüden 45–50 cm,
Zwergschnauzer: Höhe der Hündin und des Rüden 30–35 cm.
Gewicht nicht festgesetzt. Ohren und Rute werden chirurgisch gekürzt.

Der Ursprung des Schnauzers ist immer noch unklar. Im Hinblick auf Körperbau, Behaarungstyp und Verwendungsweise können mehrere primitive Rassen als seine möglichen Vorfahren gelten. Sein Äußeres war lange Zeit unstabil. Die Zucht auf Reinrassigkeit hat erst zu Beginn dieses Jahrhunderts die erwarteten Ergebnisse gebracht, so daß er als eigenständige Rasse erst in den dreißiger Jahren anerkannt wurde. Charakteristisch ist der kantige Kopf mit dem mächtigen Bart und den starken Brauen sowie das drahthaarige Fell in den Farben Schwarz bzw. Pfeffer und Salz.

Seine wichtigsten Charaktereigenschaften sind Beherztheit, Schnelligkeit und Ausdauer, die ihn immer häufiger unter der Elite der Diensthunde erscheinen lassen. Seine Behaarung kommt ihm bei ungünstigen Klimabedingungen gut zustatten.

Neben dem Riesenschnauzer gibt es den Mittelschnauzer. Er wurde reinrassig seit dem Ende des vergangenen Jahrhunderts gezüchtet und sieht wie ein verkleinerter Riesenschnauzer aus. Eine kleine Form des Mittelschnauzers ist der Zwergschnauzer. Die Anfänge seiner Zucht datieren vor der Jahrhundertwende.

Der Hund hat als Fleischfresser im Vergleich zu den Pflanzenfressern einen kurzen Verdauungstrakt. Das Längenverhältnis von Darm und Körper ist beim fleischfressenden Schakal 4:1; beim Haushund, der ja auf gemischte Nahrung angewiesen ist, hat sich der Darmtrakt im Verhältnis 5–6:1 verlängert, beim Schaf, einem reinen Pflanzenfresser, beträgt das Längenverhältnis 28:1.

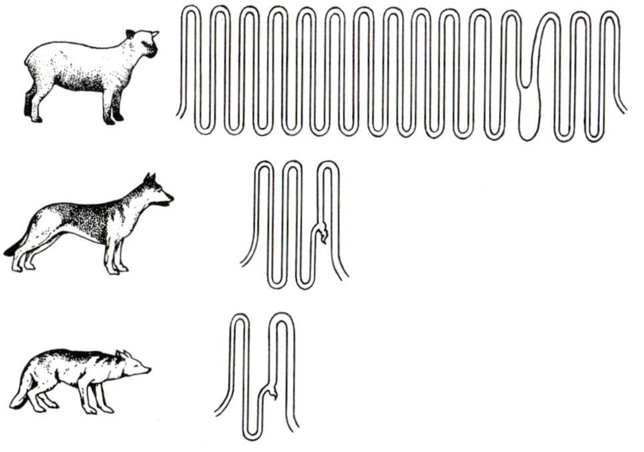

Vergleich der Darmlänge von Schaf, Hund und Schakal

Riesenschnauzer der Variante Pfeffer und Salz

Deutsche Dogge

Höhe der Hündin mindestens 72 cm, des Rüden mindestens 80 cm.
Gewicht zwischen 50 und 80 kg.

Früher hieß sie Dänische Dogge. Die Bezeichnung »deutsch« geht darauf zurück, daß der Standard dieses Hundes erstmalig von deutschen Züchtern der kynologischen Öffentlichkeit vorgestellt worden ist; diese hatten auch an seiner Veredelung den erheblichsten Anteil. Auch wenn das heutige Aussehen das Zuchtergebnis des ausgehenden 19. Jahrhunderts ist, kann man nicht übersehen, daß in den Adern dieser Rasse das Blut der in zahlreichen archäologischen Belegen festgehaltenen doggenartigen Hunde pulsiert. Von diesen als Kriegs- und Jagdhunde benutzten Urahnen ist ihnen die Mächtigkeit geblieben, die allerdings durch die Beigabe anderen Bluts verfeinert wurde, wahrscheinlich durch die Einkreuzung von Greyhounds. Die Urahnen (vor allem der Mastiff) haben auch ihren Charakter geprägt. Die Dogge ist ruhig bis selbstbewußt, äußerst wachsam und mißtrauisch Fremden gegenüber, hingegen ihrem Herrn und seiner Familie vorbehaltlos treu ergeben. Daher ist sie auch als Wachhund äußerst zuverlässig, doch hat sie auch Anlagen zum Diensthund. Kommen bösartige Tiere vor, so sind sie erst durch schlechte Behandlung seitens ihrer Umwelt dazu gemacht worden.

Das Fell der Dogge ist kurz, dicht und anliegend, seine Färbung ganz unterschiedlich. Insgesamt kommen fünf Varianten der Grundfarbe vor: Gestromt, Gelb, Blau, Schwarz, Schwarz-weiß und Gefleckt. Die gefleckte Dogge wird Harlekin- oder Tigerdogge genannt.

Oft springen Hunde Personen an, die sie lieben oder kennen. Das ist eine unliebsame Angewohnheit, außerdem lästig, weil dadurch oft die Kleidung beschmutzt wird; sie muß dem Hund also abgewöhnt werden. Das macht man, indem man den anspringenden Hund an den Vorderläufen festhält und ihm mit dem Fuß leicht auf die Hinterpfote tritt.

Gelbe Variante

Harlekin- oder Tigerdogge

Bernhardiner

Höhe der Hündin mindestens 70 cm, des Rüden mindestens 75 cm.
Gewicht der Hündin etwa 70 kg, des Rüden etwa 85 kg.

Der Ursprung des Bernhardiners reicht ins 15., möglicherweise sogar ins 14. Jahrhundert zurück. Durch die Zucht reinrassiger einheimischer Wach- und Hütehunde haben die Mönche des Schweizer Klosters von St. Bernhard eine Hunderasse veredelt, die im Jahr 1865 die offizielle Bezeichnung nach dem Ort ihrer Entstehung erhielt. Das waren widerstandsfähige, gewandte und bewegliche Hunde mit glattem, stockhaarigem, anliegendem Fell, ganz kleinen Hosen an den Schenkeln und ohne Fahne am Schwanz. Diese Hunde wurden dann hauptsächlich in England nicht allzu glücklich mit anderen, doggenartigen Hunden gekreuzt, vor allem mit dem Mastiff und Neufundländer. Das Ergebnis waren die in der Gegenwart gehaltenen schwerfälligen und mächtigen Hunde, die sich erheblich von den ursprünglichen Klosterhunden unterscheiden. Dank dem Neufundländer wurde auch eine langhaarige Variante herausgezüchtet, die heute über die ganze Welt verbreitet ist.

Der Charakter des Bernhardiners steht in seltenem Einklang mit seinem Äußeren. Er ist ernst, gutmütig und ruhig, Fremden gegenüber mißtrauisch. Daher dient er häufig als verläßlicher Wachhund. Dank seiner Kraft, Ausdauer und Abhärtung ist er in den europäischen Hochgebirgen ein unentbehrlicher Helfer der Bergwacht. In dieser Funktion hat er sich schon annähernd 200 Jahre lang bewährt. Im Bewußtsein aller Bergwanderer lebt immer noch der berühmte Bernhardiner Barry, der in den Jahren 1800–1812 bei Schneestürmen in den Alpen 40 Menschen vor dem Tod gerettet hat. Schließlich starb er von der Hand eines verirrten Soldaten, der das ihm Rettung bringende Tier in der Meinung, es wolle ihn anfallen, mit dem Bajonett durchbohrte.

Kurzhaariger Bernhardiner

Langhaariger Bernhardiner

Spitz

Großer Wolfsspitz: Höhe der Hündin mindestens 45 cm, des Rüden bis zu 55 cm; einfarbiger Großspitz: Höhe von Hündin und Rüden mindestens 40 cm. Das Gewicht ist nicht festgelegt. Zwergspitze: Höhe von Hündin und Rüden höchstens 28 cm, Gewicht maximal 3,30 kg.

Diese Rasse kommt in zwei grundlegenden Größentypen vor: als Groß- und Zwergspitz. Bei beiden treten vier verschiedene Farbvarianten des Fells auf: Wolfsfarbe, Schwarz, Weiß und Braun. Der Ursprung des Spitzes wird von den jungsteinzeitlichen Moorhunden *(Canis palustris)* hergeleitet. Um den Spitz als reine Rasse haben sich die deutschen Züchter verdient gemacht, die gegen Ende des vorigen Jahrhunderts mit seiner Reinzucht begonnen und erst unlängst, d. h. im Jahr 1965, die internationale Anerkennung aller seiner Varianten erreicht haben.

Das Aussehen des Spitzes ist auffällig: spitze Schnauze, aufgerichtete Ohren und zusammengerollter, auf dem Rükken liegender Schwanz. Großer Wert wird auf die Fellfärbung gelegt. Der Wolfsspitz muß einen silbergrauen Ton mit schwärzlichen Haarenden haben, die einfarbigen Spitze dürfen keine andere Farbbeimengung zeigen. Das Fellhaar bildet die typische Mähne um den Hals.

Spitze sind hochintelligente, lebhafte und mißtrauische Hunde. Ihre treue Ergebenheit an ihren Herrn und sein Haus macht sie zu guten Wach- und Gesellschaftshunden.

Bei der Bewertung des Äußeren kommt es auch auf die Größe an; bei den Großspitzen treten je nach Fellfarbe Größenunterschiede auf. Wolfsspitze sind etwas größer als die einfarbigen Varianten. Bei den Zwergspitzen erscheinen diese Unterschiede nicht.

Bei der Abrichtung von Schutzhunden werden diese auf den Angriff gegen die rechte Hand dressiert, da ein Täter die Schuß- oder Stichwaffe meist in der Rechten hält.

Zwergspitz

Wolfsspitz

♀

Englische Bulldogge

Gewicht der Hündin: 20–23 kg, des Rüden 23–25 kg, Höhe ist nicht festgelegt. Der Schwanz wird chirurgisch gekürzt.

Die englische Bulldogge hat mit Dogge und Boxer gemeinsame Vorfahren. Ihr heutiges unterschiedliches Aussehen und vor allem ihre unterschiedliche Größe wurden durch die spätere Einkreuzung mehrerer anderer Rassen beeinflußt. Die Bulldogge wurde erst im vergangenen Jahrhundert in England reinrassig gezüchtet.

Charakteristisch sind der quadratische Kopf, die sehr kurze, breite, aufwärts gebogene und sehr tiefe Nase, der ungewöhnlich breite, gewölbte, tief zwischen die Vordergliedmaßen reichende Brustkorb. Der Rücken ist kurz, zwischen den Schulterblättern sehr breit und leicht geschwungen, bis zu den Lenden ansteigend und zum Schwanz hin wieder abfallend. Er bildet einen Bogen, den sog. Karpfenrücken, eine für Hunde dieser Rasse typische Erscheinung.

Das Fell der englischen Bulldogge ist kurzhaarig, gerade, anliegend und glänzend, seine Färbung unterschiedlich. Bevorzugt wird ein rostbraun gestromtes Fell, wobei die Stromung scharf abgegrenzt sein soll. Zulässig sind Fleckig- und Einfarbigkeit, und zwar: Weiß, Rot, Blond oder Sandfarbe; Schwarz ist unerwünscht.

Der Charakter der Bulldogge ist ebenso typisch wie ihr Aussehen. Sie ist ruhig, ausdauernd, ja hartnäckig. Diese Eigenschaften werden den Briten als nationale Charakterzüge zugeschrieben; die Bulldogge wird also nicht nur wegen des Ursprungslandes, sondern auch des Charakters wegen als die britische National-Hunderasse angesehen.

Kopfdetail: die zur Stirn hin fliehende Nase

♂

Pointer

Höhe der Hündin 53–58 cm, des Rüden 55–60 cm. Gewicht 20–30 kg.

Der Pointer ist der älteste bekannte kurzhaarige Vorstehhund. Die Wurzeln seiner Herkunft reichen bis nach Spanien; von dort haben ihn nach dem Ende des spanischen Erbfolgekrieges Anfang des 18. Jahrhunderts britische Offiziere mit nach England gebracht. Die Spanier nannten diese ursprünglich altspanischen Pointer »perro de punta« (Vorstehhund). Durch die Kreuzung dieser Hunde mit dem Foxhound haben die Engländer zu Beginn des 19. Jahrhunderts den heutigen Pointer herausgebracht. Durch den Anteil des Foxhounds, einer Hetzhunderasse (Bracken), wurde beim Pointer das schnelle, ausdauernde, weiträumige Suchen erzielt, das – zusammen mit dem festen Vorstehen, vor allem vor Federwild – so bewundert wird. In England werden diese hochspezialisierten Hunde nur zum Suchen und Vorstehen vor Federwild, eingesetzt; für Haarwild interessieren sie sich nicht. Steht der Pointer vor dem Wild, ist seine Aufgabe beendet. Auf dem europäischen Festland sind die Jäger bemüht, den Pointer zu einem vielseitigen Jagdhund einschließlich Apportieren, Spurensuche und Wasserarbeit abzurichten. Diese Versuche schlagen häufig fehl, und wenn sie Erfolg haben, geht das stets auf Kosten der Suche und Vorsteharbeit. Alle kontinentalen Vorstehhunderassen sind mehr oder weniger vom Pointer beeinflußt.

Die häufigsten Fellfärbungen sind Zitronengelb mit Weiß, Orange mit Weiß, Leberbraun mit Weiß und Schwarz mit Weiß. Es gibt aber auch drei- sowie einfarbige Hunde. Am Kopf – am Übergang zwischen Stirn und Schnauze – wird ein auffällig steiler Stirnabsatz sichtbar, der sog. Stop.

Typische Haltung beim Vorstehen

Englischer Setter

Höhe der Hündin 61–65 cm, des Rüden 65–68 cm; Gewicht der Hündin 25–28 kg, des Rüden 27–30 kg.

Bis zum Beginn des 18. Jahrhunderts wurde er in England als ursprünglich langhaariger Vorstehhund gehalten, ohne daß auf die Färbung Wert gelegt wurde; es galt nur die Leistung. Um 1830 entschloß sich der englische Züchter Lawerack, einen langhaarigen Vorstehhund von weißer Farbe mit schwarzen Platten und Flecken herauszuzüchten. Durch engste Verwandtschaftszucht unter einer großen Zahl gehaltener Tiere, kompromißlose Anforderungen an ein weites, raumgreifendes, schnelles und ausdauerndes Suchen sowie Vorstehen schuf er einen Hund, der den Ansprüchen bei der Federwildjagd auf den weiten schottischen Heideflächen gerecht wurde. Von Lawerack wird berichtet, er habe Hunde, die seinen Anforderungen nicht entsprachen, mitleidlos erschossen. Laweracks Nachfolger blieben nicht bei einer so erbarmungslosen Auswahl von Zuchtexemplaren, und daher ist der englische Setter heute wenig widerstandsfähig, nervös, weich und nur selten vielseitig. Wegen dieser Eigenschaften und seiner ausgeprägten Spezialisierung ist er in Europa nur wenig verbreitet. Die Bezeichnung Setter kommt vom englischen Wort »to set« = vorstehen.

Zweifarbigkeit ist möglich, und zwar Weiß mit Schwarz, Weiß mit Zitronengelb, Weiß mit Leberbraun; Dreifarbigkeit ebenfalls, nämlich Weiß mit Schwarz und Braun. Kleine Flecken sind geschätzter als große Platten. Das Fell soll leicht wellig, seidig und lang sein.

Manche Hunde haben die Neigung, das Wild zu hetzen. Das ist unerwünscht und muß ihnen abgewöhnt werden. Als Zwangsmittel dazu dient ein Spezialgeschirr aus Riemen, die mit zwei Schlaufen an den Vorderläufen des Hundes festgemacht und mit einem Karabinerhaken an das Halsband geschnallt werden.

Mittel zum Verhindern des Hetzens: 1 Geschirr, 2 sog. Hegendorfer Riemen

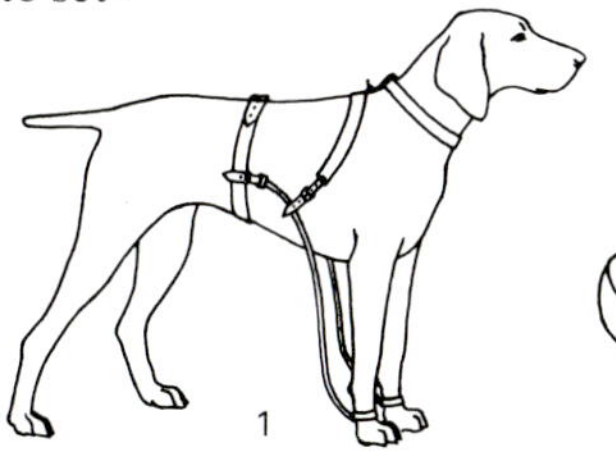

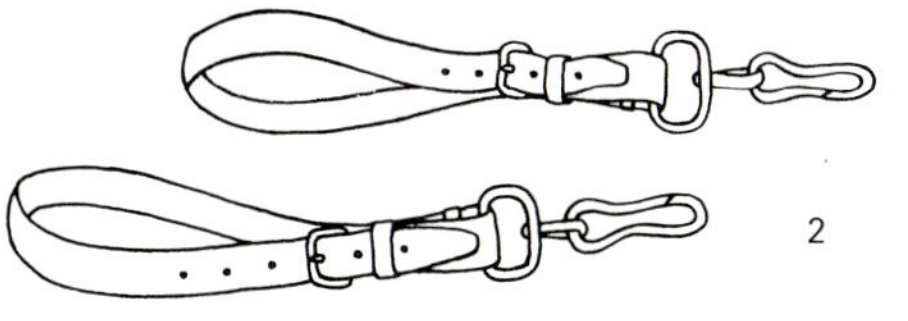

Dem Wild nachgehender Setter

Irischer Setter

Höhe der Hündin: 55–60 cm, des Rüden 58–65 cm.
Gewicht unbegrenzt.

Dieser Hund stammt aus Irland, wo er wahrscheinlich um die Mitte des vorigen Jahrhunderts durch die Kreuzung von einheimischen langbeinigen Spaniels und Pointern entstanden ist. Durch gezielte Auswahl von Tieren mit Kastanien- oder Mahagonifarbe gelang die farbliche Stabilisierung dieser Rasse. Von den übrigen Farben wird nur Weiß auf der Brust, unter dem Hals und als kleiner Stern auf der Stirn zugelassen. Auch das geringste Auftreten von Schwarz ist unerwünscht.

Zwar ist der Irische Setter auf kleines Federwild spezialisiert, doch hat er die Voraussetzungen zu einem vielseitig verwendbaren Jagdhund. Durch geeignete Abrichtung kann man ihn nicht nur zur Sucharbeit von angeschossenem Niederwild verwenden, das er übrigens gut apportiert (Hasen, Rebhühner), sondern auch von Schalenwild. Auch im Wasser arbeitet er gut. Als Schweißhund am Riemen ist er wenig erfolgreich. Da er ein recht hitziger Jäger ist, läßt er sich schlechter beherrschen, und seine Abrichtung stellt hohe Ansprüche an die Kunst seines Führers. Wem aber die Beherrschung dieses Hundes gelingt, der gewinnt in ihm einen einzigartigen Allroundhund. Auf Grund seiner schwierigen Führung ist er in Jägerkreisen weniger verbreitet, als er es eigentlich verdient, doch wird er in den Städten als attraktiver Modehund gehalten.

Bei den meisten englischen Vorstehhunden tritt das sog. Sekundieren auf. Darunter versteht man ein Verhalten des Hundes, der, ohne selbst Wild zu wittern, vorsteht, wenn er einen anderen Hund vorstehen sieht. Die meisten Hundekenner dulden ein solches Verhalten nicht, da jeder Hund selbständig arbeiten soll.

Der Irische Setter sekundiert dem Pointer

Gordonsetter

Höhe der Hündin 58–62 cm, des Rüden 60–66 cm.
Gewicht 25–29 kg.

Seinen Namen verdankt dieser Hund dem schottischen Herzog Gordon, der sich um die Entwicklung der Rasse am meisten verdient gemacht hat. Nach dem Ursprungsland wird der Hund auch Schottischer Setter genannt. Er hat einen sehr starken Knochenbau und ist daher von allen Settern der mächtigste. Die Fellfärbung ist auch typisch: ein sog. Rabenschwarz mit metallblauem Glanz und symmetrisch verteilten Abzeichen in dunklem Mahagoniton. Diese Färbung wird auf Hundeschauen kategorisch verlangt. Unter den Vorfahren des Gordonsetters finden sich Collies, wohl auch Labrador-Retriever oder Neufundländer, wahrscheinlich auch einer der Spaniels, daher tritt nicht selten eine unerwünschte Farbe auf. So ein Tier wird leider aus der Zucht ausgemerzt, auch wenn es sich um einen recht tüchtigen Jagdhund handelt.

Dank der Jagdhundeeigenschaft seiner Ahnen ist der Schottische Setter ein wirklich vielseitiger Hund; er ist ein hervorragender Vorsteher, vom Labrador-Retriever hat er das Apportieren geerbt, vom Spaniel die Arbeit auf der Schweißfährte bei der Nachsuche von weidwundem Wild. Trotzdem ist er nicht so weit verbreitet, wie er es eigentlich verdient. In vielen Ländern trifft man ihn eher in den Städten als in den Jagdrevieren an.

Ein unentbehrliches Requisit der Hundeausstattung ist die am Halsband festgemachte Leine. An ihrem Ende sitzt ein Karabinerhaken oder ein Spezialverschluß. Die klassischen Karabinerhaken mit Zunge sind nicht besonders geeignet, da sie sich bei stärkerem Zug geradebiegen und den Hund verletzen können. Weit geeigneter sind Zangenkarabiner oder Haken mit Schiebesicherungen, die sicher halten, eine Verletzung ausschließen und sich nicht von selbst öffnen können. Es gibt zahlreiche Arten von Hundeleinen. Für Jagdhunde werden Lederriemen verwendet, für die übrigen Hunde Riemen oder auch Kettchen.

Karabinerhaken mit Zungensicherung (1), Zangensicherung (2), Schiebesicherung (3)

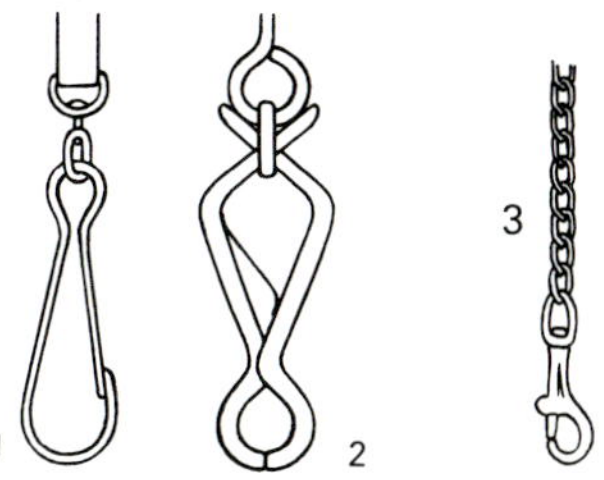

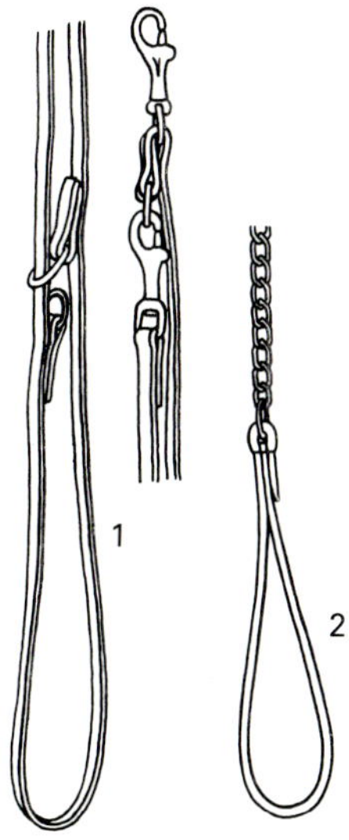

Hundeleinen aus Leder (1) und Kettchen (2)

Deutsch-Kurzhaar

Höhe des Rüden 62–64 cm, Hündin normalerweise kleiner. Gewicht 25–30 kg. Die Rute wird um ⅓ bis ½ der Länge gekürzt.

Das Deutsch-Kurzhaar gehört unbestritten zu den besonders vielseitigen Jagdhunden. Er steht perfekt vor dem Wild, treibt es, apportiert, arbeitet auf Schweißfährte, Wildspur und im Wasser und ist dazu auch raubzeugscharf. Sein jetziges Aussehen und seine Arbeitsweise sind das Ergebnis einer jahrhundertelangen Zuchtarbeit. Der Ursprung liegt im altdeutschen Kurzhaarjagdhund, der im Lauf der Generationen mit dem altspanischen Pointer, später auch mit doggenverwandten Rassen und zu Beginn der vierziger Jahre des vorigen Jahrhunderts mit dem englischen Pointer gekreuzt wurde. Durch diese zielbewußte Zucht entstand ein edler Hund mit elegantem Aussehen und geschmeidiger Bewegung, temperamentvoll, stark, schnell und dabei doch gut führig.

Der Körperrahmen des Hundes soll weder groß noch klein sein. Zu hohe Hunde sind selten ausdauernd, kleine haben in der Regel nicht genügend Kraft zum Apportieren schweren Niederwildes über eine größere Entfernung. Das Fell muß kurz und dicht sein, sich grob und hart anfühlen und darf an der Rute auch nicht die kleinste Fahne bilden. Als Färbung sind zugelassen: Braun ohne Abzeichen, Braun mit kleinen weißen Abzeichen oder Sprenkeln auf Brust und Läufen, braunes Schimmelhaar mit braunem Kopf und braunen Platten oder Flecken, Scheckung mit brauner Kopfzeichnung, braunen Platten oder Flecken. Die Haut muß fest anliegen und darf nirgends Falten bilden. Im Laufe der Zeit wurden auch Hunde mit langem bzw. drahtigem Haar herausgezüchtet, die etwas klimabeständiger sind.

Eine hervorragende Eigenschaft der Jagdhunde ist die Fähigkeit, bei einem gestreckten Wild, das sie gefunden haben und nicht apportieren können, lange und ausdauernd zu bellen (Totverbeller).

Verbellender Hund

Braunes Schimmelhaar

Weimaraner

Höhe der Hündin 57–65 cm, des Rüden 59–78 cm. Gewicht 23–28 kg. Der Schwanz wird kupiert.

Die ersten Anzeichen für die Existenz dieses silbergrauen Vorstehhundes kann man einem Gemälde Van Dycks aus dem Jahr 1631 entnehmen. Im Verlauf des folgenden Jahrhunderts hat ihre Zucht stark zugenommen. In besonders großer Zahl wurden sie in Thüringen unter Herzog Karl August von Weimar gehalten, was ihnen auch ihren Namen eingebracht hat. Der Weimaraner hat ein silbergraues Fell in Schattierungen von Mausgrau bis zur Farbe des Rehwinterfells.

Über den Ursprung dieser Rasse gibt es immer noch die verschiedensten Vermutungen. Einige Fachleute erklären sie als eine Mutation der braunen Farbe und belegen das mit dem bräunlichen Schimmer im Fell vieler Weimaraner und der silbergrauen Fellfärbung bei Rassen, die dem Standard nach ein braunes Fell aufweisen sollen (z. B. beim Deutschen Kurz- und Langhaar usw.). Wahrscheinlich ist der Hund aus Kreuzungen zwischen einem alten deutschen Hetzhund, dem englischen Pointer und der Dogge entstanden. Auf das Pointerblut verweist manchmal der ausgeprägt steile Übergang zwischen Stirn und Nase.

Der Weimaraner ist ähnlich wie die übrigen deutschen Jagdhundrassen vielseitig verwendbar. Er steht sicher vor dem Wild, ist hinreichend schnell und ausdauernd bei der Suche, ohne dabei zuviel Temperament zu zeigen, raubzeugscharf und wasserfreudig. Besondere Neigung zeigt er zur Arbeit auf der Schweißfährte von angeschossenem Schalen- und Niederwild; auch beim Apportieren ist er zuverlässig. Darüber hinaus läßt er sich gut führen. Heute kommen neben der Kurzhaarvariante auch Draht- und Langhaar-Weimaraner vor.

Welpen und Jungtiere (etwa bis zum 6. Lebensmonat) haben himmelblaue Augen, erwachsene Hunde bernsteingelbe.

Welpenkopfdetail

♂

Kleiner Münsterländer

Höhe der Hündin 50–54 cm, des Rüden 52–56 cm.
Gewicht 20–25 kg.

Der Kleine Münsterländer ist der kleinste Vorstehhund – ein kleinwüchsiger Bruder des Deutsch-Langhaars und des Großen Münsterländers. Ähnlich wie der Deutsch-Langhaar ist auch der Kleine Münsterländer ein Nachkomme des ursprünglichen altdeutschen langhaarigen Jagdhundes, der zu Beginn dieses Jahrhunderts im Münsterland wahrscheinlich mit einem Spaniel gekreuzt worden ist. Durch die gezielte Kreuzung geeigneter Tiere und anschließende Reinzucht ist ein kleiner Vorstehhund entstanden, der dank des Spanielbluts gut bei der Fährtenarbeit ist, gut apportiert und laut treibt. Vom altdeutschen langhaarigen Jagdhund hat er die Fähigkeit zum Vorstehen und die Lust zur Arbeit im Wasser geerbt. Das Blut der Spaniels (Stöberer) hat die Veranlagung zum Vorstehen abgestumpft, daher muß in dieser Disziplin bei der Abrichtung nachgeholfen werden. In der Eleganz des Vorstehens kommt er z. B. den englischen Vorstehhunden nicht gleich, doch übertrifft er sie bei der Arbeit im Wald (Treiben, Arbeit auf der Schweißfährte u. ä.). Die Vielseitigkeit des Kleinen Münsterländers wird erst in der letzten Zeit richtig geschätzt. Im Hinblick auf seine kleine Körpergröße ist er sowohl bei den Berufsjägern als auch bei den Gelegenheitsjägern aus den Städten beliebt; für sie ist er ein idealer Allroundhund.

Für das Fell wird eine gleichmäßig über den Körper verteilte Braunweißfärbung verlangt, die weißen Stellen können braun gesprenkelt sein. Als Fehlfarben gelten einheitliches Braun, gelbe Platten, Schwarzbeimischung und Dreifarbigkeit.

Nach einer hohen Arbeitsbelastung braucht ein Hund zur Erneuerung der Gehirnzellenfunktion einen längeren Schlaf, vielfach sogar bis zu 18 Stunden.

Ein gut abgerichteter Hund muß auch einen Fuchs apportieren.

Pudelpointer

Höhe von Hündin und Rüden 60–65 cm.
Gewicht nicht festgelegt. Der Schwanz wird kupiert.

Zu Beginn dieses Jahrhunderts kam in Deutschland eine Rasse auf, von der sich die Jagdkynologen viel versprachen. Sie nahmen an, daß durch die Kreuzung eines edlen Pointers mit einem edlen Pudel ein rauhhaariger, abgehärteter Hund entstehen müsse, der die einzigartigen Eigenschaften des Pointers mit der Apportierwilligkeit, Wasserfreudigkeit und Raubzeugschärfe des Pudels in sich vereint. Im Hinblick auf die jagdlichen und charakterlichen Eigenschaften ist diese Absicht im großen und ganzen geglückt, so daß eine Rasse entstanden ist, die mit allen anderen Vorstehhunden konkurrieren kann. Die große Enttäuschung stellte sich aber hinsichtlich der äußeren Ausgeglichenheit der Nachkommenschaft ein. Die neugeborenen Welpen sind in Aussehen und Größe immer noch recht uneinheitlich, es erscheinen glatte wie Pointer, kraushaarige wie Pudel, dunkelbraune und graue nebeneinander, so daß die Welpen eines einzigen Wurfs sich mitunter überhaupt nicht ähneln. Ein Beweis für die Unausgeglichenheit der Nachkommenschaft ist natürlich auch die Höhe der ausgewachsenen Tiere. Vor 40 Jahren haben einige Züchter den Versuch unternommen, durch eine erneute Einkreuzung von Pointern oder Deutschem Kurzhaar, das ja übrigens auch Pointerblut in den Adern hat, das unbeständige Äußere des Pudelpointers auszumerzen. Eine strenge Leistungsprüfung während der ersten zwei Generationen hat ergeben, daß sich dieser Versuch hinsichtlich der Arbeit zwar gelohnt hat, aber die Unausgeglichenheit des Äußeren hat sich nicht vermindert.

Typische Exterieurmerkmale des Pudelpointers sind die sog. Raubtieraugen (gelb), der steile Stop und das drahthaarige, nicht besonders lange Fell in der Farbe von welkem Laub oder in Braun.

Kopfdetail mit den typischen gelben Augen

Ein Hund mit den vom Standard verlangten Merkmalen

♂

Steirische Bracke

Höhe der Hündin 40–45 cm, des Rüden 45–50 cm. Gewicht nicht festgelegt.

Durch die Kreuzung von Hannoveraner Schweißhunden mit der Istrienbracke aus Jugoslawien wurde gegen Ende des vorigen Jahrhunderts in den österreichischen Alpen ein Hund gezüchtet, der fähig ist, durch seine Beweglichkeit die Geländehindernisse im Hochgebirge leichter zu überwinden als der Hannoveraner, und zugleich auf der Schweißfährte genau so tüchtig ist wie dieser. Bei der Kreuzung ließen sich die Züchter von den gleichen Beweggründen leiten wie bei der Zucht des Bayrischen Gebirgsschweißhundes. Die Zuchtabsicht erfüllte sich, das Ergebnis war eine Rasse mit dichtem, wenig gewelltem, rauhem und hartem Fell, das sie vom glatten, anliegenden Fell des Bayrischen Schweißhundes unterscheidet. Das Fell macht die Steirische Bracke auch widerstandsfähiger gegen ungünstige Witterung, seine Farbe ist schwärzlich und hellgelb, evtl. mit einem kleinen weißen Fleck auf der Brust. Die Steirische Bracke wird als Laufhund in Revieren mit großen Weidungen und in den Bergen eingesetzt, wo sie sich dank ihres ausgezeichneten Orientierungssinns nicht verirrt. Sie ist in der Lage, ausdauernd und lautstark ein Wild auf der Spur zu vertreiben, und wagt sich auch an Wildschweine und Hirsche. Auf der Schweißfährte steht sie dem Hannoveraner Schweißhund nicht nach, allerdings ist sie weniger scharf.

Eine physiologische Eigenschaft des Hundes sowie eines jeden Raubtieres ist die außerordentliche Dehnbarkeit des Magens. Die Masse des leeren Magens macht 1% der Körpermasse aus, der gefüllte Magen 20–30%.

Das Geruchssinnesorgan des Hundes ist zehn- bis vierzigtausendmal leistungsfähiger als das des Menschen. Neben den Unterschieden im mikroskopischen Aufbau und in der Gesamtausbildung spielt hier auch die Fläche der Riechschleimhaut in der Nase eine Rolle. Beim Menschen hat diese Schleimhaut eine Stärke von 0,006 mm und eine Fläche von 4,8–6 cm^2, beim Jagdhund eine Stärke von 0,1 mm und eine Fläche von 150–160 cm^2. In jeder Geruchsnervenzelle des Hundehirns enden jeweils mehrere der von den Sinneszellen in der Riechschleimhaut der Nase ausgehenden Fasern.

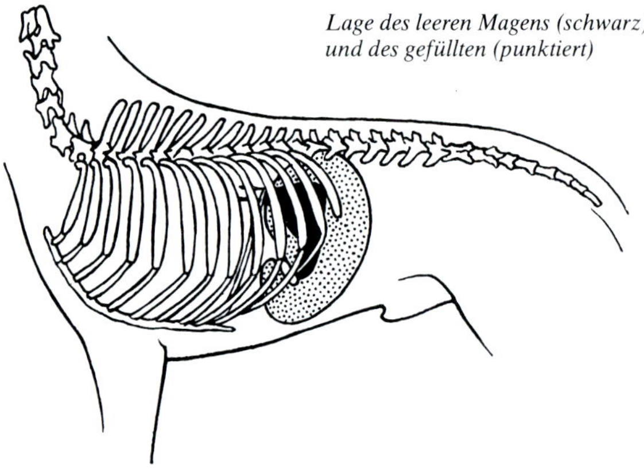

Lage des leeren Magens (schwarz) und des gefüllten (punktiert)

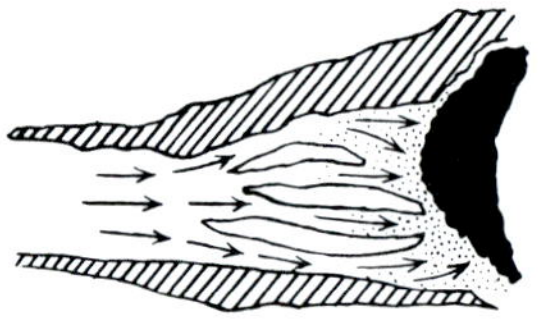

1

Geruchsorgan des Hundes (1) und des Menschen (2)

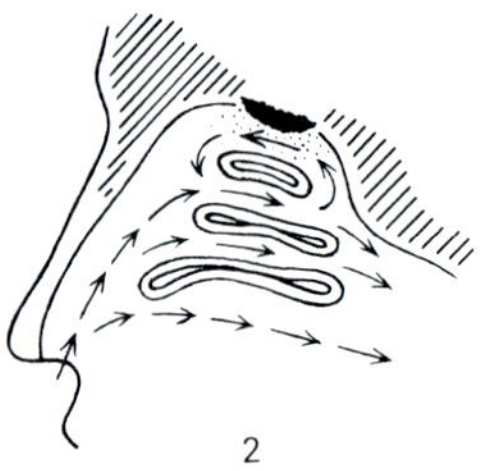

2

♂

Basset
(Basset Hound)

Höhe der Hündin und des Rüden 33–38 cm.
Das Gewicht bewegt sich um 23 kg.

Diese Rasse entstand in Amerika durch die Kreuzung von Bloodhound und der französischen Bassetrasse Artésien-Normand. So kam ein Hund mit schwerem Körperbau, langem Rumpf und kurzen, kräftigen Läufen zustande. Vom Bloodhound hat er die lockere Haut am ganzen Kopf geerbt, die rings um die Augen deutliche kleine Fältchen bildet. Die lockere Kopfhaut geht in die lockere Haut des Halses über, wo sie einen stark betonten Lappen bildet, und setzt sich bis auf die Vordergliedmaßen fort. Ein trockener Kopf mit einer gespannten Kopfhaut ist unerwünscht. Auffällige und charakteristische Merkmale sind die außerordentlich langen, weit hinter der Schädelbasis niedrig angesetzten Behänge und das deutlich hervortretende Brustbein.

Das Äußere des Bassets steht in ungewöhlichem Einklang mit seinem Verhalten und Temperament. Er bewegt sich ruhig und bedächtig, reagiert maßvoll auf äußere Impulse, ist gut zu führen und gehorsam, dabei aber ungewöhnlich zäh, widerstandsfähig, tapfer und außerordentlich ergeben. Seine Veranlagung reiht ihn unter die Laufhunde (Bracken) ein. Die Fellfärbung erscheint in den mannigfaltigsten Kombinationen von Schwarz, Weiß und Lohe, ohne daß darauf ein besonderer Wert gelegt wird.

Obgleich dies ein Hund mit einer außordentlichen Begabung für die Arbeit auf der Wildfährte in schwierigstem Gelände ist, wird er als Gesellschaftshund immer begehrter.

Kopfdetail

♂

Cockerspaniel

Höhe der Hündin 38–40 cm, des Rüden 39–41 cm. Gewicht 11,0–14,5 kg. Der Schwanz wird gekürzt.

Der Cockerspaniel ist gegenwärtig die verbreitetste Spanielrasse. Unter diesem Namen ist er erst seit 1893 bekannt, als alle Spaniels mit einem geringeren Körpergewicht als 12,5 kg so bezeichnet wurden. Bis dahin war immer nur von Spaniels die Rede. Der Name rührt von der Fähigkeit des Hundes her, auch aus dem fast undurchdringlich dichten Gebüsch der englischen Landschaften Schnepfen aufzustöbern (zu englisch cocking = Schnepfenjagd, nach woodcock = Schnepfe, eigentlich Waldhahn); der Ursprung des Namens Spaniel ist unklar.

Der Cockerspaniel spürt ausgezeichnet Wild auf, treibt es laut, arbeitet gern im Wasser und apportiert willig. Lautlos treibende Hunde werden von der Zucht ausgeschlossen. Der Hund steht nicht vor dem Wild, daher wird er vor allem in Waldrevieren und Jagden mit Wasserfederwild eingesetzt. Dazu ist er sehr gelehrig, gut führig und zutraulich. Diese Eigenschaften sowie sein gefälliges Aussehen machten ihn zu einem beliebten Gesellschaftshund.

Das Fell ist einfarbig (schwarz, golden, rot) oder mehrfarbig (in den Kombinationen von Weiß, Braun und Schwarz). Einfarbige Tiere dürfen keine weißen Abzeichen zeigen, höchstens eins auf der Brust. Mehrfarbige weisen meist eine zwei- bis dreifarbige Scheckung und Schimmelhaar auf. Die Beurteilung des Äußeren ist in der letzten Zeit strenger geworden, auch wird stärkerer Nachdruck auf die Einhaltung des Standardgewichts gelegt.

Bei einer Bewertung kommt es auch auf die Ohransätze an. Die Behänge eines Cockers sollen nicht höher als auf dem Niveau der äußeren Augenwinkel angesetzt sein; je niedriger, desto günstiger die Wertung.

Richtige Ohraufhängung

Springerspaniel

Höhe der Hündin 45–47 cm, des Rüden 50–53 cm. Gewicht der Hündin 19–22 kg, des Rüden 20–23 kg. Der Schwanz wird gekürzt.

Der Springerspaniel hatte das gleiche Äußere wie der Cockerspaniel, war aber mit seinen mehr als 12,5 kg schwerer als dieser und auch größer. Im Bestreben zwischen ihm und Cockerspaniel genau zu differenzieren, bezeichnete man ihn als Springerspaniel. Bei der Benennung war seine Jagdweise ausschlaggebend, die zwar allen Spaniels eigen ist, sie aber von den Vorstehhunden unterscheidet. Während die Vorstehhunde vor dem Wild stehen bleiben, wobei sich einige sogar setzen, sprengen die Spaniels das Wild aus der Deckung (springing dog). Das heißt, daß dies nur die Eigenschaft der Springerspaniels ist, so wie das Treiben der Schnepfen aus der Deckung nicht nur den Cockerspaniels eigen ist.

In seinem Äußeren unterscheidet sich der Springer durch ein paar Kleinigkeiten vom Cockerspaniel. Er ist höher, hat kürzere, höher angesetzte Behänge und ist niemals einfarbig. Seine Jagdeigenschaften und -verwendung entsprechen denen des Cockerspaniels, doch muß er im Hinblick auf seine Körpergröße auch einen größeren Hasen oder einen Fuchs tragen können. Bei seiner Stöbertätigkeit auf der Jagd darf er sich nie aus der Schußweite seines Herrn entfernen, da dieser sonst nicht zum Schuß auf das Wild käme. Soll er das Wild treiben, muß er ihm lautstark nachsetzen.

Im Laufe der Zeit wurden weitere Spanielrassen herausgezüchtet, die sich nicht nur im Aussehen, sondern auch in ihren Eigenschaften und Einsatzweisen unterscheiden, z. B. bei der Jagd in besonders schwer zugänglichen Dickungen u. ä.

Bei veredelten Hunderassen tritt die Zahnarmut als ein großes Problem auf. In einigen Ländern wird sie bei der englischen Bulldogge toleriert. Das bleibende Gebiß des Hundes soll 42 Zähne haben.

Selbständige Suche nach Geweih und dessen Apport gehören zu den üblichen Pflichten gut abgerichteter Stöberhunde.

♀

Hannoverscher Schweißhund

Höhe der Hündin höchstens 50 cm, des Rüden 55 cm.
Das Gewicht ist nicht festgelegt.

Die Anfänge des Hannoverschen Schweißhundes als Rasse fallen ins frühe 19. Jahrhundert. In den Forsten des damaligen hannoverschen Staates kreuzte der Oberjägermeister Knopp den altdeutschen Leithund (einen am Schweißriemen seinen Herrn auf einer alten Hirschfährte zum angeschossenen Stück führenden Hund) mit dem ursprünglichen deutschen Laufhund (Bracke); die so entstandenen Kreuzungen wurden weiter veredelt. Die Entstehung dieser Rasse war ein Erfordernis der neuen Jagdweise, vor allem bei der Schalenwildjagd. Allmählich kam man nämlich von den aufwendigen Hetzjagden ab und verwendete nur noch Feuerwaffen, die natürlich noch nicht so leistungsfähig waren wie die heutigen Jagdgewehre, so daß der Schütze ein Wild häufig nur anschoß. So ein angeschweißtes Tier flüchtete dann eine weite Strecke und verendete irgendwo nutzlos. Die bisherigen Laufhunde waren nicht in der Lage, die alte Fährte eines weidwunden Tieres zu verfolgen. Daher wurden Hunde mit feinerer Witterung herausgezüchtet, die dieser Aufgabe gerecht wurden. So entstand der Hannoversche Schweißhund, der angeschweißtes Wild nicht nur fand, sondern lebende Stücke niederhielt, bis sein Herr herbeikam, oder flüchtiges Wild laut verfolgte. Ein guter Schweißhund muß eine 24–48 Stunden alte Schweißfährte ausarbeiten können. Der Hannoversche Schweißhund hat ein glattes Fell in verschiedenen Brauntönen.

Bei der Suche nach angeschweißtem Schalenwild arbeitet der Schweißhund stets am sog. Schweißriemen. Das ist eine 2 cm breite und 6–8 m lange Leine, die am Halsband mit einem Wirbel, der ein Verdrehen verhindert, befestigt ist. In Bereitschaft ist dieser Riemen, wie die Abbildung zeigt, aufgedockt oder aufgeschossen. Bei der praktischen Anwendung auf der Jagd wickelt er sich leicht, ohne sich zu verheddern, ab.

1-3 Aufdocken des Schweißriemens

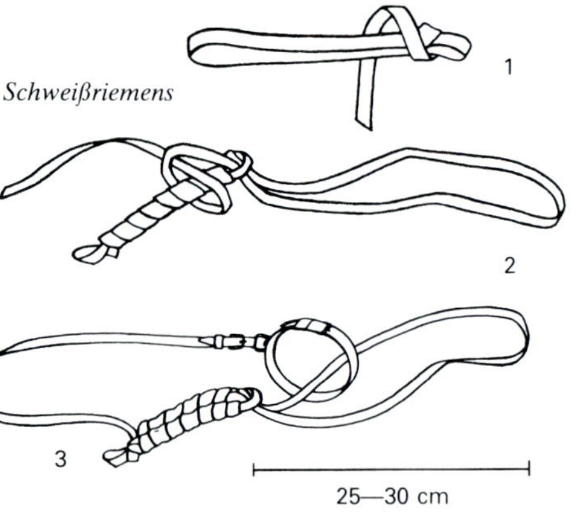

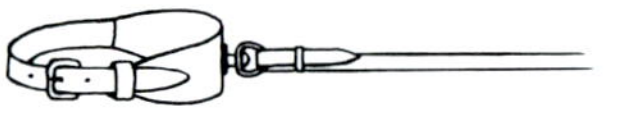

Halsband mit Wirbel

Bayrischer Gebirgsschweißhund

Höhe der Hündin bis 45 cm, des Rüden 48–50 cm.
Gewicht um 20 kg.

Gegen Ende des vorigen Jahrhunderts wurden Hannoversche Schweißhunde in die Bayerischen Alpen gebracht, um dort bei der Suche nach angeschweißtem Hochwild (Hirsche, Gemsen, Rehwild) eingesetzt zu werden. Diese Hunde erwiesen sich aber im Gebirge als weniger beweglich, da sie im unwegsamen Gelände schlecht kletterten und sprangen. Bestrebt, diesen Mangel auszumerzen, begannen deutsche Hundezüchter in den Alpenländern um 1880 mit der Kreuzung von Hannoveranern und einer im Schwinden begriffenen einheimischen Bracke. Durch diese Kreuzung entstand ein kleinerer, aber weitaus beweglicherer Schweißhund, der in der Arbeit auf der Schweißfährte dem Hannoveraner nicht nachsteht. Seine Fellfarbe ist rot bis gelb, das Gesicht kann eine dunkle Maske zeigen, doch ist das nicht obligatorisch.

Auf der Schweißfährte arbeitet ein Hund als Totverbeller, Totverweiser oder als Leithund. Der Totverbeller bellt beim gefundenen Wild, das er nicht tragen kann; der Totverweiser kehrt nach Aufspüren des weidwunden Wildes zum Jäger zurück, nimmt einen ledernen Anhänger an dem vom Herrn in der Hand gehaltenen Riemen ins Maul und führt den Jäger zur Beute; der Leithund führt am Schweißriemen seinen Herrn zum Wild. Der Schweißriemen verläuft zwischen den Vorderläufen des Hundes unter dem Bauch zum Jäger, damit der Hund die Nase tief am Boden halten kann. In der Praxis wird aus mehreren Gründen die Arbeit des Leithundes am Schweißriemen gegenüber dem Totverweisen und Totverbellen bevorzugt.

Kopfprofil mit dunkler Maske

♂

Englischer Schweißhund
(Bloodhound, Hubertushund)

Höhe der Hündin 62 cm, des Rüden 67 cm.
Gewicht 40–48 kg.

Erstmalig wurde die Existenz dieser Rasse im 8. Jahrhundert erwähnt; sie stammt aus dem belgischen Kloster St. Hubertus, dessen Mönche diesen Hund schon damals in reinrassiger Form hielten. Die englische Bezeichnung Bloodhound trat zum ersten Mal unter König Heinrich III. im Jahre 1256 auf. Sie soll nicht bedeuten, daß der Hund »mit Blut« arbeitete, sondern seine Vollblütigkeit und Reinrassigkeit belegen. Auch wenn der Hund in England zu seiner heutigen Form entwickelt worden ist, gilt er als belgische Rasse.

Auf einer alten Schweißfährte arbeitet der Hund fehlerlos, doch beim Stellen oder Verbellen eines wunden Wilds ist er zu friedfertig. Typisch für sein Aussehen ist die sehr lockere, feine Haut auf Kopf und Hals. Sie bildet auf Nasenrücken und Stirn Runzeln, an den Seiten des Kopfes hängt sie in großen Falten herab. Lockere Hautfalten können bis auf den Hals reichen, wo sie einen Kehllappen bilden. Die Fellfarbe ist braun oder rostrot mit schwarzen Abzeichen. Ein wenig Weiß auf Brust und Pfoten oder an der Schwanzspitze ist erlaubt.

Der englische Schweißhund ist der mächtigste der Schweißhunde, deshalb eignet er sich auch viel besser zum Verfolgen von angeschweißtem Wild im Schnee, zumal in tiefem Schnee, wo Hannoversche oder Bayrische Schweißhunde große Schwierigkeiten haben. Das begrüßen vor allem die Jäger in den Bergen mit tiefen Wäldern, in denen Schalenwild nachgesucht werden muß. Wegen seiner hervorragenden Witterung wird der Hund auch zur Arbeit im Polizeidienst herangezogen, vor allem in Großbritannien.

Kopfdetail

Dackel

Idealgewicht der Dackel ohne Rücksicht auf das Fell:
Normalwuchs – Hündin bis 6,5 kg, Rüde bis 7 kg
Zwergwuchs – Hündin bis 3,5 kg, Rüde bis 4 kg, Brustumfang max. 35 cm.
Kaninchenwuchs – Rüde Brustumfang max. 30 cm, Gewicht nicht festgelegt.

Der Dackel gehört zu den ganz alten Rassen. Das belegen griechische und römische Skulpturen aus dem ersten und zweiten Jahrhundert, auf denen ein Hund mit dem typischen Körperbau des Dackels dargestellt ist. Aufgrund der wichtigsten Körperformen und der Jagdeigenschaften kann man annehmen, daß der Dackel aus alten Hetzhunden entwikkelt worden ist. Die heutige Gestalt des Dackels und seine drei Fellarten (kurz und glatt, lang und rauh, lang und fein) sind nicht nur das Resultat einer Auswahl geeigneter Exemplare, sondern auch von Kreuzungen mit anderen Rassen.

Entwicklungsgeschichtlich der älteste ist der Kurzhaardackel. Durch seine Kreuzung mit einigen Spanielrassen entstand der Langhaardackel, durch die Kreuzung mit dem Dandie Dinmont Terrier der Rauhhaardackel. Innerhalb jeder Variante wurde durch die Auswahl besonders kleiner Tiere eine Zwergdackelrasse herausgebracht. Durch die Kreuzung des Zwergdackels mit dem Zwergpinscher entstand der kaninchenwüchsige Dackel. Der Dackel existiert also in drei verschiedenen Felltypen, und von jedem Felltyp wurden drei Größenvarianten herausgezüchtet, was insgesamt neun selbständige Rassen ergibt.

Alle Dackel werden zum Schliefen (Dachs-, Fuchsbaue) eingesetzt, der Kaninchendackel auch gegen Wildkaninchen. Sie sind aber auch hervorragende Lauf- und Schweißhunde. In letzter Zeit werden sie immer häufiger in Haushalten als Gesellschaftshunde gehalten, nicht nur wegen ihres attraktiven Aussehens, sondern auch wegen ihres lieben, anspruchslosen Wesens.

Langhaardackel

Rauhhaardackel

Kurzhaardackel

♀

Foxterrier

Höhe der Hündin 36–38 cm, des Rüden 38–40 cm. Gewicht der Hündin maximal 8 kg, des Rüden maximal 8,5 kg. Der Schwanz wird um ein Viertel gekürzt.

Eine noch heute in England beliebte Weise, Füchse zu jagen, ist die Parforcejagd zu Pferde mit einer Hundemeute (Foxhounds). Der gehetzte Fuchs versucht sich in seinem Bau zu retten, wo er für Hunde und Jäger unerreichbar ist. Um den Fuchs zur Strecke bringen zu können, muß er also aus dem Bau gesprengt werden. Zu diesem Zweck wurde ein Hund gezüchtet, der unerschrocken in den dunklen Bau schlieft (hineinkriecht) und dort mit einem oftmals stärkeren Feind einen Kampf auf Leben und Tod führt. Er erhielt den Namen Foxterrier (englisch fox = Fuchs, lateinisch terra = Erde).

Über den Ursprung des Foxterriers gibt es nur Mutmaßungen. Wahrscheinlich ist er durch die Kreuzung mehrerer Terrierrassen entstanden. Sein ursprüngliches Fell war glatthaarig, erst im Laufe der Zeit wurde durch die Auswahl von Tieren mit rauhem Fell und durch die Einkreuzung von anderen Terriern mit rauhem und langem Haar der langhaarige Foxterrier entwickelt, der in dieser Gestalt seit Mitte des vorigen Jahrhunderts bekannt ist. Vor allem in der rauhhaarigen Variante wurde er in Europa zu einem der verbreitetsten Jagd- aber auch Modehunde.

Er ist ein Hund mit außerordentlichen Jagdqualitäten, vor allem durch seine Schärfe gegenüber Raubwild, und dient als Erdhund, Stöberhund und bei der Arbeit im Wasser. Ein gut abgerichteter Foxterrier apportiert Wild bis zu Kaninchengröße zuverlässig. Außerdem ist er sehr wetterfest. In seiner Färbung soll Weiß überwiegen.

Glatthaarvariante

Rauhhaarvariante

Welshterrier

Höhe der Hündin 39 cm, des Rüden 40 cm. Gewicht der Hündin 8,5 kg, des Rüden 9 kg. Der Schwanz wird um ca. ein Viertel gekürzt.

Seinem Ursprung nach ist der Welshterrier eine der ältesten in Großbritannien gehaltenen Terrierrassen und stammt aus der Grafschaft Wales. Ursprünglich diente er als Jagd- und Wachhund und wurde weiterveredelt, einmal wegen seiner außerordentlichen Schärfe gegenüber Raubwild, in der er dem Foxterrier gleichkommt, und zweitens mit dem Ziel des einheitlichen Äußeren. Der Welshterrier ist in Großbritannien weniger stark verbreitet als der Foxterrier, in Mitteleuropa ist er sogar stärker vertreten als in seinem Heimatland. Die ursprüngliche Aufgabe des Welshterriers war die unterirdische Jagd auf Füchse und Dachse. Dank seiner Furchtlosigkeit, seines Jagdtriebs und seiner psychischen Standhaftigkeit wurde er später auch zur Jagd über der Erde eingesetzt, so daß er heute als Stöberer und Apportierer von kleinem Wild (Fasanen, Rebhühner, Kaninchen) arbeitet. Welshterrier sind temperamentvolle und mutige, dabei zutrauliche, gehorsame und gut führige Hunde. Deshalb eignen sie sich auch gut als Stadthunde.

Typisch ist die Farbkombination im Fell: Schwarz mit Lohe; eine andere Färbung ist unzulässig. Das Fell soll rauh, hart und anliegend sein, ein glattes Fell ist unerwünscht.

Wird ein Hund zum Apportieren abgerichtet, muß die gewählte Methode von seinem Charakter ausgehen, d. h. bei einem ängstlichen Hund muß man anders vorgehen als bei einem harten. Der ängstliche braucht eine geduldige Konsequenz, der harte kompromißlosen Nachdruck. Unerläßlich bei der Abrichtung sind sog. Apportierböcke, unterschiedlich in Größe, Gewicht und Material.

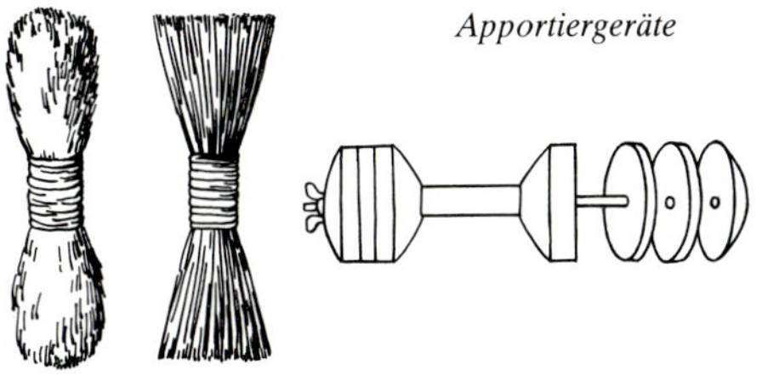

Apportiergeräte

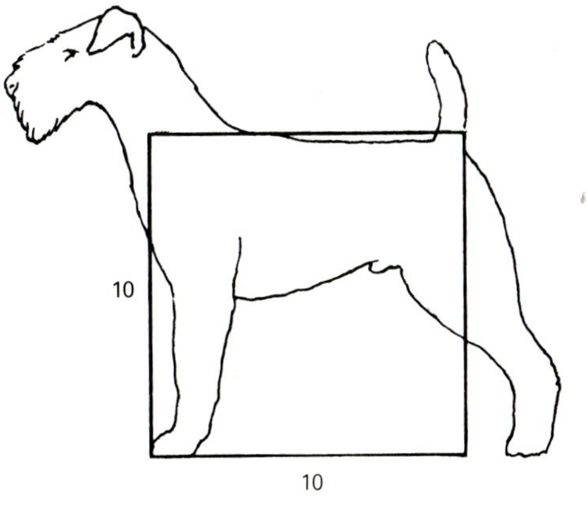

Das Gestaltformat von Welsh- und Foxterrier ist quadratisch.

Scotchterrier

Höhe von Hündin und Rüde 25–25,5 cm. Gewicht 7,75–10 kg.

Der Ursprung des Scotchterriers ist auf den Hebriden vor der schottischen Westküste zu suchen. Hier wurde er schon seit Jahrhunderten als einheimische Hunderasse zum Bekämpfen von Raubwild und lästigen Nagern gehalten. Er ist ein ausgesprochener Jagdhund, man kann ihn sowohl als einen leistungsfähigen Erdhund gegen alle Arten von Haarraubwild (Fuchs, Wildkatze, Dachs) einsetzen, aber auch als Stöberhund bei der Arbeit an der Oberfläche. Leider wurde er heute wegen seiner Geselligkeit, seines lebhaften Temperaments und eleganten Äußeren eher zum Gesellschafts- als Jagdhund.

Mit seiner Behaarung ist er gut für das rauhe Klima der schottischen Hügel ausgestattet. Er hat dichtes, kurzes und feines Unterhaar, darüber dichtes, hartes und rauhes Deckhaar. Die Färbung ist meist schwarz oder goldbraun, selten in diesen Farben gestromt.

Die physische Leistungsfähigkeit eines Hundes hängt von seinem Körperbau ab. Der richtige Bau und die richtige Stellung von Hinter- und Vordergliedmaßen gehören zu den grundlegenden Erfordernissen.

Das Sprengen von Füchsen und Dachsen aus dem Bau mit Hilfe von Erdhunden ist mehr als nur eine Sonderform der Raubwildjagd. Bei der gegenwärtigen Verbreitung der Tollwut, deren Überträger in erster Linie Füchse sind, dient es vor allem zur Regulierung des Fuchsbestandes. Die Abrichtung zum Schliefen (Hineinkriechen in den Bau) ist recht anspruchsvoll und erfordert unbedingt einen künstlichen Bau, der das unterirdische Versteck des Fuchses möglichst naturgetreu simulieren muß.

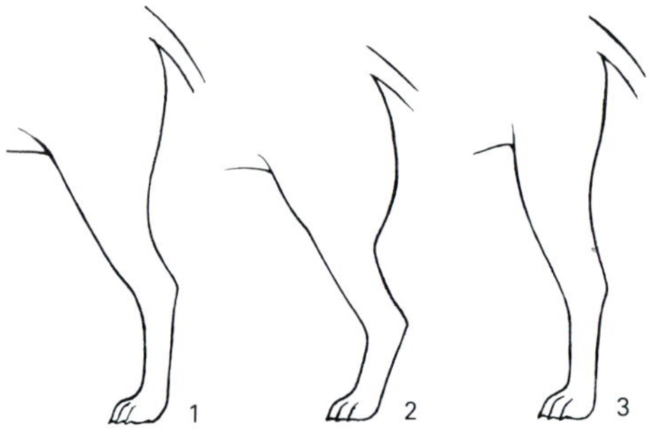

Stellung der Hintergliedmaßen: 1 richtig, 2, 3 fehlerhaft

Bullterrier

Normalschlag: Höhe von Hündin und Rüde nicht offiziell festgelegt. Empfohlen wid eine Höhe von 40–55 cm und 20–30 kg Gewicht.
Zwergschlag: Höhe von Hündin und Rüde bis 36 cm, Gewicht beider 9 kg.

Gegen Ende des vorigen Jahrhunderts entstand in England durch die Kreuzung der englischen Bulldogge mit einem Terrier und anschließender reinrassiger Zucht eine Hunderasse, die in Aussehen und Charaktereigenschaften eine gelungene Kombination ihrer Ahnen darstellt. Wertvolle Eigenschaften sind erhalten geblieben: Ruhe, Hartnäckigkeit und Härte gegenüber Verletzungen der Bulldogge, Schnelligkeit, Schneid, Kampfgeist und die feine Nase des Terriers. Beherztheit, Unerschrockenheit und Mut der Bullterrier sind im Hinblick auf ihre Körpergröße ganz unglaublich. Wegen dieser Eigenschaften erfreuen sie sich in Jägerkreisen immer größerer Aufmerksamkeit und Beliebtheit, da sie unschätzbare Helfer bei der Schwarzwildjagd sind. Wertvolle Dienste leisten sie auch als Schweißhunde. Wegen ihres eigenartigen, imposanten Äußeren und ihrer treuen Ergebenheit gegenüber ihrem Herrn und seiner Familie erscheinen sie auch in städtischen Haushalten immer häufiger.

Das typische Merkmal des Bullterriers ist der rammsnasige Kopf. Je ausgeprägter die Rammsnasigkeit, desto wertvoller das Tier. Das Idealprofil ist ein vom Nackenhöcker bis zur Nasenspitze verlaufender Bogen, wobei der Gesichtsteil (von der Nasenspitze bis zu den Augen) länger als die Stirn sein muß. Im Hinblick auf die Aufgabe des Bullterriers bei der Jagd – ein wundes Wild niederhalten – muß er einen kräftigen Unterkiefer besitzen, der dem massiven Oberkiefer entspricht. Die Fellfärbung ist weiß oder braun. Die braune Farbe kann einheitlich sein bzw. auf braunem Grund braune bis schwarze Stromung aufweisen. Neben dem normalen Schlag wurden auch Zwerg-Bullterrier herausgezüchtet.

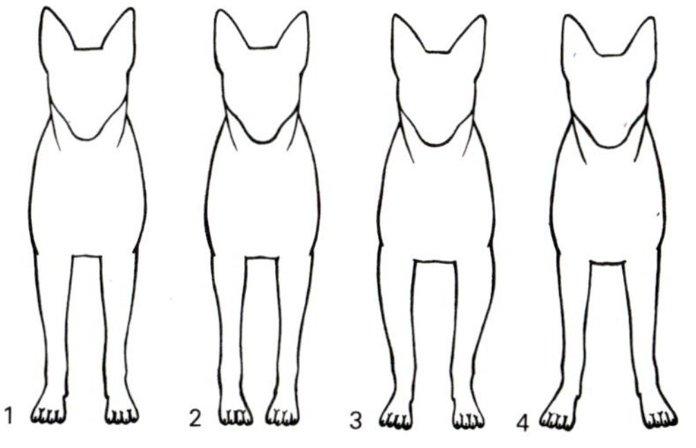

Stellung der Vordergliedmaßen: 1 richtig, 2–4 fehlerhaft

Airedaleterrier

Höhe der Hündin 56–58,5 cm, des Rüden 58,5–61 cm. Gewicht 20–22 kg. Der Schwanz wird kupiert.

In der Grafschaft Yorkshire haben englische Kynologen in der 1. Hälfte des vorigen Jahrhunderts eine Rasse entstehen lassen, die ihren Namen nach dem dortigen »Tal des Flusses Aire« erhielt. Sie ist eine Mischung aus den verschiedensten Rassen: Scotch-, Bull-, Irish-, Welshterrier und andere Terrier, aber auch Gordonsetter und Retriever, wobei sich besonders die positiven Charaktereigenschaften fortgepflanzt haben. Der Airedaleterrier ist die Verkörperung aller guten Eigenschaften, die man sich bei einem Hund nur ausdenken kann. In einigen Ländern wird er zu Schwarzwild-Treibjagden und Fuchsjagden verwendet, zur Nachsuche und zum Apportieren von angeschweißtem Wild, sogar aus dem Wasser, anderswo dient er als Hütehund, zum Blindenführen, als Diensthund und in den meisten Ländern obendrein als Gesellschaftshund. Als Gesellschafter deshalb, weil er außerordentlich ergeben, gelehrig und gut zu beherrschen ist. Als Diensthund ist er ein ausgezeichneter Spür- und Schutzhund.

Der Airedaleterrier hat rauhes, dichtes, gerades Deckhaar und dichte, feine Unterwolle. Die Haarfarbe ist rostbraun, Flanken und Rücken sollen schwarz oder grau durchsetzt sein. Zulässig ist ein winziges weißes Abzeichen auf der Brust. Von der Seite gesehen sind Stirn und Nase leicht gewölbt. Die Behaarung der Kiefer soll nicht kraus, sondern gerade sein, höchstens ein wenig gewellt. Die Ohren sind V-förmig, die Linie ihres Knicks muß über der Schädelkontur liegen.

Kopfprofil

♀

Bedlingtonterrier

Höhe von Hündin und Rüden 30–40 cm.
Gewicht der Hündin 10 kg, des Rüden 11 kg.

Der Bedlingtonterrier wird den ältesten Terrierrassen zugeordnet. In Reinzucht wurde er bereits zu Beginn des vorigen Jahrhunderts in Nordengland und Südschottland gehalten. Seinen Namen erhielt er von der nordenglischen Stadt Bedlington. Er ist ein sehr gewandter, beweglicher, mutiger und scharfer Hund, der häufig von den englischen Bergleuten in den Gruben zum Vertilgen von Ratten eingesetzt wurde. Daneben diente er aber auch bei der Jagd auf Hasen und Kaninchen, ja sogar auf Raubzeug. Wachsamkeit und Mut machen ihn auch zum Wachhund. Seiner großen Beweglichkeit zum Trotz kann er zutraulich und verschmust sein, so daß er nicht nur infolge seines gefälligen Aussehens, sondern auch wegen seines Wesens zum beliebten Gesellschaftshund wurde.

Die Attraktivität seines Äußeren beruht in erster Linie auf dem Fell, das sich von dem der übrigen Terrier unterscheidet. Es ist watteartig und dicht, mit Neigung zur Kräuselung, vor allem auf dem Kopf. Es soll nicht länger als 2,5 cm werden und an den Ohrspitzen Büschel von 1,5–2,5 cm Länge bilden. Das Schopfhaar soll einen Bogen von einem Ohr zum anderen bilden. Das Körperfell wird durch Kämmen vom Kopf bis zu der Schwanzwurzel gepflegt. Die Fellfarbe wechselt zwischen Blau, Blau mit Lohe, Leberbraun, Leberbraun mit Lohe, Sandfarbe. Der gewölbte »Karpfenrücken«, die sich deutlich nach unten neigenden Lenden und das steile Becken erinnern an die Haltung von Barsoi oder Greyhound. Während der kleine Bedlington bei langsamer Bewegung einen wenig schönen, ruckartig kurzen Schritt zeigt, ist sein Lauf dynamisch und ähnelt leicht dem eines Windhundes.

Sandfarbene Variante

Blaue Variante

Englischer Windhund
(Greyhound)

Höhe der Hündin 68,5–71 cm, des Rüden 71–76 cm.
Gewicht nicht festgelegt.

Altägyptische Plastiken, archäologische Funde und auch schriftliche Überlieferungen beweisen, daß die Herrscher des alten Ägypten und Nahen Ostens Windhunde zur Tierhetze oder Parforcejagd hielten. Im frühen Mittelalter geriet der Greyhound nach England, wo er zu seiner heutigen Gestalt veredelt wurde. Heute ist er ein beliebter Hund auf allen Adelssitzen und an allen Herrscherhöfen. Als die schnellste aller Hunderassen überhaupt war er in den Hundemeuten bei den prunkvollen Parforcejagden unentbehrlich. Nach dem Niedergang dieser Jagdweise kam seine Schnelligkeit auf der Rennbahn als Volksvergnügen zur Geltung. Dabei ließ man die Greyhounds früher auf lebende Hasen los, heute auf ein mit Hilfe von Elektroantrieb geschlepptes Hasenfell, dem sie mit einer Geschwindigkeit bis zu 60 km/h nachsetzen. Bei diesen Rennen wurde – ähnlich wie bei den Pferderennen – nicht wenig Geld verwettet. Im Jahr 1776 wurde in Norfolk der erste Greyhound-Rennclub der Welt gegründet. Seither haben sich die Hunderennen über die ganze Welt verbreitet und erfreuen sich auch heute noch zunehmenden Interesses.

Die Eleganz und edle Bewegung des englischen Windhundes ist unter den Hunden konkurrenzlos. Daher ist er auch zu einem beliebten Gesellschaftshund geworden. Sein Fell ist fein, anliegend, schwarz, weiß, rot, gelbbraun, blond, gestromt und stets von weißer Farbe unterbrochen.

Neben den kurz- und langhaarigen Windhunden werden auch noch rauhhaarige gehalten. Ihr Repräsentant ist einer der größten Hunde überhaupt: der Irische Wolfshund, der eine Widerristhöhe von 1 m erreicht. Etwas kleiner ist der Schottische Hirschhund (Deerhound).

Kopf des Irischen Wolfshundes

Barsoi
(Russischer Windhund)

Höhe von Hündin 71 cm, des Rüden 76–82 cm.
Gewicht nicht festgelegt.

Die Heimat dieses Hundes sind die weiten Steppen Osteuropas. Im 13. Jahrhundert ist er hier aus Kreuzungen von einheimischen Hütehunderassen mit Windhunden der Mongolen, die diese bei ihren Einfällen mitführten, entstanden. Diese Rasse war durch ihre Behaarung sehr gut gegen das rauhe Kontinentalklima Osteuropas ausgerüstet und durch ihre Jagdeigenschaften, vor allem Schnelligkeit, Ausdauer und Tapferkeit, dem Wild der weiten osteuropäischen Ebenen gewachsen. Nach dem Rückzug der Mongolen setzten die Einheimischen die Reinzucht fort. Ähnlich wie der Greyhound in England wurde der Barsoi zum unentbehrlichen Jagd- und Gesellschaftshund des russischen Adels, er war nämlich für die beliebten Parforce-Wolfsjagden unentbehrlich. In der heutigen Zeit ist diese Rasse aus den gleichen Gründen wie der Greyhound wieder aufgelebt – für die Hunderennen.

Der Barsoi hat ein langes, leicht gewelltes, seidiges Fell, entweder einfarbig oder weiß mit gelben, orangefarbenen, roten, gestromten oder grauen Abzeichen, die sich nicht allzu stark vom weißen Untergrund abheben dürfen.

Beim Hund bildet der Wirbelsäulenabschnitt zwischen den Brust- und Beckengliedmaßen in Ruhe einen statischen Bogen, der an den Bogen einer Fachwerk-Gitterbrücke erinnert. Die Wirbelkörper bilden ein Gewölbe, die Dornfortsätze an den Wirbeln in der Vorderhälfte sind nach hinten orientiert und die in der Hinterpartie nach vorn. Diese Fortsätze wirken wie Streben, die Bänder und Muskeln dazwischen stellen die Verankerungen dieser Streben dar.

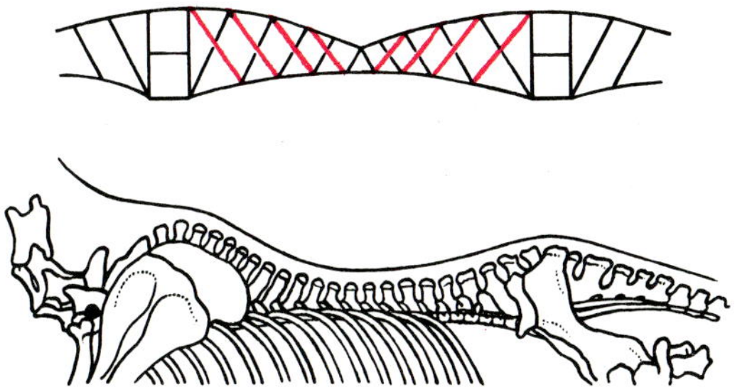

Statischer Bogen des Rückgrats

Afghanischer Windhund

Höhe von Hündin 65–67 cm, des Rüden 69–73,5 cm.
Gewicht nicht festgelegt.

Im Jahr 1880 endete der Britisch-Afghanische Krieg, und die demobilisierten Offiziere der britischen Armee brachten afghanische Windhunde mit nach Hause, deren ungewöhnliche Eigenschaften als Jagdhunde in den harten Existenzbedingungen der afghanischen Hochgebirge ihre Aufmerksamkeit gefesselt hatten. Diese Hunde beweisen hier Ausdauer, Schnelligkeit, Gewandtheit, Kraft und den Mut, sich sogar Leoparden zu stellen, dazu waren sie dem unwirtlichen, rauhen Hochgebirgsklima gegenüber fest.

Der Afghanische Windhund hat ein charakteristisches, sehr langes, feines und seidiges Fell, das eine ständige geduldige Pflege erfordert, ohne die es schnell verfilzen und seinen Glanz einbüßen würde. Alle Farben sind zulässig. In Europa ist dem Afghanischen Windhund seine naturgegebene Tätigkeit als Hüte- und Jagdhund vorenthalten, wie er es aus seiner Heimat gewohnt war. Dank seines eleganten und auffälligen Äußeren wurde er zum Gesellschaftshund, doch kommt er auch auf der Rennbahn zur Geltung.

Die Beweglichkeit des Rückgrats, die Schnelligkeit der Umwandlung des statischen in einen dynamischen Bogen und dessen Ausmaß beruhen auf der den seitlichen Wirbelfortsätzen und der Unterseite der Wirbelkörper anliegenden Muskulatur. In Aktion müssen sich beide Muskelgruppen rhythmisch abwechseln. Die volle Leistungsfähigkeit der Rückgratmuskulatur wird nur dann erreicht, wenn eine Muskelgruppe vollkommen entspannt ist, während die andere sich kontrahiert. Ein perfektes Zusammenspiel läßt sich nur durch ein systematisches Training erzielen. Daher ist für die an Rennen teilnehmenden Windhunde das Training eine unerläßliche Bedingung für den Erfolg.

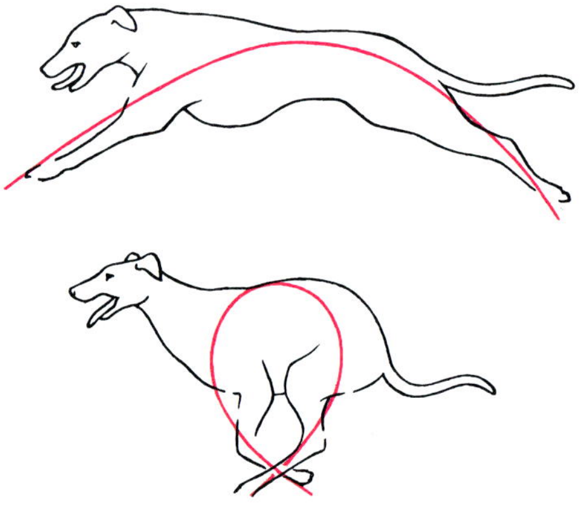

Dynamischer Bogen des Rückgrats

Pudel

Großpudel (Königspudel): Höhe von Hündin und Rüden 46–60 cm
Mittelpudel: 35–45 cm; Kleinpudel: 25–35 cm
Zwergpudel: bis 25 cm; Ein Gewicht ist nicht festgelegt

Der Pudel ist eine der ganz alten Hunderassen. Es gibt verschiedene Vermutungen, welche Urahnen dem Pudel wohl die Eigenschaften von Hüte- und Jagdhunden, die sich im Wasser besonders wohl fühlen, vererbt haben. Gleich, aus welchen Rassen der heutige Pudel hervorgegangen ist, Tatsache bleibt, daß das lange Zusammenleben mit dem Menschen seine Charaktereigenschaften günstig beeinflußt hat. Allgemein wird er zu den intelligentesten Hunderassen gezählt. Er ist scharfsinnig, gelehrig, sehr flink und leicht zu beherrschen. Kein Wunder, daß er zu einem der beliebtesten Gesellschaftshunde geworden ist. Pudel werden in vier Größenschlägen gezüchtet.

Der Rassenstandard verlangt beim Pudel ein geschorenes Fell. Schon auf den ältesten Darstellungen erschien der Pudel mit geschorenen Körperpartien. Auf Hals und Schultern bis zum Rippenrand blieb das Haar ungeschoren. Diese Fellgestaltung verlieh dem Pudel ein löwenähnliches Aussehen, sie wird als klassischer Schnitt (en lion) bezeichnet. Der moderne Schnitt ist offiziell erst seit 1965 zugelassen. Er besteht darin, daß überall am Körper das Fellhaar belassen wird, allerdings in unterschiedlicher Länge. An den kürzesten Stellen 1 cm, an den längsten 4–7 cm.

Zu den verbreitetsten Fellfarben gehören Schwarz, Weiß und Silbergrau, doch nimmt bei den Hundefreuden das Interesse an den modischen Farbtönen Apricot und Anthrazitbraun zu.

Kleinpudel Silbergrau im modernen Schnitt

Großpudel Apricot im klassischen Schnitt

Shi-Tsu und Chow-Chow

Shi-Tsu: Die Höhe darf nicht 27 cm überschreiten. Gewicht 4,1–7,2 kg, maximal 8,1 kg.
Chow-Chow: Höhe des Rüden 46–48 cm, die Hündin ist kleiner. Das Gewicht hängt von der Höhe ab.

Shi-Tsu gehört zu einer kaum bekannten Rasse. Er stammt aus Tibet, aus dem einige Exemplare nach England gebracht worden sind. Wahrscheinlich aus Mangel an weiteren Hunden zur Vermehrung, vielleicht auch in der Absicht, einige äußerlichen Merkmale zu gewinnen, wurde der Shi-Tsu mit dem Pekinesen gekreuzt. Dadurch wurde aber das Äußere zuungunsten dieses Hundes verändert (er erhielt tief angesetzte Ohren und ein abgeplattetes, breites Gesicht), und man ist gegenwärtig bemüht, durch Reinzucht den Einfluß des Pekinesen wieder auszumerzen. Die Behaarung von Scheitel, Gesicht und Ohren verleiht dem Hund ein eigenwilliges Aussehen, das sehr treffend mit einer Chrysanthemenblüte verglichen wird. Der Schwanz ist über dem Rükken zusammengerollt, seine weiße Spitze ist gleichfalls zur Form einer Chrysanthemenblüte ausgebreitet. Das lange Fell mit dem dichten, weichen Unterhaar darf alle Farben haben. In der Übersetzung bedeutet der Name Shi-Tsu soviel wie »Löwenhund«. In seiner Heimat sollten damit seine Charaktereigenschaften zum Ausdruck gebracht werden, wie z. B. Selbstbewußtsein, Ruhe, Beherztheit, Furchtlosigkeit. Diese Eigenschaften verschafften ihm auch seine heutige Beliebtheit als Familienhund und Wächter, der überdies noch ein außergewöhnlich gutes Verhältnis zu Kindern besitzt.

Eine weitere ostasiatische als Gesellschaftshund bevorzugte Rasse ist der Chow-Chow. Er wurde gemeinsam mit dem Pekinesen am Hof der chinesischen Kaiser gehalten. In Europa erschien er zuerst in England. Durch Reinzucht und Auswahl geeigneter Exemplare wurden die Hunde zu ihrer heutigen Gestalt veredelt. Ein typisches Merkmal des Chow-Chow ist die blaue Zunge. Die Fellfarben sind Schwarz, Rot, Blau, Zimtbraun, Weiß. In seinem Wesen ähnelt er dem Shi-Tsu.

Zimtfarbene Variante des Chow-Chow

Dalmatiner

Höhe der Hündin 50–58 cm, des Rüden 55–61 cm.
Gewicht der Hündin 23 kg, des Rüden 25 kg.

Ähnlich wie der Windhund war auch der Dalmatiner eine beliebte Kulisse auf den Porträts und Stilleben der mittelalterlichen Maler. Es handelt sich also um eine sehr alte Rasse. Auf ihren exotischen Ursprung verweist eine der zeitgenössischen Bezeichnungen: Bengalenbracke. Damit wollten die mittelalterlichen Hundezüchter wohl einerseits die Verwendungsweise des Hundes auf der Jagd zum Ausdruck bringen, zum anderen den Umstand, daß er aus den Ländern um den Golf von Bengalen stammt. Die neuere Bezeichnung hat sich erst im 19. Jahrhundert eingebürgert, sie erinnert an das erste europäische Land, in dem dieser Hund aufgetaucht ist. Von Dalmatien aus hat er sich über die Länder rings ums Mittelmeer verbreitet und ist dann nach England geraten, wo er seine heutige Erscheinung angenommen hat.

Die Fleckung des Dalmatiners ist ganz typisch und kommt nur bei diesem Hund vor. Die Grundfarbe ist Weiß, darauf sitzen entweder schwarze oder leberbraune Flecken. Je satter und dunkler die schwarze Farbe, desto besser. Die Flecken sollen nicht miteinander verschmelzen, sondern rund und klar abgegrenzt sein und einen Durchmesser von 20–30 mm haben. Auf dem Rumpf sollen die Flecken größer sein als auf Kopf, Läufen und Schwanz. Ein einseitiger großer Fleck auf dem Kopf ist unerwünscht. Die Welpen kommen völlig weiß zur Welt, die Flecken erscheinen erst nach 14 Tagen und verändern sich im Laufe der ersten Lebensjahre noch mehr oder weniger stark.

Wesen und interessante Färbung prädestinierten diese Rasse für die Rolle des Gesellschaftshundes. Er ist intelligent, zutraulich und gut zu beherrschen und daher, vor allem in letzter Zeit, sehr beliebt.

Kopfdetail, schwarz gefleckt

Kopfdetail, leberbraun gefleckt

Mangalica-Schwein

Gewicht der Sau 140–160 kg, des Ebers 150–180 kg.

Diese Rasse ist aus der Kreuzung ursprünglicher ungarischer Fleischfettschweine mit Szalantai-Schweinen hervorgegangen. Die so entstandenen Hybriden gaben ein besseres Fleisch und reiften früher heran als die Tiere der Ausgangsrassen. Durch eine zielbewußte Auswahl geeigneter Tiere wurde eine hohe Ausgeglichenheit des Äußeren erreicht, so daß diese Rasse im Jahr 1927 offiziell anerkannt werden konnte. Sie war eine der ersten ungarischen Schweinerassen, die zielstrebig auf die Verbesserung der Fleischleistung veredelt worden ist.

Die Schweine haben helle, lockige Borsten mit seidigem Glanz, die Haut der Augengegend und der Nasenscheibe zeigt eine auffällige schwarze Pigmentierung. Tiere ohne diese Pigmentierung werden aus der Zucht ausgemerzt. An den übrigen Körperteilen ist die Haut grauschwarz und bestimmt so den Gesamtfarbton des Tieres.

Nach dem Zweiten Weltkrieg wurden die Mangalica-Schweine auch in die Nachbarländer Ungarns exportiert. Noch 1965 machten sie in Ungarn bis zu 70% des Schweinegesamtbestands aus. Einer ihrer großen Vorzüge war ihre gute Anpassungsfähigkeit an ungünstige Witterungsverhältnisse: im Winter an den Frost und im Sommer an die Hitze. In den anschließenden zehn Jahren gingen die Bestände dieser Schweine aber schnell zurück, da die Tiere sich relativ spät entwickelten, geringeren Zuwachs und keine besonders hohe Fruchtbarkeit aufwiesen – nur 5–9 Ferkel in einem Wurf. Das Seine hat auch der Umstand dazu beigetragen, daß es sich um ein Fettschwein handelt und die Verbrauchernachfrage von Fett auf Fleisch überging. Heute werden Mangalica-Schweine nur noch von den ungarischen Kleinzüchtern gehalten und auch das nur in geringem Umfang.

Bei Schweinen haben sich ausgeprägte Geschlechtsunterschiede entwickelt, die sich gut an der Kopfform zeigen. Die Eber haben einen mächtigeren und breiteren Schädel sowie in beiden Kiefern viel längere und kräftigere Eckzähne als die Sauen.

Schädel eines Ebers

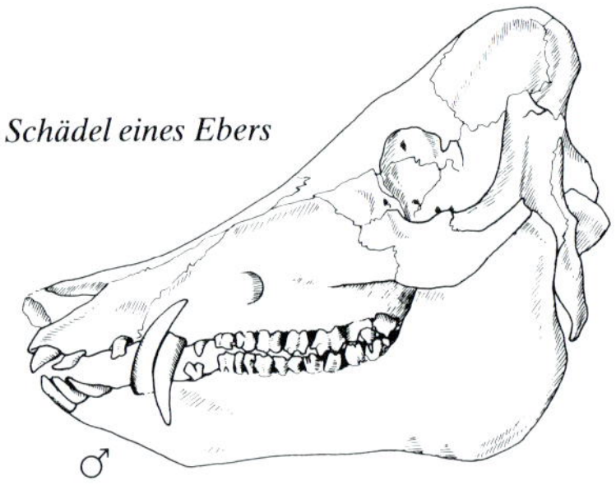

♂

Schädel einer Sau

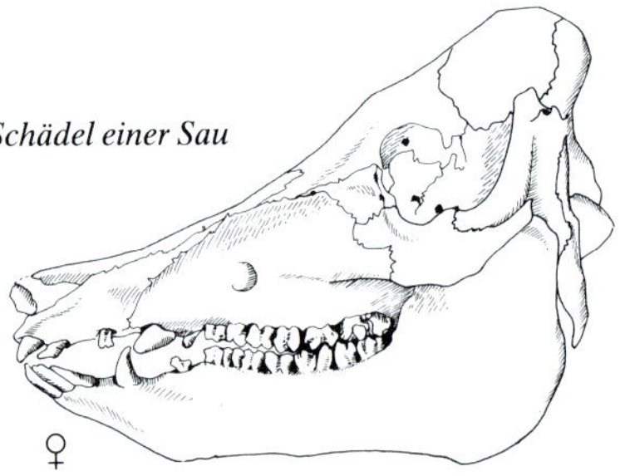

♀

♀

Weißes Mangalica-Schwein

Gewicht der Sau 200 kg, des Ebers 250 kg.

In der Gegend von Subotica in der serbischen Voivodina wurde durch die Kreuzung der ursprünglichen einheimischen Mangalica-Rasse mit den englischen Rassen Yorkshire und Lincoln eine Schweinerasse erzüchtet, die günstigere Eigenschaften besaß als das Mangalica-Schwein. Die Schweine der neuen Rasse reiften etwas früher aus (mit 12–14 Monaten), hatten ein besseres Fleisch, jedoch immer noch einen zu hohen Fettansatz im Vergleich zur Muskelbildung. Der Körperrahmen war größer als beim ungarischen Mangalica, die Borsten waren lockig, fein und je nach Wasserqualität und Bodenbeschaffenheit weiß, gelb, grau bis rot gefärbt. Die Haut war vorwiegend grauschwarz, einige Tiere haben aber von ihren Vorfahren eine hellgraue bis weiße Haut geerbt.

Das weiße Mangalica-Schwein aus Subotica entsprach den Anforderungen der Zeit um den Zweiten Weltkrieg – es war ein ausgesprochenes Fettschwein. Die niedrige Fruchtbarkeit – 6–7 Ferkel im Wurf –, die späte Reife und die geringen Zunahmen machten es nur für Kleinzüchter geeignet, denn ein Gewicht von 200–250 kg und volle physische Reife erlangte es erst mit fast zwei Jahren, während die Edelschweine schon mit 12–14 Monaten reif sind.

Dieses Schwein ist ein Beispiel für einen Mißerfolg bei der Kreuzung von Schweinen mit geringer Nutzleistung und ausgesprochenen Nutzschweinrassen, denn es hat sich weder eine annehmbare Frühreife noch eine bessere Fleischleistung eingestellt. Heute kommt diese Rasse nur noch in Einzelhaltung vor.

Zoologisch gehört das Schwein zu den nicht wiederkäuenden Paarhufern (Nonruminantia). Es tritt mit den Spitzen der dritten und vierten Zehen auf. Sie sind durch eine Hornkapsel, den Klauenschuh, geschützt, und zwischen ihnen verläuft die Achse der Extremität. Die zweiten und fünften Zehen sind zwar kürzer und schwächer, aber doch gut entwickelt und gleichfalls mit Horn überzogen; sie heißen Afterklauen. Beim Rind sind keine Afterklauen ausgebildet. Die erste, dem Daumen entsprechende Zehe ist sowohl bei Wiederkäuern als auch bei nicht wiederkäuenden Huftieren spurlos verschwunden.

Skelett der Unterpartie des Hinterbeins

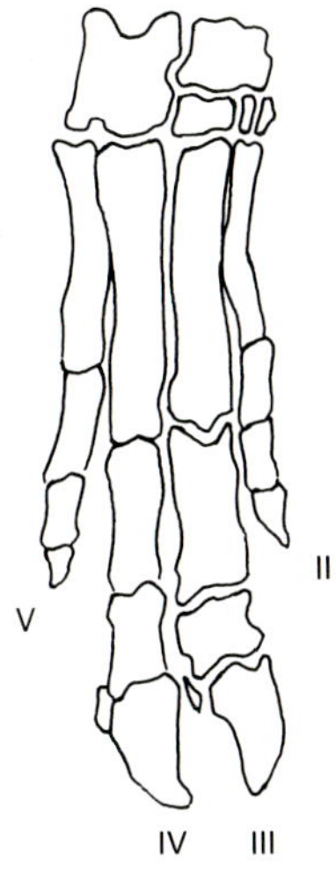

Schwäbisch-Hällisches Schwein

Gewicht der Sau 225–275 kg, des Ebers 275–350 kg.

In Schleswig-Holstein wurde seit dem 18. Jahrhundert eine alte Rasse gehalten, das Schwäbisch-Hällische Schwein – hochbeinig, mit langem, schmalem Kopf, Schlappohren und einem charakteristischen weißen Band über dem Rumpf. Es war sehr fruchtbar, die Ferkel hatten eine ausgezeichnete Vitalität, reiften aber spät heran. Im Bestreben, eine bessere Frühreife zu erzielen, kreuzten die deutschen Züchter chinesische Schweine ein. Zwar haben sie so eine frühere Reife erzielt, der Preis dafür war aber ein höherer Fettansatz. Daher begannen sie zu Beginn des 19. Jahrhunderts, das neu herausgezüchtete Schwein mit verschiedenen englischen Rassen zu kreuzen. Eine höhere Fleischleistung wurde jedoch nicht erreicht, und so kreuzte man die Hybriden mit dem ursprünglichen Schwäbisch-Hällischen Schwein zurück. Aber auch das brachte nicht den gewünschten Erfolg, so daß man englische und Angler-Sattelschweine einkreuzte. So entstand das heutige Schwäbisch-Hällische Schwein (in der DDR auch als Deutsches Sattelschwein bezeichnet), das frühreif und sehr fruchtbar ist (über 12 Ferkel im Wurf), aber auch früh Fett ansetzt. Da inzwischen jedoch der Verbraucher fettarmes Fleisch bevorzugt, hat man mit der Haltung dieser Rassen in Großzuchtanlagen wieder aufgehört, nur in der Einzelhaltung kommt sie noch vor. In der DDR wurde die Rasse als Genreserve ins Hybridisierungsprogramm eingereiht.

Am Schicksal dieser Schweinerasse läßt sich gut die Kompliziertheit der Zuchtarbeit demonstrieren. Hier also hat die Kreuzung mit bewährten Rassen nicht zum Ziel geführt, ja nicht einmal die Rückkreuzung der Hybriden mit den ursprünglichen Schweinen.

Beim Deckakt dringt der Penis des Ebers direkt in den Gebärmutterhals ein, was sonst bei Haustieren nicht vorkommt. Daher korrespondieren diese Organe in der Form miteinander. Der Penis ist leicht spiralig gedreht, und seine Spitze (Eichel) hat an der Oberseite einen 3–4 cm langen, von einem Schwellkörper versteiften Kamm, der die Fixierung im Gebärmutterhals erleichtert.

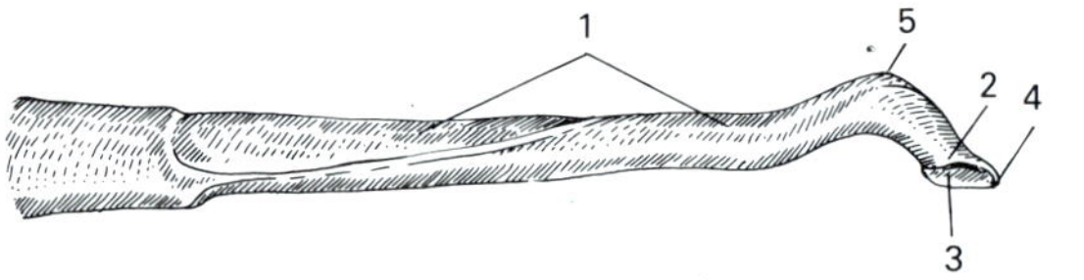

Penisdetail: 1 Penis, 2 Harnröhre, 3 Eichel, 4 Harnröhrenmündung, 5 Kamm mit Schwellkörper

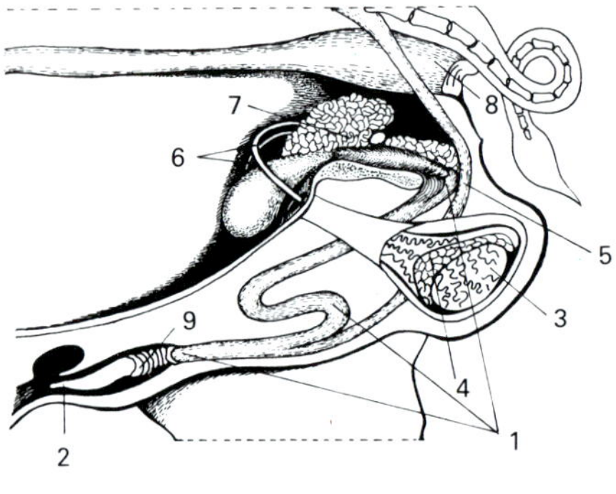

Geschlechtsorgane des Ebers: 1 Penis, 2 Penisspitze, 3 Hode, 4 Nebenhode, 5 Penisrückzieher, 6 Samenleiter, 7 Samenbeutel, 8 Enddarm, 9 gefältete Vorhaut-Schleimhaut

Berkshire

Gewicht der Sau 160–200 kg, des Ebers 200–280 kg.

Um das Jahr 1856 kam in der englischen Grafschaft Berkshire die älteste englische Edelschweinrasse auf. Das ursprünglich hängeohrige, großrahmige, einheimische Schwein wurde mit chinesischen schwarzen und schwarzweißen Schweinen sowie mit dunkelroten stehohrigen Siamschweinen gekreuzt. Diese Kreuzerei dauerte über 5–6 Generationen, wobei oft auch zu enger Verwandtschaftszucht gegriffen wurde. So entstanden Schweine mit einem kleineren Rahmen, rotbrauner Färbung mit rostfarbigen oder schwarzen Flecken.

In der zweiten Phase wurden über weitere zwei Generationen hinweg indochinesische Schweine zur Auffrischung herangezogen. Da die Verwandtschaftszucht zur Schwächung der Konstitution geführt hatte, wurde zur Kräftigung mit Wildschweinkeilern weitergezüchtet. Man erreichte damit zwar eine größere Lebensfähigkeit der Nachkommen, hätte aber dafür späte Reife und einen geringen Anteil an Edelfleischpartien in Kauf nehmen müssen. Es wurden also weitere Zuchtphasen notwendig. Zuerst kreuzte man schwarze Neapel- und Suffolk-Schweine ein, anschließend schwarze Essex-Schweine. So entstand ein Schwein mit weißen Abzeichen auf Rüssel, Gliedmaßen und Schwanz, von mittlerem Rahmen und mit einer Fruchtbarkeit von 7–10 Ferkeln pro Wurf, frühreif, anfänglich ein Fleisch-Fett-Typ, später nur noch ein Fettschwein. In der Gegenwart wird es in seinem Ursprungsland nicht mehr gezüchtet und nur noch als Genreserve gehalten. Dagegen ist es in Mittel- und Südamerika, Kanada und Japan weit verbreitet. Das Berkshire-Schwein ist eine der Rassen, die einen wesentlichen Einfluß auf die Entstehung einer ganzen Reihe von Schweinerassen hatten.

Ein typisches Merkmal des Geschlechtsapparats der Sau ist der trichterförmige Übergang der Scheide in den Gebärmutterhals. Die Gebärmutter hat sehr lange Hörner, die dünndarmähnliche Schlingen bilden. Die Gebärmutterhörner ermöglichen die gleichzeitige Entwicklung zahlreicher Embryos.

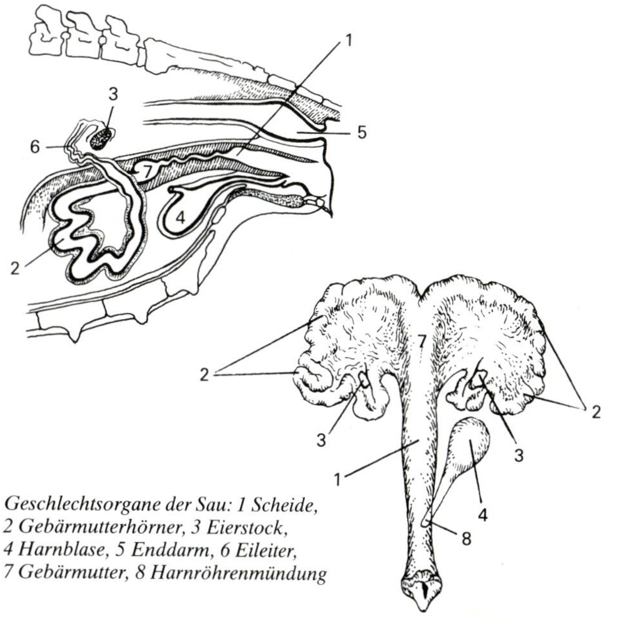

Geschlechtsorgane der Sau: 1 Scheide, 2 Gebärmutterhörner, 3 Eierstock, 4 Harnblase, 5 Enddarm, 6 Eileiter, 7 Gebärmutter, 8 Harnröhrenmündung

Cornwall

Gewicht der Sau 200–240 kg, des Ebers 300 kg.

Die neuere Bezeichnung für dieses Schwein lautet Large Black, die ältere und gebräuchlichere aber Cornwall. Diese Rasse entstand in den englischen Grafschaften Cornwall und Suffolk durch die Kreuzung eines im großen und ganzen primitiven, schwarzen, hängeohrigen Schweins mit den kleinen, schwarzen Suffolk- und Essex-Schweinen. Das Kreuzungsergebnis war dann ein Schwein mit dichten, schwarzen Borsten und grauschwarzer Haut. Dank seiner Fähigkeit, sich rasch zu akklimatisieren, wurde es nach dem Zweiten Weltkrieg in die ganze Welt exportiert und überall vorwiegend nutzleistungssteigernd eingekreuzt. Große Beliebtheit hat es bei den Schweinehaltern der Subtropen gewonnen, vor allem auf der Balkanhalbinsel. Der Grund liegt in seiner Fähigkeit, Temperaturunterschiede und vor allem Sonnenglut zu ertragen. Deshalb wird es dort auch noch in kleinem Umfang gehalten. In den Ländern mit einer hochentwickelten Schweinezucht ist es jedoch während der letzten 25 Jahre wegen seines starken Fettansatzes nicht mehr gezüchtet worden. In Großbritannien existieren noch einige Zuchten als Genreserven.

Die Samenkonzentration (Spermienmenge in einem bestimmten Ejakulatvolumen) ist bei den verschiedenen Tieren ganz unterschiedlich. Allgemein gilt: je größer das Spermavolumen, desto kleiner die Konzentration und umgekehrt. Meist wird die Samenkonzentration in mm^3 angegeben. Beim Eber befinden sich in 1 mm^3 durchschnittlich 200 000 Spermien, das Ejakulatvolumen macht 150–500 ml aus. Zum Vergleich: beim Stier sind in 1 mm^3 durchschnittlich 1 000 000 Spermien, durchschnittliches Ejakulatvolumen 5 ml; beim Widder 3 000 000 Spermien bei einem Ejakulatvolumen von 1 ml.

Zu Beginn der Rausche oder Brunst ändert sich bei der Sau die chemische Zusammensetzung des Harns und somit auch sein Duft. Daher erkennt der Eber durch die Witterung den Brunstbeginn einer Sau schon zwei Tage vorher. Das Bereitschaftsstadium des weiblichen Organismus zur Paarung kontrolliert er mehrmals täglich durch Beschnüffeln der Vulva. Dieses Verhalten des Ebers stimuliert den Geschlechtstrieb der Sau.

Prüfung des Brunststadiums bei einer Sau

Englisches Sattelschwein

Gewicht der Sau 250–280 kg,
des Ebers 300–350 kg.

Die Entstehung dieser Rasse liegt etwa 100 Jahre zurück. Die einheimischen schwarzen Hampshire- und Berkshire-Schweine wurden mit Sussex-Schweinen gekreuzt, die schwarze Gliedmaßen und über den Schulterblättern bzw. der Rumpfmitte ein weißes Band haben. Das Ergebnis war eine neue Rasse, das Englische Sattelschwein. Die Hybriden haben das weiße Band über den Schulterblättern geerbt, darüber hinaus hat sich auch auf den Vordergliedmaßen die weiße Farbe stabilisiert. Das Englische Sattelschwein wurde in die USA exportiert, wo dann die Schweinehalter durch die Kreuzung mit einheimischen Schweinen das stehohrige amerikanische Sattelschwein herausgezüchtet haben. Die Haut der dunkleren Körperteile ist bei beiden Rassen grauschwarz und trägt Borsten in der gleichen Farbe.

Englische Sattelschweine zeigten sich widerstandsfähig gegenüber ungünstigen Lebensbedingungen, wiesen gute Anpassungsfähigkeit an rauhes Klima auf und waren gute Weideschweine. Sehr hoch wurde ihre Fruchtbarkeit geschätzt (12 Ferkel in einem Wurf mit guten Zunahmen), aus diesem Grund wurde es auch sehr viel gehalten. In der Gegenwart wird es nicht mehr reinrassig gezüchtet. In England, Kanada, Ungarn, der ČSSR und in Rumänien werden aber die Sauen zur Produktion von Hochleistungshybriden verwendet. In diesen Ländern wird die Sattelschweinrasse daher auf hohe Reproduktions- und Mastleistungen veredelt, damit diese Eigenschaften dann auf die Hybriden übertragen werden.

Zu Beginn der Rauschzeit sucht die Sau den Eber auf und nimmt weniger Futter zu sich. Der Eber registriert diese Veränderungen und ist bemüht, Kontakt mit der Sau aufzunehmen. Er berührt mit seiner Nase das Gesicht der Sau und grunzt eigentümlich. Wäre die Sau nicht brünstig, würde sie diese Annäherungsversuche nicht dulden, und der Eber würde seinerseits auch kein Interesse für die Sau zeigen. Die zunehmenden Brunstgebärden bauen die interindividuellen Barrieren ab und schaffen die Bedingungen für eine Paarung.

Annäherung zweier Sexualpartner

♀

Yorkshire
(Large White)

Gewicht der Sau 280–350 kg, des Ebers 350–425 kg.

Durch komplizierte Kreuzungen von englischen Leicester-Schweinen mit frühreifen Rassen aus Portugal und Neapel sowie verschiedenen chinesischen Schweinen entstand eine Rasse, die unter der Bezeichnung Yorkshire zu den verbreitetsten Schweinerassen der Welt gehört. Yorkshires werden sowohl reinrassig gehalten als auch zur Kreuzung für die Hybridenproduktion verwendet. Ihre Entwicklung zur heutigen Gestalt war recht kompliziert. Das erste veredelte Produkt dieser Kreuzungen – das kleine englische Schwein (Small White) – wird mit dem Namen des englischen Züchters Bakewell und dem Jahr 1831 in Verbindung gebracht. Die Schweine dieser Rasse waren sehr empfindlich, so daß sie nach einiger Zeit nicht mehr gehalten wurden. Durch Weiterveredelung ist es dem Züchter Tooley aus der Grafschaft Yorkshire gelungen, neue und wesentlich größere Tiere zu gewinnen und sie 1851 erstmalig vorzuführen. Diese Schweine legten die Grundlage zu der heutigen großen, weißen englischen Rasse, die 1885 anerkannt wurde und sich seitdem über die ganze Welt verbreitet hat. Aus der Kreuzung von großen und kleinen englischen weißen Schweinen entstand die Rasse der mittleren englischen weißen Schweine (Middle White).

Yorkshire-Schweine ragen durch ihre Fruchtbarkeit hervor: durchschnittlich pro Wurf 10–11 Ferkel. Die Muttersauen haben viel Milch, daher wachsen die Saugferkel schnell. Binnen annähernd 95 Tagen erreichen sie eine Lebendmasse von 95 kg.

Die fortschreitende Brunst der Sau stimuliert das Sexualverhalten des Ebers. Er hält sich immer häufiger in ihrer Nähe auf und stößt sie mit dem Rüssel in die Seite, in den Schritt und ins Gesäuge. Durch jähe Schläge mit dem Unterkiefer an den Oberkiefer bringt er Klappergeräusche hervor, er verspritzt seinen mit den Vorhautsekreten vermischten Harn nach allen Seiten, kostet den Harn der Sau und grunzt ununterbrochen.

Fortgeschrittenes Sexualverhalten des Ebers

♀

Poland-China

Gewicht der Sau 320–340 kg, des Ebers 400–430 kg.

Das Poland-China-Schwein entstand zu Beginn des 19. Jahrhunderts im Staat Ohio/USA, wo es eine der ältesten Rassen ist. Die Bezeichnung »Polen« erhielt das Schwein nach seinem Züchter, der polnischer Abstammung war. An der Entstehung der Rasse waren einheimische amerikanische Schweine, Berkshires und auch eine chinesische Rasse beteiligt, die für den zweiten Namensteil gesorgt hat. Das Erstprodukt der Veredelung war ein schwarzes Schwein mit weißen Abzeichen auf Rüssel, Gliedmaßen und Schwanz. Zwar wird es in dieser Färbung noch bis auf den heutigen Tag gezüchtet, doch ist im Laufe der Zeit eine schwarz-weiß gescheckte Variante aus ihm erzüchtet worden. Die schwarze Farbe verdankt die Rasse den Berkshire-Schweinen.

Paradoxe Stellung vor dem eigentlichen Deckakt

Das Poland-China-Schwein gehört zu den weidefähigen Schweinen, es ist sogar ein ausgezeichneter Weideverwerter. Dank der dunklen Hautpigmentierung verträgt es auch ein heißes Klima gut. Mit dieser Rasse haben die amerikanischen Züchter einige hervorragende Fleischschweinerassen herausgezüchtet (Minnesota 2 u. 3, Beltsville 1). In Europa wird das Poland-China nur noch in Großbritannien gehalten, und zur Hybridenzucht aus den USA eingeführt.

Der Aufsprung des Ebers auf die Sau von vorn ist kein abnormales Verhalten, sondern gehört zum angeborenen Sexualverhalten der Schweine. Kein Eber versucht einen Deckakt, ohne zuvor ein paar Aufsprünge von vorn ausgeführt zu haben. Diese Aufsprünge sind Ausdruck seiner hohen sexuellen Erregung. Auch wenn die Sau den Eber noch abweist, stimulieren die Sprünge psychisch und physisch ihre geschlechtliche Bereitschaft und bereiten so den Boden für die Kopulation.

♂

Duroc

Gewicht der Sau 320 kg, des Ebers 400 kg.

Ursprünglich hieß diese Rasse Duroc-Jersey. Die Bezeichnung war von zwei Schlägen eigentlich roter Schweine hergeleitet worden; der Duroc genannte Schlag wurde im Staat New York gehalten und der Schlag namens Jersey in New Jersey. Tiere beider Schläge wurden mit roten Schweinen aus Guinea, Spanien und Portugal gekreuzt. Die daraus entstandenen Hybriden sind 1882 offiziell als Rasse anerkannt worden. Im Jahr 1940 wurde die Bezeichnung Jersey fallengelassen, um Verwechslungen mit der gleichnamigen Rinderrasse zu vermeiden. Die Schweine der Rasse Duroc haben eine rote bis ziegelrote Haut, sind widerstandsfähig gegen Krankheiten und haben hervorragende Wachstumsfähigkeiten. Die Sauen werfen 10–12 Ferkel auf einmal und geben auch reichlich Milch. In Großzuchtanlagen schätzt man den ruhigen, gutmütigen Charakter dieser Schweine und ihre feste Konstitution; beides macht sie zu einer gegenwärtig ganz bedeutenden Schweinerasse. Sowohl in Europa als auch in Übersee werden die Duroc-Schweine nicht nur reinrassig gezüchtet, sondern mit großem Erfolg auch zu Kreuzungen verwendet.

Der Geschlechtsakt des Schweines dauert durchschnittlich 5–10 Minuten, häufig auch länger. Nach der Einführung des Penis in die Scheide und seiner Fixierung im Gebärmutterhals erfolgt die Ejakulation, die kontinuierlich während des ganzen Deckakts anhält. Die Ejakulation erkennt man an der rhythmischen Bewegung des Damms beim Eber und der damit synchronen leichten Schwanzbewegung. Die Brunst der Sau dauert ein bis drei Tage; bleiben die beiden Partner die ganze Zeit über beisammen, kommt es zu 4–15 Kopulationen. Bei anderen Tierarten wird die Samenflüssigkeit in die Scheide abgegeben, wobei bis zu 95% der Spermien verlorengehen. Beim Schwein gelangt das Ejakulat größtenteils direkt in den Gebärmutterhals; infolgedessen ist der Spermienverlust minimal.

In den Großzuchten werden keine natürlichen Paarungen durchgeführt, die Sauen werden künstlich besamt.

Eigentlicher Geschlechtsakt

♂

Amerikanisches Yorkshire-Schwein

Gewicht der Sau 275–350 kg, des Ebers 325–450 kg.

Ende des 18. Jahrhunderts wurde eine größere Anzahl von Yorkshire-Zuchtschweinen aus England in die USA gebracht. Mit ihnen wollten die amerikanischen Züchter einerseits einheimische Schweine veredeln, andererseits eine eigene Yorkshirezucht anlegen, um von der Einfuhr aus England unabhängig zu werden. Sehr bald wurden ihnen die hervorragenden Eigenschaften dieser Rasse klar, und um die Nutzung der Yorkshire-Schweine unter amerikanischen Bedingungen in den Griff zu bekommen und gezielt lenken zu können, gründeten sie 1893 einen Züchterverband, den »American Yorkshire Club«. Die veredelten Kreuzungen aus englischen Yorkshires und einheimischen Schweinen kreuzten sie mit Yorkshire-Schweinen weiter, die sich bereits den örtlichen Bedingungen angepaßt hatten. Auf diese Weise gewannen sie ein weißes Schwein von mittlerem Körperrahmen mit zartem Skelett und vollen Keulen, dem sie den großrahmigen Tieren gegenüber den Vorzug gaben. Amerikanische Yorkshires werden ausschließlich in den USA gezüchtet, ihre Haltung konzentriert sich auf die nördlichen Landesteile, in denen ein entsprechendes Klima herrscht.

Der Ausstoß beim Abferkeln dauert 2–6 Stunden, in Ausnahmen auch 24 Stunden. Die Ferkel liegen regelmäßig verteilt in beiden Gebärmutterhörnern und kommen abwechselnd aus dem einen und dem anderen zur Welt, manche mit dem Kopf, andere mit dem Steiß voran, wobei die Beinchen unter dem Körper liegen oder gestreckt sind. Während ein Gebärmutterhorn das Ferkel durch Kontraktionen der Gebärmutterwandung austreibt, befindet sich das zweite in Ruhe. Bei der Kontraktion ist die Mündung des Horns in den Gebärmutterhals geöffnet, während die Mündung des anderen Horns zugezogen ist und das Passieren des Jungen verhindert.

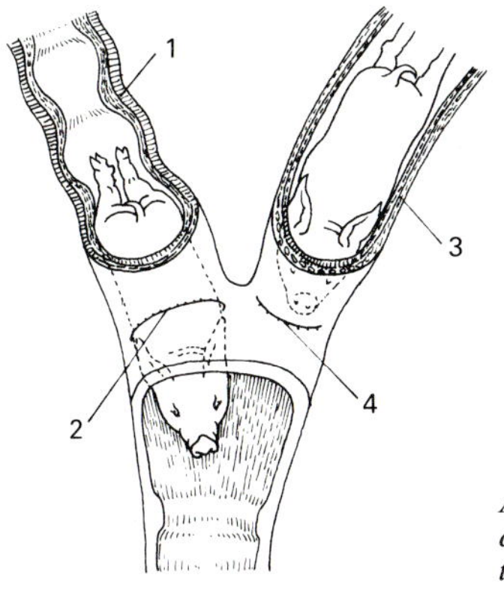

Abferkeln: 1 Gebärmutterwandung in der Kontraktion, 2 offene Mündung eines Gebärmutterhorns, 3 Gebärmutterwandung ohne Kontraktion, 4 geschlossene Mündung eines Gebärmutterhorns

♀

Deutsches Edelschwein

Gewicht der Sau 250–280 kg, des Ebers 300–350 kg.

Um die Jahrhundertwende wurde in Deutschland eine neue Rasse von hoher Nutzleistung erzüchtet, die den Namen Deutsches Edelschwein erhielt. Sie war das Ergebnis von Kreuzungen zwischen einheimischen primitiven schlappohrigen Schweinen, den sog. Marschlandschweinen, Yorkshires und englischen Middle Whites. Offiziell wurde diese Rasse 1904 anerkannt. Die Weiterzucht wurde als rassereine Zucht durchgeführt.

Das deutsche Edelschwein hat sich in erster Linie über die Staaten Mitteleuropas und des Balkans verbreitet, wo es die Schweinezucht positiv beeinflußt hat und immer noch beeinflußt. In beiden deutschen Staaten rechnet man mit seiner Zucht als Mutterrasse für die Hybridenproduktion. In der BRD stehen die Bestände dieser Rasse an dritter Stelle gleich hinter der Landrasse und dem Pietrain-Schwein.

Das ist ein Schwein vom Fleischtyp mit einem hohen Anteil an Muskelfleisch (Keulen, Koteletts und andere Edelfleischteile) gegenüber dem Fett. Die Sauen sind sehr fruchtbar, sie haben meist 10–12 Ferkel in einem Wurf und auch reichlich Milch, so daß die Saugferkel schnell wachsen.

Beim Säugen liegt die Muttersau auf der Seite und stößt dabei kurze Grunzlaute aus. Wenn sie das Säugen unterbrechen will, steht sie ganz einfach auf. Bis zur fünften Lebenswoche saugen die Ferkel jede Stunde, wobei jedes jeweils 20–30 ml Muttermilch aufnimmt. Im Durchschnitt produziert eine Sau täglich 5,3 l Milch, was bei einer achtwöchigen Laktation ca. 300 l bedeutet. Manche Muttersauen produzieren täglich 8 l, in Ausnahmen sogar 12 l Milch.

Muttersau beim Abbrechen des Säugens

♂

Dänische Landrasse

Gewicht der Sau 230–250 kg, des Ebers 270–290 kg.

Bis zum Ende des 18. Jahrhunderts wurden in Dänemark zwei unveredelte schlappohrige, spätreife und wenig fruchtbare Schweinetypen gezüchtet. Zu ihrer Veredelung wurden in der ersten Hälfte des 19. Jahrhunderts Yorkshire-Schweine eingeführt. Mit Ende des 19. Jahrhunderts stieg die ausländische Nachfrage nach Fleisch-Schlachtschweinen außergewöhnlich rasch an. Die dänischen Züchter haben diesen Trend rechtzeitig erkannt und als erste auf der Welt damit begonnen, auf wissenschaftlicher Grundlage mit Hilfe von Mastleistungs-Prüfstationen aus ihren Schweinen einen Fleischtyp zu erzüchten. So schufen sie eine Rasse von hervorragendem Schlachtwert und hoher Fleischleistung und haben auf diese Weise einen Vorsprung vor den übrigen Züchtern gewonnen, den sie bis auf den heutigen Tag noch halten.

Die Dänische Landrasse hat praktisch überall auf der Welt die Grundlage für viele andere Fleischrassen gelegt, doch wird sie auch heute noch reinrassig gezüchtet. Sie gilt als eine der bedeutendsten Schweinerassen überhaupt. Diese einseitige Veredelung hatte aber auch ihre negativen Auswirkungen. Bei Tieren einiger Linien treten degenerative Veränderungen in der Rückgratmuskulatur auf (es entsteht das sog. weiße Fleisch mit veränderten geschmacklichen und technischen Eigenschaften). Ein großes Problem ist auch das jähe Verenden der Tiere an Herzversagen als Streßfolge beim Transport zum Schlachthof. Die dänischen Züchter sind bemüht, diese Konstitutionsschwächen ihrer Rassen durch weitere Veredelung auszumerzen.

Die Schweine der Dänischen Landrasse haben eine weiße Haut und ebensolche Borsten. Die Sauen sind außerordentlich fruchtbar (12–14 Ferkel in einem Wurf) und haben sehr viel Milch. Noch einen Monat nach dem Abferkeln produzieren sie 10 l Milch täglich, und daher wachsen auch die Saugferkel schnell. Die Ferkel eines einzigen Wurfs wiegen zusammen mit 21 Tagen 50–60 kg. Die Tagesdurchschnittzunahme bei der Frühmast bis 90 kg beträgt 700 g.

Das neugeborene Ferkel hat einen auffällig großen Kopf und kurze Gliedmaßen.

Palouse

Gewicht der Sau 160–230 kg, des Ebers 180–270 kg.

Das Palouse-Schwein ist eine neue, moderne, während der Jahre 1945–1956 in den Vereinigten Staaten erzüchtete und bisher wenig verbreitete Schweinerasse, eine der hier gezüchteten vier weißen Rassen. Alle übrigen sind pigmentiert, da die amerikanischen Klimabedingungen den pigmentierten Rassen besser bekommen. Das Palouse-Schwein ist gemeinsam mit der Rasse Chester White die einzige weiße Rasse amerikanischen Ursprungs. Seine Zucht wurde 1945 an der Landwirtschaftshochschule von Pullman im Staat Washington aufgenommen; Palouse ist durch die Kreuzung von Chester White mit der eingeführten Dänischen Landrasse entstanden. Es gelang, ein Schwein mit nur wenig fetten, gut bemuskelten Keulen und ebensolchem Bug zu erzüchten. Die Sauen haben 10–14 Ferkel in einem Wurf und sind gute Muttertiere.

Die Motive der amerikanischen Züchter für die Schaffung dieses Schweins beruhten einerseits auf der Verbrauchernachfrage nach Fleisch mit geringem Fettgehalt, andererseits in der Notwendigkeit, Schweine mit größerer Wachstumsleistung und besserer Futterverwertung zu gewinnen.

Die Muskelmasse der Kotelettstücke besteht überwiegend aus dem längsten Rückenmuskel. Zur objektiven Bewertung des Veredelungseffekts wird seine Fläche an einem zwischen der 13. und 14. Rippe geführten Schnitt gemessen. Diese Flächen schwanken je nach Rasse zwischen 28 und 42,5 cm^2, die Qualität wird durch die Relation Muskelfleisch : Fett gegeben. Als ideal gilt ein Verhältnis zwischen 1:1 und 1:0,5, freilich bei sich vergrößernder Muskelfläche, keineswegs bei einem Schrumpfen der Fettfläche. Für das Bauchfleisch ist eine größere Fettstärke als beim Rückenspeck erwünscht.

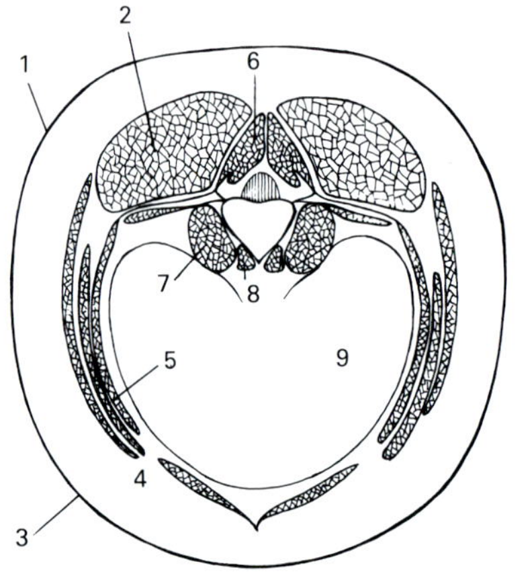

Schnitt durch den Schweinerumpf: 1 Kotelett, 2 längster Rückenmuskel, 3 Bauchfleisch, 4 Fett, 5 Bauchmuskulatur, 6 vielgespaltener Rückenmuskel, 7 und 8 großer und kleiner Lendenmuskel, 9 Bauchhöhle

Tamworth

Gewicht der Sau 260 kg, des Ebers 300 kg.

Die Rasse Tamworth ist wahrscheinlich bei der Züchtung der Berkshirerasse entstanden. Anerkannt wurde sie im Jahr 1885 mit der Anlegung ihres Herdbuchs. Seither wird sie ohne die Beimengung von fremdem Blut weitergezüchtet, und man kann sie also mit Recht als eine der ältesten reinrassigen Schweine ansehen.

Gegen Ende des vergangenen Jahrhunderts wurden diese Schweine nach Übersee ausgeführt, vor allem nach Kanada und in die USA, hauptsächlich dort wurden sie zur Züchtung neuer Schweinerassen herangezogen. Gegenwärtig dient sie zu Kreuzungen mit weiteren Rassen in Portugal, Spanien, Jugoslawien und in den USA. In England wird das Tamworth-Schwein nur noch vereinzelt gehalten.

Die Hautfarbe dieser Schweine ist rotbraun, die Borsten sind etwas heller mit einem Goldhauch bzw. einem Stich ins Kirschrote. Die Färbung hat ihnen die Bezeichnung Mahagoni- oder Grizzlyschweine eingebracht. Die Tamworths vertragen auch das Tropenklima gut. Ihre durchschnittliche Fruchtbarkeit liegt bei 10–11 Ferkeln pro Wurf. Die Schlachteigenschaften sind gut, ihr Fleisch ist mager, und die Schlachthälften eignen sich sehr gut zum Herstellen von Bacon.

Bacon ist eigentlich die speziell zubereitete Hälfte eines Schweins, das bei einem Schlachtgewicht von 90 kg verarbeitet wird. Die wichtigste Operation der recht komplizierten Herstellung nach dem Schlachten besteht darin, daß der Körper abgebrüht und jäh im Brennofen erhitzt wird, um die Schwarte hart werden zu lassen. Dann wird das Schwein abgeduscht und ausgelöst. Nach der zwei- bis dreiwöchigen Kühlung wird an 18–22 Stellen sterile Lake injiziert, dann kommt das Fleisch für 96–120 Stunden ins Pökelbecken. Anschließend wird es 100 Stunden getrocknet, 48 Stunden geräuchert und dann in eine Spezial-Sackleinwand eingeschlagen. Der ganze Prozeß nimmt 30 Tage in Anspruch.

Pietrain

Gewicht der Sau 240 kg, des Ebers 280 kg.

In der belgischen Gemeinde Pietrain, die in der wallonischen Provinz Brabant liegt, ist in der ersten Hälfte dieses Jahrhunderts eine nach ihrem Entstehungsort benannte Schweinerasse aufgekommen. Auch wenn es sich um eine junge Rasse handelt, ist ihre Herkunft doch nicht restlos geklärt. An ihrer Züchtung waren entweder englische Berkshire-Sauen und wildlebende Keiler beteiligt sowie einheimische belgische Rassen, gekreuzt mit Yorkshires, Berkshires oder iberischen Rassen. Manche Autoren wollen auch eine Mutation als Entstehungsursache zulassen. In Belgien wurde dieses Schwein als Rasse um 1955 anerkannt; heute macht es bereits nahezu ein Drittel des Gesamtbestands im Land aus. Gegenwärtig gibt es in Europa keinen Staat, in dem nicht Zuchttiere sowohl zur Veredelung der lokalen Rassen als auch zu leistungssteigernden Kreuzungen gebracht worden wären. Reinrassig eignet sich dieses Schwein aber nicht für die Großzucht, da es sehr streßanfällig ist. Diese Erscheinung tritt aber bei seinen Hybriden nicht auf.

Im Entstehungsland werden Pietrain-Schweine in drei Größen gehalten: kleine, mittelgroße und große. Was den Schlachtwert anbelangt, so sind die Pietrains eine der besten Fleischrassen der Welt. Bug und Keulen sind bei allen Größentypen sehr gut befleischt, daher wird das Pietrain auch als »Schwein mit vier Schinken« bezeichnet. Die Fettstärke ist gering. Mit Recht gilt das Pietrain-Schwein als Spitzenrasse. Die durchschnittliche Fruchtbarkeit der Sau beträgt 10 und mehr Ferkel pro Wurf. Die Hautfarbe ist schwarzscheckig.

An die Qualität von Bug und Koteletts werden vom Verbraucher höchste Ansprüche gestellt. Die Stärke des Rückenfetts muß gering sein (nicht über 3 cm), das Muskelfleisch darf nur wenig mit feinen Fettadern durchwachsen sein und muß eine hellrote Farbe zeigen.

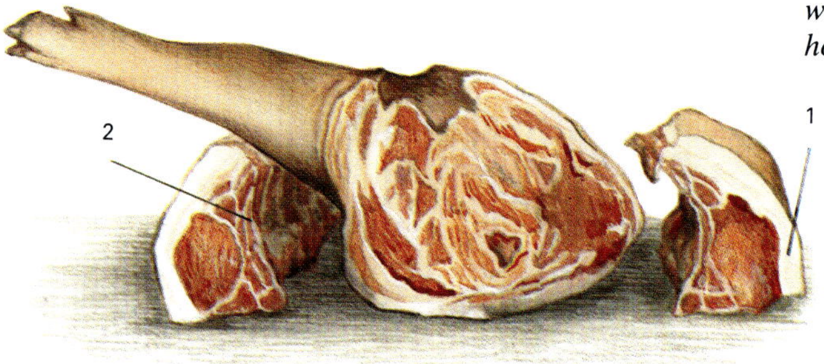

Bug und Koteletts in der erwünschten Qualität:
1 Rückenfettstärke, 2 Fettadern

Deutsches Weideschwein

Gewicht der Sau 200–235 kg,
des Ebers 240–275 kg.

Das Deutsche Weideschwein wurde seit dem 18. Jahrhundert in den westlichen Teilen Deutschlands gehalten. Es war eine Rasse von geringem Nutzwert, spätreif und wenig fruchtbar. Dafür war es aber mit großer Beweglichkeit begabt, ließ sich weiden und verwertete das Futter gut. Um eine frühere Reife und größere Fruchtbarkeit zu erzielen, fing man an, es mit der französischen schwarzscheckigen Rasse und dem amerikanischen Hampshire-Schwein zu kreuzen. Durch strenge Selektion gelang es tatsächlich, die Fleischqualität zu verbessern und die Fruchtbarkeit zu erhöhen, so daß die Sauen durchschnittlich 9 Ferkel in einem Wurf bringen.

Es ist ein mittelgroßes Schwein mit gewölbtem Rücken, relativ langem, schlankem Kopf und hohen, schlanken Gliedmaßen. In seiner Farbe ähnelt es dem Schwäbisch-Hällischen Schwein.

Das Deutsche Weideschwein ist ein Beispiel für ein anspruchsloses Schwein, dessen Nutzwert nicht mit den anderen Hochleistungsrassen konkurrieren kann, das aber auch bei reiner Weidemast Nutzen bringt. Es wird nur stellenweise von kleinen Schweinehaltern gezüchtet.

Die Keule ist der edelste Fleischteil beim Schwein. Sie wird nicht nur nach ihrem Gewicht bewertet, sondern auch nach der Form. Verlangt wird, daß ihr Gewicht mindestens 31,5% der Gesamtfleischmenge beträgt. Schwach befleischte Keulen mit großen Knochen und starker Fettschicht sind unerwünscht. Die Fettstärke im Anschnitt von der Innenseite soll niedrig sein, die Keulenhinterkante gut gerundet, der Teil der Rückenpartie muskelgefüllt, und das Fersengelenk soll schmal sein.

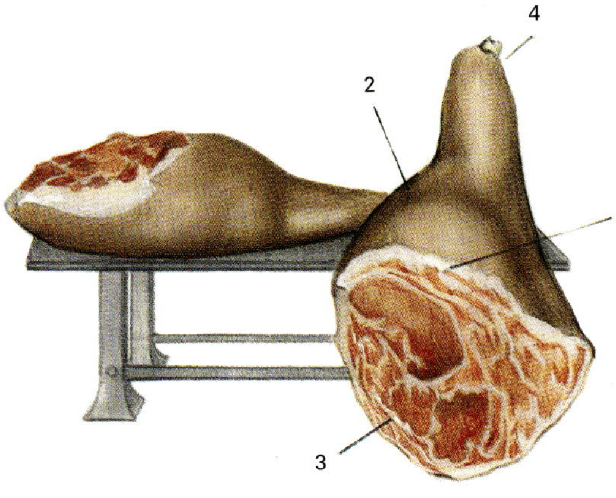

Keule in der erwünschten Qualität:
1 Speckstärke auf der Innenseite, 2 Hinterseite,
3 Rückenseite, 4 Fersenbein

♀

Indischer Hausbüffel

Gewicht der Kuh 500–650 kg, Höhe 140–150 cm, des Büffels 700–900 kg, Höhe 150–170 cm. Melkertrag in einer Laktation bis zu 1000 l, Fettgehalt der Milch 6–10%.

Vorgänger des Indischen Hausbüffels (*Bubalus bubalis*) war der Arni (*Bubalus arnee*), der bereits im Pleistozän in großer Zahl alle Sumpfgebiete Asiens, Nordafrikas und Südeuropas bevölkerte. Bei der allmählichen Erwärmung des Klimas und dem Austrocknen des Bodens zogen sich diese Büffel in Landschaften zurück, in denen es genügend seichte Sumpfflächen gab, wie in den Deltas der großen südeuropäischen, nordafrikanischen und indischen Flüsse sowie auf den umliegenden Inseln Ostasiens. In diesen Sumpflandschaften ist es gelungen, den Büffel zu domestizieren und ihn zu einem Helfer zu machen, der heute nicht mehr wegzudenken ist, sei es bei der Bestellung der Reisfelder, als einzige Quelle eines (allerdings nicht besonders hochwertigen) Fleisches oder als Milchlieferant. In diesen Landschaften ist er auch das einzige Zug- und Reittier.

Der Indische Hausbüffel ist ein starkes und anspruchsloses Tier. Er hat einen mächtigen, tiefen, von dunklem bis schwarzem Fell bedeckten Rumpf. Seine im Bogen nach hinten aufeinander zulaufenden Hörner haben ein dreikantiges Profil und sind auf der Vorderfläche quergeringt oder -gehöckert. Er ist einer Reihe von Infektionskrankheiten gegenüber widerstandsfähig (hauptsächlich gegen Maul- und Klauenseuche), denen die Kulturrinderrassen häufig zum Opfer fallen. Mit 6–8 Jahren wird er erwachsen und erreicht ein Alter von etwa 30 Jahren. Die Trächtigkeit der Büffelkuh dauert 12 Monate. Eine fruchtbare Paarung mit europäischen Rindern ist nicht möglich.

In den erwähnten Gebieten wird der Indische Hausbüffel in einer Zahl von annähernd 75 Millionen Stück gehalten. Für die Bewohner dieser Länder stellt er einen wahren Segen dar, da kein anderes Tier mit ähnlichen Eigenschaften und von vergleichbarem Nutzen dort leben könnte.

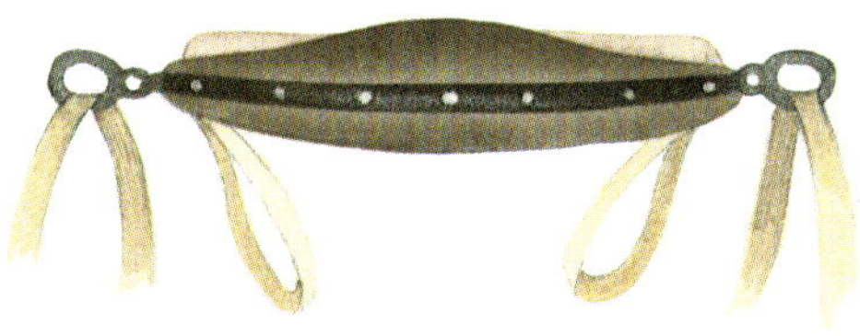

Das sog. Stirnjoch, ein Zuggeschirr, wird dem Büffel auf der Stirn befestigt.

Balirind

Gewicht der Kuh 250–300 kg, Höhe 117 cm,
Gewicht des Stiers 350–400 kg, Höhe 127 cm.
Melkleistung in einer Laktation 400–600 l.

Das Banteng (*Bos javanicus*), ein Wildrind, bevölkert in 20- bis 30köpfigen Gruppen die Bambusdschungel und Bergwälder von Hinterindien, der Malaiischen Halbinsel, Javas und Borneos. Es wird auch in gezähmter Form als Balirind gehalten. Das wild lebende Banteng ist ein viel mächtigeres Tier als das Balirind. Die Bullen haben ein Gewicht von 850 kg und können 170 cm hoch werden, die Kühe können rund 500 kg schwer und 150 cm hoch werden. Das Balirind trägt Spuren eines Veredelungsprozesses, die sich vor allem in der Form der Hörner äußert. Seine Hörner sind kürzer und dünner als die der Wildrinder. Der Geschlechtsunterschied in der Horngestalt kommt beim Balirind stärker zum Ausdruck als bei den übrigen Rinderrassen. Die Hörner der Bullen haben einen ovalen Querschnitt und sind an der Wurzel bedeutend dicker als die der Kühe, die zudem einen rundlichen Querschnitt aufweisen. Die Fellfärbung der Balirinder ist am Körper meist rotbraun, aber auch grau und bräunlich, an den Gliedmaßen weiß. Die Bullen sind fast schwarz. An der Hinterhand bildet das Fell ein großes weißes Abzeichen, den sog. Spiegel. Der Nutzwert der Balirinder entspricht ihrer Veredelungsstufe. Die Milch reicht nur für die Aufzucht der Kälber aus; die größte Bedeutung der Tiere besteht in der Fleischgewinnung und der Verwendung als Zug- oder Lasttiere.

Aufgrund der Gliedmaßenanatomie werden die Rinder zu den Paarhufern (Artiodactyla) gezählt. An jeder Extremität sind nur zwei Zehen erhalten geblieben: die dritte (III.) und vierte (IV.), zwischen denen die Zehenachse verläuft. Beide Zehen sind gleich kräftig entwickelt, und ihr Endglied wird von einer Hornkapsel geschützt, mit der das Tier auftritt. Die übrigen Zehen sind nicht ausgebildet.

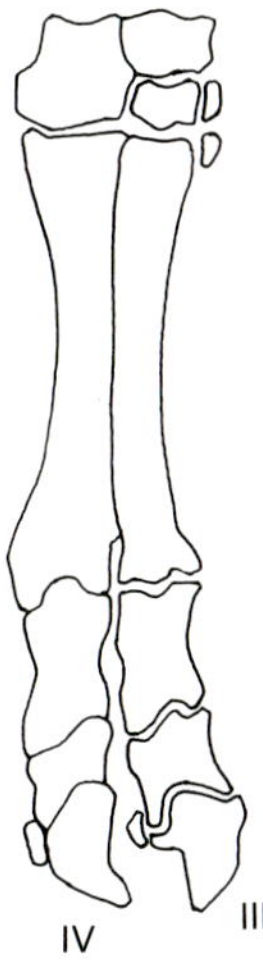

Skelett des unteren Teils eines Hinterbeins

Bonsmara

Gewicht der Kuh 500–600 kg, Höhe 133 cm,
Gewicht des Stiers 800–1000 kg, Höhe 147 cm.
Melkleistung in einer Laktation 1000–1400 l.

Die Rasse Bonsmara ist das Ergebnis von Kreuzungen der bodenständigen Rasse Afrikander mit Herefordrindern und Shorthorns vom Milchrindtyp. Man sollte dadurch die außerordentliche Anpassungsfähigkeit der afrikanischen Rinder an die Lebensbedingungen und das Klima in Afrika mit Melkleistung, Fleischleistung, Frühreife und Fruchtbarkeit der europäischen Kulturrassen verbinden. Die Kreuzungen kamen 1943 zum Abschluß, seit der Zeit wird die Rasse Bonsmara rein gezüchtet. Ihr Name wurde aus dem Namen des südafrikanischen Forschers Bonsma und dem der Forschungsstation Mara zusammengesetzt.

Die Rinder dieser Rasse haben ein mittelstarkes Skelett, eine starke, jedoch weiche, von kurzem, dunkelrotem Fell bedeckte Haut. Ertrag und Qualität des Fleisches sind gut. Die Bonsmarakühe kalben erst gegen Ende des dritten Lebensjahres zum ersten Mal und bleiben bis ins hohe Alter fruchtbar.

Rinder haben im Milchgebiß 20 Zähne, im bleibenden Gebiß 32. Das definitive Gebiß entwickelt sich im Verlauf des dritten Lebensjahres. In jeder Kieferhälte sitzen je drei Mahlzähne und drei Prämolaren. Im Unterkiefer haben sie an jeder Seite drei Schneidezähne und einen dicht an diesen sitzenden Eckzahn. Zwischen den Eckzähnen und den ersten Prämolaren klafft eine große Lücke. Im Oberkiefer fehlen die Schneide- und Eckzähne, sie werden von einer verhornten Platte ersetzt. Die Reibflächen von Prämolaren und Mahlzähnen sind breit und reichen mit dem halbmondförmig gekrümmten Zahnschmelz bis tief in die Krone. Die Schmelzfalten sind mit Zahnzement ausgefüllt.

Wiederkäuer weiden, indem sie mit der Zunge ein Grasbüschel umschlingen, es mit den Schneidezähnen des Unterkiefers an die Hornplatte des Oberkiefers drücken und diesen Bissen mit einer Kopfbewegung abreißen. Der Bissen wird aber nicht sogleich verschluckt; in der Mundhöhle werden erst mehrere Bissen angesammelt, die dann auf einmal ohne Kauen hinuntergeschluckt werden.

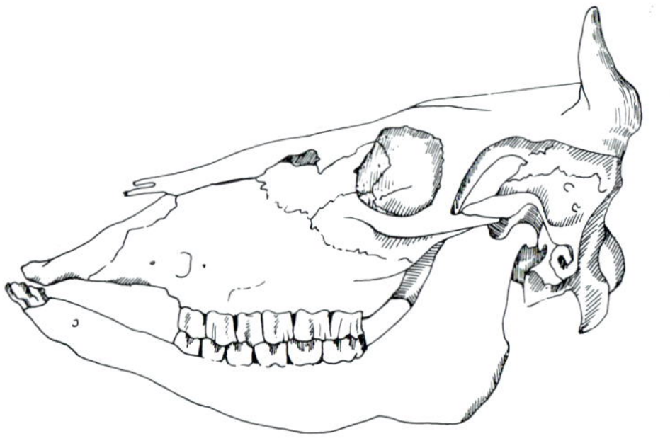

Anordnung des bleibenden Gebisses beim Rind

♂

Zebu
(Indisches Buckelrind)

Ein Rassenstandard wird nicht angegeben.

Dieses Rind ist der direkte Nachfahre des Indischen Auerochsen (*Bos indicus*). Es wird in allen Gebieten Südostasiens und in Afrika südlich der Sahara gehalten. Zebus erscheinen in mindestens 28 verschiedenen Rassen und Schlägen, die sich voneinander nicht nur durch die unterschiedliche Form von Körper, Schädel, Hörnern unterscheiden, sondern auch in ihren Körperfunktionen (Milchproduktion, unterschiedliche Reifezeit u.ä.). Für keine dieser Rassen steht ein Standard zur Verfügung.

Von den Rindern des europäischen Typs unterscheidet sich das Zebu vor allem durch seinen Körperbau (robusteres Skelett und Buckel), die lose und dünne Haut, die vor allem am Hals viele feine sowie gröbere Falten bildet, eine hervorragende Einrichtung zur Wärmeregulierung. Sie ermöglicht den Tieren, ohne sonderliche Schwierigkeiten die hohen Temperaturen und die hohe Luftfeuchtigkeit in den Tropen zu ertragen. Während die Rinder des europäischen Typs empfänglich für alle tropischen Infektions- und Parasitenkrankheiten sind, bleibt das Zebu den meisten gegenüber immun. Mit europäischen Rindern kreuzt es sich und bringt dabei fortpflanzungsfähige Nachkommen hervor. So trägt es zur Entstehung geeigneter Nutzrassen in diesen Gebieten bei.

Die Fellfärbung des Zebus ist recht variabel, von Grau über Braun bis Weiß. Im Hinblick auf die Nahrung und Existenzbedingungen ist es sehr bescheiden. In den Entwicklungsländern ist es eine der wenigen Rassen, die sowohl der Milch- als auch Fleischproduktion dienen. In dieser Hinsicht kommt es den in diesen Landschaften lebenden europäischen Rindern gleich. Darüber hinaus verwenden die eingeborenen Bauern das Zebu als Zugtier. Zur Nutzung der Zugkraft des Tieres und zur Kraftübertragung auf ein angehängtes Ackergerät werden die verschiedensten, meist sogar sehr primitiven Hilfsmittel benutzt, z.B. das Halsjoch.

Halsjoch

Indischer Zebuschlag

Afrikander

Gewicht der Kuh 500 kg, des Stiers 800 kg.
Melkleistung in einer Laktation 1200–1800 l,
Fettgehalt der Milch 5–6,1%.

Das Afrikanische Buckelrind ist ein Nachfahre des aus Indien eingeführten und mit den einheimischen Rassen gekreuzten Zebus. Unter dem Einfluß der verschiedenen Klimabedingungen an den jeweiligen Stellen des Kontinents und der unterschiedlichen Zuchteingriffe sind mehrere Rassen des Afrikanischen Buckelrinds entstanden, von denen die Rasse Afrikander die bedeutendste und zahlreichste ist. Sie macht ein Drittel aller im afrikanischen Süden gehaltenen Rinder aus.

Afrikander sind sehr bescheidene, abgehärtete, sehr leistungsfähige und zähe Rinder. Daher dienten sie früher vor allem als Zugtiere, ehe es durch gezielte Auswahl und Zuchtarbeit gelang, auch eine relativ gute Melkleistung und vor allem dann eine gute Fleischproduktion zu erzielen. Mit der schwächeren Muskelbildung auf dem Hinterteil kontrastiert die sehr stark entwickelte Muskulatur der Schenkel, die an die Form von Schweinekeulen erinnern. Das Fell ist rotbraun bis goldgelb. Afrikander werden auf buschbestandenen Weiden in Höhenlagen von 150 bis 1300 m ü. d. M. gehalten, wo sie das warme Klima und die lange Trockenheit gut überstehen. Unter dem Einfluß dieser rauhen Bedingungen reifen die Rinder spät heran; zum ersten Kalben kommen die Kühe erst mit drei Jahren, doch ist ihre Fruchtbarkeit gut.

Eine anatomische Besonderheit der Wiederkäuer und folglich auch der Rinder ist die anstelle von Schneidezähnen im Oberkiefer entwickelte Hornplatte, auf die sich die Schneidezähne des Unterkiefers stützen. Dieser verhornte Teil der Oberlippenschleimhaut enthält nur wenige Nerven. Rinder sind also im Gegensatz zu anderen Haustieren nicht in der Lage, mit den Lippen die physikalische Beschaffenheit der Nahrung zu prüfen. Sie verschlucken sie unzerkaut und sammeln sie im Pansen. So kommt es sehr häufig vor, daß scharfe Fremdkörper in den Vormagen gelangen, wo sie gefährliche Verletzungen verursachen können.

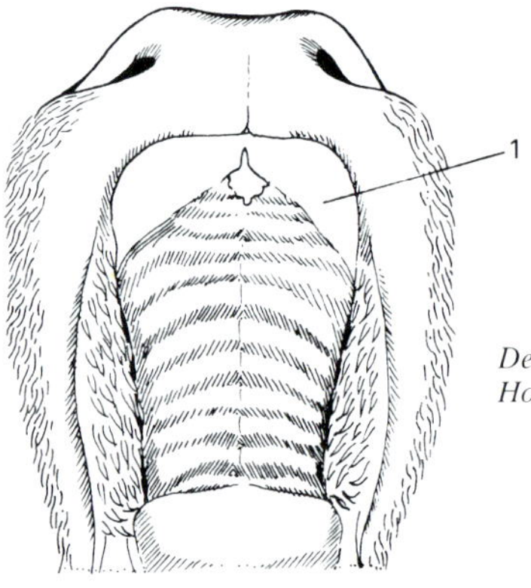

Detail der Rinderoberlippe, Hornplatte (1)

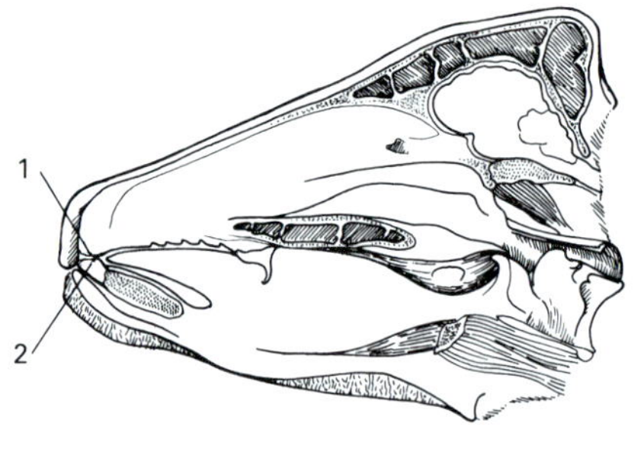

Stellung der Schneidezähne (2) und der Hornplatte (1)

Nguni

Gewicht der Kuh 500 kg, des Stiers 800 kg.
Melkertrag in einer Laktation 500–900 l,
Fettgehalt der Milch 4,5–6%.

Nguni ist eine weitere afrikanische Buckelrinderrasse, entstanden durch die Kreuzung von eingeführten Zebus mit primitiven einheimischen Rindern. Es wird auch Zulu- oder Swazirind genannt und in Mittelafrika sowie in den Nordgebieten Südafrikas gehalten.

Es handelt sich um ein sehr anpassungsfähiges Rind, das nicht nur auf den ergiebigen Weiden der Gebirge und Küstenstriche gedeiht, sondern auch auf dem wenig produktiven Weideland des trockenen Landesinneren. Die Bullen haben auf dem in den Widerrist übergehenden Halsteil einen deutlichen Buckel, bei den Kühen ist dieser weniger ausgeprägt. Die Hörner haben Leierform, sie sind aufwärts und leicht nach vorn gerichtet. Das Fell ist auf weißem Untergrund rotbraun bis schwarzbraun gescheckt. Diese Rinder werden vorwiegend von den Eingeborenen gehalten, für die sie eine unersetzliche Fleisch- und Milchquelle sind. Verglichen mit den europäischen Kulturrassen ist aber sowohl der Melk- als auch der Fleischertrag sehr niedrig.

Wie bereits erwähnt, kommt es infolge der unzureichenden Ausstattung der Rinderlippen mit Nerven häufig dazu, daß mit der Nahrung scharfe Gegenstände (Nägel, Draht u. ä.) aufgenommen werden, die sich dann an der niedrigsten Stelle der Vormägen, im Netzmagen (Reticulum) festsetzen. Der liegt, nur durch das Zwerchfell vom Herzmuskel getrennt, in der Zwerchfellkuppel. Scharfe Gegenstände durchstechen oft Netzmagenwand und Zwerchfell und führen nicht nur zu Bauchfellentzündungen, sondern auch zu Entzündungen von Herzbeutel und Herzmuskel, die häufig mit dem jähen Tod des Tieres enden.

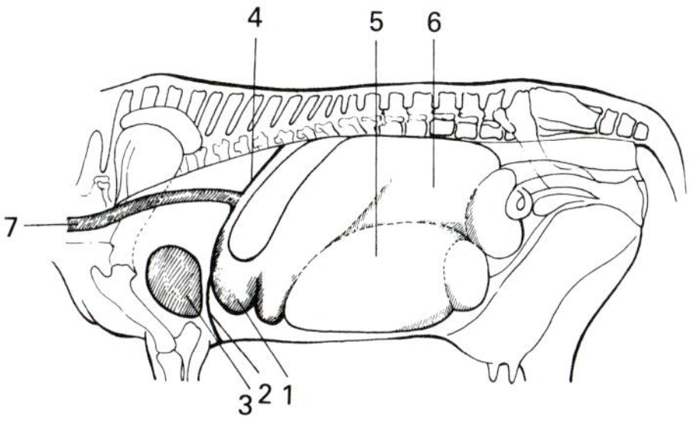

Anordnung der Vormägen in der Bauchhöhle: 1 Netzmagen, 2 Zwerchfell, 3 Herz, 4 Milz, 5 unterer Pansensack, 6 oberer Pansensack (Rumen), 7 Speiseröhre

Hausyak

Wildyak: Höhe der Kuh 150 cm, Länge 250 cm, Höhe des Stiers 200 cm, Länge 400 cm, Gewicht bis zu 900 kg.
Hausyak: Höhe 150–170 cm, Gewicht 400–450 kg.
Melkertrag in einer Laktation 400–600 l Milch, Fettgehalt 4,5–5,5%.

Die Yaks oder Grunzochsen sind eigenartige Tiere aus den Hochgebirgszonen Tibets, des Pamir und des Karakorum, wo sie bis in Höhen von 6000 m ü. d. M. vorkommen. Unter den rauhen Klimabedingungen der asiatischen Hochgebirge leben sie sowohl wild als Wildyaks (*Bos mutus*) wie auch gezähmt als Hausyaks (*Bos grunniens*). Die zahmen Yaks sind sehr nützliche und unter den dortigen Bedingungen durch nichts zu ersetzende Tiere, die wohl den vielseitigsten Nutzen von allen Rindern bieten. Sie dienen als Zugtiere, ihr Fleisch ist wohl der einzige Eiweißträger in der Nahrung der Eingeborenen, die Milch wird konsumiert, auch wenn die Tiere nur wenig produzieren, mit dem Dung wird geheizt, das Haar wird versponnen, und die ganze Haut dient als Unterlage unter Lasten oder zum Schlafen.

Wildlebende Yaks sind bereits selten geworden. Sie sind wesentlich größer als die zahmen und haben fast 1 m lange Hörner. Ihr Fell ist nahezu schwarz, bei alten Tieren nimmt es einen Braunton an. Hausyaks sind kleiner, ihre Hörner wesentlich kürzer, es gibt sogar hornlose Tiere. Auch ihre Färbung weist verschiedene Töne auf: von Schwarz über Braun, Grau bis Weiß, auch gescheckte Tiere kommen vor. Am höchsten werden rein weiße Tiere geschätzt, denn das weiße Fellhaar ist am teuersten.

Ein typisches Merkmal der Wild- und Hausyaks ist der an den Buckel des Zebus erinnernde hohe Widerrist. Das Haar ist lang, vor allem auf der Bauchseite, wo es bis auf den Boden reicht. Yaks lassen sich mit europäischen Rindern kreuzen; diese Kreuzungen produzieren mehr und fettreichere Milch.

Weißer Hausyak

♂

Ungarisches Steppenrind

Gewicht der Kuh bis zu 500 kg, Höhe 140 cm, Gewicht des Stiers bis 800 kg, Höhe 155 cm. Melkertrag in einer Laktation 1000, in Ausnahmen 2000 l Milch, Fettgehalt bis zu 6%.

Das Ungarische Steppenrind ist ein typischer Vertreter des alten, in den weiten Steppen Osteuropas lebenden Rindertyps. Den heutigen Vorstellungen von Nutzrindern entspricht es nicht mehr, und so wird es nur noch in den ganz harten Bedingungen der Gebiete mit Kontinentalklima gehalten: in Europa in der ungarischen Pußta, im Norden Jugoslawiens, in Rumänien und Bulgarien.

In seinem Äußeren läßt es sich nicht mit einem anderen Rind verwechseln. Es ist schlank mit silbergrauem Fell. Die Färbung der Stiere ist stets etwas dunkler, vor allem auf Brust und Hals. Die Kälber sind nach der Geburt braunrot, später bleichen sie nach und nehmen im Alter von einem Jahr ihre endgültige Färbung an. Typisch ist der Kopf: länglich, schmal, mit einem Gehörn in Form einer Lyra mit schwarzen Spitzen.

Das Ungarische Steppenrind ist eine der wenigen Rinderarten, die noch als Zugtiere verwendet werden, denn es ist kräftig und schnell; außerdem ist seine Konstitution außergewöhnlich fest. Die Ansprüche an Nahrung und Stallung sind bescheiden, die Tiere sind recht abgehärtet. Zu Lebzeiten liefert das Steppenrind Milch, nach dem Schlachten Fleisch, das allerdings weniger wertvoll als das der veredelten Rassen ist.

Im Körperbau des Rindes zeigt sich ein deutlicher Geschlechtsunterschied. Die Vorderpartie des Stiers (Kopf, Hals, Kehllappen, Brust, Schulter) ist stärker entwickelt als die der Kuh, der Halsoberteil zeigt Neigung zum Fettansatz, das Skelett ist robuster. All das beruht auf dem Einfluß der männlichen Hormone auf den Stoffwechsel, denn durch die Hormone werden die in der Nahrung enthaltenen Eiweißstoffe besser ausgenutzt.

Die Folge sind ein mächtigerer Knochenbau und die Bildung einer stärkeren Muskulatur.

Geschlechtsunterschiede von Stier und Kuh

Brahman-Zebu

Da die Rasse in Exterieur und Nutzertrag sehr uneinheitlich ist, werden weder Körpermaße noch Nutzerträge aufgeführt.

Dieses Rind ist das Kreuzungsergebnis aus verschiedenen Zebu-Typen. Diese wurden 1849 in die USA eingeführt, wo sie erst ihren Namen erhielten. Dank der ungewöhnlichen Widerstandsfähigkeit gegenüber dem tropischen und subtropischen Klima sowie Rinderkrankheiten hat es sich den geringen Milch- und Fleischleistungen zum Trotz in den warmen, vom Golfstrom beeinflußten Gebieten der USA als eine bewährte Rasse verbreitet.

Aus den USA ist das Brahman-Zebu nach Mexiko, Brasilien und Mittelamerika gelangt. Die geringen Milch- und Fleischleistungen genügten dort den Anforderungen der Züchter jedoch nicht. Sie brauchten ein nicht nur widerstandsfähiges, sondern auch nutzbringendes Rind, und so kreuzten sie das Brahman-Zebu mit den importierten Rassen Abereen-Angus, Hereford, Shorthorn und Challoraise, so daß mehrere Rassen mit guten Fleischerträgen zustande gekommen sind. Gegenwärtig wird das Brahman-Zebu in den Tropen und Subtropen Amerikas und Australiens gehalten, außerdem wurde es in die UdSSR eingeführt.

Die Fellfärbung ist Hellgrau bis Braun in allen Schattierungen. Ihre Fähigkeit, die hohen Umgebungstemperaturen zu ertragen, verdanken das Brahman-Zebu und seine Kreuzungen der stark faltigen Haut, dem großen Kehllappen und den großen Ohrmuscheln. Die auf diese Weise vergrößerte Körperoberfläche bildet ein wirksames Mittel zur Wärmeregulierung. Andere, an das Leben in extrem heißen Landstrichen angepaßte Rassen sind ähnlich ausgerüstet.

Durch Stoff- und Energiewechsel (Metabolismus) im Tierorganismus wird chemische Energie in Wärmeenergie umgewandelt. Die so entstandene Wärme heizt den Organismus bis zu einer bestimmten Temperatur auf, die je nach Art unterschiedlich hoch ist. Bis in eine bestimmte Entfernung von der Körperoberfläche von innen her bleibt die Temperatur konstant und bildet den sog. Wärmekern. Von diesem Kern in Richtung auf die Körperoberfläche befindet sich die Wärmehülle, die je nach den Klimabedingungen der Umwelt ihre Temperatur ändert.

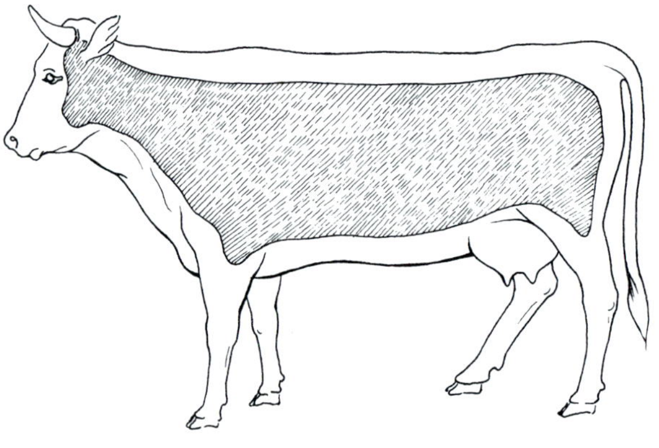

Wärmekern (schraffiert) und Wärmehülle

♂

Schottisches Hochlandrind
(Highland Cattle)

Gewicht der Kuh 300–400 kg, Höhe 120 cm,
Gewicht des Stiers 500–650 kg, Höhe 130 cm.

Im Norden und Westen Schottlands wird in den Grafschaften Perth, Inverness, Argylshire und auf den Hebriden ein sehr hartes, anspruchsloses Rind von ungewöhnlichem Äußeren gehalten. Es ist kleiner, sein Körper ist von einem meist dunkelbraunen bis schwarzen, manchmal auch roten, selten weißen, langen, rauhen Fell bedeckt, in dem im Winter noch eine dichte Unterwolle wächst. Das Fell bildet auf dem Kopf einen dichten Schopf, der frei über die Augen herabfällt. Die langen Hörner haben Lyraform.

Hochlandrinder werden des Fleisches halber gehalten, ihre Milch reicht nur zur Aufzucht der Kälber. Sie kommen besonders in landwirtschaftlich armen Gegenden vor, die nur wenig intensiv bewirtschaftet werden. Dank seiner Abhärtung kann es das ganze Jahr über auf der Weide zubringen. Das heutige Aussehen und die Fleischleistung sind das Ergebnis sorgfältiger Zuchtarbeit und Auswahl bereits seit dem 18. Jahrhundert.

Die Fleischqualität der Schlachtrinder wird von der Ernährungsweise beeinflußt. Umfangreiche Studien und Laboratoriumsuntersuchungen haben bestätigt, daß das Fleisch von Wiederkäuern, die auf der Weide aufgezogen wurden, diätetisch wertvoller ist als das Fleisch von Stallvieh und in seinen Eigenschaften dem Fleisch nahekommt, das der Menschheit während ihrer langen Stammesgeschichte als Nahrung gedient hat. Es enthält mehr biologisch aktive Stoffe und auch der Zellsaft, der die Geschmackseigenschaften beeinflußt, hat eine günstigere Zusammensetzung. Vor allem bei Jungtieren bildet sich durch die Belastung der Muskulatur bei der Bewegung auf der Weide mehr Muskelmasse als beim Stallvieh. Der unerwünschte Fettansatz unter der Haut und in den Eingeweiden ist auch wesentlich geringer. Die Weidemast hat auch ihre wirtschaftliche Vorteile, sie ist 30–40% billiger als die Stallmast.

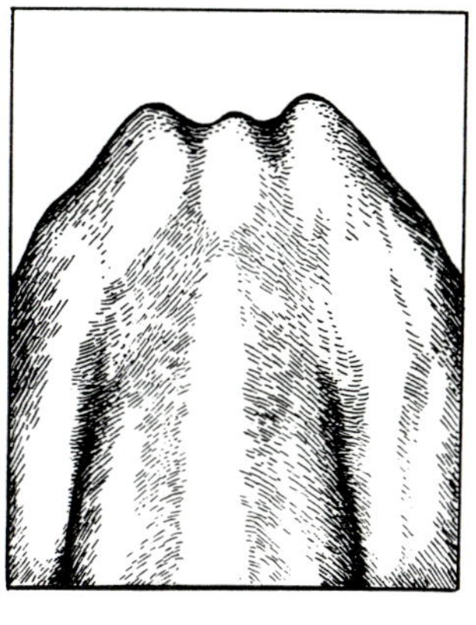

Bei dauernd eingestallten Tieren ist die Muskulatur, die die Schulterblätter am Körper festhält, erschlafft (Blick von vorn bei gesenktem Kopf).

Chianina-Rind

Gewicht der Kuh 700–750 kg, Höhe 158 cm,
Gewicht des Stiers gewöhnlich 1200–1400 kg, Höhe 170–185 cm.

Im Nordwesten Italiens wird im Arnotal eine der besten und schwersten Fleischrassen der Welt gehalten – das Chianina-Rind. Es ist zweifellos der Nachfahre eines uralten, schon in den Zeiten der Etrusker bekannten Rindes. Vergil beschreibt in seinem Werk ein großes, weißes, kurzhorniges Rind, das den Göttern geopfert wurde. Die größte Konzentration dieser alten Rinderrasse fand sich in Umbrien an der Ostküste der Apennin-Halbinsel. Hier im Flußtal des Chienti begann durch gezielte Selektion ihre Veredelung zum heutigen Fleischrind, obwohl das Tier vorher auch als Zugtier verwendet worden war.

Auffällig an diesem Rind ist der porzellanweiße Kopf; die Stiere zeigen in der Augengegend eine graue Färbung. Die Hornspitzen sind schwarz. Die Kälber kommen rotgelb zur Welt. Diese Färbung hält 5 Monate an und verwandelt sich allmählich in Weiß. Der Rumpf ist lang; Rücken, Lenden und Schenkel sind gut muskulös ohne unerwünschte Fettpolster. Skelett und Haut sind fein, der Kopf ist klein und ausgeprägt. Dieses Rind wird nicht gemolken, seine Milch reicht nur für die Kälber.

Rinder der verschiedenen Nutzrichtung unterscheiden sich in Aussehen und Ausbildung der Organgruppen. Zugrinder haben ein stark entwickeltes Skelett sowie kräftige Muskulatur, das Unterhautbindegewebe ist nur schwach ausgebildet, der Verdauungsapparat relativ gut. Milchvieh hat eine feinere Haut und zarteres Skelett, eine schwächere Muskulatur, stark entwickelte Verdauungs- und Atemorgane, keine Neigung zum Fettansatz. Fleisch- oder Mastrinder haben eine weiche Haut, stark ausgebildetes Unterhautbindegewebe; Fettgewebe ist auch zwischen den Muskeln und an den inneren Organen ausgebildet. Die Muskulatur ist voluminös, das Skelett schwach.

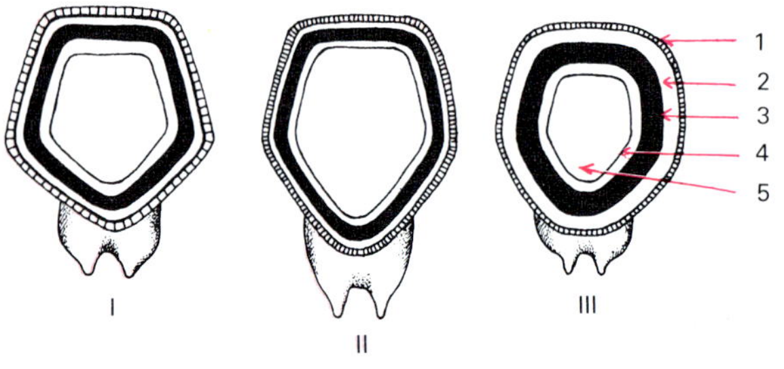

Schnitt durch den Rumpf von Zugrindern (I), Milchrindern (II) und Mastrindern (III).
1 Haut, 2 Unterhautbindegewebe, 3 Muskulatur, 4 Skelett, 5 Verdauungsorgane

Santa-Gertrudis-Rind

Gewicht der Kuh 800 kg, Höhe 142–148 cm,
Gewicht des Stiers 1000 kg, Höhe 155–160 cm.

Die Geschichte der Rasse Santa Gertrudis begann 1910 im südöstlichen Texas. Als Urheber dieser Rasse gilt Robert J. Kleberg, der auf seiner Ranch King zur Veredelung von Brahman-Zebus 5000 Shorthornkühe heranzog. Zum Decken all dieser Kühe verwendete er hundert Brahmanenbullen. Unter deren Nachkommen wurde der Stier Monkey ausgewählt, der in seinen Nutzeigenschaften den Vorstellungen des Züchters entsprach. Die weitere Veredelung der Rasse, die den Namen Santa Gertrudis erhielt, nahm über dreißig Jahre in Anspruch. Im Laufe dieser Zeit haben sich immer wieder die hervorragenden Mastvieheigenschaften dieser Rasse bestätigt, so daß sie sich sehr schnell über den Süden der USA sowie in nahezu alle Staaten Mittel- und Südamerikas, nach Hawaii und Neuseeland verbreitet hat, wo sie bis auf den heutigen Tag gehalten wird. Gegenwärtig wird sie auch auf Kuba und in Australien gezüchtet.

Die Rasse ist ausgezeichnet an die halbdürren Weiden der Subtropen angepaßt, sowohl im Hinblick auf die hohen Temperaturen als auch auf ihre Widerstandsfähigkeit gegenüber tropischen Rinderkrankheiten. Zur Erhaltung dieser Widerstandskraft genügen ⅜ Brahmanenblut. Die Rinder haben eine kirschrote Farbe, ihre Schleimhäute sind fleischrot.

Die Nutzrichtung eines Rindes kann man am erwachsenen Tier an der Körpergestalt ablesen; beim Blick von hinten an der Hinterhandform, beim Blick von der Seite an der Rumpfform. Der Fleisch- oder Mastrindtyp hat ein stark muskelumhülltes Hinterteil und eine rechteckige Rumpfform. Beim Milchvieh ist die Muskulatur des Hinterteils wesentlich schwächer ausgebildet, in der Seitenansicht hat der Körper die Form eines nach vorn zulaufenden Trapezes.

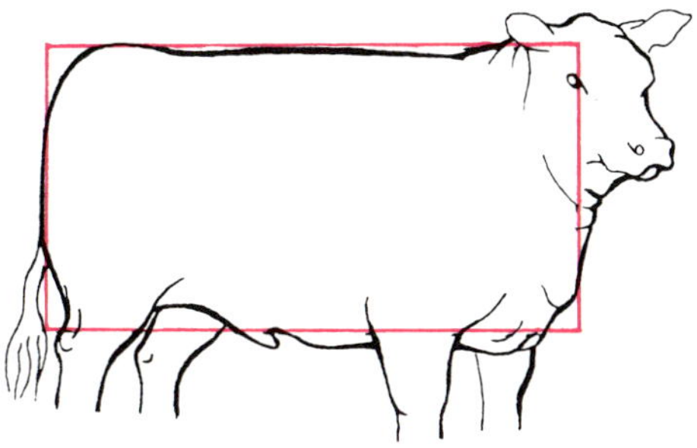

Fleischrindtyp

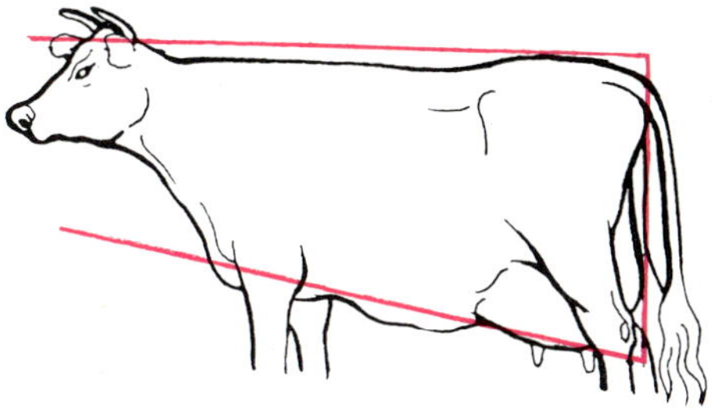

Milchrindtyp

♂

Hereford-Rind

Gewicht der Kuh 500–750 kg, Höhe 135 cm,
Gewicht des Stiers 900–1100 kg, Höhe 145 cm.

Die Wiege dieser Rasse stand in Westengland um die Wende vom 18. zum 19. Jahrhundert; der Begründer der Zucht war Benjamin Tomkin. Durch gezielte, verwandtschaftsnahe Zucht hat er aus den nur auf der Weide gehaltenen lokalen Rindern eine Rasse von hervorragender Qualität herausgezüchtet, die bereits zu Beginn des 19. Jahrhunderts eine der verbreitetsten der Welt wurde. Das Zuchtbuch der Hereford-Rinder verzeichnete die ersten Eintragungen schon 1846.

Herefords sind typische Fleischrinder, die in großer Zahl in praktisch alle Länder Nord- und Südamerikas sowie Australiens exportiert werden. Dank der ausschließlichen Weidehaltung sind sie überaus abgehärtet und werden daher zur Einkreuzung in die einheimischen Rassen von tropischen und subtropischen Gebieten verwendet, wobei sie sich sehr gut bewährt haben.

Das Fell ist leicht gewellt, die rote Farbe zeigt einen satten Ton. Der Rumpf ist tief, breit und mächtig, der Rücken lang. Typisch sind auch die Gliedmaßen – kurz, fest und muskelbepackt. Die kräftigen Hörner bilden einen Halbkreis. Die Milchleistung ist ganz gering, sie genügt nur zur Aufzucht des Kalbes.

Aus den in die USA importierten Rindern wurden hornlose Herefords gezüchtet, die heute über 10% des Rinder-Gesamtbestandes in den USA ausmachen. Das Aufkommen von hornlosem Vieh datiert aus dem Jahr 1880; die eigentliche Veredelung mit dem Zuchtziel der Hornlosigkeit setzte erst 1901 ein.

Der Fleischrindtyp unterscheidet sich eindeutig vom Milchrindtyp in der Kontur von Hinterschenkeln und Kruppe.

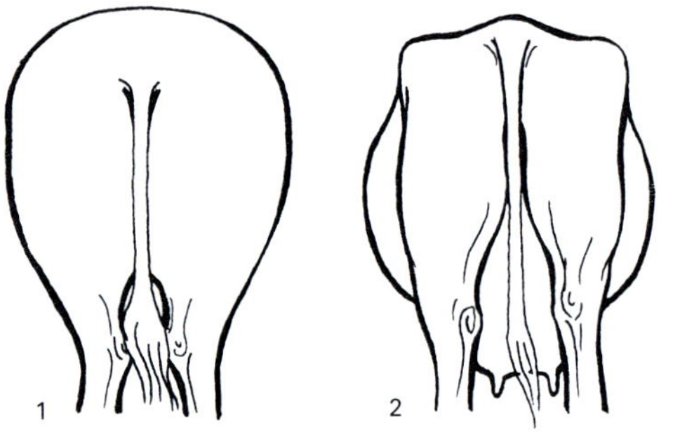

Kruppe eines Fleischrindes (1) und eines Milchrindes (2)

Shorthorn

Fleischtyp: Gewicht der Kuh 600–800 kg, Höhe 137 cm, Gewicht des Stiers rund 1000 kg, Höhe 147 cm. Melkertrag in einer Laktation 1000–2500 l, Fettgehalt 3,5%. Milchtyp: Gewicht der Kuh 600 kg, des Stiers 900 kg. Melkertrag in einer Laktation 3500–3900 l, Fettgehalt der Milch 3,7%.

Die Heimat dieses Rindes ist Nordostengland. Im Mittelalter waren vor allem aus Holland und Holstein Rinder hierhergebracht worden, um die landwirtschaftliche Nutzung dieser Gebiete durch Verwertung des angebauten Futters zu steigern. Die einheimischen Viehhalter haben aus den eingeführten Rindern Vieh mit einem großen Rahmen und guter Milch- sowie Fleischleistung herausgezüchtet.

Zu Beginn des 18. Jahrhunderts haben die Brüder Colling in einer solchen Viehherde Bullen mit einer außerordentlichen Mastleistung entdeckt. Vermittels dieser Stücke begannen sie auf der Grundlage einer engen Verwandtschaftszucht Rinder für die Fleischproduktion zu veredeln. So haben sie den Grund einer ausgesprochenen Fleischrindrasse gelegt. Es gibt wohl keinen Staat mit hochentwickelter Landwirtschaft, in dem diese Rinder nicht in Reinzucht gehalten werden bzw. zur Aufbesserung der Masteigenschaften einheimischer Rassen herangezogen werden.

Die Shorthornrinder stehen mit über 35 Millionen Stück an zweiter Stelle in der Welt, was die Verbreitung der Rassen angeht. Ihr Zuchtbuch wird seit 1822 geführt. Neben dem Mast-Shorthorn werden seit annähernd 100 Jahren auch Shorthorn-Milchrinder gehalten. Wegen ihrer Neigung zum Fettansatz werden die Shorthorns heute jedoch von geeigneteren Rassen verdrängt.

Der Körperbau entspricht der Nutzrichtung dieses Rindes. Das Skelett ist zart, die Hörner sind kurz (daher der Name Shorthorn). Durch die Kreuzung von roten und weißen Exemplaren entsteht die Färbung »rhoan«, d. h. weiße Stichelhaarigkeit bis weiße Flockung. Das Fleisch ist erstklassig, hell, gut marmoriert, feinfaserig, zart und saftig. Die Schlachtleistung eines zweijährigen Rindes liegt vielfach über 70%.

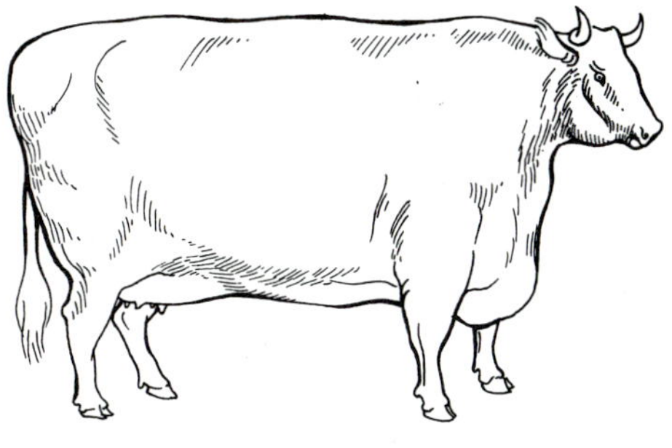

Ausgangstyp eines einseitigen Fleischrindes, aus dem das heutige Shorthorn-Fleischrind hervorgegangen ist

♀

Aberdeen-Angus-Rind

Gewicht der Kuh 550 kg, Höhe 133 cm, Gewicht des Stiers 800 kg, Höhe 143 cm.

Die Anfänge der Rasse Aberdeen-Angus sind am Ende des 18. Jahrhunderts in den fruchtbaren Landschaften der nordostschottischen Grafschaften Aberdeen, Angus, Banff und Kincardine zu suchen. Ihre Vorfahren waren sechs Kühe, ein Stier und zehn Färsen einer schwarzen, hornlosen Rasse. Diese Tiere wurden in Verwandtschaftszucht und durch strenge Auswahl von Exemplaren mit den erwünschten Eigenschaften veredelt. Der Züchter war Hugh Watson, der sein Augenmerk sowohl auf eine hohe Fleischleistung als auch auf die Festigung der bis dahin noch nicht stabil vererbten schwarzen Farbe richtete. Das Zuchtbuch dieser Rinder datiert aus dem Jahr 1862. Nachfolger in Watsons Arbeit war William McCombie, der diese Rasse auf der Weltausstellung von 1878 in Paris berühmt gemacht hat. Danach wurden Aberdeen-Angus-Rinder massenhaft in die USA, nach Argentinien, Kanada und Neuseeland ausgeführt, wo sie sich ausgezeichnet bewährt haben und bis auf den heutigen Tag gehalten werden. In den USA stellen sie 40–45% aller dort gehaltenen Fleischrindrassen dar.

Charakteristisch für diese Rinder sind die einheitliche schwarze Fellfarbe, der hornlose Kopf und die kurzen Gliedmaßen. Werden sie mit anderen einheimischen Rassen gekreuzt, dominieren bei der Nachkommenschaft Hornlosigkeit und schwarze Färbung. Der Melkertrag ist sehr gering, die Milch genügt nur für die Aufzucht der Kälber. Beachtenswert ist jedoch die Fleischqualität; es ist feinfaserig und gut fettdurchwachsen (marmoriert). Die Fleischleistung ist ganz außerordentlich.

Die wertvollste und teuerste Muskelfleischpartie eines Rinderkörpers sind zwei an der Oberseite der Bauchhöhle in Nierennähe sitzende Muskeln (Musculus psoas minor und Musculus psoas maior). Sie bilden das sog. Filet.

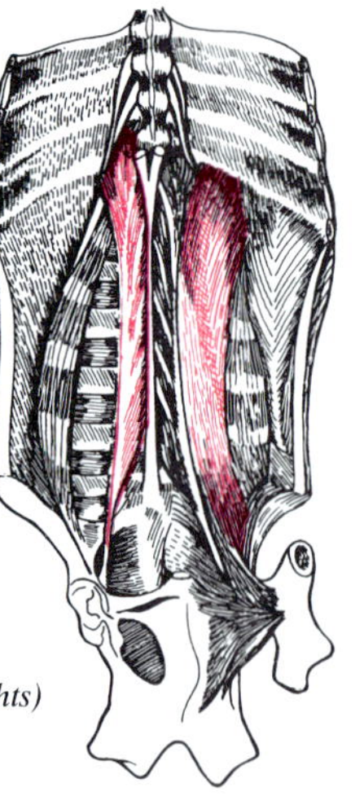

Kleiner Lendenmuskel (der kleinere links) und großer Lendenmuskel (der größere rechts)

♂

Galloway-Rind

Gewicht der Kuh 450–500 kg, Höhe 133 cm,
Gewicht des Stiers 700–800 kg, Höhe 145 cm.

In der ersten Hälfte des 18. Jahrhunderts wurden unter den klimatisch und geographisch günstigen Bedingungen Südwestschottlands die Grundlagen für die Zucht einer bedeutenden und reinen Fleischrindrasse gelegt, des Galloway-Rindes. Diese Rinder wurden ohne die Einkreuzung anderer Rassen veredelt.

Galloways sind in ihrer Konstitution sehr fest, anspruchslos und werden relativ spät erwachsen. Ihr Körperrahmen ähnelt dem Aberdeen-Angus-Rind, doch sind die Tiere etwas leichter. Galloways sind schwarz, hornlos und haben ein längeres, gewelltes Fell. In manchen Gegenden kreuzen die Züchter Galloways mit Hereford-Rindern und die entstandenen Kreuzungen wieder mit weißen Shorthornstieren. Das Ergebnis ist eine graublaue Nachkommenschaft (sog. blue grey), sehr beliebt wegen ihrer Färbung.

Die Kreuzung von Galloway-Rindern mit anderen Mastrindern verschafft der Nachkommenschaft im Hinblick auf die Fleischleistung ganz hervorragende Eigenschaften.

Neben der schwarzen Variante kommt auch noch das sog. Galloway-Sattelrind (Belted Galloway) vor. Sein typisches Merkmal ist der weiße Gurt rings um die Rumpfmitte. Es ist sehr fruchtbar, darüber hinaus noch anspruchsloser und härter als die schwarzen Galloways. Die Milchleistung beider Galloway-Schläge deckt nur den Bedarf für die Aufzucht der Kälber.

Schwarze Rinder wurden in der 2. Hälfte des 19. Jahrhunderts in relativ großem Umfang nach Kanada und in die USA ausgeführt, die Gebänderten auch noch nach Südamerika, Afrika und Neuseeland, wo sie immer noch gehalten werden. Gegenwärtig werden sie noch in Schottland und in der UdSSR gezüchtet.

♀

Belted Galloway

♂

Charollais-Rind

Gewicht der Kuh 750–850 kg, Höhe 135 cm,
Gewicht des Stiers bis zu 1100–1500 kg, Höhe 145 cm.

Das Ausgangsmaterial für die Entstehung des Charollais-Rindes waren cremegelbe, in der Umgebung von Charolles in Mittelfrankreich gehaltene Rinder. Gegen Ende des 19. Jahrhunderts wurden sie mit aus England importierten Shorthorn-Rindern gekreuzt.

Gegenwärtig findet man reine Charollais-Rinderhaltung im Gebiet um die Stadt Nevers nahe dem Zusammenfluß von Loire und Allier. Hier herrschen für die Haltung dieser ausgesprochenen Fleischrasse günstige Klimabedingungen, die eine Haltung auf den fetten Weiden von März bis November gestatten. Ein zweites kleineres Gebiet mit ausschließlicher Charollais-Haltung ist die Vendée an der Atlantikküste zwischen den Städten Nantes und Niort. Daneben werden diese Rinder verstreut überall in Frankreich gehalten, so daß sie als eine dort weit verbreitete Rasse anzusehen sind. Zu Beginn unseres Jahrhunderts wurden sie nach Übersee exportiert, in Gebiete mit wärmerem Klima (Mexiko, Brasilien, USA). Dort werden sie immer noch gehalten und sind ihrer vorzüglichen Anpassungsfähigkeit wegen sehr geschätzt. Das Fell des Charollais-Rindes ist sahneweiß bis hellgelb, die Hinterpartien sind außerordentlich fleischig. Die Milchleistung ist gering, daher werden die Kälber während der ganzen Weidesaison bei der Kuh gelassen. Die Rinder dieser Rasse werden sehr oft zur Aufbesserung der Fleischleistung anderer Rassen herangezogen. Die Fleischqualität ist hervorragend, die Fleischleistung hoch.

Über die Qualität des aus einem erwachsenen Rind gewonnenen Fleisches entscheidet auch die Futterqualität während des intensivsten Wachstums, d. h. vom Absetzen bis zum 10. Lebensmonat. Genügend Eiweiß ist äußerst wichtig für das Wachstum. Bei Eiweißmangel kommt es zur Verzögerung der Entwicklung, und das Tier kümmert.

2

1

Ein in der Jugend gut genährter (1) und unterernährter (2) Jungstier. Die Tiere sind gleichaltrig.

♂

Limousin-Rind

Gewicht der Kuh 650 kg, Höhe 135 cm,
Gewicht des Stiers 1000 kg, Höhe 145 cm.

Im Nordwestteil des französischen Zentralmassivs in der Umgebung der Stadt Limoges und den umliegenden Departements werden Rinder gehalten, die in ihrem Körperrahmen dem Charollais-Rind ähnlich sind. Allerdings herrschen hier für die Rinderzucht schlechtere geographische und klimatische Bedingungen als im Gebiet der Flüsse Loire und Allier, so daß das Limousin-Rind ein geringeres Gewicht, ein zarteres Skelett und einen trockeneren Körperbau aufweist als das Charollaiser. Limousin-Rinder sind einfarbig rotbraun, nur um Augen und Flotzmaul auffallend heller. Sie werden vor allem wegen des Fleisches gehalten, auch wenn sie stellenweise, hauptsächlich in abgelegenen Gegenden, noch als Zugtiere Verwendung finden.

Vor 20 bis 30 Jahren wurde die Zucht dieser Rinder eingeschränkt. In den letzten Jahren sind die Bestände aber wieder im Steigen begriffen, einmal weil ihre Wuchseigenschaften wieder Anerkennung finden, zum anderen, weil die Nachkommen von Limousin-Einkreuzungen in andere Rassen keine Neigung zum Fettansatz zeigen.

Die körperliche Ausbildung eines Tieres wird in hohem Maße von der Umwelt mitbeeinflußt. Treten in den Existenzbedingungen mehrere negative Faktoren gleichzeitig auf bzw. wirkt sich ein solcher Faktor besonders ungünstig auf das Tier aus (z. B. physische Anstrengung, widriges Klima, niedriges Nahrungsniveau), entwickeln sich Individuen mit flachem Rumpf und unverhältnismäßig großem Kopf, manchmal auch mit großen Hörnern, zurückgedrängtem geschlechtsbedingtem Ausdruck und geringer Fettmenge unter der Haut.

Unter ungünstigen Bedingungen gehaltener, fast erwachsener Jungstier. Er hat einen unverhältnismäßig großen Kopf, das Fett unter der Haut im Nacken und am Hals fehlt, der maskuline Geschlechtsausdruck ist zurückgedrängt.

♂

Hornloses Rotvieh
(Red Poll)

Gewicht der Kuh 500 kg, Höhe 113 cm,
Gewicht des Stiers 800–900 kg, Höhe 145 cm.

Diese etwa 100 Jahre alte Rasse wird in England, Wales und Schottland gehalten. Das Ausgangsmaterial für ihre Entstehung waren ein in der Grafschaft Suffolk gehaltenes, hornloses Milchrind und das gehörnte Mastvieh aus der Grafschaft Norfolk. Dieses Rind hat einen mittelgroßen Rahmen mit sehr zartem Skelett. Das Fell ist am ganzen Körper rot.

Gegen Ende des 19. Jahrhunderts wurde hornloses Rotvieh massenhaft nach Australien und in die USA ausgeführt, da es durch seine großen Vorzüge bei der Produktion von hochwertigem Fleisch die Züchter in Übersee für sich gewonnen hatte. Zum einen verwertet es das Futter sehr gut, zum anderen weist es eine hohe Fleischleistung auf. Es wird dort immer noch gehalten, in den USA ist es vorwiegend in den Staaten Minnesota, Wisconsin und Michigan verbreitet. Es ist auch wegen der Anspruchslosigkeit der abgesetzten Kälber im Hinblick auf die Zusammensetzung der Futterrationen bei der Mast beliebt. In der Vergangenheit wurde hornloses Rotvieh als ein kombinierter Nutztyp gezüchtet, also auf Fleisch- und Milchleistung, gegenwärtig wird nur auf die Fleischleistung Nachdruck gelegt.

Ist das Zuchtziel die Fleischproduktion, müssen die Rinder rasch zunehmen, das Futter gut auswerten und eine große Fleischleistung zeigen, d.h. die wertloseren Körperteile (Knochen, Eingeweide, Talg usw.) müssen ein geringes Gewicht haben. Bewertet wird ein hinreichender Anteil der wertvollsten Muskelpartien und eine gleichmäßige und gut proportionierte Durchsetzung der Muskelmasse mit Fett, die sog. Marmorierung. Jeder dieser Faktoren hat eine andere Erblichkeit, und oft wirken diese Faktoren gegenläufig. So findet man z. B. wohlgeformte wertvolle Fleischteile bei Rindern, die das Futter schlecht verwerten. Eine Steigerung aller miteinander konkurrierender, erwünschter Eigenschaften bis zu ihrem Maximum bei einem Tier gelingt nie. Es ist eine große Kunst bei der Viehzucht, den geeigneten Kompromiß zu finden.

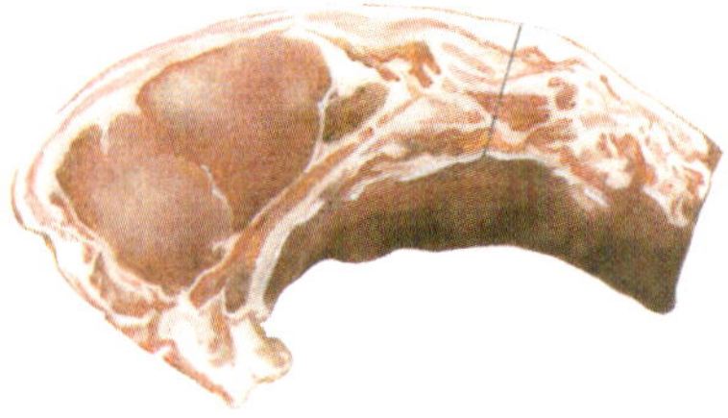

Schnitt durch einen Teil des Rumpfes in der Gegend der letzten Rippe. Das untere Muster weist die besseren Parameter auf.

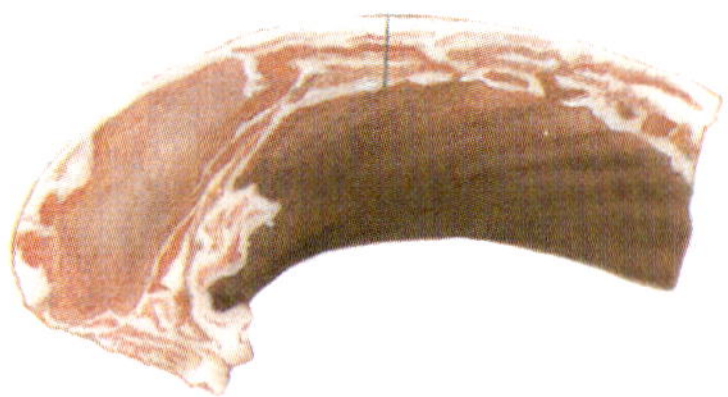

♂

Maine-Anjou-Rind

Gewicht der Kuh 600–800 kg, Höhe 135–145 cm,
Gewicht des Stiers 1200–1350 kg, Höhe 145–155 cm.
Melkertrag in einer Laktation 3500 l, Milch, Fettgehalt 3,9%.

Die Zucht dieses rotbunten Viehs liegt in Westfrankreich um die Flüsse Mayenne und Sarthe sowie in Anjou bis zur Vendée an der Atlantikküste. Es wurde vor über 100 Jahren durch die Kreuzungen der einheimischen Rinderrasse mit importierten Shorthorns herausgezüchtet. Das ursprüngliche Zuchtziel war die Veredelung eines Fleischrindes, später wurde diese Rasse auch im Hinblick auf die Milchleistung durch Zucht verbessert. So kam also ein zweiseitiger Nutzwert zustande, auch wenn die Nutzung als Fleischrind überwiegt. Daß die Fleischnutzung bevorzugt wird, beruht auf der Fähigkeit dieser Rasse, früh auszuwachsen. Daher können die Tiere jung geschlachtet werden, etwa im Alter von 10–13 Monaten, und zeigen dabei schon eine ausgezeichnete Fleischfülle.

Das Fleisch ist hochwertig, und die wertvollste Körperpartie – die Kruppe – ist voluminöser als beim Shorthorn-Rind. Die Fleischleistung liegt zwischen 60 und 65%. In Frankreich steht das Maine-Anjou-Rind in der Rinderhaltung an fünfter Stelle.

Die Schmackhaftigkeit und Zartheit des Fleisches von jungen Tieren wird von der Struktur der Muskelfasern beeinflußt. Die Muskelfasern der jungen Tiere sind dünner und bilden kleinere Faserbündel. Das zeigt sich an der Körnung des quer zur Muskellängsrichtung geführten Schnittes. Die Schnittfläche beim Muskel des Jungtieres ist feinkörnig, die eines älteren Tieres weitaus größer. Das ist aber nicht bei allen Muskeln so; einige Körperpartien haben eine feinkörnigere Muskulatur, z. B. das Filet, andere, nämlich die Muskulatur der Brust- und Bauchwand, eine gröbere. Darauf beruht der unterschiedliche Geschmack des Fleisches von den einzelnen Körperpartien, der dann natürlich auch die Preise bestimmt (die darüber hinaus noch vom Fleisch-Knochen-Verhältnis der einzelnen Fleischsorten bei einem Tier mitbestimmt werden).

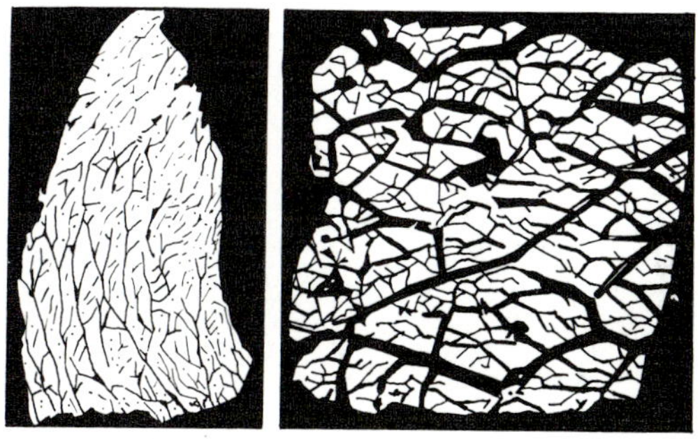

1 2

Einfluß des Alters auf die Körnung des Fleisches: 1 Fleisch eines jungen Tieres, 2 Fleisch eines erwachsenen Tieres

Allgäu-Rind

Gewicht der Kuh 500–600 kg, Höhe 135–140 cm,
Gewicht des Stiers 900 kg, Höhe 140 cm.
Melkertrag in einer Laktation 4000–5000 l Milch, Fettgehalt 4%.

Diese Rasse wurde in den Alpen im deutsch-schweizerischen Grenzgebiet herausgezüchtet. Hier wurde im 17. Jahrhundert das ursprüngliche Braunvieh mit graubraunen Schweizer Stieren gekreuzt. Das Ergebnis waren mittelschwere Tiere, im Wuchs den graubraunen Schweizer Rindern gleich, jedoch mit brauner, an den verschiedenen Körperteilen unterschiedliche Töne zeigender Fellfärbung. In dieser Form wird das Allgäu-Rind bis auf den heutigen Tag gehalten. Die Stiere sind im allgemeinen dunkler als die Kühe, die Klauen sind dunkelgrau, die Hörner weißlich mit schwarzen Spitzen. Ein typisches Merkmal ist das sog. Rehmaul – ein heller Ring um das Flotzmaul (den feuchten Teil der Nase). Seiner alpinen Heimat verdankt das Allgäu-Rind die sehr gut ausgebildete Muskulatur, so daß es leicht zur Fleischnutzung veredelt werden konnte. Der hohe Jahresdurchschnitt des Milchertrages (fast 5000 l) spricht für die Veranlagung zu starker Milchbildung. Im Zuchtbuch dieser Rasse gibt es eine 20 Jahre alte Aufzeichnung über die Milchleistung einer Kuh, die in ihrer maximalen Laktation 17 183 kg Milch mit einem Fettgehalt von 3,46% produziert hat, d. h. nahezu 600 kg Milchfett in der Zeit vom Kalben bis zum Trockenstellen.

Auch bei Nutztieren ändern sich im Laufe des Lebens Aussehen und Verhalten. Während bei jungen Tieren die Reaktionen auf äußere Impulse lebhaft, die Bewegungen schnell und oftmals unberechenbar sind, ist das bei alten Tieren umgekehrt. Am auffälligsten sind die Veränderungen im Aussehen. Jungtiere haben einen guten Muskeltonus, eine straffe Haut und tragen den Kopf hoch. Bei alten Tieren wird infolge der Muskelerschlaffung der Kopf gesenkt getragen, der verminderte Wassergehalt der Haut macht sie locker, so daß sich am Hals zahlreiche Falten bilden, die Ohrmuscheln sind meist erschlafft, die Augenlider gesenkt.

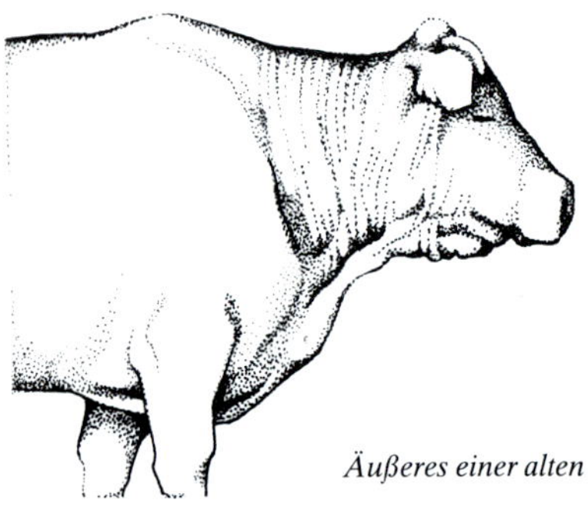

Äußeres einer alten Kuh

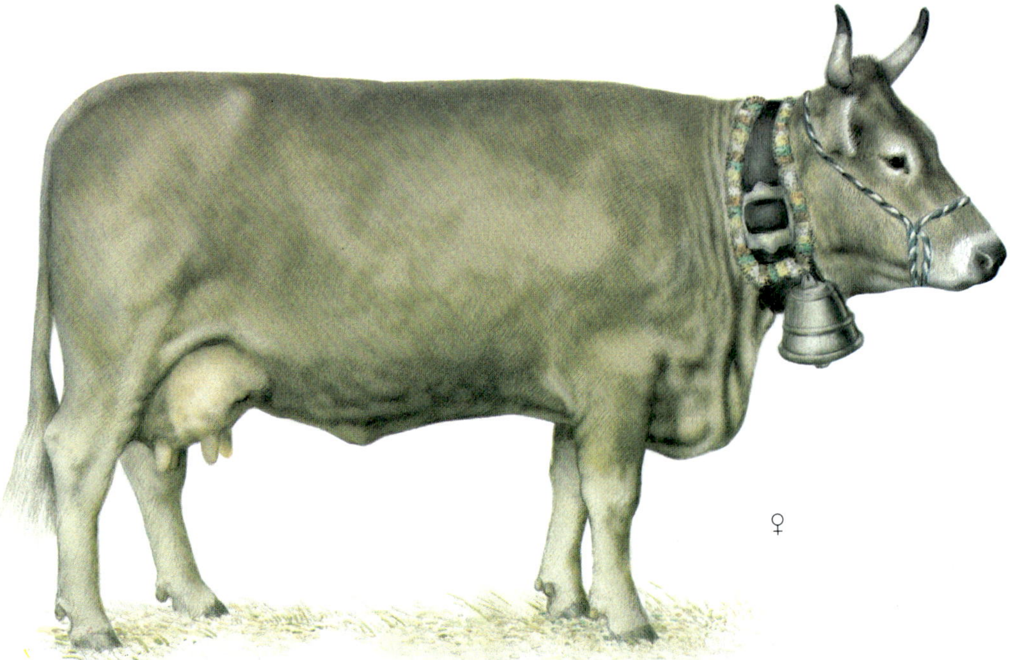

Rotes ostfranzösisches Fleckvieh
(Race française Pie Rouge de l'Est)

Gewicht der Kuh 550–600 kg, Höhe 130–135 cm, Gewicht des Stiers 800–900 kg, Höhe 135–145 cm. Melkertrag während einer Laktation 4200 l Milch, Fettgehalt 3,7%.

Unter dieser Bezeichnung werden drei rote Fleckvieh-Schläge zusammengefaßt: das Montbéliard-Rind, Tachelée de l'Est und das Abondance-Rind. Am zahlreichsten wird das Montbéliard-Rind gehalten. Alle drei Schläge zusammen gehören zu den ganz bedeutenden Rinderrassen in Frankreich. Alle wurden aus dem roten Schweizer Fleckvieh herausgezüchtet und gehören daher zum Gebirgsvieh.

Die ersten Exemplare des roten Schweizer Fleckviehs gelangten durch Schweizer Emigranten nach Frankreich, die sie auf die Hochflächen des Departements Doubs mitbrachten. Die Züchter nutzten die Veranlagung dieser Rinder zur Milchbildung und erreichten durch gezielte Auswahl von Tieren mit zartem Körperbau (der notwendigen Voraussetzung für eine hohe Milchleistung) ihre heutige Veredelung. Auf diese Milchproduktion haben sie dann die Käseherstellung, in diesem Landstrich traditionell, begründet. In der Gegenwart gilt das Augenmerk nicht nur der Steigerung der Milchleistung und Verbesserung des Fettgehalts, sondern auch der Verbesserung des Fleischertrages. In Größe und Gewicht gehört das rote ostfranzösische Fleckvieh zu einer mittelgroßen Rasse.

Der erste Austrieb oder die erste Gabe von jungem Grünfutter (Gras, Klee, Luzerne) in zu großen Mengen führt oft zu Massenerkrankungen der Rinder, zur sog. Blähsucht. Dieser Zustand tritt innerhalb von zwei Stunden nach der Futteraufnahme ein. Die Ursache ist eine zu schnelle Gasbildung infolge Gärung der Pflanzenzellmasse, so daß die Gase nicht schnell genug durch Rülpsen aus den Vormägen ausgeschieden werden.

Neben anderen Maßnahmen muß in vielen Fällen der Pansenstich angewandt werden, d.h. Bauch- und Pansenwand werden durchstochen, um die Gase abzulassen. Bei zu später Behandlung kann binnen vier Stunden nach der Futteraufnahme der Erstickungstod eintreten, da die aufgeblähten Vormägen die Bewegungen des Zwergfells behindern und so das Atmen unmöglich machen.

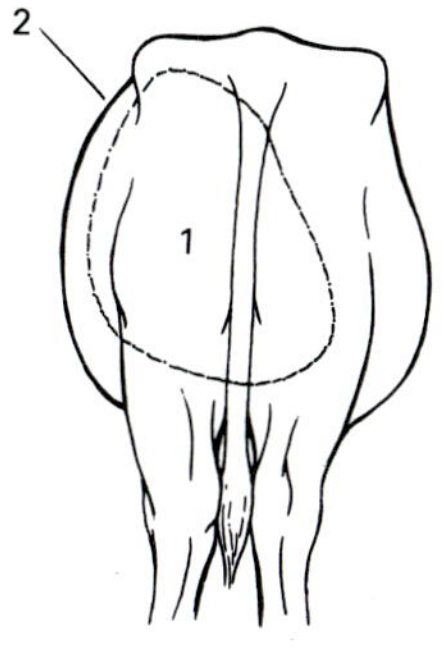

1 Sitz des Pansens,
2 Stelle des Pansenstichs bei Blähsucht

Montbéliard-Rind

Deutsches rotes Bergrind

Gewicht der Kuh 500–550 kg, Höhe 130 cm, Gewicht des Stiers 900 kg, Höhe 140 cm. Melkertrag in einer Laktation 3000 l Milch, Fettgehalt 3,9–4%.

Dieses Landrind wird in mehreren einheimischen Schlägen gehalten, die nach den einzelnen Ländern benannt sind (bayerisches, westfälisches, hessisches, Harzer). Die Schläge unterscheiden sich in Größe und Gewicht voneinander, für alle ist die rote bis kastanienbraune Färbung ohne jegliche weiße Abzeichen charakteristisch. Das Rind hat sich den rauhen Bedingungen in den deutschen Mittelgebirgen angepaßt. Es hat eine feste Konstitution, ist bescheiden und anspruchslos. Es wird als Fleisch- und Milchrind gehalten, stellenweise sogar als Zugtier benutzt. Die Rasse gehört zu den mittelgroßen Rindern. Im Vergleich zu anderen Rassen erzielt sie eine geringere Milchleistung, daher wird sie durch Kreuzungen mit dem roten dänischen Milchvieh weiterveredelt. In der Gegenwart wird sie von anderen leistungsfähigeren Rassen allmählich aus der Zucht verdrängt.

So wie in jeder Tiergruppe existiert auch in einer Kuhherde eine soziale Rangordnung. Es gibt herrschende (überlegene) und unterlegene Individuen. Diese Sozialstufung spiegelt sich in der Futteraufnahme, bei der Wahl des Ruheplatzes usw. wider. Das Verhältnis der Tiere untereinander klärt sich in unterschiedlich intensiven Konfrontationen, aus denen man eine ganze Ausdrucksskala aufstellen kann. Ein unterlegenes (subdominantes) Tier nähert sich z. B. einem anderen langsam und zögernd, stets zum Rückzug bereit, Hals und Kopf vorgereckt. Stößt es nicht auf Ablehnung, beginnt es oft (als weitere Unterwürfigkeitsbezeigung) das überlegene (dominante) Tier zu belecken.

Sozialbeziehung: dominantes Tier links, submissives rechts

♀

Deutsches Fleckvieh

Gewicht der Kuh 650–700 kg, Höhe 133–135 cm,
Gewicht des Stiers 900–1100 kg, Höhe 140–145 cm.
Melkertrag in einer Laktation 4000 l Milch, Fettgehalt 4,1–4,3%.

In der Bundesrepublik Deutschland macht diese Rasse über ein Drittel des gesamten Rinderbestandes aus, in der Deutschen Demokratischen Republik fast ein Fünftel. Man könnte es also als die deutsche National-Rinderrasse bezeichnen. Die wichtigsten Zuchtgebiete sind Baden-Württemberg und Bayern. Gegen Ende des 18. und zu Beginn des 19. Jahrhunderts wurde das Deutsche Fleckvieh mit dem Berner schwarzbunten und dem Simmentaler Höhenfleckvieh aus der Schweiz gekreuzt. Das Ergebnis war ein schweres, bis auf den heutigen Tag gehaltenes Rind.

Das Fell dieses Rindes ist gefleckt, weiß mit gelb bis rot. Kopf, Bauch, Gliedmaßen und Schwanzende sind weiß. Das Flotzmaul (feuchter Teil der Nase) ist rosig, die Hörner sind wachsgelb. Es ist ein Rind mit einer sehr guten Milchleistung, auch bei der Mast zeigt es gute Zunahme und gute Fleischqualität.

Je höher ein erwachsenes Tier in der Herde steht, desto entschiedener und häufiger droht es den anderen Gruppenmitgliedern. Die gleichen Äußerungen zeigen auch die neu hinzugekommenen, sich ins Kollektiv eingliedernden Jungtiere, solange nicht ein kräftigeres Individuum ihnen seine Überlegenheit zeigt und sich nachdrücklich durchsetzt. Die erste Drohgebärde bei der Begegnung von zwei Rivalen ist der gesenkte, zum Stoß bereite Kopf. Befindet sich das Tier gerade in Bewegung, hebt es die Vordergliedmaßen hoch auf. Akzeptiert das andere Tier diese Ablehnung nicht und zeigt es keine Unterwürfigkeit, folgt als sehr beredte Geste der Kopfstoß. Weicht das andere Tier auch dann nicht zurück, kommt es zum Zweikampf.

Drohhaltung des Tiers (links)

Simmentaler Höhenfleckvieh

Gewicht der Kuh 650–800 kg, Höhe 137–147 cm,
Gewicht des Stiers 950–1150 kg, Höhe 147–157 cm.
Melkertrag in einer Laktation über 5000 l,
Fettgehalt über 4%.

Die Geschichte dieses Rindes beginnt im 3. bis 5. Jahrhundert, als deutsche Stämme ein primitives und sehr widerstandsfähiges Rind ins Flußtal der Simme (Schweiz) brachten. Günstige geographische und klimatische Bedingungen, die Bodenbeschaffenheit sowie das Interesse der herrschenden Schichten an der Veredelung dieser Rinder führten dazu, daß im 17. Jahrhundert mit der Zucht begonnen wurde.

Heute ist das Simmentaler Vieh die aussichtsreichste Rinderrasse. Es wird in die ganze Welt exportiert und macht vor allem in den Westkantonen der Schweiz über 50% der Rinderpopulation aus. Überall wird es entweder reinrassig gezüchtet oder zur Aufbesserung in ursprüngliche einheimische Rassen eingekreuzt. Haltungsziel sind Milch und Fleisch. Die Simmentaler zeigen bei der Mast eine gute Zunahme (1,0–1,4 kg pro Tag) und eine Fleischleistung von 60%. Sie haben eine feste Konstitution, sind sehr fruchtbar, gute Futterverwerter und dank der Aufzucht auf den Bergweiden sehr abgehärtet, widerstands- und anpassungsfähig. Ihr Fell ist rot- bis gelbbunt. In Europa hatte das Simmentaler Vieh einen großen Einfluß auf die Ausbildung einer Reihe von Fleckviehrassen.

Bei der Entstehung einer Rinderherde bildet sich unter den Tieren im Verlauf von zwei Wochen bis vier Monaten eine soziale Rangordnung. Sie äußert sich darin, daß einige Tiere die Bedürfnisse der anderen respektieren, andere hingegen sich Existenzvorteile aneignen (besseres Futter, Vorrang an der Tränke, besserer Ruheplatz usw.). Diese soziale Stellung in der Herde hängt von den Ergebnissen der Rangordnungskonflikte unter den Tieren ab.

Eine häufige Form der Austragung von Rangordnungsstreitigkeiten ist das Kopfdrücken.

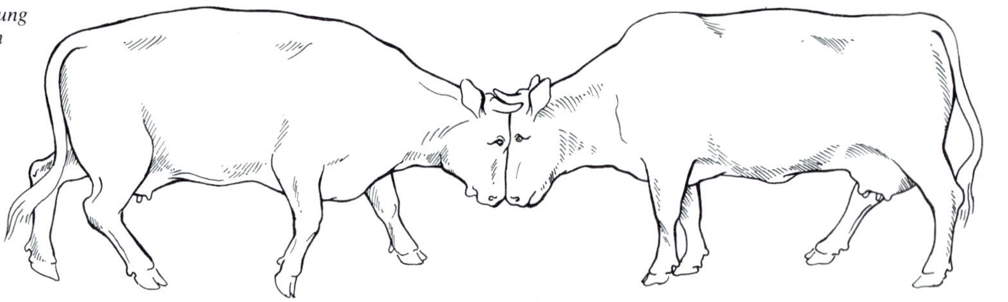

♀

Schweizer Braunvieh

Gewicht der Kuh 600 kg, Höhe 132 cm,
Gewicht des Stiers 900–1000 kg, Höhe 145 cm.
Melkertrag in einer Laktation 4300 l Milch,
Fettgehalt 3,9%.

Das Heimatland dieses Rindes ist die Schweiz. Es ist eine der wenigen Rinderrassen, die vor dem Einfluß anderer Rassen verschont blieben, da sie jahrhundertelang in den Alpentälern isoliert gehalten wurden. Am meisten verbreitet ist sie im Kanton Schwyz in der Ostschweiz, daher wird sie auch als Schwyzer Rind bezeichnet. Hier wird das Vieh noch in seinen natürlichen Lebensbedingungen gehalten. Die ganze Vegetationszeit über vom zeitigen Frühjahr bis in den Spätherbst lebt es auf der Weide, während der Einstallung im Winter wird es nur mit Heu gefüttert. Dank seiner natürlichen Ernährung und infolge des rauhen Klimas ist es recht abgehärtet, fest in der Konstitution, anspruchslos, höchst anpassungsfähig, langlebig und fruchtbar. Daher wurde es auch in großer Zahl bereits im vorigen Jahrhundert in die ganze Welt exportiert (außer nach Australien und in den hohen Norden). Gegenwärtig wird es zahlreich in den Alpenländern gehalten und von dort aus in die Tropen und Subtropen der ganzen Welt exportiert.

Das Rind wird als Fleisch- und Milchlieferant genutzt, in abgelegenen Landstrichen auch als Zugtier verwendet. Das Schweizer Braunvieh hat eine hervorragende Milchproduktion, und durch intensive Zuchtarbeit gelang auch eine Verbesserung seiner Masteigenschaften. In den Alpenländern gehört es zu den vorrangig gehaltenen Rassen mit kombinierter Nutzung (zusammen mit dem Simmentaler und Pinzgauer Vieh). Das Schweizer Braunvieh hat ein graubraunes Fell; Flotzmaul, Hornspitzen und Klauen sind schwarz. Um das Flotzmaul, am Bauch und an den Gliedmaßen ist die Fellfarbe heller, weiße Abzeichen sind unerwünscht.

Äußerungen der sozialen Rangordnung lassen sich auch bei der Fellpflege beobachten. Das Lecken eines anderen Tieres ist stets Ausdruck von sozialer Unterordnung.

Unterwürfigkeitsverhältnis

♀

Österreichisches Fleckvieh

Gewicht der Kuh 550–700 kg, Höhe 128–135 cm,
Gewicht des Stiers 1000 kg, Höhe 134–138 cm.
Melkertrag in einer Laktation 5000 l und mehr,
Fettgehalt 4,2%.

Diese in Österreich zahlenstärkste Rinderrasse macht 40% des gesamten Rinderbestandes aus. Die Tendenz zu ihrer weiteren Verbreitung hält an.

Das Österreichische Fleckvieh entstand durch die Kreuzung des einheimischen Rotviehs mit importiertem Simmentaler und Berner Vieh aus der Schweiz sowie mit aus Bayern eingeführten Fleckviehstieren. Mit der Zucht wurde vor mehr als 100 Jahren begonnen. Das gegenwärtige Zuchtziel ist die Steigerung der Fleisch- und Milchproduktion. Die Milchleistung ist ausgezeichnet, und auch die Fleischnutzung ist sehr gut. Bei Mastjungstieren wird eine Tageszunahme von 1–1,5 kg erzielt. Daneben dient dieses Rind den österreichischen Kleinbauern, zumal im Gebirge, als Zugtier. Es ist von fester Konstitution und sehr fruchtbar. Seine Färbung ist rotscheckig, Bauch und Beinunterpartien sind weiß.

Ist von geschlechtlicher Vermehrung die Rede, dann ist gemeint, daß ein neues Individuum aus der Verschmelzung zweier morphologisch und funktionell verschiedener Geschlechtszellen, der Gameten, hervorgeht. Die männliche Keimzelle (Spermium) gehört allgemein zu den kleinsten Zellen eines Körpers, der Durchmesser des Spermienkopfes beim Stier beträgt etwa 9 µm (9^{-6} m = 0,000009 m), seine Länge mit Schwanz etwa 70 µm (70^{-6} m = 0,00007 m). Die Eizelle hingegen ist eine der größten Zellen im Säugetierkörper, ihr Durchmesser beträgt bei der Kuh 150 µm (150^{-6} m = 0,00015 m).

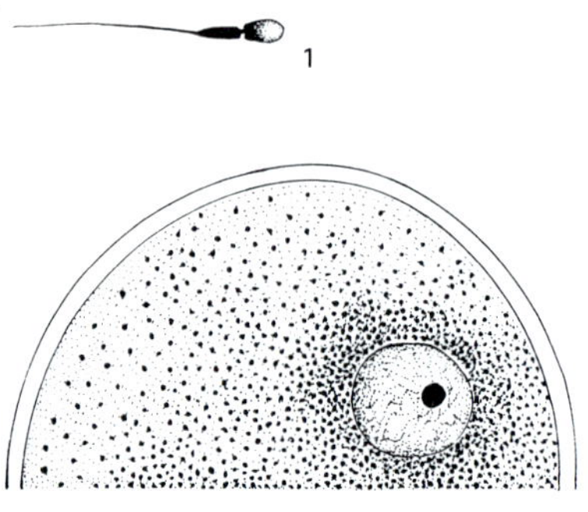

Größenverhältnis von Spermium (1) und Eizelle (2)

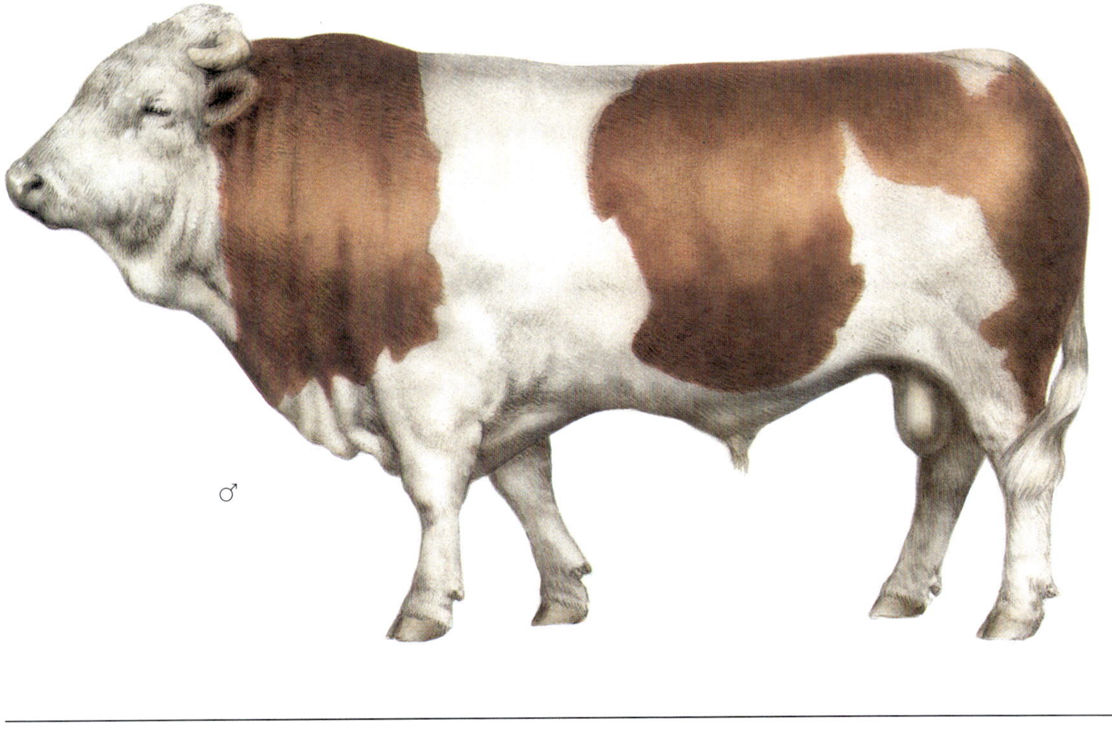

Böhmisches Fleckvieh

Gewicht der Kuh 570–670 kg, Höhe 132–138 cm,
Gewicht des Stiers 950–1150 kg, Höhe 142–150 cm.
Melkertrag in einer Laktation bis 5000 l,
Fettgehalt 4% und mehr.

Diese in der Tschechoslowakei am stärksten verbreitete Rasse stellt über 65% des gesamten Rinderbestandes dar. Ihre Grundlage war das einheimische rote Rind, das mit verschiedenen alpinen Fleckviehrassen gekreuzt wurde, vor allem mit dem Berner Rind. Diese Kreuzungen begannen schon Ende des 18. Jahrhunderts und nahmen in der ersten Hälfte des 19. Jahrhunderts zu. Die eingeführten Rinder wurden jedoch bei der Reproduktion nicht planmäßig verwendet, so daß die Kreuzungsergebnisse recht uneinheitlich ausfielen. Eine planmäßige Zuchtarbeit setzte erst in der 2. Hälfte des 19. Jahrhunderts ein. Äußeres und Nutzen stabilisierten sich. Unter dem Einfluß der verschiedenen alpinen Rassen entstanden aber eigenständige rote Fleckviehschläge, die sich in Höhe und Gewicht unterschieden, je nachdem, ob sie in den Bergen oder in den Niederungen gehalten wurden. Im Lauf der weiteren Veredelung haben sich diese Unterschiede jedoch ausgeglichen. In der Gegenwart wird das böhmische Fleckvieh mit Ayshire-Rindern und Holsteinischem Rotvieh veredelt. Es ist ein Rind mit Fleisch- und Milchnutzung, wobei Nachdruck auf die Fleischnutzung gelegt wird. Es ist relativ frühreif und ein guter Futterverwerter.

Eine moderne intensive Rinderzucht ist heute ohne Insemination undenkbar, d. h. ohne die künstliche Beförderung des Stiersperma in die Geschlechtsorgane der Kuh. Bei der natürlichen Paarung deponiert der Stier seinen Samen in die Scheidenwölbung über dem Gebärmutterhals; der Samen fließt über den äußeren Muttermund und wird durch die Kontraktionen der Gebärmuttermuskulatur eingesaugt. In die Gebärmutter selbst gelangen dabei maximal 5% des ejakulierten Samens. Bei der künstlichen Besamung wird die ganze Spermadosis direkt in den Gebärmutterhals gebracht.

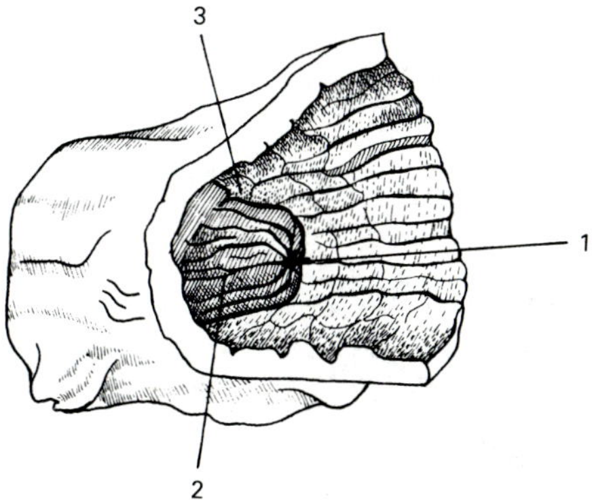

Scheidenteil einer Kuh: 1 äußerer Muttermund, 2 Gebärmutterhals, 3 Scheidenwölbung

Gelbes Bergvieh

Gewicht der Kuh 600–650 kg, Höhe 135 cm,
Gewicht des Stiers bis zu 1100 kg, Höhe 145 cm.
Melkertrag in einer Laktation 4000 l Milch, Fettgehalt 4%.

Die Herkunft dieses Rindes ist kompliziert. Es ist in der ersten Hälfte des 19. Jahrhunderts in Deutschland durch die Kreuzung eines einheimischen, kleinen roten Rindes mit einer Reihe von importierten Rassen einschließlich Shorthorn entstanden. Durch diese Kreuzungen kamen vier selbständige Rinderschläge zustande, von denen zwei ausgewählt wurden: der in der Würzburger Gegend gehaltene fränkische und der pfälzische aus dem Mittelgebirge in der Pfalz. Aus diesen zwei Schlägen wurde durch eine gezielte Zucht das einfarbige Gelbe Bergvieh entwickelt. Es ist eine typisch deutsche Viehrasse, die ausschließlich in den beiden deutschen Staaten gehalten wird.

Dem Körperbau nach ist sie unter die schwarzen Rinder einzuordnen. Die Tiere sind sehr schmuck – sowohl was die Körperform als auch die Färbung in den verschiedenen Gelbtönen angeht. Milchleistung und Fleischproduktion sind sehr gut. Zu den willkommenen Eigenschaften gehören auch die hohe Fruchtbarkeit bis ins hohe Alter und die Langlebigkeit.

Das Paarungsorgan eines Stiers weist einen eigenartigen Bau auf. Der Penis wird erst unmittelbar vor dem Deckakt aus der Vorhaut geschoben. Durch die Kontraktion eines Muskels, des Penisretraktors, wird der Penis so lange in der Vorhaut zurückgehalten. Während der Dauerkontraktion dieses Muskels bildet der Penis am Beckendurchgang am Bauch eine S-förmige Schlinge. Bei sexueller Erregung läßt die Spannung des Retraktors nach, der Penis wird steif, die Schleife streckt sich, und der Penis schiebt sich aus der Vorhaut hervor. Gleich nach der Paarung erneuert sich die Muskelspannung, und der Penis wird wieder in die Vorhaut zurückgezogen.

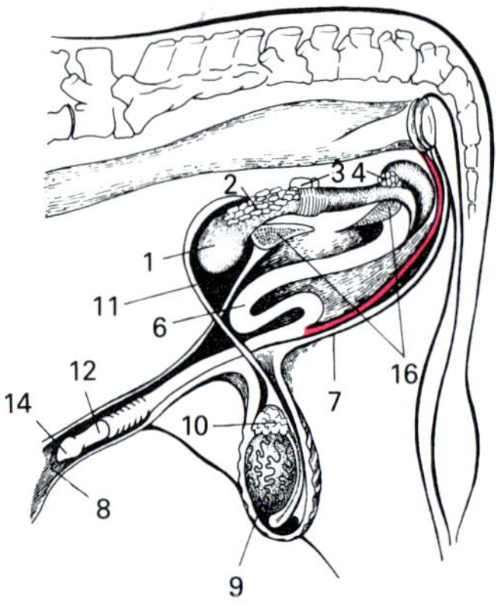

Geschlechtsorgane des Stiers: 1 Harnblase, 2 Samenleiterampullen, 3 Prostata, 4 Cowpersche Drüsen, 5 Harnröhre, 6 Schleife, 7 Penisretraktor, 8 Vorhaut, 9 Hoden, 10 Nebenhoden, 11 Samenleiter, 12 Penis, 13 Harnröhrenmündung, 14 Eichel, 15 Vorhautbändchen, 16 Schnitt durch die Beckenknochen

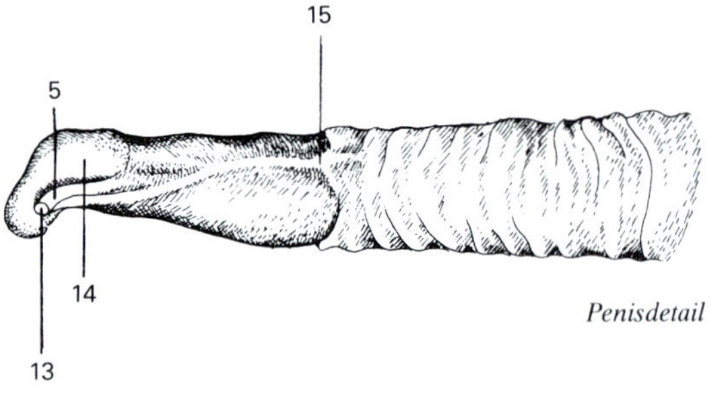

Penisdetail

Rotes Dänisches Milchvieh

Gewicht der Kuh 550–650 kg, Höhe 135 cm,
Gewicht des Stiers 900–1100 kg, Höhe 145 cm.
Melkertrag in einer Laktation 5000 l, Fettgehalt 4,2%.

In Dänemark macht diese Rasse über 70% des gesamten Rinderbestandes aus, und die Zahl ist ständig im Steigen begriffen. Außer in Dänemark ist sie in fast allen nordeuropäischen Staaten verbreitet, in Mittel- und Südeuropa, Lateinamerika, in Nah- und Fernost.

Das ursprüngliche dänische Rind war sehr primitiv, klein und von geringem Nutzwert. Daher wurden zu Beginn des 19. Jahrhunderts Veredelungsversuche mit jütländischen, holländischen und holsteinischen Rindern unternommen. Diese Bemühungen waren aber nicht von Erfolg gekrönt, und daher experimentierten die Züchter in der zweiten Hälfte des 19. Jahrhunderts mit Angler-Rindern und Schleswiger Rotvieh. Eine strenge Auslese geeigneter Tiere stabilisierte ausschließlich das Äußere der Hybriden, so daß i. J. 1878 das Rote Dänische Rind als selbständige Rasse anerkannt wurde, doch überwiegt die Milchnutzung. Es ist einfarbig in Tönen von Dunkel- bis Gelbrot. Weiße Abzeichen fehlen.

Der Geschlechtsapparat der Kuh weist mehrere anatomische Eigenheiten auf. Der Gebärmutterhals ragt in den Scheidenraum und bildet so den äußeren Muttermund, in den der Gebärmutterhalskanal mündet. Der Gebärmutterkörper ist kurz. Die Plazenta liegt nur an besonderen, Karunkeln genannten Warzengebilden an der Gebärmutterwand an. Über die Karunkeln kommt die Verbindung mit der Frucht zustande, ihre Anzahl beläuft sich auf 80–120.

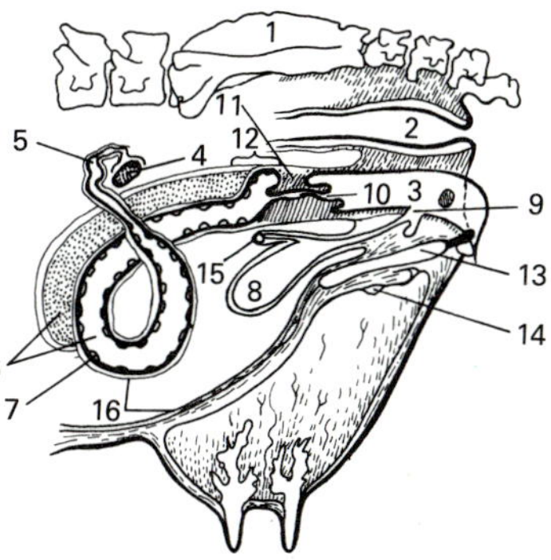

Geschlechtsorgane der Kuh: 1 Kreuzbein, 2 Enddarm, 3 Scheide, 4 Eierstock, 5 Eileiter, 6 Gebärmutterhörner (das rechte teilweise geöffnet), 7 Karunkel, 8 Harnblase, 9 Harnröhrenmündung, 10 Gebärmutterhalskanal, 11 Gebärmutterhals, 12 Gebärmutterkörper, 13 Beckenfuge, 14 Euterlymphdrüse, 15 Harnleiter, 16 Bauchfell

Rotbuntes Niederungsvieh

Gewicht der Kuh 600–650 kg, Höhe 130–135 cm,
Gewicht des Stiers 950–1050 kg, Höhe 142–145 cm.
Melkertrag in einer Laktation 5000 l, Fettgehalt 3,85%.

Unter dieser Bezeichnung werden mehrere rotweiße Rinderrassen geführt, die in ihrer Gesamtheit ein Drittel des in Europa gehaltenen Niederungsviehs darstellen, also rund sechs Millionen Stück. Diese Rassengruppe ist auf Nordwest- und Nordosteuropa konzentriert, überwiegend auf die beiden deutschen Staaten. In der Bundesrepublik steht diese Gruppe zahlenmäßig an zweiter Stelle, in der DDR ist sie die zahlreichste überhaupt. Die Haltung zielt auf Milch- und Fleischnutzung. Ein sehr guter Fleischnutzwert zeigt sich besonders bei den Schlägen, die einen Anteil von Shorthornblut besitzen.

Der Eierstock ist eine Drüse, die Geschlechtshormone erzeugt und weibliche Geschlechtszellen (Eizellen) periodisch freisetzt. Die Geschlechtshormone schaffen in den Geschlechtsorganen des Muttertiers Bedingungen für die Befruchtung, die Entwicklung der befruchteten Eizelle und die störungsfreie Geburt. Die Entstehung des Östrogens und die Ausbildung der weiblichen Geschlechtszelle findet in einem Bläschen, dem sog. Graafschen Follikel, statt, das beim Rind die Größe einer kleinen Haselnuß hat. Östrogen ruft beim Muttertier die Brunst hervor, in deren Verlauf es zur Ovulation kommt, d. h. der Graafsche Follikel platzt auf, und die befruchtungsfähige Eizelle wird frei. An der Stelle des geplatzten Follikels entsteht nach der Ovulation eine neue endokrine Drüse, das sog. Gelbkörperchen, die das Hormon Progesteron produziert. Progesteron schützt die befruchtete Eizelle und sorgt für ihre weitere Entwicklung. Dieser ganze Prozeß wird hormonal von der Hirnanhangdrüse, kontrolliert durch das Gehirn, gesteuert.

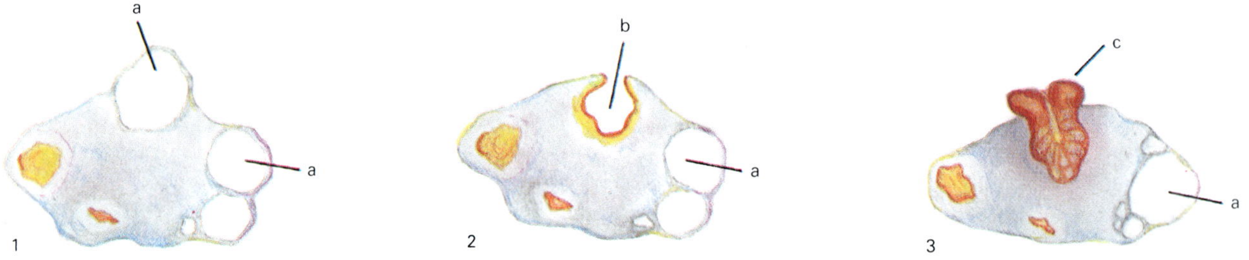

Eierstock zu Beginn der Brunst vor der Ovulation (1), gegen Ende der Brunst nach der Ovulation (2) und zu Beginn der Trächtigkeit (3), a Graafscher Follikel, b geplatzter Graafscher Follikel, c Gelbkörperchen

Normandie-Rind

Gewicht der Kuh bis zu 700 kg, Höhe 135 cm,
Gewicht des Stiers bis zu 1500 kg, Höhe 150 cm,
Melkertrag in einer Laktation 4700 l, Fettgehalt 4,03%.

Nicht nur durch seine Zahl (über fünf Millionen Stück), sondern auch durch seine Nutzung ist das Normandie-Rind die wichtigste Rasse in Frankreich. Es stammt aus der Normandie, genauer gesagt aus dem Departement Manche auf der Halbinsel Cotentin und aus dem benachbarten Departement Calvados. Von hier aus hat es sich seit der Mitte des 19. Jahrhunderts nach Südosten und Süden ins Innere Frankreichs verbreitet. Wegen der hervorragenden Milchleistung, Fleischqualität und -leistung, aber auch seiner Langlebigkeit steigt die Haltung dieser Rinder in Frankreich an. Eine ganze Reihe von Kühen gibt im Laufe des Lebens 50000 bis 70000 l Milch.

Typisch für das Normandie-Rind ist die Fellfärbung, ein auffällig geschecktes, oft fast getigertes Rotbraun mit Weiß. In den Kombinationen Schwarz, Rot und Weiß tritt auch Dreifarbigkeit auf.

Der Geburtsvorgang hängt beim Rind von der Lage des Kalbes in den Geburtswegen ab. Erforderlich ist die Längslage, das heißt, die Längsachse des Fötusses muß wie die Längsachse des Muttertierkörpers verlaufen. Das Kalb kann sich in Kopf- oder Steißlage befinden, auf jeden Fall müssen die Beine, gleich, ob Vorder- oder Hinterbeine, in die Scheide vorangehen. Das Austreiben des Kalbs erfolgt binnen 3–6 Stunden nach dem Eintreten der ersten Wehen. Diese melden sich anfänglich schwach und vereinzelt und nehmen mit fortschreitender Zeit an Intensität und Häufigkeit zu. Das kalbende Tier steht und liegt abwechselnd, nimmt kein Futter an, käut aber manchmal wieder. Bei den Preßwehen ist der Beckenausgang einem Druck von 78 kg ausgesetzt. Zum Vergleich: die Austreibeperiode einer Stute dauert 15–30 Minuten, einer Sau 2–6 Stunden, einer Katze oder Hündin 3–6 Stunden.

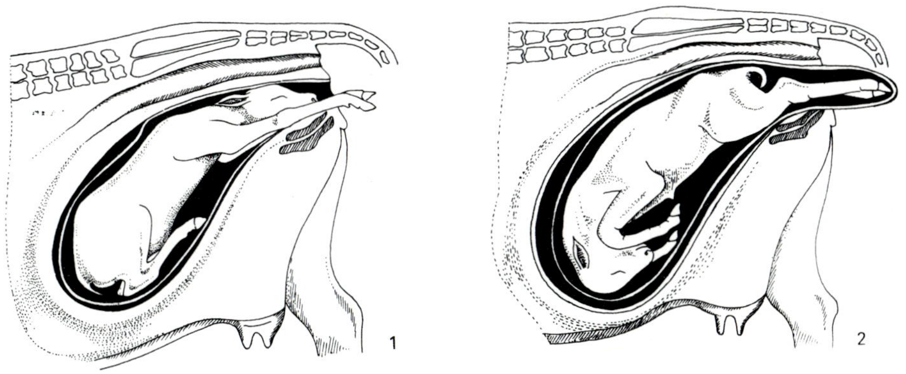

Regelmäßige Geburtslage des Kalbes: 1 Kopflage, 2 Steißlage

Pinzgauer-Rind

Gewicht der Kuh 500–650 kg, Höhe 128–130 cm,
Gewicht des Stiers 800–1000 kg, Höhe 136 cm.
Melkertrag in einer Laktation 4000 l, Fettgehalt 3,95%.

Die Heimat dieses Rindes ist der Pinzgau bei der österreichischen Stadt Zell am See im Salzburger Land. Sein heutiges Aussehen und seine Nutzeigenschaften sind das Ergebnis von Kreuzungen österreichischer einheimischer Rinderrassen aus den Ländern Steiermark, Kärnten, Tirol und Salzburg.

In der Gegenwart ist das Pinzgauer Rind die zweitverbreitetste Rinderrasse in Österreich und macht fast 20% des Gesamtbestandes aus. In einer Reihe von europäischen Ländern sowie in Nordafrika ist es gleichfalls relativ weit verbreitet. Die Grundfarbe des Fells ist Kirsch- bis Kastanienrot, unterbrochen durch ein typisches weißes Band, das sich vom Widerrist über Rücken, Lenden, Kruppe und die Oberpartien der Hinterbeine (wo es sog. Manschetten bildet) erstreckt und weiter über den Bauch bis unter den Hals verläuft. Das Pinzgauer Rind hat sich den geographischen und klimatischen Bedingungen seiner Heimat angepaßt, ist genügsam und physisch tüchtig. Stellenweise dient es sogar noch als Zugtier. An Fleischleistung erbringen Masttiere bis zu 63%.

Eine Schattenseite der ständig höher gezüchteten Nutzleistung und Intensivhaltung der Rinder ist das immer häufiger unter Schwierigkeiten oder Komplikationen verlaufende Kalben. In vielen Zuchten ist die Situation bereits so weit, daß die Kühe ohne Hilfe von Menschenhand nicht mehr kalben können, und die Hilfeleistung bei der Geburt ist oftmals nicht ohne den Gebrauch von Geburtshilfe-Instrumenten möglich.

Kopf oder Gliedmaßen des Fötusses bleiben oft in unnormaler Lage und verhindern das Austreiben. Sie werden mit Hilfe der Geburtsstricke in die richtige Lage gebracht. Die Stricke werden mit einer Spezialführung um den betreffenden Körperteil gelegt und durch die Öffnung im Führungsholz gezogen. Eine Dislokation des Kopfes wird mittels der Augenhaken, die in die Augenhöhlen eingehakt werden, korrigiert.

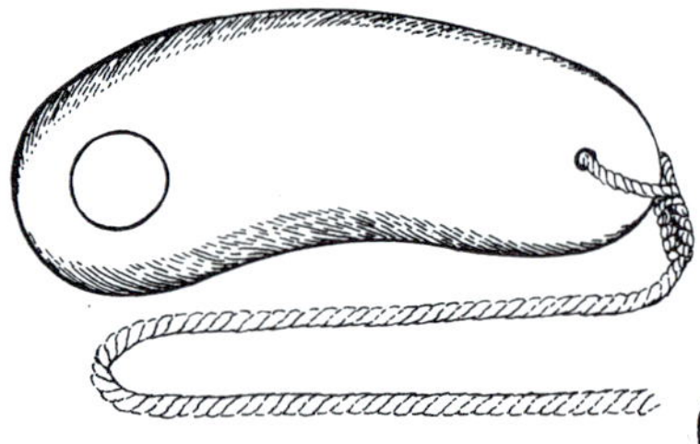

Führung zum Anbringen der Geburtsstricke

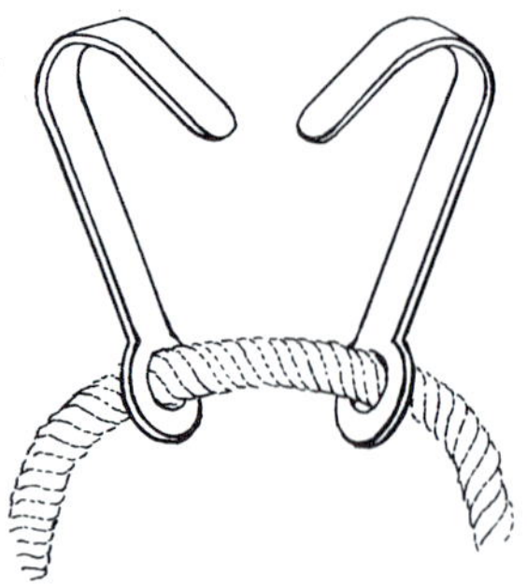

Augenhaken

Kostroma-Rind

Gewicht der Kuh 650–750 kg, Höhe 135 cm,
Gewicht des Stiers 900–1150 kg, Höhe 140 cm.
Melkertrag in einer Laktation 5000 l Milch, Fettgehalt 3,8–4,2%.

In der Aufzählung der wichtigsten Rassen, die die Entwicklung der Rinderzucht nicht nur in Europa, sondern auch in Übersee beeinflußt haben, darf das Kostroma-Rind nicht fehlen. Gegen Ende des vorigen Jahrhunderts wurden ins Gebiet von Kostroma im Westen des europäischen Rußlands Allgäuer und braune Schweizer Rinder gebracht und mit dem einheimischen Vieh gekreuzt. Nach der Entstehung der Sowjetunion haben die Rinderzüchter der dortigen Sowchose Karajewo die Veredelungsarbeit fortgesetzt. Neben einer gezielten Auswahl geeigneter Stücke machten sie optimale Existenzbedingungen für das Vieh zur Grundlage der Züchterarbeit. Im Jahr 1944 erhielten die herausgezüchteten Tiere den offiziellen Status einer eigenen Rasse. Das Kostroma-Rind ist hellgrau bis weiß, in Einzelfällen hell- bis dunkelbraun.

Die durchschnittliche Milchleistung dieser Rasse beträgt rund 5000 l, unter besonders guten Existenz- und vor allem Futterbedingungen sind Exemplare mit einer Produktion von 15 000 l Milch in einer Laktationsperiode und mit rund 100 000 l Milch im ganzen Leben immer häufiger. Auch die Verbesserung der Fleischproduktion ist gelungen. Bei Mastochsen bis zu 500 kg kann man Tageszunahmen von 1,50–1,80 kg verzeichnen.

In Großrinderzuchtanlagen werden die Kälber mit den verschiedenen Milchersatzstoffen aus Säugautomaten getränkt. Die Säugweise dieser Milchaustauscher ist anders als das Saugen am Euter der Mutter. Während die Kälber bei der Mutter sehr aktiv sind – sie stoßen spielerisch mit dem Kopf nach dem Euter und schwenken lebhaft die Schwänzchen –, stehen sie beim Trinken aus den Automaten reglos da und lassen die Schwänze hängen. Unter dem Muttertier haben sie zum Zeichen einer guten Durchspeichelung der Milch weißen Schaum ums Maul, am Automaten nicht. Die ungenügend mit Speichel verdünnte Milch wird vom Kalb nur schlecht verwertet. Die vom Speichel nicht geminderte hohe Pansensäuerung führt dann oft zu Verdauungsstörungen und zum Eingehen der künstlich getränkten Kälber.

Beim Saugen steht das Kalb meist mit dem Hinterteil zum Kopf der Mutter.

♀

Holländisch-Friesisches Rind

Gewicht der Kuh 500–700 kg, Höhe 130 cm,
Gewicht des Stiers 1100 kg, Höhe 140 cm.
Milchleistung in einer Laktation 5000 l Milch, Fettgehalt 4%.

Das Holländisch-friesische Rind ist eine der am weitesten verbreiteten Rindrassen der Welt. Es ist die älteste Kulturrasse und hat den höchsten Nutzwert in der absoluten und relativen Milchproduktion. Es entstand durch die Kreuzung eines einheimischen Rindes mit jütländischem und ostfriesischem Vieh in Friesland. Sein Hauptverbreitungsgebiet sind die Küstenlandschaften von der belgisch-holländischen Grenze über Dänemark bis in die Baltenländer.

Die Färbung dieses Rindes ist schwarzbunt. Kopf und Hals sind schwarz mit einem weißen Stern auf dem Kopf. Bauch und Beinunterpartien sind weiß. Typisch für die Kühe ist die breite, von der Schamgegend bis an den Nabel reichende Euterbasis. Die Fähigkeit, große Milchmengen zu produzieren, ist bei der überwiegenden weiblichen Nachkommenschaft genetisch verankert (hoher Erblichkeitsgrad). Kein Wunder, daß diese Rasse zur Veredelung aller Milchkuhrassen herangezogen wird, namentlich in Europa. In letzter Zeit wurde auch mit der Veredelung im Hinblick auf die Fleischproduktion begonnen, indem der Anteil der wertvollen Muskelfleischteile und damit der Muskelmasse verbessert wird.

Die Milchdrüse der Kuh – das Euter – ist ein anatomisch und funktionell höchst kompliziertes Organ. Sie besteht aus vier Drüsenabschnitten, von denen jeder einen Strich (eine Zitze) trägt. Die Milchmenge ist zweifellos abhängig von der Größe des Euters. Es soll an der Basis, d. h. an der Verbindungsfläche mit dem Rumpf, so breit wie möglich angelegt sein. Beim Melken wird durch einen komplizierten, hormonal-nervlich gesteuerten Prozeß die Milch aus einer ungeheueren Anzahl unterschiedlich großer Milchkanälchen gedrückt. Die Milchzisterne besteht aus zwei Teilen – aus dem Drüsen- und Zitzenanteil – und hat nur ein kleines Volumen.

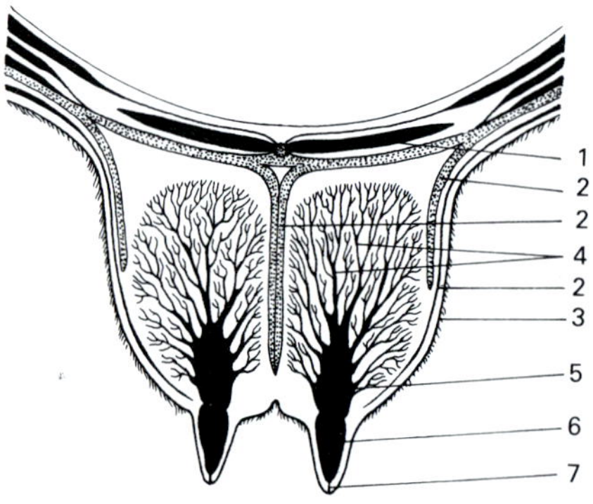

Bau des Kuheuters: 1 gerader Bauchmuskel, 2 Bindegewebssystem, 3 Haut, 4 Milchkanälchen, 5 und 6 Milchzisterne, 7 Strichkanal

Jersey-Rind

Gewicht der Kuh 340–430 kg, Höhe 120 cm,
Gewicht des Stiers 750 kg, Höhe 128 cm.
Milchleistung in einer Laktation 4000 l Milch, Fettgehalt 5%.

Das Jersey-Rind wurde auf der englischen Kanalinsel Jersey hervorgebracht, es gehört zu den ältesten Kulturrindrassen überhaupt. In der Mitte des 19. Jahrhunderts begann seine Ausfuhr in die ganze Welt, vor allem in die USA. Gegenwärtig gehört es zu den besonders weit verbreiteten Rassen.

Die Tiere sind klein, von zartem Körperbau und harter Konstitution. Sie haben einen kleinen, breitwangigen Hechtkopf, auffällig große und klare Augen, einen langen, dünnen Hals, eine schmale Brust und einen tiefen Brustkorb. Die Muskulatur von Rumpf und Gliedmaßen ist nur schwach entwickelt, daher eignen sich diese Rinder nicht für die Mast. Das Fell ist in den verschiedenen Tönen einfarbig von Graubraun über Braunrot bis Cremefarbe und Gelb. Die Stiere sind stets dunkler als Kühe, auch die Jungtiere sind dunkel.

Die Jerseys sind ausgesprochene Milchrinder und reifen früh – die Kühe kalben bereits nach zwei Jahren zum erstenmal. In Dänemark geben Kühe dieser Rasse Milch mit einem Durchschnittsfettgehalt von 6,3%, Spitzentiere sogar 7% und mehr. Im Hinblick auf die Lebendmasse der Kühe und den Umfang der Milchproduktion ist das Jersey-Rind in der relativen Milchleistung das beste der Welt. Trotz seiner guten Milchleistung ist es sehr fruchtbar und zeigt eine ausgeglichene Laktation. Die Tiere sind langlebig und passen sich gut den Umweltbedingungen an.

Die Euterform der Jersey-Rinder ist geradezu beispielhaft. Die Milchdrüsenbasis ist außerordentlich – ihr Umfang am Übergang zur Beckenunterseite und Bauchwand beträgt 200 cm, das Gewicht eines solchen Euters bis zu 20 kg.

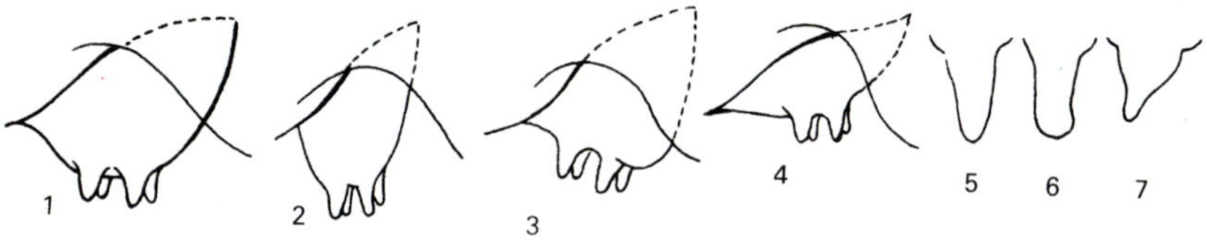

Die Idealform des Euters sieht wie ein halbiertes Ei aus (1), die übrigen (2–4) sind weniger günstig, da sie eine schmale Basis aufweisen und das milchbildende Gewebe nicht hinreichend ausgebildet ist. Die Idealform des Striches zeigt Abb. 5, die Formen 6 und 7 sind für das Maschinenmelken ungeeignet und daher unerwünscht.

Guernsey-Rind

Gewicht der Kuh 450–500 kg, Höhe 120–125 cm,
Gewicht des Stiers 850 kg, Höhe 130–133 cm.
Milchleistung in einer Laktation 5500 l, Fettgehalt 4,6%.

Dieses Rind stammt gleichfalls von den Kanalinseln, es wurde auf den nordwestlich von Jersey liegenden Inseln Guernsey, Alderney und Sark durch Kreuzung von einheimischen Jersey-Kühen mit aus Frankreich importierten bretonischen schwarzbunten Stieren herausgezüchtet. Aus England wurden Guernsey-Rinder in großer Zahl in die USA, nach Australien, Kanada, Japan, Argentinien, Peru und Kenia exportiert, wo sie immer noch gehalten werden. Ihre harte Konstitution ähnelt stark dem Jersey-Rind, sie haben ein zartes, aber festes Skelett. Die Fellfarbe ist gelbrot bis braun, manchmal gescheckt, das Flotzmaul (feuchter Teil der Nase) ist fleischrot. Besonders bemerkenswert ist das Euter, es ist regelmäßig, breit, lang und reicht bis weit in die Nabelgegend, doch sind die Striche kleiner als gewöhnlich. Der relativ kleine Kopf zeigt Hechtform. Die Kühe sind sehr fruchtbar, sie kalben bis ins hohe Alter (15–18 Jahre) jährlich. Außerdem sind sie langlebig und erreichen ein Alter von 18–20 Jahren.

Ein sehr wichtiger Bestandteil der Milchdrüse des Rindes ist der Strich (oder Zitze). Rinder haben 4 Striche. Der Strichkanal verläuft nicht durch den ganzen Strich, sondern nur durch dessen untersten Teil in einer Länge von 8–12 mm. An der äußeren Mündung des Kanals sitzt ein ringförmiger Schließmuskel, der die Milch erst auf einen hormonal-nervlichen Impuls beim Melken oder Säugen freigibt. Die von der Strichoberfläche in die Schleimhaut des Kanals übergehende Haut bildet eine runzelige Rosette, die den Strichkanal vor Infektionen schützt.

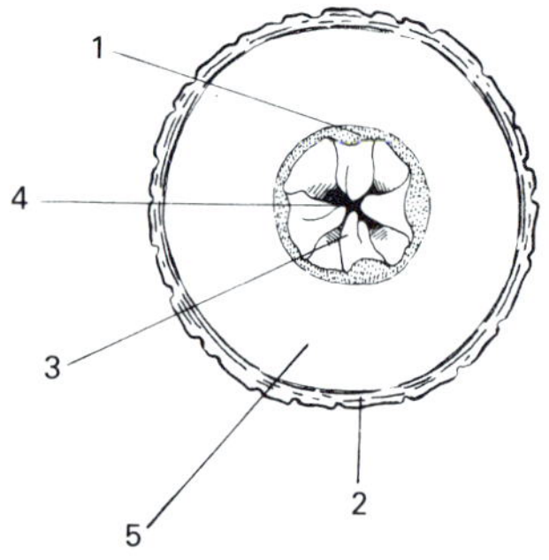

Abschluß des Strichkanals (Querschnitt durch einen Strich): 1 ringförmiger Schließmuskel, 2 Haut, 3 Hautrosette, 4 Strichkanalöffnung, 5 Strichwandung

Deutsches schwarzbuntes Vieh

Gewicht der Kuh 600–650 kg, Höhe 129–134 cm,
Gewicht des Stiers 1000–1100 kg, Höhe 134–140 cm.
Milchleistung in einer Laktation 5000 l, Fettgehalt 4%.

Deutsches schwarzbuntes Vieh ist eine in den beiden deutschen Staaten besonders zahlreich vertretene Rasse. In der Bundesrepublik macht sie über ein Drittel aller Rinder aus, in der DDR über vier Fünftel. Wegen ihres außerordentlichen Nutzwertes wurden diese Rinder auch nach Großbritannien, Schweden, Frankreich, Belgien und in die UdSSR exportiert, wo sie immer noch gehalten werden.

Typisch für das Deutsche schwarzbunte Vieh ist das breite, quadratische Becken und die geräumige Milchdrüse mit den markant ausgebildeten Eutervenen. Die derzeitige Zucht bemüht sich, neben Steigerung der Milchproduktion auch die Fleischnutzung zu verbessern; das gilt nicht nur für die Zunahme, sondern auch für Qualität und Fleischleistung.

Der erste Züchterverband dieser Rinderrasse wurde bereits 1878 gegründet und gehört also zu den ältesten europäischen Züchterverbänden.

Die Milchbildung und -produktion in der Milchdrüse ist ein sehr energieaufwendiger Prozeß. Das Milchbildungsgewebe braucht Baustoffe und Sauerstoff in gewaltigen Mengen, die nur durch eine hinreichende Blutzufuhr bereitgestellt werden können. Je leistungsfähiger die Milchdrüse, desto größer muß die Blutzufuhr sein. Die blutzuführenden Arterien sind an der Oberfläche des Euters nicht zu sehen. Die Eutervenen liegen wie gewundene Schnüre unter der Haut der Milchdrüse und verlaufen auch seitlich am Bauch. An ihnen kann man den Umfang der Blutversorgung erkennen. Um einen einzigen Liter Milch zu erzeugen, müssen 450–500 Liter Blut durch das Euter fließen.

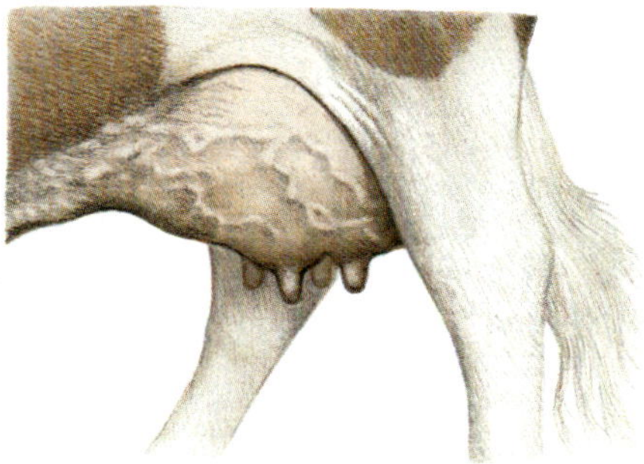

Venengeflecht an der Oberfläche des Euters

♀

Bretonisches schwarzbuntes Vieh

Gewicht der Kuh 400 kg, Höhe 129 cm,
Gewicht des Stiers 550–700 kg, Höhe 137 cm.
Milchleistung in einer Laktation 4200 l, Fettgehalt 5%.

Das Bretonische schwarzbunte Vieh ist eine einheimische französische, bislang reinrassig, d. h. ohne die Beimengung von fremdem Blut, gezüchtete Rasse. Es ist ein schwarzweiß geschecktes Rind mit kleinem Körperrahmen. Der gute Bau der Gliedmaßen deutet an, daß dieses Rind über Generationen hinweg auf der Weide gehalten wurde. Dank dem Aufenthalt im Freien und dem Klimaeinfluß hat es eine feste Konstitution und ist genügsam sowie anspruchslos in der Ernährung. Die Milchproduktion ist im Hinblick auf die Lebendmasse der Tiere relativ hoch; zufriedenstellend ist auch die Fleischproduktion. Zur Mast werden vor allem Bullen und Ochsen herangezogen, denn bei ihnen ist die Schenkelmuskulatur besonders gut entwickelt. Diese Vorzüge machen das Bretonische schwarzbunte Vieh besonders geeignet für die Haltung in Gebieten mit ähnlichen klimatischen und geographischen Bedingungen. In Frankreich wird es von der Bretagne bis in den Südosten des Landes gehalten. Es wurde auch von den Rinderzüchtern in Nordafrika, Italien, Griechenland, Spanien und einigen Staaten Südamerikas importiert und wegen seiner Widerstandsfähigkeit gegen Hitze und Infektionen zur Kreuzung mit einheimischen Rassen benutzt.

Eine wichtige Periode im Leben von Kühen mit hoher Milchproduktion ist das sog. Trockenstellen. Das ist ein physiologischer Ruhestand vor dem Kalben, in dem das Muttertier die Milchproduktion einstellt. Dadurch wird dem Organismus der Milchkuh die Vorbereitung auf eine neue Laktationsperiode ermöglicht. Mit der Milch werden nämlich derart viele Nähr- und Mineralstoffe ausgeschieden, daß eine ununterbrochene Milchproduktion eine Kuh bis zum physischen Zusammenbruch erschöpfen würde. Je höher die Milchproduktion, desto länger notwendigerweise die Trockenperiode. Das Minimum sind 6–10 Wochen vor dem Kalben.

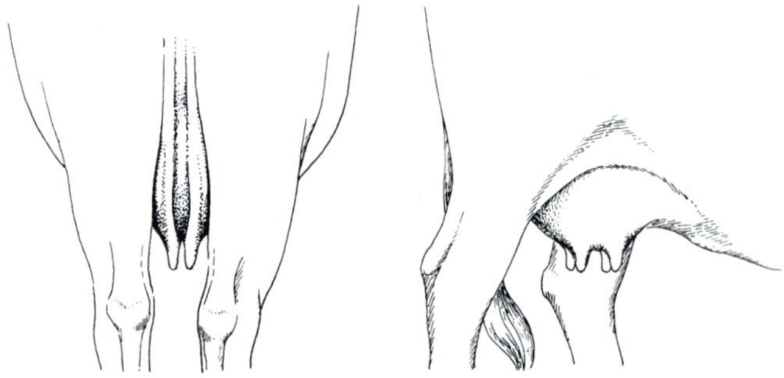

Trockengestelltes Euter, geschrumpft und ohne die angeschwollenen Venen auf der Oberfläche

Holstein-Friesian

Gewicht der Kuh 600–750 kg, Höhe 135–142 cm,
Gewicht des Stiers 1000–1200 kg, Höhe 145–155 cm.
Milchleistung in einer Laktation 6000 l, Fettgehalt bis 4%.

Die Zucht dieser Rasse konzentriert sich im wesentlichen auf die USA und Kanada. Ihre Anfänge hängen mit den holländischen Kolonisatoren zusammen, die nach 1621 diese Rinder nach Nordamerika mitgebracht haben. Sie werden vor allem in den großen, dicht besiedelten und industriereichen Gebieten im Nordosten, an der Pazifikküste und in Südkalifornien gehalten, haben sich aber auch in Mittel- und Südwestkanada verbreitet. Das Holstein-Friesian-Rind ist ein Schwarzfleckvieh mit großem Körperrahmen, daher ist seine Muskulatur schwächer ausgebildet. Das Euter ist auffallend gut ausgebildet, die Haut sehr fein und dünn. In der Milchproduktion gilt es als eins der leistungsfähigsten Rinder der Welt. Die außergewöhnliche Milchleistung rührt daher, daß die Milchkühe eine große Menge Rauhfutter (Gras, Heu) aufnehmen und sehr effektiv verwerten können. Zur Mast bestimmte Tiere zeigen auch in der Fleischproduktion gute Ergebnisse.

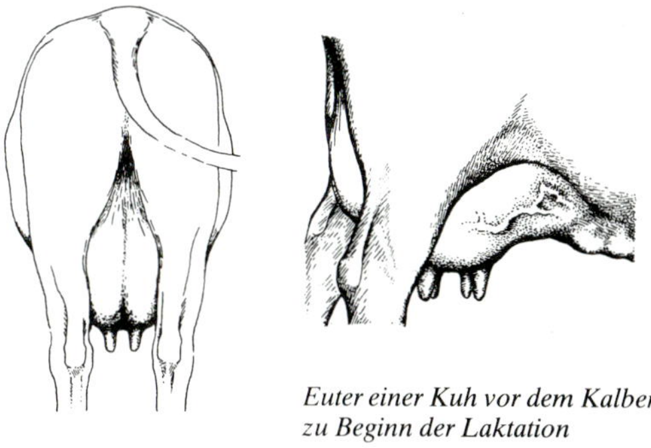

Euter einer Kuh vor dem Kalben zu Beginn der Laktation

Die anatomischen und physiologischen Veränderungen, die sich während der Vorbereitung auf die Laktation abspielen, sind verblüffend. Die Milchdrüse schwillt abnorm an, Haut und Unterhaut der umliegenden Körperpartie sind gleichfalls stark geschwollen. Das milchbildende Gewebe der Drüse füllt die Zisterne und die Milchkanälchen mit einem biologisch sehr wertvollen und für das Kalb unentbehrlichen Sekret, der sog. Biestmilch (Kolostrum). Unentbehrlich ist die Biestmilch deshalb, weil das Kalb wegen der eigenartigen Beschaffenheit der Plazenta während der Embryonalentwicklung keine Abwehrstoffe aus dem Blut der Mutter aufnehmen kann und diese erst nach der Geburt in der Biestmilch erhält.

♀

Angler-Rind

Gewicht der Kuh 450 kg, Höhe 132 cm,
Gewicht des Stiers 1000 kg, Höhe 145 cm.
Milchleistung in einer Laktation 5000 l, Fettgehalt 4–5%.

Die Heimat dieser Rasse ist die Halbinsel Angeln in Schleswig-Holstein. Es handelt sich um ein sehr edles Rind, das wegen seiner Nutzwerte, vor allem in der Milchproduktion, nach Dänemark ausgeführt wurde, wo es die Entstehung des roten dänischen Milchviehs sehr günstig beeinflußt hat. Es wurde auch in andere Ostseeländer sowie einige Sowjetrepubliken im Binnenland ausgeführt, wo es an der Veredelung der verschiedensten einheimischen Rassen einen bedeutenden Anteil hatte. In der Gegenwart wird es überall gehalten, allerdings nur in beschränktem Umfang.

Das Rind hat ein zartes Skelett und eine ziemlich schwache Muskulatur, daher macht die Lebendmasse der Kuh nur 450 kg aus. Die Kälber wachsen rasch, und diese Gewichtsangabe gilt schon für Färsen beim ersten Kalben im Alter von zwei Jahren. Die Stiere werden im Alter von 12 Monaten (aber auch früher) geschlechtsreif bei einer Lebendmasse von 380 kg. Die Kälber eignen sich sehr gut für die Mast, denn sie erreichen schon mit 3,5–4,5 Monaten ein Lebendgewicht von 120 kg. Die Zunahme der Kastraten beträgt über 1 kg pro Tag, und die Qualität ihres Fleisches ist vorzüglich. Die Fellfarbe des Angler-Rinds ist Rot bis Rotbraun.

Die hohe Milchproduktion in den Großzuchtanstalten, die große Anstrengung bei der Milchgewinnung durch die Handmelkerei und die verschärften Hygieneanforderungen beim Melken erfordern die Konstruktion von leistungsfähigen und zugleich schonenden Melkapparaten. Sie arbeiten nach dem Prinzip eines periodisch auf das Euter einwirkenden Unterdrucks. Er hat eine doppelte Funktion. Erstens bewirkt er als mechanischer Impuls einen Reiz auf den Hinterlappen der Hirnanhangsdrüse. Der reagiert durch die Absonderung eines Hormons, das die kontraktilen Fasern in den Wänden der Milchkanälchen beeinflußt. Deren Kontraktionen treiben die Milch in die Milchzisterne, wo sie durch den Unterdruck in die Melkanlage abgesaugt wird. Das Melken ist also ein Prozeß, an dem sich das Tier aktiv beteiligt.

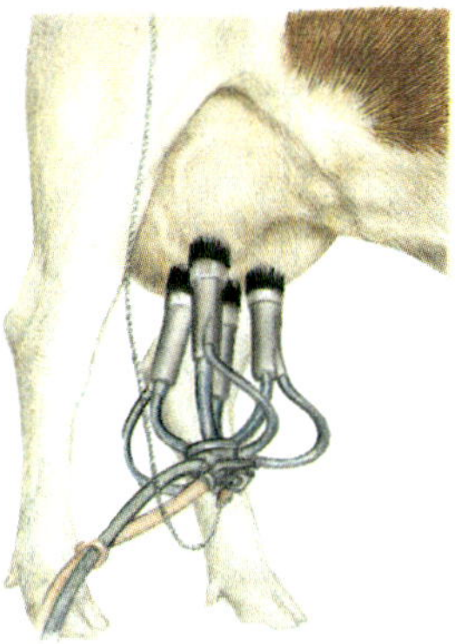

Teil einer Melkanlage mit den Melkbechern

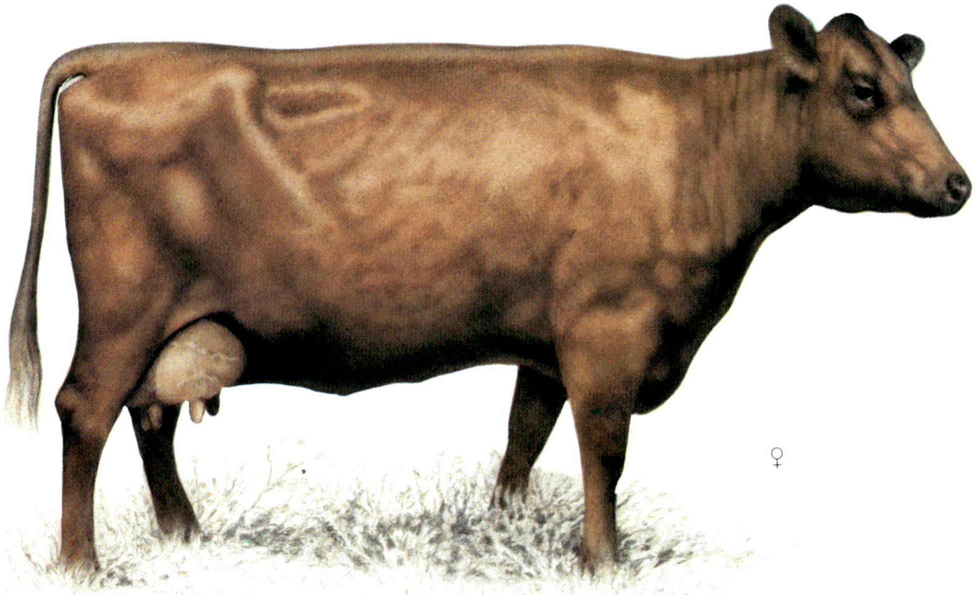

Ayrshire-Rind

Gewicht der Kuh 450–550 kg, Höhe 131–136 cm,
Gewicht des Stiers 800–900 kg, Höhe 140–145 cm.
Milchleistung in einer Laktation 5000 l, Fettgehalt 4,2%.

Diese Rasse entstand gegen Ende des 18. Jahrhunderts in der südwestschottischen Grafschaft Ayrshire. Grundlage war ein einheimisches Kurzhaarrind, das mit einer ganzen Reihe von importierten Rassen gekreuzt wurde. Die letzte veredelte Rasse waren Shorthorns. So entstand ein rotgeschecktes Vieh, das sehr anpassungsfähig, genügsam und widerstandsfähig ist, ein ruhiges Temperament hat und daher leicht zu melken ist. Außerdem ist es sehr fruchtbar und langlebig und erbringt einen hohen Nutzwert in der Milchproduktion. Die Kühe haben voluminöse Euter mit breiter Basis. Wegen all dieser Vorzüge wurden die Rinder schon 1822, bald nachdem sich Exterieur und Nutzwert stabilisiert hatten, in die USA ausgeführt. Das Ayrshire-Zuchtbuch wurde in den USA 1876 angelegt, im Ursprungsland hingegen zwei Jahre später. Am stärksten verbreitet ist dieses Rind in Großbritannien, wo über 2,5 Millionen Stück gehalten werden. Überall in der Welt dient es zur Veredelung von Rassen, die sich für die Milchrinderzucht in Großanlagen eignen.

Die Steigerung von Nutzen und Produktivität von Rindern durch die Einfuhr von europäischen Kulturrassen ist vor allem in den Entwicklungsländern eine sehr komplizierte und häufig undankbare Angelegenheit. Jede Kulturrasse wurde unter ganz bestimmten Klimabedingungen herausgezüchtet. Überführt man nun Vertreter einer Rasse in beträchtlich andere Bedingungen und überschreitet dabei die Grenzen der Erträglichkeit des veränderten Klimas, kommt es bei den importierten Rindern zum Zusammenbruch der Konstitution, Leistung und Fruchtbarkeit gehen zurück, die Tiere werden krank und sterben früh. Die Rettung besteht einzig und allein in der Kreuzung mit einheimischen, an die jeweiligen Bedingungen gewohnten Rindern.

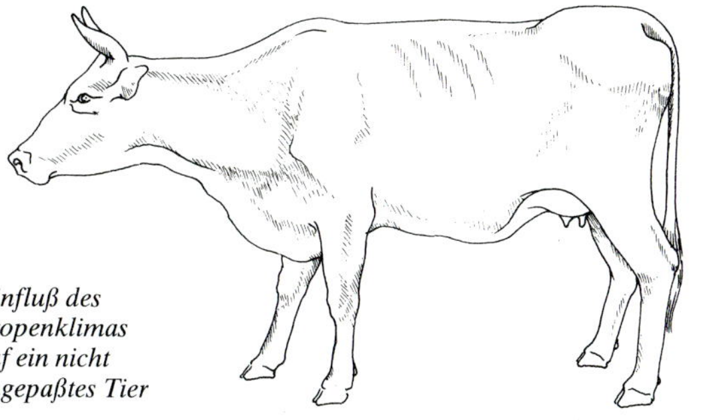

Einfluß des Tropenklimas auf ein nicht angepaßtes Tier

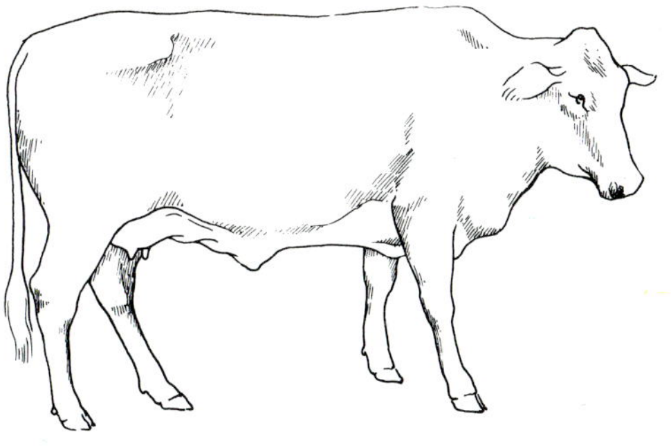

Tochter eines Zebu-Bullen und einer Kuh aus einer europäischen Kulturrinderrasse

♀

Dänisches schwarzbuntes Rind

Gewicht der Kuh 500–600 kg, Höhe 131 cm,
Gewicht des Stiers 1000 kg, Höhe 138 cm.
Milchleistung in einer Laktation 5000 l, Fettgehalt 4%.

Das Dänische schwarzbunte Rind wird nach dem Ort seiner Verbreitung auch Jütland-Rind genannt. Dank seiner hohen Veredelungsstufe wird es auch heute noch in eine ganze Reihe von europäischen, nordafrikanischen, asiatischen und südamerikanischen Staaten ausgeführt.

Das Dänische schwarzbunte Rind hat einen mittleren Körperrahmen, einen tiefen Brustkorb, einen gut bemuskelten Rumpf mit festem Rücken und ein sehr gut ausgebildetes Euter. Wegen des anatomisch günstigen Baus der Striche und der leichten Melkbarkeit (leichte Milchhergabe) ist es für die Maschinenmelkerei wie geschaffen. Die Färbung ist schwarzfleckig, die schwarze Farbe soll überwiegen. Der Kopf soll schwarz sein und einen weißen Stern auf der Stirn zeigen, der Bauch, die gesamten Gliedmaßen und der halbe Schwanz müssen weiß sein. Das Flotzmaul (der feuchte Teil der Nase) ist dunkel. Zu den Vorzügen dieses Rindes gehören Widerstandsfähigkeit gegen Infektionen, Frühreife und Anpassungsfähigkeit an das Klima. Daneben zeigt es eine gute Fleischqualität und gute Futterverwertung. Wegen dieser Eigenschaften wird es in allen landwirtschaftlich hochentwickelten Ländern gehalten.

Eine Redensart der alten, erfahrenen Viehzüchter sagt: »Die Kuh gibt mit den Füßen Milch.« Das heißt: um einen größtmöglichen Nutzen zu erzielen, ist das physische Wohlbefinden des Tieres unerläßlich. Eine der häufigsten Schmerzursachen sind verwachsene Klauen. Sie treten in erster Linie bei ausschließlich im Stall gehaltenen Tieren auf, bei denen die nachwachsende Hornmasse nicht durch die Fortbewegung im Gelände abgenutzt werden kann (sog. Stallklauen). Unter der wuchernden Hornmasse kommt es oft zu derartigen Vereiterungen, daß die Klauen amputiert werden müssen oder das Tier sogar notgeschlachtet werden muß.

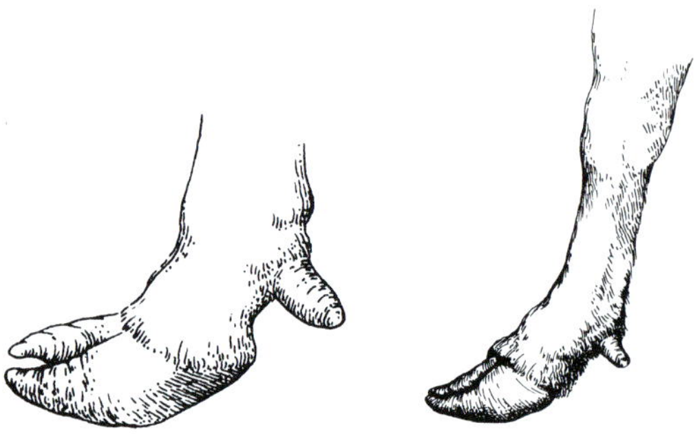

Stallklauen

♂

Chomolgoren-Rind

Gewicht der Kuh 500–600 kg, Höhe 133 cm,
Gewicht des Stiers 800–1000 kg, Höhe 145 cm.
Milchleistung in einer Laktation 4500 l, Fettgehalt 3,5–3,85%.

In der Sowjetunion ist das Chomolgoren-Rind eine der ältesten und am zahlreichsten vertretenen Milchrindrassen. Es wurde in der Gegend von Archangelsk durch die Kreuzungen mit importiertem Holländischem und Deutschem schwarzbuntem Vieh im 18. und 19. Jahrhundert herausgezüchtet. Die genetisch bedingte Fähigkeit, große Milchmengen zu produzieren, wurde durch die günstigen Klima- und Haltungsbedingungen im Entstehungsgebiet weiterentwikkelt. Die Fähigkeit dieser Rasse, sich ungünstigen Umwelteinflüssen anzupassen, ihre stabile Gesundheit und ihr hoher Nutzwert weckten das Interesse der Züchter in Polen, Finnland, Norwegen und weiteren Ostseeländern, so daß es in großer Zahl dorthin exportiert wurde. Gegenwärtig liegt das Schwerpunktgebiet der Chomolgoren-Rinderhaltung um den Dwina-Oberlauf. Über 90% aller Tiere zeigt eine schwarz-weiß gescheckte Färbung. Die restlichen sind teils rot-weiß, teils maus-grau gescheckt.

Schräg zur Körperlängsachse liegende Rippen sind das Zeichen für einen Tiertyp, bei dem Lungen und Herz relativ groß sind; die Tiere haben ein gut verzweigtes Gefäßnetz, einen schlanken Rumpf und ebensolche Gliedmaßen. Man nennt diesen Typ respiratorisch, das heißt, das gesamte Atemsystem ist gut ausgebildet. Bei Rindern tritt dieser Typ vor allem bei Milchrassen auf. Fast senkrecht zur Körperlängsachse stehende Rippen, breiter Rumpf, kurzer Hals, viel Unterhautfett und kurze, kräftige Gliedmaßen sind bezeichnend für den Masttiertyp. Lunge und Herz sind im Verhältnis zum Körper klein, die Leber ist groß. Diesen Typ nennt man auch digestiv, das heißt, die Tiere verwerten bei der Verdauung die Nahrung gut.

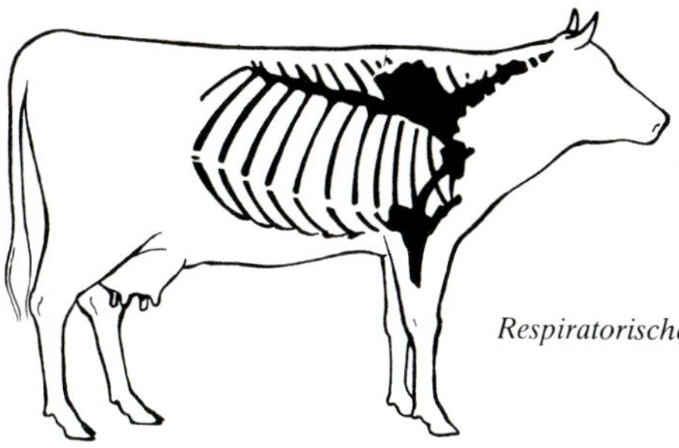

Respiratorischer Typ

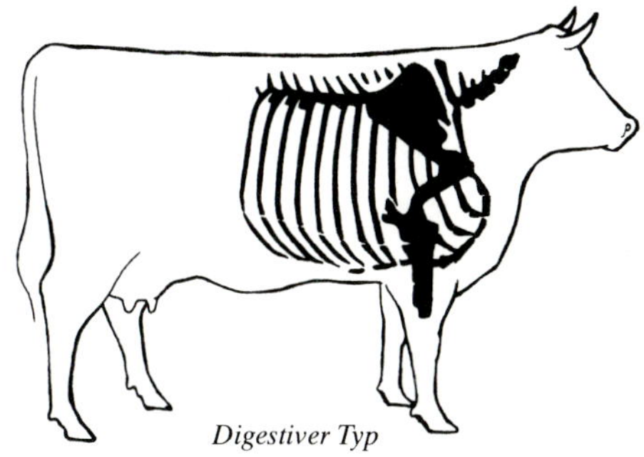

Digestiver Typ

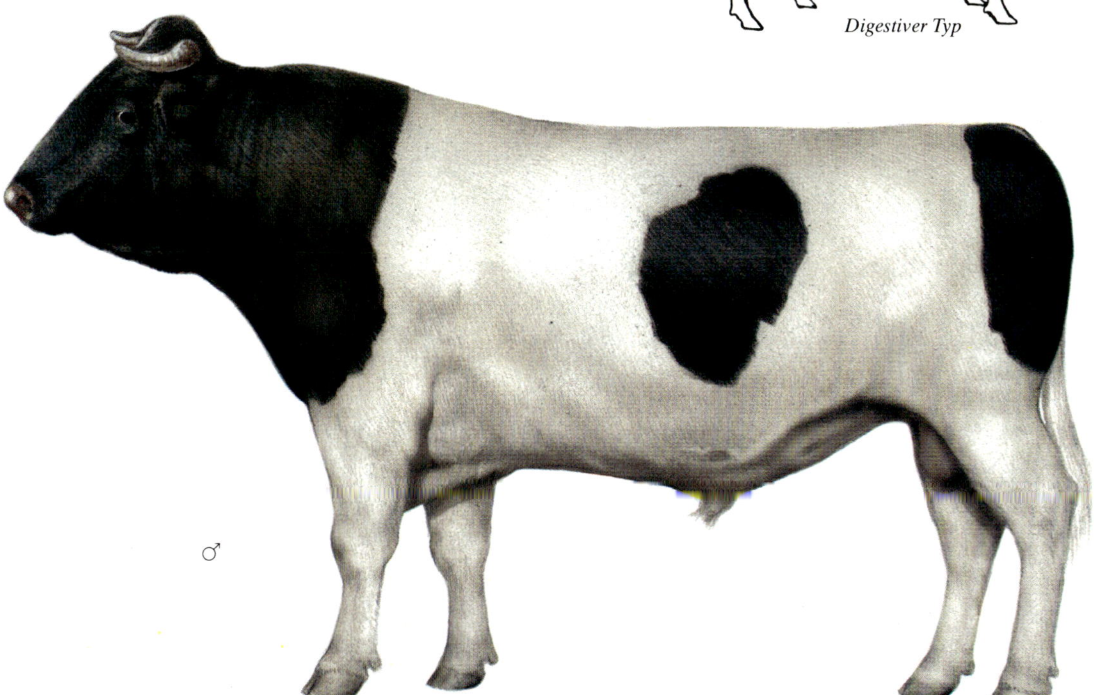

♂

Hausesel

Höhe 113–130 cm.

Die Frage, ob die Vorfahren des Hausesels die beiden wildlebenden Unterarten des Afrikanischen Esels (*Equus africanus*) – der Nubische Esel (*E. africanus africanus*) und der Somali-Esel (*E. africanus somaliensis*) – waren, ist nicht restlos geklärt. Auf Grund der Tatsache, daß sowohl der Hausesel als auch der Nubische Esel das sog. Eselkreuz aufweisen (d.h. zwei sich auf den Schulterblättern kreuzende dunkle Fellstreifen) – während der Somali-Esel diesen Eselsstreif nicht oder nur sehr undeutlich zeigt –, wird der Ursprung des Hausesels vom Nubischen Esel abgeleitet. Dazu tritt der Umstand, daß der Somali-Esel bis zu den Vorderfuß- und Sprunggelenken gestreifte Beine hat, während die Streifen beim Hausesel und Nubischen Esel fehlen.

In Aussehen und Größe unterscheidet sich der Esel beträchtlich vom Pferd. Die markantesten Unterscheidungsmerkmale des Esels sind der große Kopf, die auffallend langen Ohren und der nur am Ende haarbewachsene Schwanz, der beim Pferd ganz mit dem sog. Roßhaar bewachsen ist.

Der Esel wird in den sehr warmen und sehr trockenen Landschaften Südeuropas und Nordafrikas gehalten. Er ist ein sehr hartes, genügsames und kräftiges Tier, dazu unglaublich widerstandsfähig gegenüber allen möglichen Erkrankungen. Er wird als Reit-, Zug- und Tragtier gehalten. Seine Milch dient als Getränk, das Fleisch wird gegessen, aus seiner Haut wird Pergament hergestellt. Durch die Paarung von Eseln und Pferden kommen Kreuzungen zustande, die noch leistungsfähiger als ihre Eltern sind. Auch sie dienen als Zug-, Reit- und Lasttiere. Der Nachkomme von Eselhengst und Pferdestute ist das Maultier, der von Eselstute und Pferdehengst der Maulesel. Diese Nachkommen sind nahezu immer unfruchtbar (in Ausnahmen treten fruchtbare Maultierstuten auf), da es sich hier um eine vorsätzlich vom Menschen herbeigeführte Artbastardisierung handelt. In der freien Natur kommen solche Kreuzungen nicht zustande, da Pferd und Esel unter anderen Existenzbedingungen leben.

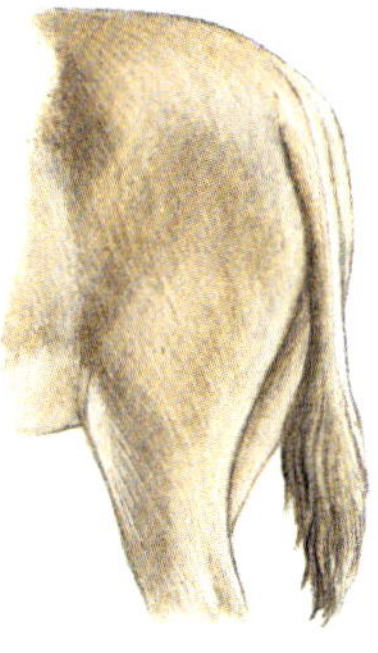

Eselsschwanz

Roßschweif

♂

Przewalski-Pferd

Höhe 130–140 cm

Die Kirgisen nannten dieses Wildpferd »Kertak«, die Zoologen gaben ihm zu Ehren des russischen Naturforschers, der es erstmals beschrieben hat, den Namen »Przewalski-Pferd«. Zu Beginn unseres Jahrhunderts kam es ganz sicher noch wild vor und war ursprünglich in den Steppen Mittelasiens und in der Mongolei verbreitet. In der zweiten Hälfte des 19. Jahrhunderts beschränkte sich sein Vorkommen nur noch auf die Grenzzone von Wüste und Halbwüste zwischen dem mongolischen Altai im Norden und dem Ostteil des Tienschan im Süden. Zweifellos lebten die Vorfahren dieses Pferdes während der Steinzeit auch in Europa; das beweisen nicht nur Ausgrabungen, sondern auch zahlreiche Höhlenmalereien. Mit dem Schwinden der Steppen in der Nacheiszeit wich auch das Przewalski-Pferd bis in die genannten Gebiete zurück. Genaue Informationen darüber, ob und wo es heute noch lebt, gibt es nicht, doch neigt die Wissenschaft zu der Ansicht, daß es in freier Wildbahn ausgestorben ist. In zoologischen Gärten wird es noch gehalten.

Das Fell des Przewalski-Pferdes ist meist sandfarben, die Mähne ist kurz und aufgerichtet und ähnlich wie der Schwanz und die Gliedmaßen dunkelbraun. Über die Rükkenmitte verläuft von der Mähne bis zur Schwanzwurzel ein dunkler, 1–3 cm breiter Streifen, der sog. Aalstreif. Bei manchen Tieren bildet er mit einem weniger deutlichen breiten Schulterstreifen quer über die Schulterblätter das sog. Eselskreuz.

In der Ausformung des Kopfes treten Unterschiede zwischen Hengsten und Stuten zutage. Der Kopf des Hengstes ist größer, kürzer und breiter, die Schädelknochen sind unter der Haut weniger klar sichtbar, da sie dicker ist. Im Gebiß des Hengstes finden sich Eckzähne im Ober- und Unterkiefer, während bei Stuten nur ausnahmsweise Eckzähne ausgebildet sind. Das Zusammenspiel all dieser Elemente bringt den sog. Geschlechtsausdruck von Hengsten und Stuten zustande. Die Kastration eines Hengstes verwischt diesen Geschlechtsausdruck ein wenig, doch bleiben die Eckzähne erhalten.

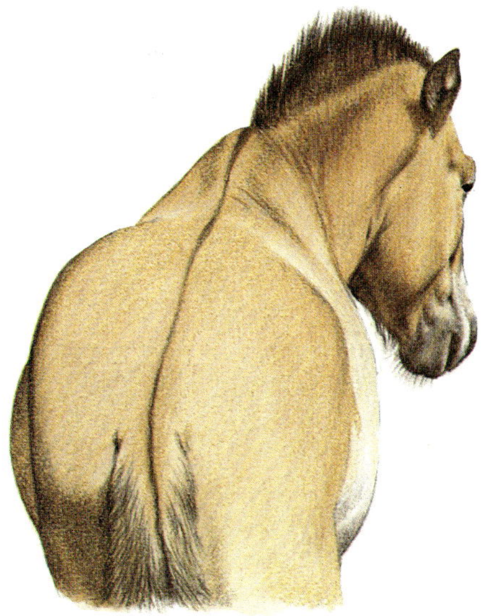

Aalstrich

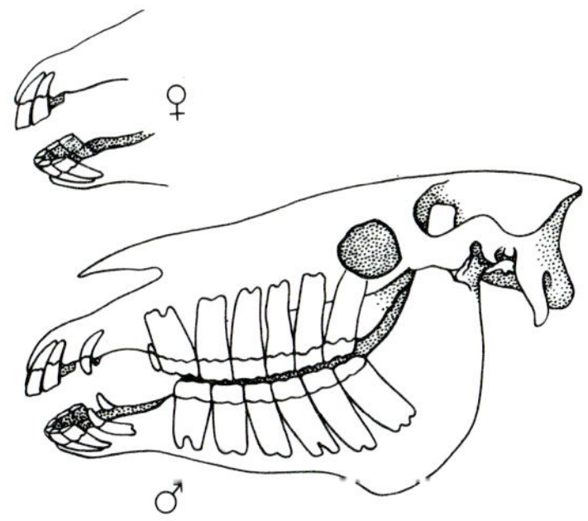

Unterschiede im Gebiß von Hengst und Stute

Mongolenpferd

Höhe 140–150 cm, Brustkorbumfang 155–165 cm
Fesselumfang 16,5–18 cm, Gewicht 400–500 kg

Das Mongolenpferd ist der engste Verwandte des Przewalski-Pferdes. Bislang wird es in ungeheurer Zahl auf dem nahezu halben Gebiet der europäischen UdSSR gehalten, also auf einer Fläche von knapp 3 Millionen km^2.

Dieses Pferd ist genügsam und stellt keine Ansprüche an das Futter, ist dabei gesund, abgehärtet und langlebig. Es reift spät heran, erst im fünften Jahr. Legendär ist seine Schnelligkeit und Ausdauer; ohne sichtbare Ermüdung kann es fünf Stunden lang ununterbrochen galoppieren. Sonnenglut und Trockenheit erträgt es ebenso gut wie Schneestürme und Frost.

Da es die aufgenommene Nahrung außergewöhnlich gut verwertet, setzt es während der Vegetationszeit einen Unterhautfettvorrat am Hals an, aus dem es ähnlich wie Kamel oder Fettschwanzschaf einen wesentlichen Teil seines Energiebedarfs deckt. Im Winter besteht sein Futter nur aus dürrem Gras, das es sich mit den Hufen unter dem Schnee hervorscharrt, da die Mongolen kein Heu kennen. Von seinem Pferd gewinnt der Besitzer alle lebensnotwendigen Güter: es liefert ihm Milch (aus der auch ein alkoholisches Getränk – Kumys – hergestellt wird), Fleisch sowie Leder für die Bekleidung und Behausung und verschiedene Gefäße oder Behälter.

Die Mongolenpferde sind Falben in verschiedenen Tönen, Füchse, Braune, selten Schecken.

Der Geschlechtsunterschied wird auch an der Ausbildung des Beckens deutlich. Die Beckenknochen des Hengstes sind stärker als die der Stute, daher ist bei ihm die Beckenhöhlung weniger geräumig.

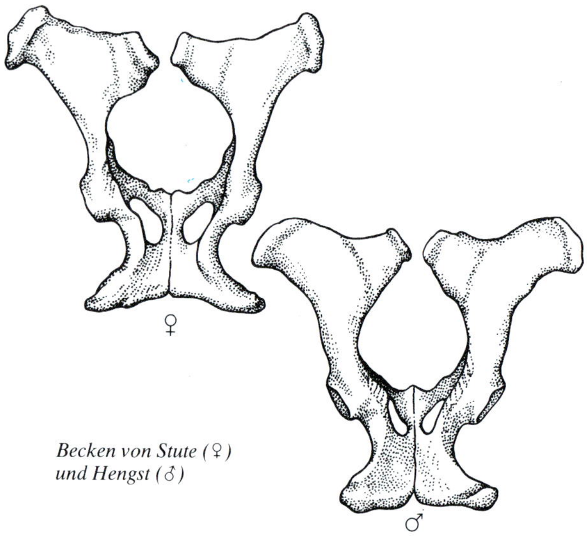

Becken von Stute (♀) und Hengst (♂)

Arabisches Vollblut

Höhe 150–160 cm, Brustumfang 170–180 cm, Fesselumfang 18–19,5 cm, Gewicht 450–500 kg.

Die Heimat dieser weltberühmten Pferderasse ist Arabien. Dort wurde bereits im 7. Jahrhundert mit ihrer planvollen Zucht begonnen. Der Araber ist ohne Pferd undenkbar, und so hat auch Mohammed seine Ansichten über die Pferdezucht dargelegt und seine Anweisungen für die Zucht dieser Rasse gegeben.

Typischer Hechtkopf des Arabischen Vollbluts (1) im Vergleich zum rammsnasigen Kopf des Kladrauer Pferdes (2)

Die Existenzbedingungen auf der Arabischen Halbinsel sind sehr unterschiedlich, daher gibt es verschiedene einheimische Pferdetypen, deren Veredelungsstufen sich voneinander unterscheiden. Die edelsten, aber auch kleinsten sind die auf den Hochebenen von Nedschd gezüchteten Pferde. Die wertvollsten arabischen Vollblüter entstammen fünf Sippen, die je von einer der fünf Stuten Mohammeds abstammen. Diese Pferdeelite wird Al-Kham-Sa (alle fünf) genannt. Die Araber achten sehr streng auf die Reinrassigkeit ihrer Pferde, und so wurde eine Verwandtschaftszucht mit allen negativen Folgen unvermeidlich. Diesen Nachteil des Arabischen Vollbluts machen die Araber durch eine harte Aufzucht wett, wodurch Tiere mit schwacher Konstitution ausgemerzt werden.

Das Arabische Vollblut ist ein sehr ausdauerndes, abgehärtetes, genügsames, gut zu beherrschendes Pferd und ein guter Futterverwerter. Seine Farbe ist meist weiß, weniger häufig sind Braune, am seltensten treten Füchse auf. Ihre Zucht ist am stärksten über den Nahen und Mittleren Osten verbreitet, dann in Nordafrika, Süd- und Mitteleuropa, doch gibt es auf der Welt kein Land mit einer hochentwikkelten Pferdezucht, in dem die wertvollen Eigenschaften dieser Rasse nicht für die Zucht genutzt worden wären. Araber dienen vor allen Dingen zur Veredelung anderer Pferderassen, in weit geringerem Ausmaß als Sportpferde.

Berberpferd

Höhe 145–155 cm, Brustumfang 170–180 cm, Fesselumfang 18–20 cm, Gewicht 450–500 kg.

Als Berberpferde bezeichneten die Bewohner Nordafrikas die Kreuzungen von einheimischen Pferden mit denen, die von den germanischen Stämmen im 5. und 6. Jahrhundert mitgebracht worden waren. In den Adern dieser Pferde befand sich auch ein Anteil an westeuropäischem Waldpferdblut. Die so entstandenen Kreuzungen waren stark, schnell und ausdauernd und wurden mit Arabischem Vollblut weiter veredelt.

In Nordafrika waren die Existenzbedingungen für Pferde nicht besonders günstig, deshalb mußten im Laufe der Jahrhunderte solche Pferdesippen allmählich ausgemerzt werden, die sich infolge mangelhafter Konstitution als untüchtig erwiesen hatten.

Das Ergebnis dieses langfristigen Prozesses ist das heutige Berberpferd. Verglichen mit dem Araber ist es etwas höher, länger im Rücken, hat eine leicht geneigte Kruppe und einen höheren und kürzeren Gang. Die häufigste Färbung ist der Schimmel, weniger häufig sind verschiedene Brauntöne, Rappen sind selten. Der Berber dient vor allem als Reit-, aber auch als leichtes Zugpferd.

Berber werden in ganz Nordafrika gehalten, die edelsten und ursprünglichsten Pferde findet man im Landesinneren von Algerien, Tunesien und Tripolitanien. Im Bergland von Marokko und Algerien wird ein reiner Berber mit kleinerem Rahmen gezüchtet, an den Küsten der afrikanischen Staaten ein Berber mit einem großen Anteil an Araberblut, der dem ursprünglichen Berberpferd schon recht fern steht.

Die richtige Winkelung der Gliedmaßen in den Fesselgelenken (Köten) hat einen großen Einfluß auf die Leistungsfähigkeit eines Pferdes und auf seine Nutzung bis ins hohe Alter. Bei steilen Köten hat das Pferd einen steifbeinigen, schnell ermüdenden Gang. Bei weichen Köten und Bärenfüßigkeit (s. Abb. 3) wird der Aufhängeapparat des Beines überbeansprucht, vor allem die Hufbeinbeugesehne, so daß solche Pferde schnell an Leistungsfähigkeit verlieren und vorzeitig ausgemerzt werden müssen.

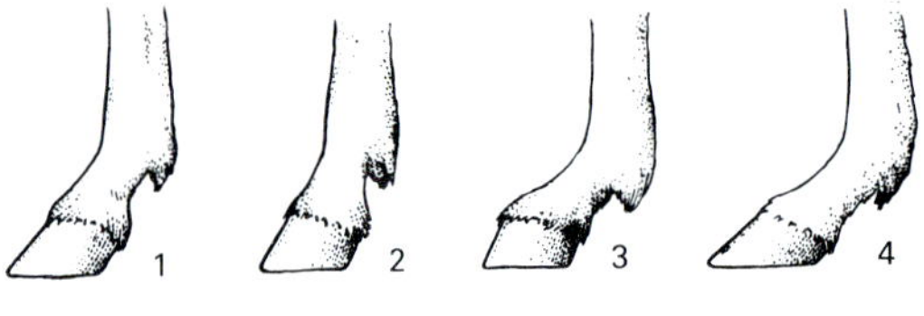

Abwinkelung der Gliedmaße im Fesselgelenk: 1 richtiger Winkel, 2 steiles Fesselgelenk, 3 weiches Fesselgelenk, 4 Bärenfüßigkeit,

Lipizzaner

Höhe 160–168 cm, Brustumfang 175–190 cm, Fesselumfang 19–20,5 cm, Gewicht 480–550 kg.

Im Jahr 1580 wurde in Slowenien 13 km nordöstlich von Triest das Gestüt Lipizza gegründet. Auf der Grundlage des Blutes von altspanischen und altitalienischen Hengsten wurde hier eine einzigartige Rasse von leistungsfähigen Reitpferden herausgezüchtet, die gleichzeitig auch als leichte Kutschpferde dienten. Von Anfang an wurde hier eine reinrassige Zucht mit nur einer geringen Blutbeigabe orientalischer Pferde betrieben. Fünf spanische und neapolitanische Hengste sowie zwei Araberhengste waren die Begründer der sieben Hauptstämme der Lipizzaner.

Die Lipizzaner sind zu 80% Schimmel, die übrigen 20% bilden Braune und Rappen. Das Füllen kommt stets schwarz zur Welt, der Farbwandel stellt sich erst im Laufe der Zeit ein. Der Lipizzaner ist sehr fruchtbar; zwar reift er spät heran (mit 2–6 Jahren), doch wird er bei voller Fruchtbarkeit und Leistungsfähigkeit 20 Jahre und noch älter. Sein Gang ist abgemessen und energisch. Er ist genügsam und anspruchslos, bei der Arbeit ausdauernd, beweglich und hart in der Konstitution, dazu gehorsam und gelehrig. Diese Eigenschaften hat sich die weltberühmte Hohe Schule in Wien zunutze gemacht. Nirgends sonst auf der Welt – ausgenommen im französischen Saumur – kann man solche Spitzenleistungen der Pferdedressur sehen wie dort: Passage, Piaffe, Pirouette, Levade, Kruppade, Kurbette, Ballotade, Kapriole. Diese Übungen und Sprünge sind nichts Neues, alle besseren Kampf- und Turnierpferde des Mittelalters beherrschten sie. Damals waren sie allerdings kein effektvolles Schauspiel, sondern im Kampf oft eine Frage von Leben und Tod.

Die Lipizzanerzucht ist am stärksten in Österreich, Ungarn, Polen, der ČSSR, in Rumänien und Jugoslawien verbreitet.

Neugeborenes Fohlen

♂

Orlow-Traber

Höhe 160–170 cm, Brustumfang 180–190 cm, Fesselumfang 19,5–21 cm, Gewicht 450–550 kg.

Ist von Trabern die Rede, darf dieses Pferd nicht unerwähnt bleiben. Seinen Namen erhielt es vom Grafen Orlow, dem Besitzer des Gestüts Chrenowoje im Gebiet von Woronesch in Rußland. In diesem Gestüt wurde in den siebziger Jahren des 18. Jahrhunderts mit der Veredelung von Trabern durch die Kreuzung verschiedener Rassen begonnen, vor allem von arabischem Vollblut mit dänischen und holländischen Trabern. Sobald ein Pferd mit stabilem Äußeren und gefestigten erstrebten Eigenschaften erreicht war, ging man zu einer strengen Auswahl zuchtgeeigneter Tiere und Verwandtschaftszucht über. Der Orlow-Traber ist meist ein Schimmel, seltener ein Rappe, Fuchs oder Brauner. Als schneller und perfekter Traber wurde er in einem ganz speziellen Gespann verwendet – in der russischen Troika. Gegenwärtig wird er zu Trabrennen, als Schlitten- und Kutschpferd sowie als Reitpferd herangezogen. Seine Verwendbarkeit in der Landwirtschaft ist universell, sein Gang ist energisch und raumgreifend. Verhältnismäßig spät wird er geschlechtsreif – erst mit 6 Jahren. Er akklimatisiert sich gut, ist anspruchslos und ausdauernd.

Die nächstschnellere Gangart nach dem Schritt ist der Trab. Hierbei wird die Vorwärtsbewegung des Körpers von zwei diagonal gegenüberliegenden Beinen ausgeführt (z. B. hinten rechts – vorn links). Nach dem gleichzeitigen Abstoß beider befindet sich das Pferd in der Luft und setzt dann mit den gegenüberliegenden Beinen auf. Während man im Schritt vier Hufschläge hört, sind es beim Trab nur zwei. Der Trab ist keine natürliche Gangart des Pferdes, er ist anstrengender als der Galopp. Daher zeigen auch ausgesprochene Traberrassen bei höherer Geschwindigkeit die Neigung, in Galopp zu verfallen.

Bei den Pferden ist nur eine einzige Zehe zurückgeblieben, die dritte; durch sie verläuft die Mittelachse der Extremität, und das Pferd tritt mit ihrer Spitze auf. Ein Daumen ist völlig verschwunden, von der 2. und 4. Zehe sind nur noch pfriemähnliche Rudimente übriggeblieben. Das äußerste Ende dieser dritten Zehe wird Huf genannt.

Die Knochenunterlage des Hufs bilden der Mittelfußknochen (1), das Fesselbein (2), Kronbein (3), und Hufbein (4). Das Hufbein ist gänzlich von einer schützenden Hornkapsel umhüllt. Die Überreste der 2. und 4. Zehe (5) liegen dicht am Mittelfußknochen der dritten Zehe an.

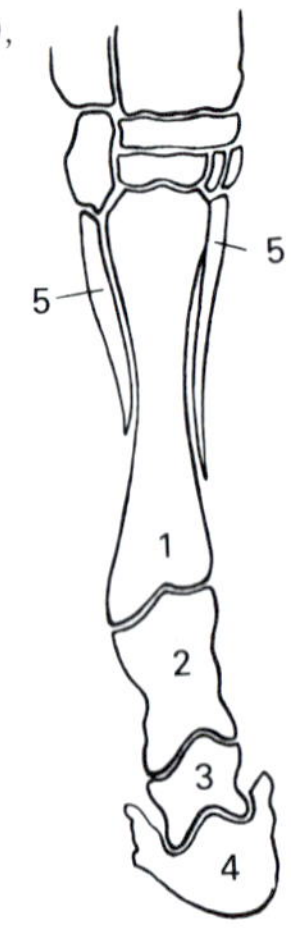

Pinto

Pinto: Höhe 145–155 cm. Die übrigen Maße werden bisher noch nicht angegeben. Mustang: Höhe rund 147 cm.

Mustangs sind Nachfahren der europäischen, insbesondere spanischen, von europäischen Einwanderern nach Nordamerika mitgebrachten Pferde. Vor der Ankunft der Europäer existierten auf dem nordamerikanischen Kontinent keine Pferde. Die aus den verschiedensten Gründen in die Freiheit gelangten mitgebrachten Pferde sind im Verlauf von zwei bis drei Jahrhunderten verwildert und haben sich derart vermehrt, daß im 19. Jahrhundert ihre Zahl bei rund 4 Millionen Stück lag. Sie lebten überwiegend auf den riesigen amerikanischen Prärien zwischen dem Stillen Ozean im Westen und dem Mississippi im Osten, dem Rio Grande im Süden und dem Atabaska im Norden.

Aus dem Mustang ist durch eine planvolle Zucht (neben anderen Rassen) auch der Pinto hervorgegangen. Filme mit Cowboy- und Siedlerthematik wären ohne diese Pferde undenkbar. Es ist mittelgroß, hat relativ kurze Gliedmaßen und ein auffällig geschecktes Fell. Wohl gerade wegen dieser Färbung und natürlich auch wegen seiner Gutartigkeit, seines Gehorsams und seiner Leistungsfähigkeit war der Pinto das am meisten von den Indianern gehaltene Pferd. Das selbständige Zuchtbuch der Pintos wurde 1941 angelegt. Von den Hengsten, die einen bedeutenderen Einfluß auf die Zucht hatten, sind zwei zu nennen: Sheik (die Kreuzung eines englischen Vollbluts mit einem Pinto) und Sun Cloud (die Kreuzung eines amerikanischen Reitpferdes mit einem Pinto). Diese Rasse gewinnt immer mehr an Beliebtheit, sie ist nicht nur in ganz Nord-, sondern auch in Mittel- und Südamerika verbreitet. Auch in Europa gibt es schon Pintozüchterverbände. Die Färbung des Pintos weist mehrere Kombinationen von weißer, schwarzer und brauner Farbe auf. Die beliebteste Kombination ist Schwarz mit Weiß, der sog. Schwarzschecke oder Piebald.

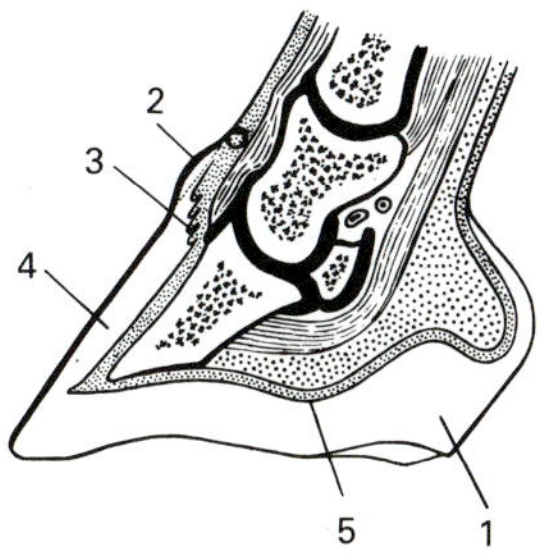

Die Hornkapsel ist die mechanisch stark beanspruchte Schutzhülle der Gliedmaßenspitze. Sie wird von der Huflederhaut (5) im Bereich von Hornstrahl (1), Kronenrand (2), Hornwand (3) und Hornsohle (4) gebildet und wächst unablässig aus ihr nach. Sie ist eine Analogie zu den Finger- und Fußnägeln des Menschen.

♂

Mustang

Piebald

♂

Englisches Vollblut

Höhe 165–175 cm, Brustumfang 180–195 cm, Fesselumfang 19,8–21 cm, Gewicht 500–600 kg.

Diese Rasse stammt aus England. Hier begann man um die Wende des 17. zum 18. Jahrhundert mit der Veredelung einheimischer Pferde, und zwar durch Kreuzung mit orientalischen Stuten und Hengsten, die während der Kreuzzüge eingeführt worden waren. Mit Hilfe dieser Berber und Araber sollten möglichst schnelle und ausdauernde Pferde für den Rennsport gezüchtet werden. Die Leistung auf der Rennbahn wurde daher zum wichtigsten Kriterium für die Auswahl von Zuchttieren.

Reiches Futter, zielbewußtes, hartes Training und optimale Existenzbedingungen ließen eine eigenwillige Rasse aufkommen, deren Geschichte offiziell im Jahr 1791 mit der Anlegung des Zuchtbuchs für das englische Vollbut (General Stud Book) begann. Der Stammbaum eines jeden englischen Vollblutpferdes, wo immer es sich auf der Erde befindet, muß seine Wurzeln in diesem Zuchtbuch haben.

Das Englische Vollblut hat ein lebhaftes bis nervöses Temperament. Seine Hufe sind klein und hart, der Gang ist vor allem im Galopp raumgreifend und dynamisch. Es wird in allen Ländern der Welt gehalten, wo immer es Kulturpferderassen gibt. Am häufigsten sind Braune, vor allem dunkle, doch sind auch Fuchs, Schimmel und Rappen keine Seltenheit.

Der Körperbau ganz verschiedener Tierarten, die sich aber alle durch ihre Schnelligkeit auszeichnen, ist auffallend ähnlich. Sie haben einen leichten Kopf, einen langen Hals, einen tiefen und schmalen Brustkorb, ein abfallendes Hinterteil mit langen, muskulösen Gliedmaßen sowie einen eingezogenen Bauch.

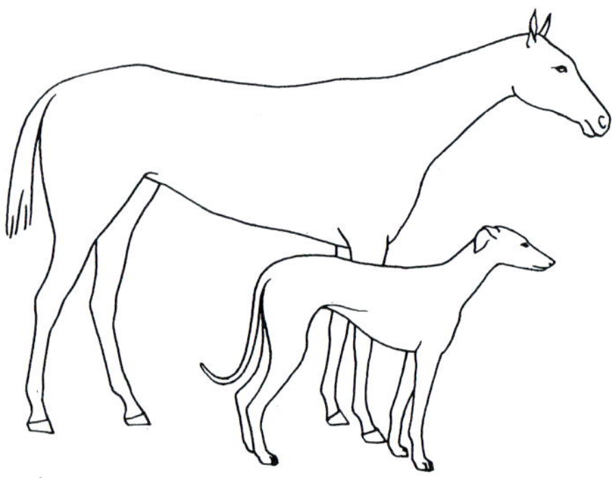

Körperbau von Rennpferd und Windhund im Vergleich

Anglonormanne

Höhe 165–182 cm, Brustumfang 180–190 cm, Fesselumfang 21–23 cm, Gewicht 550–630 kg.

Schon der Name verrät, daß es sich hier um ein Kreuzungsergebnis handelt – englische Voll- und Halbbluthengste und Stuten aus der Normandie. Das Verdienst an der Entstehung dieser Rasse kommt den normannischen Gestüten Le Pin und Saint Ló zu, in denen das anglonormannische Pferd zu Beginn des 19. Jahrhunderts in drei Typen herausgezüchtet worden ist – als Reitpferd (cheval de selle), Traber (cheval de trotteur) und Zugpferd (cob). Der am weitesten veredelte Typ ist das Reitpferd unter Zuhilfenahme englischer Vollbluthengste. Dieser modernisierte französische Reitpferdtyp ist zur Zeit eins der besten Springpferde der Welt. In vielen Ländern, z. B. in der Bundesrepublik, den Niederlanden, in der ČSSR, wird er zur Veredelung anderer Warmblutrassen herangezogen.

Die Gegenden, in denen der Anglonormanne als Reitpferd gezüchtet wird, sind die Departements Calvados und La Manche. Am häufigsten ist die braune Farbe.

Die Kondition eines Tieres, d. h. die Stufe seiner Genährtheit, ist wichtig im Hinblick auf seine Verwendung. Zucht- oder Masttiere müssen jeweils eine andere Kondition aufweisen, ebenso Tiere für schweren Zug oder solche, die eine große Geschwindigkeit entwickeln sollen. Die Zuchtkondition darf nicht in die Mastkondition übergehen, die Wettkampfkondition darf noch keine Magerkeit sein. Das höhere Gewicht von Tieren in der Zuchtkondition rührt von der größeren Menge von Unterhaut- und Eingeweidefett her. Für ein Zuchttier bildet dieses Fett die für den Reproduktionsprozeß notwendige Energiereserve, bei Wettkampfpferden dagegen, die darauf vorbereitet werden, große physische Leistungen zu erbringen, wäre es ein unnötiger Ballast für Gefäßsystem und Herz.

Vergleich von Wettkampf- (1) und Zuchtkondition (2) derselben Stute

Cheval de trotteur

♀

Hannoveraner

Höhe 175–185 cm, Brustumfang 195–305 cm, Fesselumfang 21–22 cm, Gewicht 600–650 kg.

Die Hannoveraner sind zuerst in der Landschaft zwischen dem Mittellauf der Elbe und der Weser gezüchtet worden. Mitte des 18. Jahrhunderts wurden Araber und altspanische Pferde hierher gebracht, um die ursprünglich weniger edlen einheimischen Pferde zu veredeln. Die neu herausgezüchteten Pferde waren schwerer, im Laufe der Zeit wurden jedoch Tiere vom leichten Reitpferdtyp bevorzugt, weshalb man weitere Rassen zur Zucht heranzog, insbesondere Englisches Vollblut. Das Ergebnis dieser züchterischen Bemühungen waren edle, aber doch hinlänglich mächtige Warmblüter.

Die typisch gefärbten Hannoveraner sind der Braune und der Fuchs. Ihr Gang ist lang und raumgreifend. Dank seiner Zuverlässigkeit im Zug, seiner Ausdauer und Schnelligkeit wurde dieses Pferd vor allem nach Schweden, in die UdSSR und ČSSR als sehr gutes Landwirtschaftspferd ausgeführt. Gegenwärtig ist der Hannoveraner das leistungsfähigste Sprungpferd und ist deshalb besonders in Übersee beliebt.

Das Brunststadium einer Stute wird an der sog. Sprungwand geprüft. Die Wand verhindert, daß eine noch nicht voll brünstige Stute den Hengst verletzt. Die Brunst der Stute setzt den Hengst in eine große Erregung. Er beschnuppert ihren Kopf, kneift sie mit den Lippen in Hals und Schultern, wiehert dabei leise, spielt mit den Vorderhufen, bäumt sich an der Wand auf, schlägt lebhaft mit dem Schweif und zieht den Kopf an den Hals. Ist die Stute bereit, den Hengst zuzulassen, nimmt sie diese Werbegesten an und legt bei den Berührungen des Hengsts die Ohren so an, daß sie mit der Stirn in einer Linie liegen. Weist sie ihn ab, wendet sie der Wand die Hinterhand zu und schlägt nach dem Hengst aus. Daher ist die Wand auf ihrer Seite häufig gepolstert.

Reaktion des Hengstes an der Sprungwand auf die rossende (brünstige) Stute

Amerikanischer Traber
(American Standard Bred)

Höhe 165–170 cm, Brustumfang 175–185 cm, Fesselumfang 19,5–20,5 cm, Gewicht 450–500 kg.

Gegen Ende des 18. Jahrhunderts wurde der englische Vollbluthengst Messenger aus England in die USA gebracht und dort zur Beschälung (= Begattung) von Stuten, die sich in Trabrennbahnen bewährt hatten, eingesetzt. Weit mehr hat sich aber sein Sohn Hambletonian in der Zucht hervorgetan, dessen Blut in den Adern aller lebenden Pferde dieser Rasse pulsiert. Die Veredelung zog sich bis in die zweite Hälfte des 19. Jahrhunderts hin, und ihr Ergebnis war zwar eine sehr leistungsfähige, in ihrem Äußeren aber recht uneinheitliche Rasse. Der Grund dafür war die unterschiedliche Herkunft der Stuten. Durch eine strenge Auswahl von entsprechend aussehenden Tieren hat sich dann das Erscheinungsbild dieser Pferde stabilisiert. Ihre Färbung macht sie zum Braunen, Fuchs oder Rappen.

Der Amerikanische Traber ist durch seinen Körperbau für diese Gangart wie geschaffen. Er ist lang, hoch, mit überbauter Hinterhand (das Kreuz ist höher als der Widerrist), in der Brust hat er eine etwas engere Stellung. Lange Fesseln, ziemlich kurze und steil gestellte Schulterblätter und lange, schräg liegende Schulterknochen schaffen die anatomischen Voraussetzungen für einen leichten, raumgreifenden, schnellen, flachen Gang. Ihrem Wesen nach sind die Tiere gut zu beherrschen und vertragen auch das harte Training. Vor hundert Jahren wurden ins Zuchtbuch Tiere eingetragen, die eine Meile (1609 m) in maximal 2 Min. 20 Sek. zurücklegten, heute beträgt die Zeit nur noch 2 Min. und weniger. Für die Amerikaner ist dieser Traber die nationale Pferderasse schlechthin.

Das Alter eines Pferdes bestimmt man am Abnutzungsgrad der unteren Schneidezähne. Er zeigt sich als Veränderung in Form und Zeichnung der Bißflächen und in der allmählichen Abnahme der Zahnhöhe. Damit verändert sich auch der Winkel, der durch die oberen und unteren Schneidezähne gebildet wird.

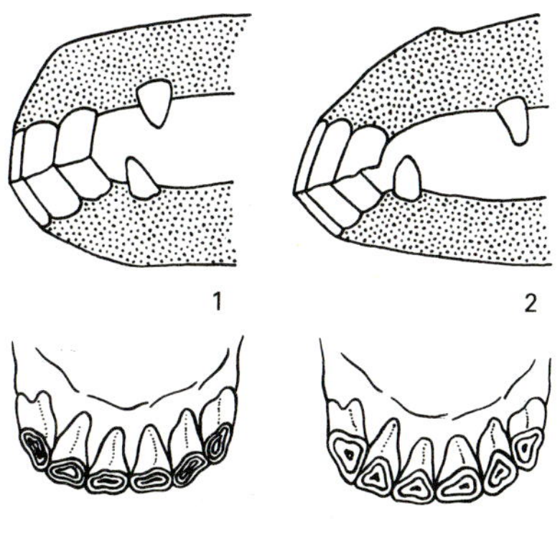

Schneidezähne eines sechsjährigen (1), achtzehnjährigen (2) und dreißigjährigen (3) Pferdes

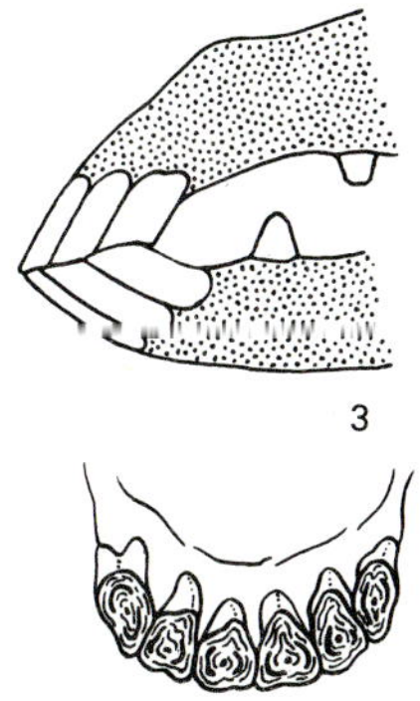

Brauner Cleveland

Höhe 165–175 cm, Brustumfang 180–200 cm
Fesselumfang 21–25 cm, Gewicht 500–600 kg

Dieser Traber wurde in den südenglischen Grafschaften Cleveland und Yorkshire heausgezüchtet und ist die älteste englische Rasse, die durch Kreuzung von ursprünglichen einheimischen Stuten mit englischen Vollbluthengsten entstanden ist.

Er ist ein mittelgroßes, meist kastanienbraunes Pferd ohne oder nur mit kleinen Abzeichnen, das sich als Sattelpferd und auch als Kutschpferd für Repräsentationszwecke verwenden läßt. Es hat einen leichten, schnellen Gang und ist sehr ausdauernd, vor allem im Trab. Deshalb wurde es in erster Linie als Zugpferd für Postwagen und -kutschen verwendet. Im Hinblick auf die Arbeit ist das Cleveland-Pferd die widerstandsfähigste und ausdauerndste englische Rasse. Kein Wunder, daß es in großer Zahl vor allem nach Übersee exportiert wurde; allerdings ist dieser Export heute stark eingeschränkt.

Ein häufig angewandter Zuchteingriff ist die Kastration der Hengste. Man will damit ihre sexuelle Erregbarkeit unterdrücken und insgesamt ihr Temperament etwas zügeln und außerdem die unerwünschte Beteiligung eines Tieres an der Zucht verhindern. Daneben ist die Kastration eine gezielte Maßnahme, um hochbeinige Tiere zu gewinnen. Die Kastration schaltet nämlich den knochenwuchshemmenden Einfluß der männlichen Hormone aus. Je früher ein Junghengst verschnitten wird, desto höher der Wuchs des Wallachs. Wallache sind leichter zu beherrschen, da sie für äußere Einflüsse, die störend auf die Arbeit wirken, weit weniger empfänglich sind. Zudem sind sie bessere Futterverwerter. Verglichen mit den Kastraten anderer Haustierarten wird die Psyche der Wallache durch die Kastration am wenigsten berührt.

Einfluß der Kastration auf das Wachstum
Hengst schwarz, Wallach rot

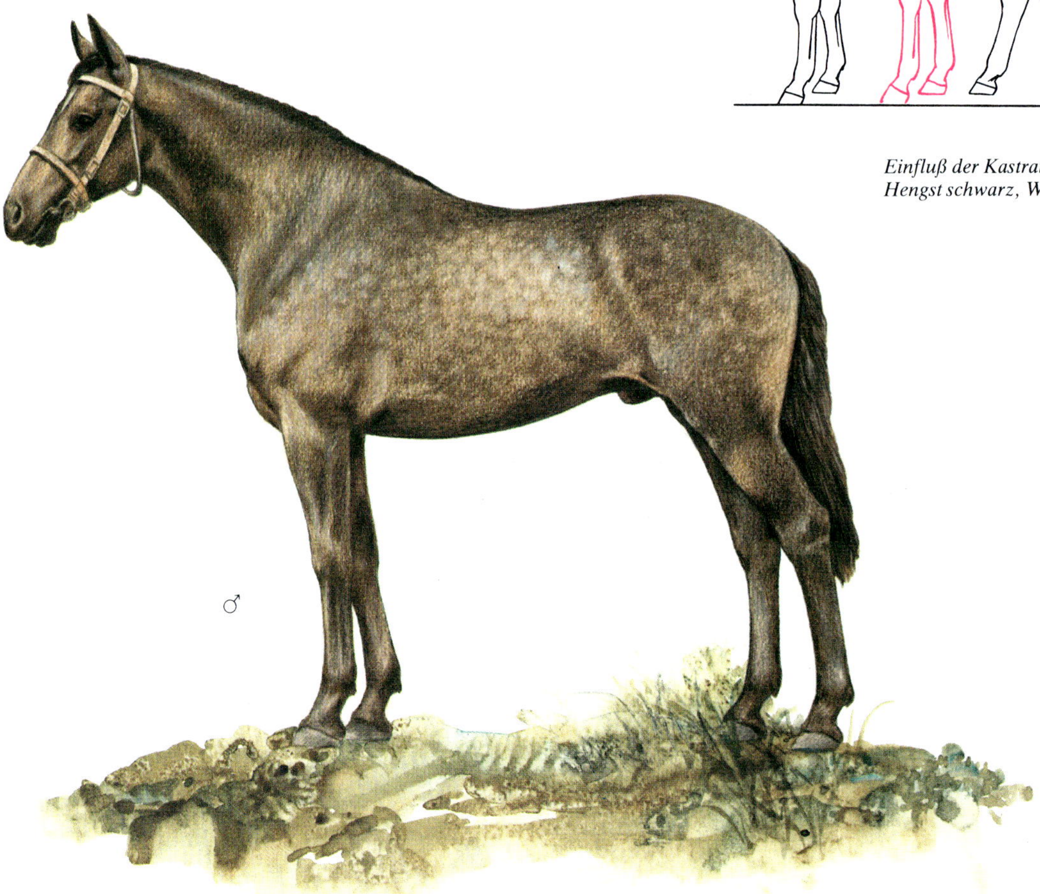

Hackney

Höhe 157–173 cm, Brustumfang 165–190 cm, Fesselumfang 19–22 cm, Gewicht 550–675 kg.

Der Hackney ist um die Jahrhundertwende durch die Kreuzung von Norfolk-Trabern, Yorkshire-Pferden (überwiegend Stuten) und englischen Vollblutpferden entstanden. In seinen Adern fließt auch Blut von altspanischen und altitalienischen Pferden, die während des 18. Jahrhunderts recht zahlreich in England gezüchtet worden sind. Infolge der weiten Streuung ihrer Ahnen sind diese Pferde in Höhe und Mächtigkeit recht unausgeglichen. Höhere Pferde sind weniger edel und haben einen gröberen Knochenbau, bei kleineren Pferden ist der Körperbau (vom züchterischen Standpunkt aus) korrekt.

Der Hackney ist ein Pferd mit lebhaftem Temperament und gutmütigem Charakter, sehr hart, ausdauernd und langlebig. Er tritt als Brauner, Fuchs und häufig mit Abzeichen auf. Als Nutzpferd wird er aus England in zahlreiche Staaten exportiert. Wegen seines hohen Trabes mit außerordentlicher Aktion wird der Hackney in England besonders gern zu Trabrennen und als Kutschpferd verwendet. Der hohe Trab zeichnet sich durch Abheben des Unterarms bis in die Waagerechte aus. Durch die systematische Auswahl von Tieren mit hohem Trab ist es gelungen, diese Gangmanier beim Hackney als charakteristische Eigenschaft genetisch zu fixieren.

Gegenwärtig wird die Rasse auch als Ponytyp mit einer Widerristhöhe von 132–152 cm gezüchtet und vor allem in die USA, nach Kanada, Australien und Südafrika exportiert.

Der hohe Trab ist eine dominante Erbeigenschaft und tritt schon bei den Fohlen auf.

Don-Pferd

Höhe 160–165 cm, Brustumfang 180–190 cm, Fesselumfang 19,5–20 cm, Gewicht 450–550 kg.

Die Donkosaken und das Don-Pferd sind zwei unzertrennliche Begriffe. Das Pferd ist das Produkt einer planvollen Zuchtarbeit der Donkosaken, die bereits im 15. Jahrhundert aus den einheimischen Pferderassen einen neuen Typ geformt haben, der vor allem als Reitpferd verwendet werden sollte. Um die Wende des 19. zum 20. Jahrhundert wurde das Don-Pferd durch die Einkreuzung von Englischem Vollblut noch veredelt.

Der Gang des Don-Pferdes ist raumgreifend, aber flach. Die Hinterhand ist häufig säbelbeinig. Typisch für die Färbung ist der Fuchs, sehr häufig mit Goldton, weniger häufig sind Brauntöne oder Schimmel. Seine Härte, Ausdauer und Genügsamkeit verdankt das Pferd in erster Linie der Herdenaufzucht auf der Weide. Zwar handelt es sich primär um ein Reit- und Rennpferd, doch wird es auch als leichtes Zugpferd eingesetzt.

Die Sättel sind im Laufe der Zeit mehrmals umgestaltet worden. Form und Zubehör haben sich jeweils dem Verwendungszweck angepaßt. Früher wurden sog. Bocksättel benutzt, die sich vorn und hinten durch einen hohen Zwiesel auszeichneten. Unter den Sattel wurde ein Woilach über den Pferderücken gelegt, um Druckstellen zu vermeiden. In der heutigen Zeit wird nur noch der englische Sattel (Pritschensattel) verwendet. Der Normalsattel wiegt 5–7 kg, der Rennsattel 0,5–1 kg. Er ist aus Leder und hat eine Filzunterlage, die den Pferderücken vor Druckstellen schützt. Auf diesem Sattel sitzt der Reiter mit gegrätschten Beinen, die noch zu Beginn des Jahrhunderts im Gebrauch befindlichen Damensättel mit seitlichem Sitz werden so gut wie überhaupt nicht mehr benutzt.

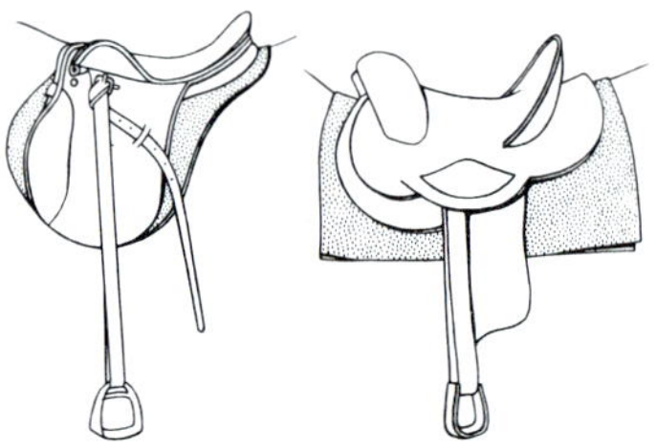

Englischer Sattel und Bocksattel

Goldfuchs

Kladrauer Pferd

Höhe 175–185 cm, Brustumfang 195–205 cm, Fesselumfang 22–23 cm, Gewicht 600–700 kg.

Im Jahr 1579 wurde zu Kladrau an der Elbe (Kladruby nad Labem) in Ostböhmen ein Gestüt angelegt, in dem das sog. *Equus bohemicus* gezüchtet wurde, wie es Ridingers Stich aus der ersten Hälfte des 18. Jahrhunderts darstellt. In dieses Gestüt ließ Kaiser Rudolf II. andalusische und neapolitanische Hengste bringen, mit deren Hilfe in der 2. Hälfte des 18. Jahrhunderts ein mächtiges Warmblutpferd von lipizzanerähnlichem Typ herausgezüchtet wurde. (Mit dem Lipizzaner hat es übrigens gemeinsame Vorfahren). Das Kladrauer Pferd unterscheidet sich vom Lipizzaner durch seine größere Robustheit und den typisch geformten Gesichtsteil des Schädels – die Rammsnase. Die im Gestüt gezüchteten Pferde hatten ganz unterschiedliche Fellfarben. Seit Beginn des 19. Jahrhunderts hat sich aber die Zucht in zwei Farben stabilisiert – Weiß und Schwarz. Träger der weißen Farbe waren Pferde der Linien Generale und Generalissimus, die schwarzen Pferde waren Nachkommen der Hengste Sacramoso und Napoleone. Die weiße Farbe ist zweifellos ein Erbgut der altspanischen Ahnen, die schwarze der altitalienischen. Die Rappen sind in ihrem Äußeren weit unausgeglichener und unverhältnismäßig gröber als die Schimmel – sie sind nicht so edel. Die Rappen der Linie Napoleone kamen 1922 zum Erlöschen, so daß als Träger der schwarzen Farbe nur noch die Nachkommenschaft der Linie Sacramoso übrigblieb. Auch diese wären nahezu verschwunden, wenn die gegenwärtige Regeneration durch den Rappen Solo Sacramoso nicht wäre. Die Fohlen kommen dunkel (sogar dunkelbraun) oder mit verschiedenen Abzeichen zur Welt und werden binnen fünf Jahren völlig weiß. In der Zucht überwiegen die Schimmel.

Der Kladrauer Schimmel ist ein hartes und leistungsfähiges Pferd, das überwiegend als Kutschpferd in Zwei- und Mehrgespannen verwendet wird. Sein Trab ist energisch, abgemessen und ausdauernd. Auch wenn er vereinzelt als leichtes Zugpferd dient, wird er doch in der Mehrzahl für Repräsentationszwecke genutzt.

Hengst der Linie Solo Sacramoso

Heutige Gestalt des Kladrauer Schimmels

Brabanter Pferd

Höhe 170–182 cm, Brustumfang 200–250 cm, Fesselumfang 25 cm und mehr, Gewicht 750–1200 kg.

Das Belgische Kaltblut umfaßte ursprünglich drei Schläge – den Brabanter, Ardenner und Flämischen. Gegenwärtig unterscheiden sich deutlich nur zwei davon – der Brabanter und Ardenner. Das Belgische Kaltblut ist die meistverbreitete Kaltblutrasse auf der Welt. Zwischen dem 13. und 15. Jahrhundert war es eins der beliebtesten und verbreitetsten Pferde überhaupt, da es außerordentlich leistungsfähig war. Jahrhundertelang wurden die ursprünglichen Belgier mit anderen Kalt- und Warmblutpferden gekreuzt. Erst im 19. Jahrhundert wurde durch Verwandtschaftszucht und strenge Auswahl von Zuchttieren Aussehen und Typus dieser Pferde stabilisiert.

Der typisch gefärbte Brabanter ist der Braun- oder Rotschimmel, doch kommen auch Füchse vor. Er ist ein sehr leistungsfähiges Pferd mit gutmütigem Charakter und ruhigem Temperament, ohne große Ansprüche an die Behandlung, doch erfordert es eine trockene Einstallung und sorgfältige Hufpflege. Der Brabanter wurde in die ganze Welt ausgeführt und ist überall an der Entstehung zahlreicher Kaltblutrassen beteiligt.

Eine sehr wichtige Eigenschaft der Zugpferde ist die Widerstandsfähigkeit gegenüber der psychischen Belastung, die durch den enormen Widerstand der gezogenen Last entsteht. Diese Belastung steigert sich noch beim paarweisen Zug, daher ist es wichtig, ein psychisch labiles Pferd mit einem widerstandsfähigen zusammen einzuspannen.

Die Arbeitsleistung des Pferdes hängt oft von der Form der Kruppe ab. Leistungsfähige Tiere weisen meist eine nach hinten geneigte Kruppe auf, denn durch das Gewicht des Reiters auf dem Rücken gleicht sich diese Neigung wieder nach vorn aus, und der Bewegungsimpuls der Hinterhand überträgt sich geradlinig auf den Rücken. Eine horizontale Kruppe hingegen tritt bei Pferden mit durchschnittlicher Leistung auf.

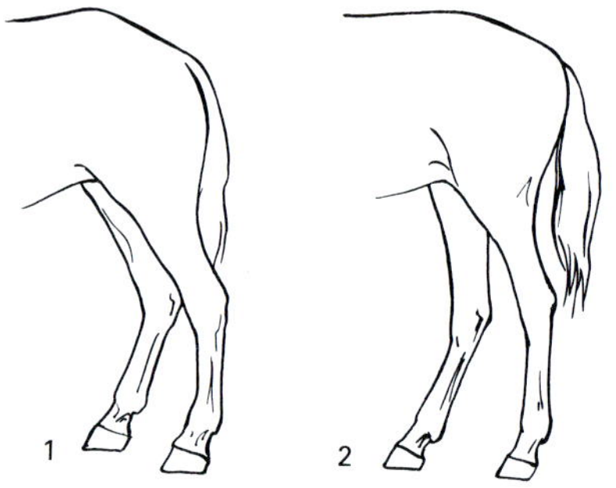

Geneigte (1) und horizontale (2) Kruppe

Ardenner Pferd

Höhe 160–165 cm, die übrigen Maße entsprechen dem Standard des Brabanter Pferdes.

Seinen Namen erhielt dieses Pferd von der Landschaft, der es entstammt und in der es am zahlreichsten gehalten wird – vom Ardennen-Hochland im Osten Frankreichs. Ardenner werden sowohl in Frankreich als auch in den Beneluxländern gezüchtet. Ihr Aussehen stimmt im wesentlichen mit dem der Brabanter überein, doch sind sie etwas kleiner, kurzrahmiger und beweglicher. Allen Tieren wird am 9. Tag nach der Geburt das Schweif kupiert, wodurch der optische Eindruck der Kruppenbreite und der mächtigen Schenkelmuskulatur gesteigert wird. Typische Färbungen sind der Braun- oder Rotschimmel, Braune sind Ausnahmen.

Um Pferde als Eigentum einer Zuchtanstalt oder eines Privatzüchters zu kennzeichnen, werden ihnen mit einem glühenden Brandeisen oder flüssigem Stickstoff stilisierte Zeichen oder Nummern an verschiedenen Körperstellen in die Haut gebrannt. Den Lipizzanern wird beispielsweise der Buchstabe L auf die linke Wange gebrannt, den Kladrauer Pferden ein K auf die rechte. Oft wird der Brand auf einem Schenkel angebracht. Außer diesen auf den Züchter hinweisenden Zeichen gibt es auch solche, die die Abstammung des Pferdes väter- oder mütterlicherseits, Rasse und Zuchtbuchnummer belegen. Auch sie werden an den verschiedensten Körperstellen angebracht; z. B. brennt man im steirischen Gestüt Piber (Österreich) dem Pferd das Abstammungszeichen in der Sattelgegend ein.

Brandzeichen des Oldenburger Warmbluts – es wird seit 1897 den Fohlen der ins Stutbuch eingetragenen Mütter auf den linken Schenkel gebrannt.

Brandzeichen eines Privatzüchters

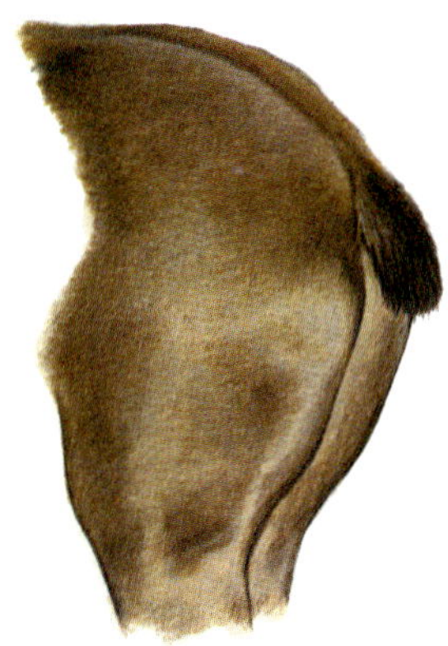

Gespaltene Kruppe mit kupiertem Schweif

Clydesdal

Höhe 175–195 cm, Brustumfang 210–215 cm, Fesselumfang 24–26 cm, Gewicht 1000 kg.

Das Clydesdal-Pferd ist im 17. Jahrhundert in Schottland aufgekommen. Dazu wurden die mächtigsten einheimischen Stuten mit aus Flandern eingeführten schweren Hengsten gedeckt. Das Ergebnis waren mächtige, hohe Pferde, wie man sie auch heute kennt.

Die Grundfärbung erscheint in den verschiedenen Schattierungen von Braun. Sehr eindrucksvoll sind Tiere mit weiß gestiefelten Beinen und lang behaarten Fesseln (sog. Fesselbehängen). Trotz seiner mächtigen Gestalt ist der Gang des Clydesdal-Pferdes leicht und raumgreifend. Es ist ein sehr leistungsstarkes und ausdauerndes Pferd und wird als beliebtes Arbeits- und Repräsentationspferd auch in die übrigen Länder der britischen Commonwealths exportiert.

Die im schweren Zug arbeitenden Pferde brauchen ein speziell konstruiertes Kummet. Es besteht aus zwei Teilen: aus einem mit Roßhaar und Werg ausgestopften Polster (4), auf den der Holzrahmen (das eigentliche Kummet oder Kumt) von gleicher Form gelegt wird. Die Auflagefläche des Rahmens auf dem Polster ist mit langhalmigem, stark gepreßtem Stroh unterlegt (3). Das Polster wird mit Lederlaschen (2) am Rahmen festgemacht. Die ledernen Zugstränge oder Seile, an denen das Pferd den Wagen zieht, sind am Holzrahmen befestigt. An ihm sitzen auch die Führungsringe für die Leine (1), auch der zur Deichselspitze führende Aufhalter, mit dessen Hilfe das Pferd den Wagen lenkt und bei Talfahrt bremst, ist am Kummet festgemacht. Für den Zug leichterer Lasten wird auch ein weniger massives, unterschiedlich konstruiertes Kummet verwendet. Beide müssen maßgearbeitet werden; die Maße werden dabei noch in Zoll angegeben.

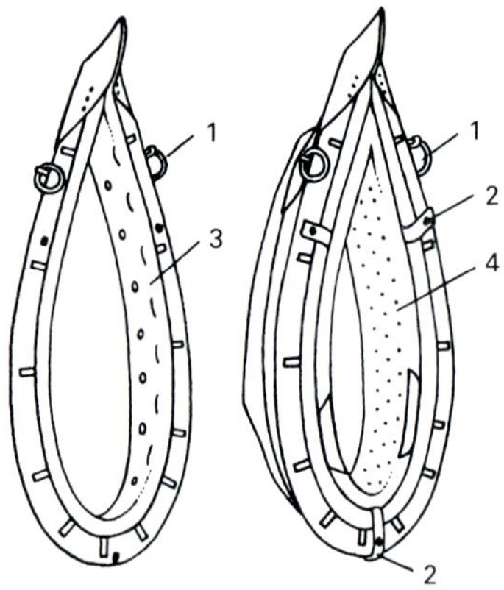

Komplettes Kummet (rechts) und Rahmen (links)

Shire-Pferd

Höhe der Hengste 185–195 cm, der Stuten 173–183 cm, Brustumfang 220–230 cm, Fesselumfang über 24 cm, Gewicht 1000–1200 kg.

Dies ist die mächtigste Pferderasse der Welt. Ihre Heimat sind die britischen Shires (Leicestershire, Northamptonshire und Rutland), in denen einheimische mächtige Kaltblutstuten mit Clydesdale-Hengsten gekreuzt wurden.

Das Shire-Pferd ist sehr stark und leistungsfähig, es diente früher zu den schwersten Arbeiten, wie zum Treideln von Schiffen im Hafen oder zum Ziehen von Waggons auf Rangierbahnhöfen. In großer Zahl wurde es auch nach Übersee (USA, Kanada, Südamerika) gebracht. Gegenwärtig dient es fast nur noch als Attraktion, um die Kraft des Pferdes zu demonstrieren, und zur Repräsentation. Am häufigsten sind Rappen und Braune; Schimmel sind selten.

Das auch als sog. Ungarische Anspannung bezeichnete Sielengeschirr wird für leichten Zug verwendet. Seine Vorteile sind der niedrigere Anschaffungspreis und die Möglichkeit, es der Körpergröße eines Pferdes anzupassen. Auch für das Einfahren junger Pferde ist es gut geeignet, da es sich leichter anlegen läßt. Sein Nachteil besteht darin, daß sein Brustblatt, gegen das sich der Pferdekörper beim Zug stemmt, sehr oft unrichtig auf den Schultergelenken ruht und das Tier beklemmt. Daher muß beim Anschirren immer die richtige Länge der Riemen, an denen das Brustblatt hängt, eingestellt werden, damit das Brustblatt auf den Muskeln unmittelbar über den Schultergelenken zu liegen kommt. Ein weiteres stilvolles Geschirr ist das leichte Kummet, das sich vom schweren Arbeitsgeschirr dadurch unterscheidet, daß Polster und Rahmen in einem Stück gearbeitet sind und die Polsterung weniger massiv ist.

Leichtes Kummetgeschirr

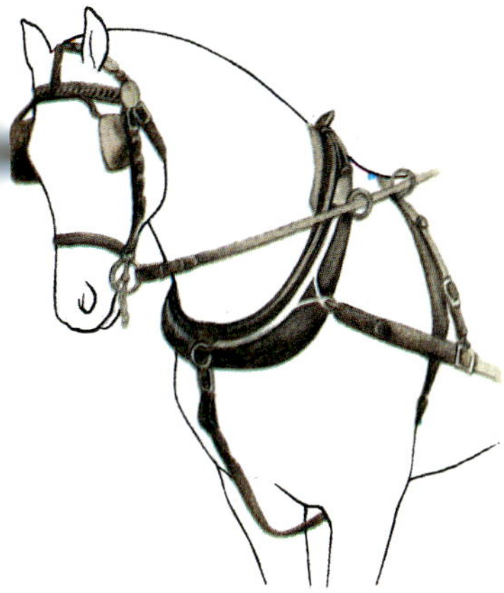

Sielengeschirr

♂

Percheron

Höhe 165–174 cm, Brustumfang 195–210 cm, Fesselumfang 23–25 cm, Gewicht 750–1000 kg.

Westlich von Paris liegt die Provinz Perche (heute die Departements Orne und Eure-et-Loire), in der sehr günstige Klimabedingungen mit milden Übergängen und Bodenverhältnisse herrschen, die den Ausbau eines hochwertigen Futters erlauben. Hier wurden robuste Normannenstuten mit Berber- und Araberhengsten gekreuzt. Die hervorragenden Lebensbedingungen und die glückliche Auswahl der aus diesen Kreuzungen hervorgegangenen Tiere ließen eine Rasse entstehen, die unter den in Frankreich gezüchteten Kaltblutrassen eine führende Stellung einnimmt – nicht nur im Hinblick auf die Zahl der gehaltenen Tiere, sondern bezüglich des ausgeglichenen, edlen Äußeren. Die häufigste Färbung ist der Schimmel, aber auch Grauschimmel und Rappen kommen vor. Wegen ihrer Fähigkeit, auch heißes Klima zu ertragen, sind diese Pferde in tropischen Ländern sehr begehrt. In Europa und Amerika werden sie heute als Kutschpferde zu Repräsentationszwecken verwendet.

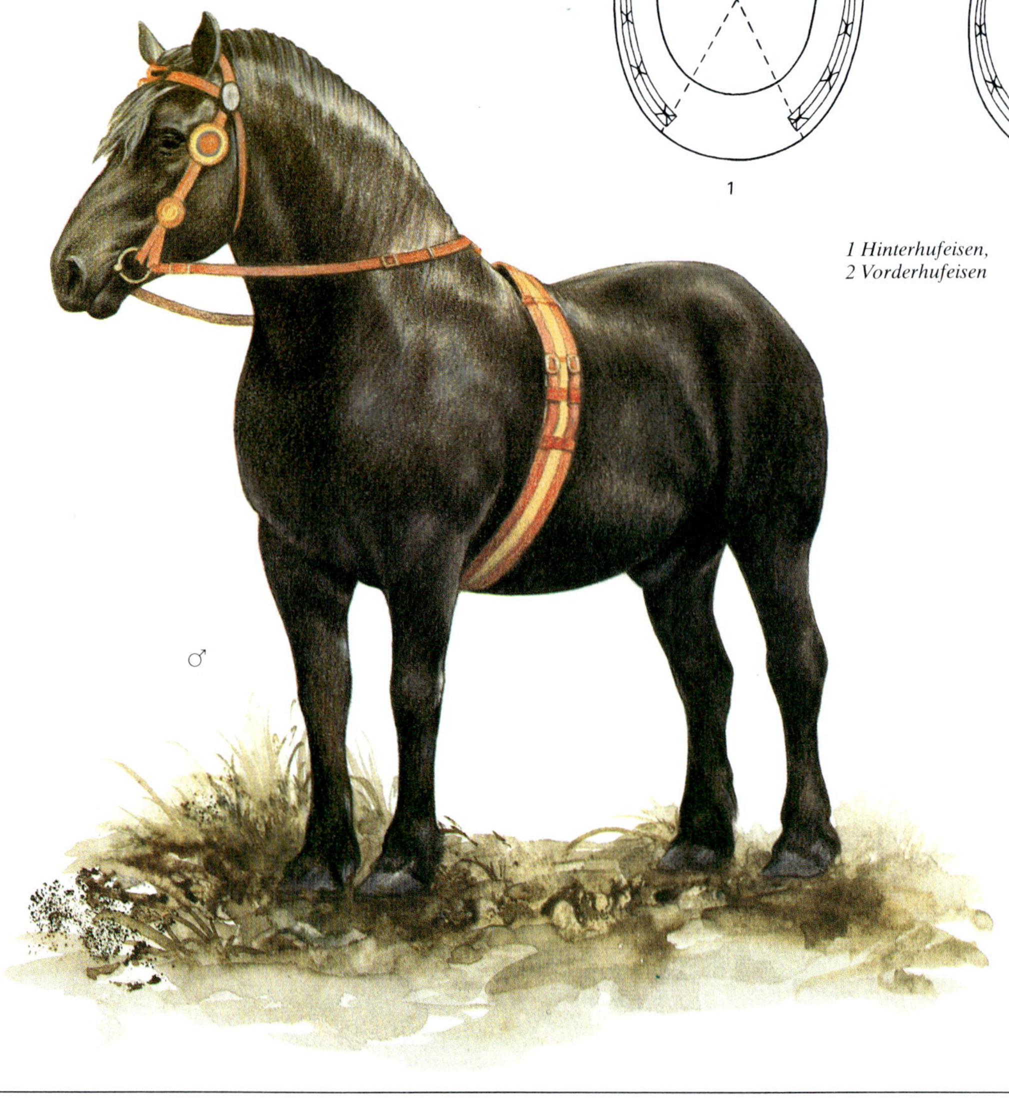

Die wirtschaftliche Nutzung des Pferdes wird durch den Hufbeschlag erleichtert, denn beim unbeschlagenen Pferd wird während der Arbeit die Hornmasse der Hufe viel stärker abgenutzt als bei den Wildpferden. Beim Beschlagen muß der anatomische Bau des Hufs berücksichtigt werden, damit die Hufnägel die empfindlichen Teile, vor allem die Huflederhaut, nicht beschädigen. Eisen für Hinter- und Vorderhufe unterscheiden sich in der Form; z. B. müssen beim Vorderhufeisen die Schenkel in einem spitzeren Winkel enden als beim Hinterhufeisen.

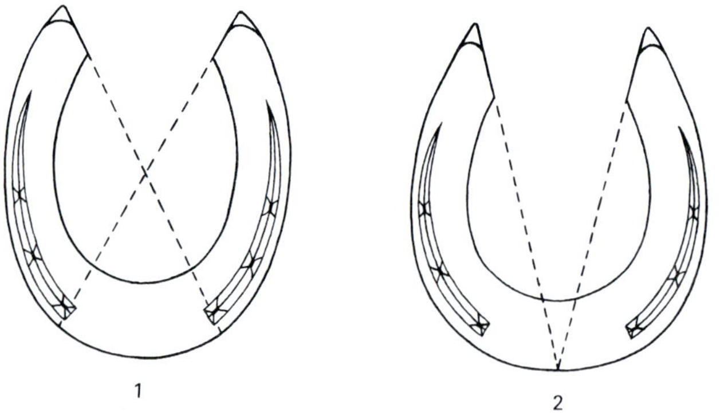

1 Hinterhufeisen,
2 Vorderhufeisen

Suffolk Punch

Höhe um 168 cm, Brustumfang 190–240 cm, Fesselumfang 22–27 cm, Gewicht 600–1000 kg.

Ein in England schon über 400 Jahre reinrassig gezüchtetes Pferd. Seinem Äußeren nach ist es zweifellos ein Angehöriger der Kaltblutrasse, doch zeigt es mit seinen schlanken Gliedmaßen auch Merkmale des Warmbluts. Dank seiner warmblütigen Vorfahren gehört der Suffolk Punch zu den edelsten Kaltblutrassen, unter denen er sich durch seine Beweglichkeit, Ausdauer, Genügsamkeit im Futter und feste Konstitution auszeichnet. Früher wurde er deshalb nach Afrika, Nord- und Südamerika exportiert, heute sind die Ausfuhrmöglichkeiten stark begrenzt, und die Zucht konzentriert sich auf die südlichen und östlichen Gebiete Englands. Hier und da wird der Suffolk Punch noch als Zugpferd in der Landwirtschaft verwendet.

Das Hufeisen verhindert nicht nur eine zu große Abnutzung des Hufs, sondern verleiht den Gliedmaßen bei der Arbeit auch einen festen Halt. Seine Konstruktion muß auf die Nutzung des Pferdes zugeschnitten sein. Reitpferde werden mit flachen Eisen ohne Griffe im Vorderteil beschlagen oder mit Eisen, die kleine, ausgeschmiedete Stollen haben. Hufeisen für den Zug haben entweder volle (1) oder geteilte (2) Griffe und ausgeformte Schenkelenden (3). Diese Ausformungen können durch Stollen ersetzt werden, die je nach dem Gelände, in dem das Pferd eingesetzt wird, eine andere Form haben. Für weicheren Grund haben sie eine ebene Trittfläche (4), für härteren Grund und Straßen eine H-förmige (6), für vereisten Grund sind sie pyramidenförmig zugespitzt (5). Liegt das Pferd, können die Stollen die Ellenbogen der Vorderhand verletzen; sie werden daher nach der Arbeit herausgeschraubt. Beschlagen wird alle 4–6 Wochen.

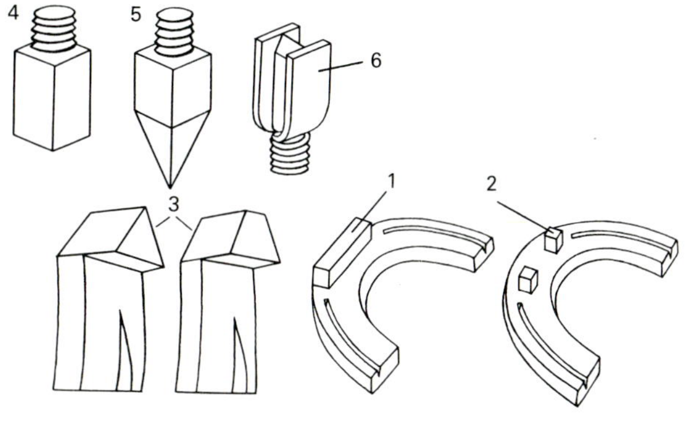

Hufeisenausstattung je nach Arbeit des Pferdes

Noriker

Höhe 160–170 cm, Brustumfang 190–200 cm, Fesselumfang 23–25 cm, Gewicht 700–800 kg.

Die Pferde dieser Rasse werden vor allem zum Zug gehalten, und zwar in erster Linie in den Alpenländern (Bayern, Österreich), eventuell noch in den unmittelbar anstoßenden Regionen. Der Name der Rasse ist von der altrömischen Provinz Noricum abgeleitet, die sich über dieses Gebiet erstreckte. Auf den landschaftsgebundenen Ursprung dieses Pferdes verweisen auch zahlreiche historische Belege aus dem Mittelalter. All das läßt darauf schließen, daß es sich hier um eine reine Pferderasse ohne fremde Blutbeimischung handelt. Mit der Zucht und Veredelung der Noriker befaßte sich in erster Linie das erzbischöfliche Gestüt Riess bei Salzburg. Der Noriker wird durchschnittlich mit 4–5 Jahren erwachsen. Gegenwärtig werden Versuche unternommen, seine Frühreife zu fördern. Durch Veredelung ist es auch gelungen, die Mängel im Äußeren der ursprünglichen Norikerrasse zu mindern – den weichen Rücken, die abschüssige Kruppe und die zu lymphatischen Gliedmaßen. Früher traten Noriker in verschiedenen Farbvarianten auf, heute sind es überwiegend Braune und Füchse mit charakteristisch strohgelb bis weißlich gefärbter Mähne und ebensolchem Schweif.

Unentbehrlich zum Lenken des Pferdes beim Reiten oder Fahren ist der aus Kopfgestell und Gebiß bestehende Zaum. Das Gebiß ist ein Eisenstück, an dessen Enden Ringe sitzen; es wird dem Pferd ins Maul, genauer in die Zahnlücke hinter den Schneidezähnen gelegt. An den Ringen sind die Zügel befestigt, mit denen das Pferd gelenkt wird. Je nach Verwendungszweck haben die Gebisse unterschiedliche Formen. Gängig ist das zweiteilige Trensengebiß, manchmal wird auch das Stangengebiß verwendet. Der Reitzaum ist eine Kombination von Unterlegtrense und Kandare; er wird nur beim Dressurreiten verwendet.

Kopf eines Norikers mit Trense

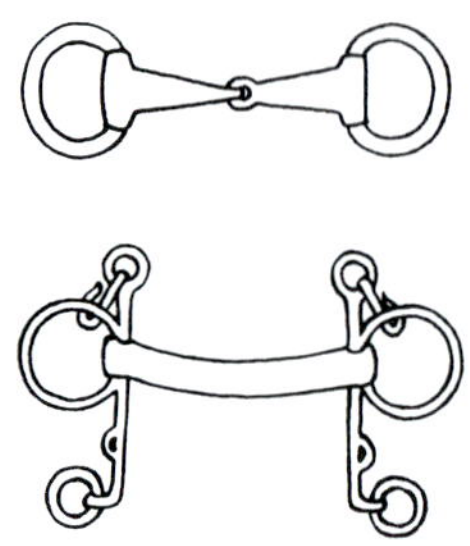

1 Trensengebiß, 2 Stangenkandare

Bretone

Höhe 150–160 cm, Brustumfang 180–190 cm, Fesselumfang 21–23 cm, Gewicht 600–700 kg.

Die Heimat dieses Pferdes ist die Bretagne in Frankreich. Hier wurden im Mittelalter zwei Pferdetypen gezüchtet, die später infolge der verschiedenen Kreuzungen mit anderen Rassen untergegangen sind. Es sind zwei tragfähige Typen des bretonischen Kaltbluts entstanden. Durch die Kreuzung mit dem orientalischen und Ardenner Pferd ist in der ersten Hälfte des 19. Jahrhunderts die leichtere Form des bretonischen Pferdes aufgekommen, die sich gut für die bergige Landschaft der Bretagne eignete. Die Kreuzung mit dem englischen Norfolk in der zweiten Hälfte des 19. Jahrhunderts sowie die Einkreuzung des Hackneys um die Jahrhundertwende ließ dem schweren Typ des sog. bretonischen Postpferdes (Trait Postier Breton) entstehen. Das Postpferd ist mächtiger, hat kräftigere Gliedmaßen und eine gut ausgebildete Muskulatur an Rücken und Kruppe, die ihm die zum Zug benötigte energische und ausgiebige Bewegung ermöglicht. Der leichtere Bergpferdtyp fand auch bei den Züchtern in Griechenland, Spanien, Italien und Nordafrika Anklang, er wurde in großer Zahl dorthin exportiert und wird dort immer noch als Zugpferd gezüchtet. Die Bretonen sind meist Füchse, seltener Braune oder Braunschimmel.

Das Magenvolumen beträgt auch bei den größten und schwersten Pferden nicht mehr als 25 l. Die Speiseröhre mündet im spitzen Winkel in den Magen, links davon bläht sich der große sog. Blindsack. Bei abruptem Übergang auf ein ungewohntes Futter, z. B. nach dem Verzehr von viel jungem Grünfutter, sammeln sich die entstehenden Gase in diesem Sack, blähen ihn auf und drücken die Magenpforte zusammen. Das Pferd kann dann die Nahrung weder erbrechen noch die Gase hinauslassen. Die Folgen sind ein Magenwandriß und der Tod des Tieres. Bei den übrigen Säugetieren mit einkammerigem Magen (z. B. Hund, Schwein) mündet die Speiseröhre stumpfwinklig in den Magen, so daß sie ganz normal den Mageninhalt erbrechen können; daher kommen diese Beschwerden bei ihnen nicht vor.

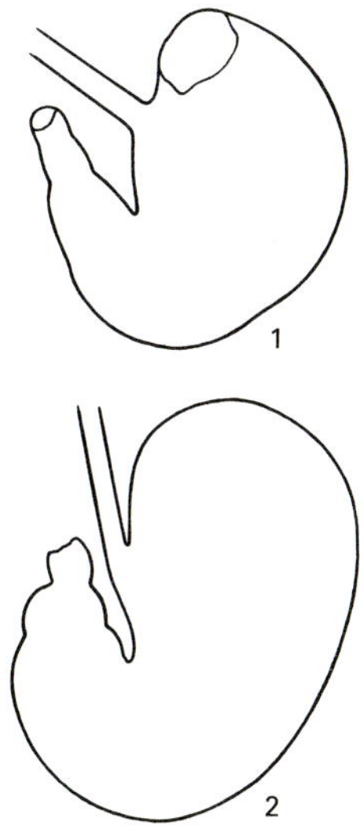

Magen von Schwein (1) und Pferd (2)

Hengst des leichteren Bretonentyps

Fjordpferd

Höhe 142–155 cm, Brustumfang 175–190 cm, Fesselumfang 20–22 cm, Gewicht 450–520 kg.

Das Fjordpferd ist eine der weit verbreiteten Pferderassen, die unter den harten Bedingungen der Bergwelt Nordnorwegens gehalten werden können. Durch seine Leistungsfähigkeit, Ausdauer, Härte und sein friedliches Temperament hat es dort große Beliebtheit erlangt. Wegen dieser Eigenschaften wurde es auch in die Berglandschaften der Nachbarstaaten ausgeführt. Das Fjordpferd ist ein Zugpferd, klein, aber robust. Die häufigste Färbung ist der Falbe mit dem Aalstreifen, doch kommt auch Mausgrau vor. Im Winter wächst ihm ein dichtes Fell, das es vor den Witterungsunbilden schützt. Die Mähne ist auch im Sommer lang, wird aber kurzgeschnitten.

Ein unter normalen Existenzbedingungen und in regelmäßigem Kontakt mit Menschen aufgezogenes Pferd ist zutraulich, neugierig, meist gutmütig und nicht aggressiv. Auch bei einer systematischen Reit- oder Fahrausbildung verhält sich das Pferd dem Menschen gegenüber geduldig. Das Temperament spielt dabei kaum eine Rolle. Allerdings ist die Reaktionsgeschwindigkeit auf äußere Reize bei den einzelnen Rassen unterschiedlich. Ein Pferd verderben und sein Zutrauen zum Menschen zunichte machen kann man aber nur durch eine unrichtige Aufzucht oder zu starke Beanspruchung. Auch bei einigen Erkrankungen von Leber und Nervensystem wird ein Pferd angriffslustig.

Wenn ein Pferd einen Menschen verletzt, ist meist eine Schrecksituation die Ursache. Daher ist es wichtig, dem Pferd zu verstehen zu geben, daß man sich ihm nähern will. Am besten ist es, das Tier anzurufen und freilich auch außerhalb der Reichweite seiner Hinterhufe zu bleiben.

An der Physiognomie lassen sich verschiedene Launen ablesen. Ein charakteristisches Zeichen für Angst, Nervosität, auch Ärger und Angriffsabsichten sind die weit zurückgelegten Ohren.

Shetlandpony

Höhe 100 cm

Die kleinste und dem Körperbau nach auch primitivste britische Pferderasse ist das Shetlandpony. Es stammt von den Shetland- und Orkneyinseln vor der schottischen Nordküste. Sein kleiner Wuchs wird durch die Auswahl besonders kleiner Tiere erhalten. Ins Zuchtbuch werden nur Tiere aufgenommen, deren Widerristhöhe 106 cm nicht übersteigt. Gegen das rauhe Nordlandklima ist es mit einem dichten Fell ausgestattet, in dem für den Winter noch dichtes Unterhaar wächst. Am häufigsten sind Braune und Rappen, doch kommen auch Apfelschimmel und Schecken vor.

Wegen ihrer außerordentlichen Widerstandsfähigkeit, Genügsamkeit und großen Kraft wurden Shetlandponys im Steinkohlenbergbau unter Tage zum Ziehen der Grubenhunde benutzt. Gegenwärtig erlebt ihre Zucht einen neuen Ausschwung – als Gesellschaftspferde wurden sie zu beliebten Reittieren für Kinder.

Beim Prüfen von angenehm oder unangenehm riechenden Stoffen kommt es zum sog. Flehmen. Das Pferd saugt ein Flüssigkeitströpfchen in die Nüstern ein, wirft die Oberlippe auf und hängt die Unterlippe herab, so daß die unteren und oberen Schneidezähne sichtbar werden. Kopf und Hals werden dabei über die Waagerechte gehalten und im Kreis bzw. auf und ab geschwenkt. Die Flüssigkeit gerät in einen besonderen Duftanalysator (Jacobsonsches Organ) am Gaumen der Mundhöhle, der sie analysiert und die Information ans Gehirn weiterleitet. Hengste flehmen häufiger als Stuten. Am häufigsten kann man dieses Verhalten beobachten, wenn der Hengst das Brunststadium der Stute prüft, doch wurde es auch schon bei Füllen 30 Minuten nach dem Anfohlen beobachtet.

Flehmen

Islandpony

Höhe 130–150 cm, Gewicht 320–380 kg.

Dieses kleine Pferd hat seinen Ursprung auf Island, wo es seit dem 9. Jahrhundert in Reinzucht gehalten wird. Seine Genügsamkeit, Anspruchslosigkeit im Hinblick auf die Fütterung und konstitutionelle Festigkeit rührt daher, daß auch heute auf der Insel nur 1% Ackerland existiert. Islandponys gehören zu den primitiven Rassen unter den Nordlandpferden, darauf deuten der in Verhältnis zum Körper große Kopf mit dem langen Gesichtsteil und das kurze, struppige Sommerfell. Auf dem kurzen Hals sitzt eine dichte Mähne, die auf der Stirn in einen langen Schopf übergeht. Die Haut ist ungewöhnlich stark. Die Färbung des Fells ist mannigfaltig, zulässig sind alle Farben in sämtlichen Tönungen. Unter den rauhen Klimabedingungen Nordeuropas ist dieses Pony vielerorts das einzige Verkehrsmittel. Es dient als Reit-, Zug- und Lastpferd und wurde nach England für die Arbeit unter Tage als Grubenpferd gebracht. Heute werden Islandponys in großer Zahl als Reittiere in die USA, nach Kanada, Dänemark und Holland ausgeführt.

Über die Bezeichnung »Pony« besteht immer noch Uneinigkeit. Den vom Internationalen Europäischen Ponyzuchtkongreß erlassenen Anweisungen zufolge dürfen als »Pony« nur solche Pferde bezeichnet werden, deren Widerristhöhe 120 cm nicht übersteigt. Was größer ist, sind »Kleinpferde«. Konsequenterweise müßte man also das Shetlandpony zu den Ponys rechnen, das Islandpony hingegen zu den »Kleinpferden«. Die Pferde beider Kategorien stellen geringere Ansprüche an Fütterung und Haltung, was ihre Verwendung für Tourismus, Erholungsreitsport und Kinder erleichtert.

Größenverhältnis eines Kaltbluthengstes der Shire-Rasse und eines Ponyhengstes

♀

Haflinger

Höhe 148–155 cm, Brustumfang 175–190 cm, Fesselumfang 20–21 cm, Gewicht 430–490 kg.

Name und Abstammung dieses Pferdes hängen mit der Tiroler Gemeinde Hafling zusammen, in deren Umgebung durch die Kreuzung von Norikern mit ursprünglichen einheimischen Kleinpferden und die spätere Einkreuzung des Araberhengstes El Bedavi diese Rasse aufgekommen ist. Durch die Verbindung der unschätzbaren Eigenschaften der Gebirgspferde und der arabischen Wüstenpferde kam eine für die harten Existenzbedingungen des Hochgebirges ungewöhnlich gut ausgerüstete Pferderasse zustande.

Als Reit-, Zug- und Tragtier ist der Haflinger ein Allzweckpferd. Seine Eigenschaften als Arbeitspferd, seine feste Konstitution und seine Fruchtbarkeit haben für eine starke Verbreitung auch in die benachbarten Alpengebiete gesorgt – in die Bundesrepublik Deutschland, nach Jugoslawien, Italien und der Schweiz. Im Körperbau ist der Haflinger kleiner, edler und leichter als der ursprüngliche Noriker. Seine typische Färbung ist der Falbe mit mächtiger, sehr heller Mähne und ebensolchem Schweif.

Beim neugeborenen Pferd besteht ein Mißverhältnis zwischen Körperhöhe und -länge. Sein Körperrahmen hat die Form eines auf der kürzeren Seite stehenden Rechtecks. Beim ausgewachsenen Tier ist das umgekehrt – sein Körper hat einen lang-rechteckigen Rahmen. Das unterschiedliche Längen- und Höhenverhältnis zwischen dem erwachsenen und neugeborenen Tier rührt vom ungleichmäßigen Skelettwuchs her. Die Knochen der Gliedmaßen sind bei der Geburt besser entwickelt, daher haben sie nach der Geburt eine geringere Wuchsintensität als Rückgrat und Rippen. Die Rippen haben nach der Geburt eine fünfmal höhere Wuchsintensität als z. B. die Unterschenkelknochen.

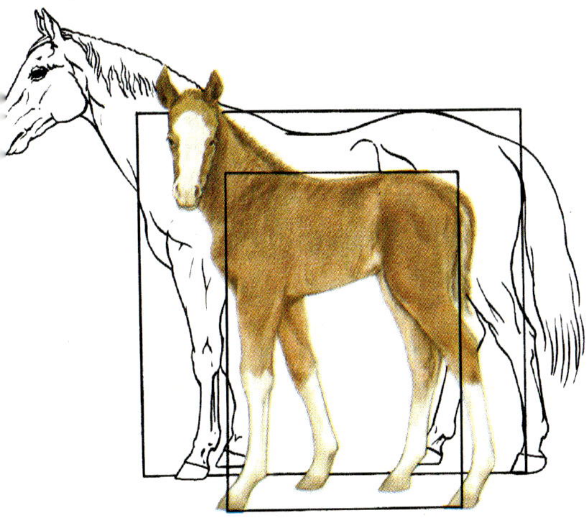

Höhen- und Längenverhältnis eines vier Tage alten Fohlens und seiner Mutter

Perserkatzen

Perserkatzen sind kurzbeinige, muskulöse Tiere mit einem massiven, elastischen Körper, einem breiten, runden Kopf und einem flacheren Gesicht als die übrigen Katzen. Sie haben eine ganz charakteristische Behaarung. Das kürzeste Haar sitzt im Gesicht, an den Ohren und an der Vorderseite der Pfoten, das längste, oft bis 20 cm lang, auf dem Hals, wo es einen Kragen bildet, auf der Brust, auf dem Bauch und an den Hintergliedmaßen; dort läßt es die sog. Hosen entstehen. Langes Haar sitzt auch zwischen den Zehen. Der Rücken trägt nach hinten weisendes halblanges Haar. Das Fell darf nirgends am Körper Wirbel oder Wellen aufweisen, es muß üppig und glatt, duftig und ohne Kräuselung sein. Die Unterwolle ist dicht und besteht aus kurzen, seh feinen Haaren. Durch das Unterhaar wachsen die lange Deckhaare hindurch, deren Qualität und Farbe über de Zuchtwert einer Katze entscheiden. Je reicher, länger un dichter das Deckhaar, desto gefälliger und geschätzter sei Träger. Die Fellfärbung zeigt zahlreiche Varianten. De Rassenstandard erwähnt insgesamt 83 genetisch fixiert Farbvarianten, die einfarbige Tiere, Katzen mit Abzeiche und Rauchperser umfassen. Bei diesen unterscheidet sic die Farbe von Unter- und Deckhaar.

Das Temperament der Perserkatzen ist ruhig bis ängst lich, sie sind lieber in Ruhe als in Bewegung.

Charakteristisch für Katzen ist die Tatsache, daß Kopfbreit und Brustdurchmesser in der Waagerechten identisch sind Das bedeutet, daß eine Katze eine Öffnung mit dem ganze Körper passieren kann, wenn sie erst einmal den Kopf hinein gesteckt hat.

1

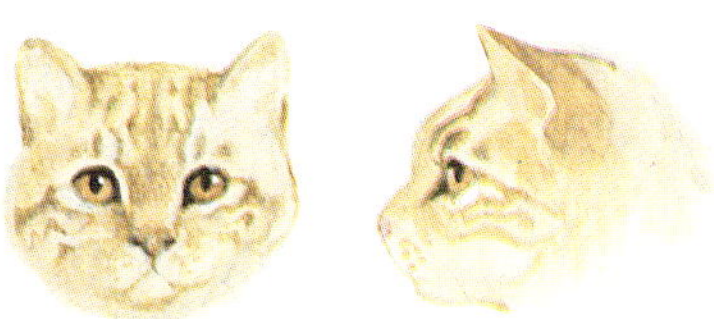

2

3

Die charakteristischen Kopfformen der verschiedenen Katzengruppen: 1 Perser, 2 Europäische Kurzhaarkatze, 3 Siamkatze

Schwar

Schildpa

Perser Chinchilla

Typisch für die Chinchilla-Perserkatze ist die weiße Farbe von Unter- und Deckhaar, wobei das endnahe Achtel der Deckhaare eine andere Färbung aufweist als der körpernahe Teil. Dieser Färbungstyp heißt Tipping. Bei den Chinchillas unterscheidet man vier Farbvarianten: mit schwarzem, blauem, schokoladefarbenem und lila Tipping. Den gleichen Farbton wie das Tipping weisen auch die Umrandung von Nasenspiegel, Zehenballen und Augenlidern auf. Nimmt das Tipping ein Drittel der Deckhaarlänge ein, handelt es sich um einen erwünschten Färbungstyp, um die sog. Schattierung. Unzulässig sind Streifen und braune oder cremefarbene Töne. Die Augen müssen grün ohne jeglichen Anflug von Gelb sein.

Die Jagd gehört zur Natur der Katze, daher ist Fleisch für sie eine Lebensnotwendigkeit. Mit ihrem Körperbau ist sie zur Jagd vorzüglich ausgestattet. Das Skelett ist sehr leicht, doch sind die einzelnen Knochen miteinander fest durch Sehnen und elastische, feste Muskeln ohne Fett zwischen den Faserbündeln verbunden. Die Schlüsselbeine sind zurückgebildet. Beim Jagen verfolgt oder hetzt die Katze ihre Beute nicht, sondern sie lauert ihr auf, oder beschleicht sie. Für gewöhnlich schätzt sie rechtzeitig und sehr richtig ab, ob sich Aussichten auf einen erfolgreichen Sprung bieten. Normalerweise springt sie nur einmal, und wenn sie ihre Beute nicht fängt, entfernt sie sich oder lauert weiter. Nach dem Ergreifen der Beute »spielt« sie oft mit ihr, allerdings nur dann, wenn sie satt ist. In Wirklichkeit handelt es sich nicht um ein Spiel, sondern um ein instinktives Training zur Vorbereitung auf die nächste Jagd. Ist die Katze hungrig, verschleppt sie ihre Beute in ein Versteck und frißt sie dort sogleich auf.

Katzenjunge haben verhältnismäßig kurze Gliedmaßen und einen großen Kopf

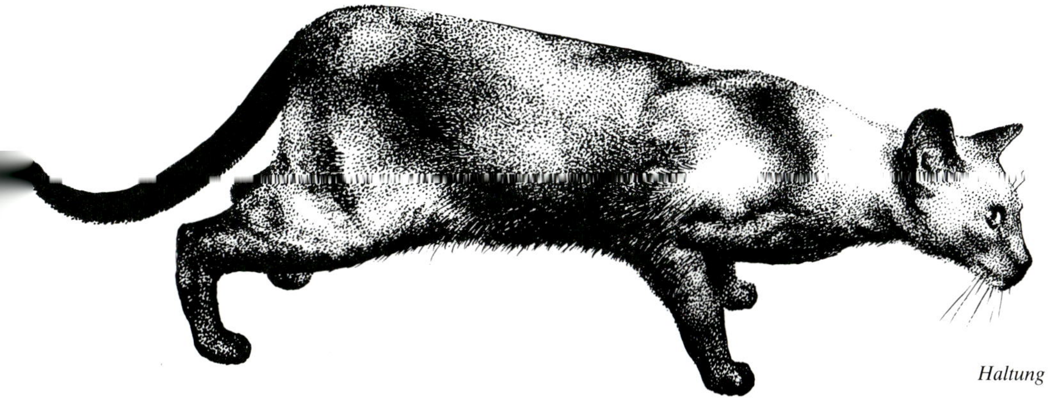

Haltung der Katze vor dem Angriff

Birma

Birmakatzen werden oft auch als »heilige Birma« bezeichnet, da sie jahrhundertelang streng von der Außenwelt abgeschlossen im Kloster Lao Tsun in Birma gehalten wurden. Nach dem Ersten Weltkrieg überwand jedoch die Macht des Geldes die Disziplin der Mönche; sie überließen einem reichen Amerikaner ein Katzenpärchen für 30 000 Schweizer Franken. So gerieten die Birmas nach Amerika, wo sie sich weit verbreiteten. In Europa werden sie relativ selten gehalten.

In ihrer Körperform kommt die Birma den Persern nahe. Die Endpartien des Körpers (Gesicht, Ohren, Gliedmaßen, Schwanz) sind dunkel. Diese dunkle Tönung tritt in vier Farbschlägen auf: Braun, Schokolade, Lila und Blau. Die übrigen Körperpartien mit Ausnahme des Bauches sind eierschalenfarben, der Rücken weist zudem einen Goldhauch auf, der Bauch ist rein weiß. Ein typisches Merkmal der Birma sind die sog. Handschuhe. Das ist eine rein weiße Färbung an den Pfoten, die an den Vorderbeinen an der Zehenbasis aufhört, an den Hinterbeinen bis zur Fersenspitze reichen muß. Als ideal gilt die völlige Symmetrie der Handschuhe.

In ihrem Charakter sind diese Katzen sehr temperamentvoll, unberechenbar bis bösartig.

Die Krallen benützen die Katzen zum Beutefang, zum Klettern auf Bäume usw. Sie wachsen dauernd nach und müssen daher auch abgenutzt werden. Die Hauskatze braucht daher ein stoffbezogenes Kratzbrett aus Weichholz, damit sie ihre Krallen schärfen kann, ohne dabei die Wohnungseinrichtung zu beschädigen. In Ruhe sind die Krallen in ihre Scheiden eingezogen, in Aktion werden sie blitzschnell hervorgeschoben.

Typischer Körperbau von Perserkatzen (1), Europäischen Kurzhaarkatzen (2) und Siamkatzen (3)

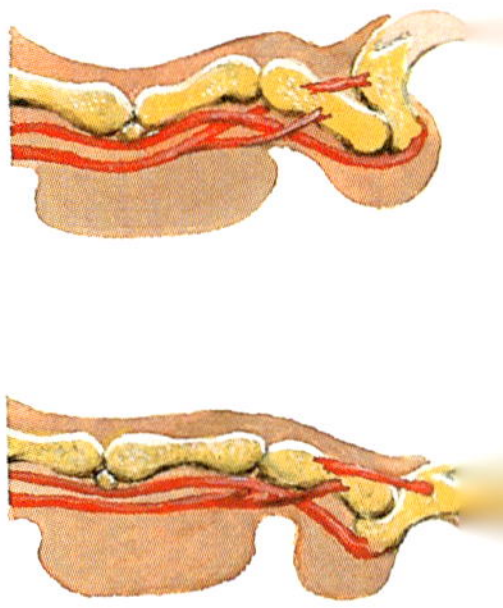

Mechanismus des Kralleneinziehens

Birma chocolate-point

Europäische Kurzhaarkatzen

Zu den Kurzhaarkatzen gehören die Siamkatzen, Orientkatzen, die Britischen und Europäischen Kurzhaarkatzen und noch weitere. Das Europäische Kurzhaar umfaßt gegenwärtig 57 anerkannte Rassen und Varianten, das Britische 65, die Siamkatzen 19 und die Orientkatzen 41.

Die einzelnen Rassen der europäischen Kurzhaarkatzen unterscheiden sich voneinander nur in der Farbe des Fells, in den Abzeichen, Pfotenballen und im Nasenspiegel. Sie haben ein rundliches Gesicht mit kurzer Nase, die Ohren sind leicht abgerundet und dürfen Haarpinselchen tragen.

Europäische Kurzhaarkatzen sind sehr temperamentvoll und draufgängerisch, von allen Zuchtkatzengruppen sind sie am widerstands- und lebensfähigsten. Soweit es ihre Fellfarbe erlaubt, besitzen sie eine ungewöhnliche Fähigkeit: sie können in die freie Natur zurückkehren, dort verwildern und unabhängig vom Menschen ihr Leben als Einzelgänger führen. Im Vergleich zu den Langhaarrassen haben sie wesentlich lebhaftere und viel schnellere psychische Reaktionen. Daher sind sie auch schlechter Behandlung gegenüber sehr empfindlich. Von den anerkannten »Europäerrassen« sind die weißen am seltensten und begehrtesten. Bei ihnen erscheint of ein Auge saphir-weißlich und das andere orangefarben.

Sieht eine Katze zu Beginn eines Zweikampfs keine Siegeschance oder gerät sie ins Hintertreffen, nimmt sie eine Abwehrstellung ein. Dabei wirft sie sich rasch auf den Rücken, denn so kann sie ihre wirksamsten Waffen, die Krallen, am besten einsetzen. Fühlt sie sich zu Beginn eines Kampfes stark, zeigt sie eine aggressive Abwehrhaltung mit gekrümmtem Rücken, gesträubtem Rücken- und Schwanzhaar, gefletschten Zähnen und starr auf den Gegner gerichtetem Blick.

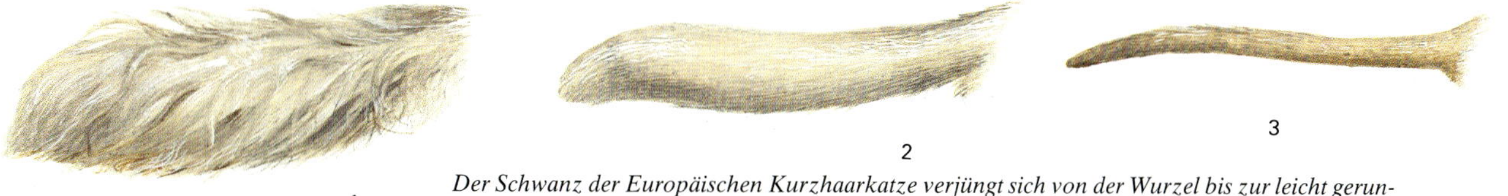

Der Schwanz der Europäischen Kurzhaarkatze verjüngt sich von der Wurzel bis zur leicht gerundeten Spitze (2). Darin unterscheidet er sich vom Schwanz der Perser- (1) und Siamkatzen (3).

Europäisches Kurzhaar creme in drohender Abwehrhaltung

Kopf des Europäischen Kurzhaars blau

Siamkatzen

Die Siamkatzen stammen aus Siam (heute Thailand), wo sie hauptsächlich in den Tempeln gehalten wurden. Um 1870 wurden sie nach England gebracht und weitergezüchtet. Später gerieten sie auch nach Amerika und auf den europäischen Kontinent, wo die Zuchtarbeit fortgesetzt wurde. Ein typisches Merkmal der Siamkatzen sind dunkle Abzeichen an Ohren, Beinen, Pfoten, Schwanz und Gesicht. Diese Abzeichen waren bei den ursprünglichen Siamkatzen braun (seal point), durch Zuchteingriffe wurde die Palette der Abzeichenfarben auf achtzehn Töne bereichert. Der Farbunterschied zwischen Abzeichen und Körperfell muß deutlich sein, die Zehen dürfen nicht weiß sein.

Die Siamkatze hat einen langen, schlanken Hals und Körper, lange, schlanke Gliedmaßen, wobei die hinteren länger sind (ein sog. überbautes Hinterteil). Die Pfoten sind klein und oval, der Schwanz ist lang, gerade und spitz zulaufend. Der Kopf hat Dreiecksform mit ziemlich langer Nase und gut entwickeltem Kinn, großen aufgerichteten Ohren und typische blaue, schräg zur Nase sitzende Augen. Das Fell ist sehr kurz und fein.

Die Schönheit dieser Katzen steht im Kontrast zu ihrer schreiend lautstarken Stimme, die vor allem in der Rolligkeit ertönt. Dann können die Katzen ihre Umgebung derart belästigen, daß sie kastriert werden müssen. Ihr Temperament ist unberechenbar, sie können sich zutraulich geben und gleich darauf mißgelaunt und abweisend.

Den Siamkatzen kommt in der Färbung die Gruppe der Khmerkatzen sehr nahe (nicht im Felltyp, denn sie sind langhaarig), die offiziell als Himalajakatzen bezeichnet werden. Das ist die allerneuste Zuchtkatzengruppe, entstanden durch Kreuzungen mit Perserkatzen, weswegen sie unter diese eingereiht werden. Allerdings haben sie nicht den vollendet kreisrunden Kopf und die Augen der Perser, viele haben auch eine längere Nase (vor allem Tiere mit der idealen weißlichen Augenfarbe).

Dunkelbraune Khmerkatze

Siam rot

Abessinierkatze

Mancherorts werden sie auch Äthiopierkatzen genannt, anderswo Nubierkatzen. Da sie in ihrem Aussehen einer der Katzen-Urmütter – der Falbkatze *(Felix lybica)* – sehr nahe kommen, werden sie von manchen Fachleuten als der domestizierte direkte Nachfahre dieser Wildkatzen angesehen.

Für die Abessinier ist die Agouti genannte natürliche Fellfärbung charakteristisch. Bei dieser Färbung wechseln auf den Deckhaaren in zwei bis drei Abschnitten dunkles und helleres Pigment ab. Das dunkle Pigment ist bei dem einen Farbschlag hellbraun, bei einem anderen rotbraun, blau oder rehbraun (beige fawn). Diese farbige Deckhaarbänderung heißt Ticking. Das Ticking darf aber keine Farbänderung auf dem Körper oder Ringe auf dem Schwanz entstehen lassen. Das Fell liegt glatt an. Die Abessinier haben das dichteste Unterhaar von allen Edelkatzenrassen.

Sie sind nicht besonders robuste Katzen mit breitem Kopf und ausgeprägtem Kinn. Ihr Kopf hat eine leichte Kielform mit nur schwach zugespitzter und nur wenig durchgebogener Nase. Die Ohren sind relativ groß und aufgerichtet, die Augen weit voneinander angesetzt, die Beine schlank mit kleinen, ovalen Pfoten. Abessinierkatzen übertreffen an Anhänglichkeit alle anderen Katzenarten.

Eine Katze ist ein Tier, mit dem man nicht beliebig umspringen kann. Sie ordnet sich nicht jedem unter und gibt ihre Unzufriedenheit sogleich drohend zu verstehen. Aus der Pupillenform kann man mit ein wenig Erfahrung die Stimmungslage einer Katze ablesen. Bei Tage sieht eine Katze sechsmal besser als der Mensch, auch wenn sie einige Farben nicht wahrnimmt. In völliger Dunkelheit sieht auch sie nichts, doch orientiert sie sich mit Hilfe des Tastsinns ausgezeichnet. Im Dämmerlicht sieht sie aber besser als der Mensch dank einer besonderen Schicht in der Netzhaut, die das einfallende Licht reflektiert und so die Photorezeptoren der Netzhaut reizt.

Kopfdetail

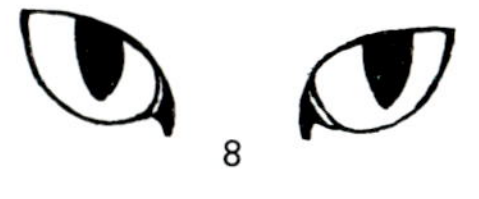

1 Starrer Blick, 2 starrer Blick bei prallem Licht, 3 Angst, 4 Schreck, 5 Drohung – Fauchen, 6 Warnung, 7 Ausdruck bei Abwehr, 8 Paarungsaufforderung

Belgisches Riesenkaninchen

Gewichtsminimum 5,5 kg, Durchschnittsgewicht 6–7 kg. Ein Maximum liegt nicht fest.

Das ist eine der ganz großen Kaninchenrassen. Sie stammt aus Flandern und verdankt ihr heutiges Aussehen deutschen Züchtern. Belgische Riesen werden in Hasen- und Eisenfarbe, in Schwarz, Gelb, Braun, Blau, Chinchilla und als Albinos gehalten. Ihre Ohren sollten mindestens 16 cm, höchstens 19 cm lang sein. Interessanterweise sind Tiere mit einer Lebendmasse von über 7 kg ungeeignet für die Zucht, da sie in der Regel nicht fruchtbar genug sind.

Die wirtschaftliche Bedeutung dieses Kaninchens ist im Rückgang. Die Tiere stellen Ansprüche an Einstallung, Qualität und Menge des Futters, das sie überdies noch schlecht verwerten. Der Geschmack ihres Fleischs ist fade. Durch das große Gewicht der Därme und des Eingeweidefetts entsteht beim Schlachten viel Abfall, so daß die Fleischleistung gering ist.

Eine typische Eigenschaft des Kaninchengebisses sind die unablässig nachwachsenden Schneidezähne. Bei Wildkaninchen wird die nachwachsende Zahnmasse beim Benagen von Zweigen und harten Grashalmen abgeschliffen, so daß die Schneidezähne immer ihre angemessene Länge behalten. Bei wenig abwechslungsreicher Nahrung der Hauskaninchen, vor allem, wenn härtere Bestandteile im Futter fehlen oder das Kaninchen keine Möglichkeit zum Nagen hat, wachsen diese Zähne immer mehr, verformen sich und machen schließlich dem Tier die Nahrungsaufnahme unmöglich, so daß es verhungert. Um dem vorzubeugen, müssen die Kaninchen hartes Brot und Zweige vorgelegt bekommen, sonst greifen sie mit ihren Nagezähnen die Holzteile des Stalls an. In Großzuchtanstalten kürzt man die Zähne von Zeit zu Zeit mit der Zange.

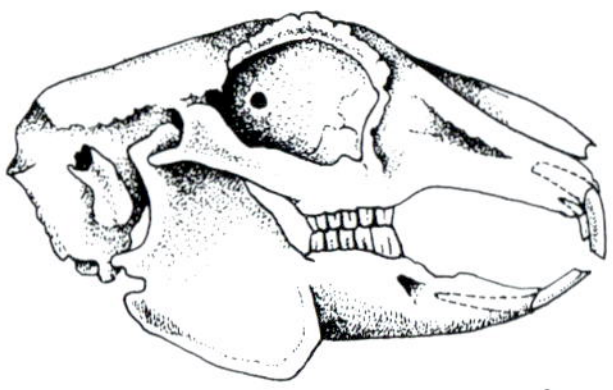

1

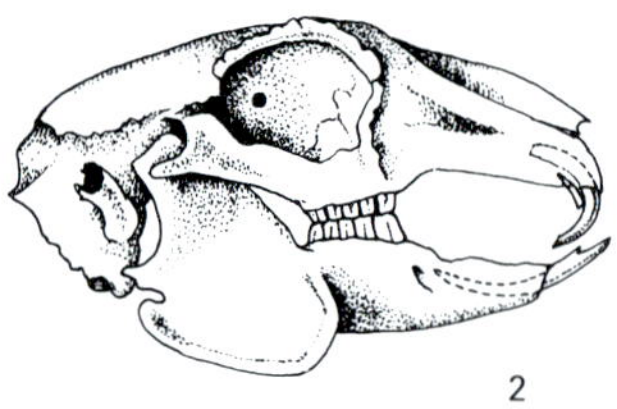

2

Schneidezähne: 1 normale Länge, 2 Überlänge

Hasenfärbung

Französisches Widderkaninchen

Gewichtsminimum 5 kg, Optimalgewicht 5,5 kg. Ein Maximum liegt nicht fest.

Das französische Widderkaninchen ist ein weit verbreiteter Vertreter der großen und schweren Fleischrassen. Seinen Namen verdankt es den französischen Züchtern, die es aus Nordafrika eingeführt und das meiste für seine Weiterzucht geleistet haben. Gegen Ende des 19. Jahrhunderts hat sich die Rasse schnell über Deutschland nach ganz Europa verbreitet. Der französische Widder wird vor allem von Kleinzüchtern bevorzugt, da unter den großen Rassen die Gewichtszunahme bei seinen Jungen besonders stark ist, auch wenn die Rasse nicht besonders fruchtbar ist (meist nur 6 Junge in einem Wurf). Er braucht wesentlich weniger Futter als die übrigen Rassen und liefert trotzdem ein großes Fell.

Auf den ersten Blick fällt der rammsnasige Kopf auf, der mit seiner breiten Stirn und den herabhängenden Ohren fast an einen Widderkopf erinnert. Die Länge der beiden abgeknickten Ohren soll, von einer Löffelspitze zur anderen gemessen, 40–45 cm erreichen. Die langen und zugleich sehr breiten Ohren sind wichtig zur Wärmeregulierung, denn bei dem intensiven Stoffwechsel dieser Rasse wird viel Wärme erzeugt. Der Körper ist kurz und massig, das Fell erscheint in allen Farben und Tönen, die bei Kaninchen auftreten, von Weiß bis Schwarz einschließlich Scheckung. Am besten und begehrtesten sind Hasen- und Chinchillafarbe. Die Ansichten über die Ansprüche der Französischen Widder an die Stallhaltung gehen auseinander. Manche Fachleute behaupten, die Rasse sei genügsam, andere unterstellen ihr beträchtliche Ansprüche, von den Kaninchenzüchtern wird sie größtenteils als anspruchslos angesehen.

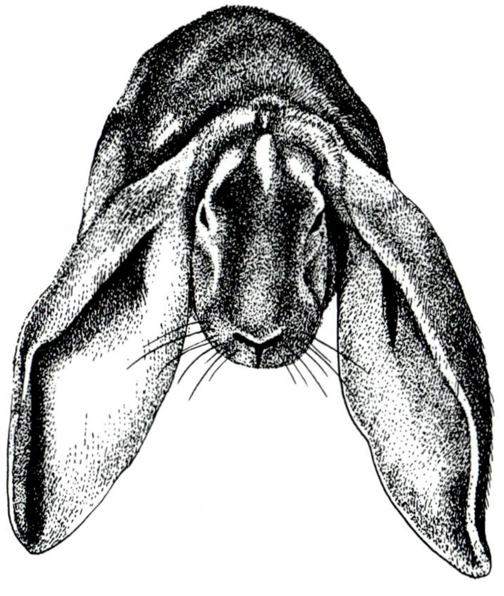

Die besonders an der Wurzel dicken Ohren bilden an ihren Knickstellen auf dem Scheitel eine Art Krönchen.

Hasenfärbung

Deutsche Riesenschecke

Deutsche Riesenschecke: Gewichtsminimum 5 kg, Optimal- und Maximalgewicht werden nicht angeführt. Englische Schecke: Gewichtsminimum 2 kg. Optimalgewicht 2,5–2,7 kg, Maximum 3,5 kg

Die Deutsche Riesenschecke und die Englische Schecke sind einander in der Färbung recht ähnlich, allerdings unterscheiden sie sich in der Größe. Beide eignen sich für die Haltung im kleinen.

Die Deutsche Riesenschecke hat einen ungewöhnlich langen Körper und ein weißes Fell mit schwarzen oder blauen Abzeichen. Diese Abzeichen bilden auf dem Kopf einen sog. Schmetterling: zwei auf der Nase nach oben in einen (als Dorn bezeichneten) Ausläufer strebende Flekken. Ferner hat sie Augenzirkel, Backenpunkte und kleine Flecken auf den Unterarm- und Fersenhöckern. Über den Rücken verläuft vom Nacken bis zum Schwanz ein 5 cm breiter Aalstrich. Das sehr fruchtbare Kaninchen setzt 3mal im Jahr jeweils 10 Junge und wird wegen des Fleisches gehalten.

Die Englische Schecke gehört zu den kleinen Kaninchen und wurde in den letzten beiden Jahrzehnten des vergangenen Jahrhunderts erzüchtet. Sie hat eine typische Fellzeichnung: auf weißem Grund treten schwarze, graue oder gelbbraune Flecken auf, die auf dem Kopf ebenso angeordnet sind wie bei der Deutschen Riesenschecke. Ein Unterschied besteht in den feineren Seitenflecken, die bei der englischen Rasse fehlen. Das Fell der Englischen Schecke ist besonders hochwertig, denn es hat kurze Grannenhaare, und seine Zeichnung geht nicht bis ins Leder des Pelzes. Das bestätigt die alte Erfahrung der Kaninchenhalter, daß die Tiere der Klein- und Zwergrassen in der Pelzindustrie die gefragtesten Bälge liefern, weil bei ihnen die Grannenhaare nicht geschoren werden müssen.

Englische Schecke mit schwarzen Abzeichen

Deutsche Riesenschecke mit schwarzen Abzeichen

Rote Neuseeländer

Gewichtsminimum 3 kg, Optimum 4,1–4,5 kg, Maximalgewicht nicht festgelegt.

Diese Rasse stammt aus Kalifornien, wo sie durch die Kreuzung von Belgischen Riesen und Hasenkaninchen herausgezüchtet worden ist. In den dreißiger Jahren dieses Jahrhunderts wurde sie nach Europa gebracht. Rote Neuseeländer werden von Kleinzüchtern als Fleischkaninchen gehalten. Sie verwerten das Futter sehr gut, lassen sich daher gut und schnell mästen. Die Häsin wirft 3–4mal im Jahr durchschnittlich 6 Junge. Rote Neuseeländer haben zylindrische Körper, einen gewölbten Kopf, Ohren in V-Stellung, die bis zu 13 cm lang werden, und ein feuerrotes, dichtes Fell, das auch noch im Unterhaar glänzt.

Bau und Funktion des Verdauungssystems des Kaninchens ist typisch für Hasentiere (Lagomorpha). Der Verdauungstrakt kann die vierfache Körperlänge erreichen. Der Dickdarm und vor allem sein Mittelteil – der Blinddarm – sind ungewöhnlich umfangreich. In diesen Partien wird die Zellulose intensiv zersetzt und dadurch ausgenutzt. Der Blinddarm endet in einem 8–15 cm langen Wurmfortsatz.

Eine physiologische Besonderheit des Kaninchens ist die Koprophagie (Kotfressen). Der weiche Kot des Kaninchens hat einen hohen Gehalt an Faserstoffen, Eiweiß und Vitamin B. Damit diese biologisch wertvollen Stoffe nicht verloren gehen, frißt das Kaninchen gleich nach dem Ausscheiden (meist in der Nacht) seinen Kot wieder auf und füllt sich damit den Magen zu einem Viertel bis Drittel. Tagsüber produziert es dann die bekannten Kotbeeren, die es nicht wieder frißt.

Schema des Verdauungstrakts: 1 Zunge, 2 Speiseröhre, 3 Magen, 4 Leber mit Gallenblase, 5 Bauchspeicheldrüse, 6 Zwölffingerdarm, 7 Dünndarm, 8 Blinddarm, 9 Wurmfortsatz, 10 Dickdarm, 11 Enddarm

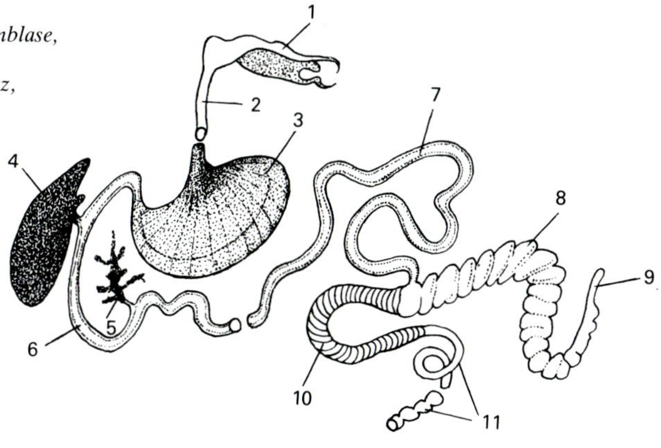

Weiße Neuseeländer

Gewichtsminimum 3,5 kg, Optimum 4,5 kg, Maximalgewicht 6 kg.

Dieses Kaninchen hat einen gedrungenen Körper, der in der Draufsicht die Form einer kurzen Birne zeigt. Brust- und vor allem Beckenpartie sind ungewöhnlich breit. Das Fell ist am ganzen Körper schneeweiß und fein. Weiße Neuseeländer sind Fleischkaninchen mit einer hohen Schlachtleistung (bis zu 65%). Die Häsinnen sind sehr fruchtbar (sie werfen 4–5mal im Jahr durchschnittlich 8 Junge) und haben sehr viel Milch, täglich etwa 164–180 g. Die Säugezeit beträgt 21–28 Tage. Mit der Melkleistung einer Kuh verglichen, hieße das rund 23 l Milch am Tag. Dank dieser reichen Ernährung wachsen die Jungtiere sehr schnell und reifen bald heran – Weiße Neuseeländer gehören zu den besonders frühreifen Rassen überhaupt. Bei intensiver Fütterung erreichen die Kaninchen mit drei Monaten schon 3 bis 3,25 kg Lebendmasse, da sie vor allem Kernfutter ausgezeichnet verwerten. In den letzten Jahren hat sich diese Rasse schnell über die ganze Welt verbreitet, was ihrer ausgezeichneten Nutzleistung zuzuschreiben ist. Weiße Neuseeländer werden von Kleinzüchtern und Großzuchtanlagen gleichermaßen gern gehalten.

Die Qualität des Pelzes hängt nicht nur von der Rasse ab, sondern auch von der Behandlung des Balgs nach dem Schlachten. Abgezogen wird grundsätzlich von den Hinterläufen her zum Kopf, das Fell wird über den Kopf gezogen. Es muß sofort mit dem Haar nach innen auf einen Holz- oder Metallspanner gezogen werden, damit es sich nicht zusammenrollen und keine Falten werfen kann. Durch ungleichmäßiges Spannen werden die Felle verdorben. Getrocknet wird in der Zugluft bei einer optimalen Temperatur von 27°C. Direkte Sonneneinstrahlung bzw. die Nähe einer Wärmequelle sind zu meiden, da bei zu raschem Trocknen die Haut schrumpft, wodurch das Fell gleichfalls verdorben wird. Im Laufe einer Woche ist das Fell gut getrocknet (es enthält dann etwa 10% Wasser gegenüber 64% beim Abziehen). Nach dem Trocknen sollen Kaninchenfelle so bald wie möglich fachmännisch verarbeitet werden.

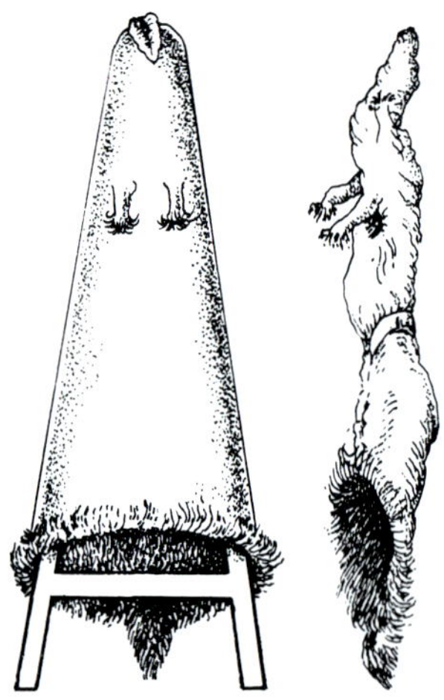

Richtig aufgespanntes (1) und verdorbenes (2) Fell

Großchinchilla

Gewichtsminimum 3,5 kg, Optimum 4,5–4,8 cm, Maximum 5 kg.

Die Bezeichnung dieser Rasse rührt von dem kleinen, wildlebenden südamerikanischen Nagetier Chinchilla her, mit dem sie die silbrige Fellfärbung gemeinsam hat.

Chinchillas sind Kaninchen, die sich für Kleinzuchten eignen, in der UdSSR werden sie aber auch in Großzuchtanlagen gehalten. Sie produzieren vor allem einen sehr wertvollen Pelz, zugleich aber auch ein feines, saftiges Fleisch. Sehr häufig werden sie auch für medizinische und andere Laboratorienzwecke gezüchtet, da sie in den Ohren sehr gut sichtbare und die Blutentnahme erleichternde Adern haben.

Der Wert des Chinchillafells besteht in der Haarfärbung. Diese ist grau, schwarz-weiß schattiert, was von den quergestreiften Grannenhaaren kommt. Deren Unterteil ist in einer Länge von ca. 16 mm dunkelblaugrau. Der Mittelteil von 5 mm Länge ist hell- bis weißgrau und muß scharf gegen Unter- und Endteil abgegrenzt sein. Den Übergang zum Haarende bildet ein 3 mm breiter, schwarzbrauner Streif. Das Endstück ist abwechselnd an einem Haar schwarz und am anderen weiß. Auf diese Weise kommt die typische wellige Schattierung zustande.

Ein Vorzug dieser Kaninchenrasse ist ihre Anspruchslosigkeit bezüglich der Einstallung. Der Kaninchenstall muß nicht sorgfältig gegen staubführenden Luftzug abgedichtet sein, da das Chinchillafell nicht so leicht verschmutzt wie das Fell der hellen Rassen. Die Häsinnen sind sehr fruchtbar – 4–5mal jährlich werfen sie 6–8 Junge.

Eine sehr nützliche Hilfe für den Kleinzüchter ist die Transportkiste. Mit ihr kann er leicht die Tiere zu Ausstellungen oder die Häsin zum Rammler in eine andere Zuchtanstalt bringen. Der Transport in einer solchen Kiste richtet bei den Kaninchen weder psychischen noch physischen Schaden an und erleichtert die Manipulation mit den Tieren beim Ein- und Ausladen.

Transportkiste

Castorrex

Castorrex: Gewichtsminimum 3 kg, Optimum 3,5–3,7 kg, Maximum 4,5 kg.
Lohkaninchen: Gewichtsminimum 2 kg, Optimum 2,5–2,7 kg, Maximum 3,5 kg.

Die Haarlänge reiht das Castorrexkaninchen unter die Kurzhaarrassen ein. Die Unterwolle ist sehr kurz, die Grannen ragen nur 1–2 mm darüber hinaus. Diese nahezu gleiche Länge der beiden Haartypen wird als Rexhaarigkeit bezeichnet. Weder Unterwolle noch Grannenhaar dürfen gewellt sein, und wie bei allen Rexkaninchen müssen die Grannen senkrecht zur Haut wachsen. Die ideale Haarlänge beträgt in der Rückenpartie 19–20 mm. Der Naturton des Castorrexfells ähnelt einer gerade aus der Hülle genommenen Kastanie. Da auch Biber einen solchen Pelz haben, erhielt die Rasse den Namen Castorrex (Castor = Biber). Außer dem beschriebenen rotbraunen Farbschlag werden die Castorrex in geringerem Umfang auch blau, albino- und chinchillafarben, braun und perlfarben gezüchtet, doch sind diese Farben weniger gefragt.

An Pflege und Fütterung stellt diese Rasse außergewöhnliche Ansprüche, dazu ist sie wenig widerstandsfähig gegen Krankheiten. Auch ihre Fruchtbarkeit ist nicht besonders hoch (die Häsin wirft maximal 3mal im Jahr durchschnittlich 6 Junge), aber wegen der hochwertigen Felle hat diese Rasse einen bedeutenden Wirtschaftswert. Die Castorrex verdanken ihre Entstehung den französischen Züchtern der zwanziger Jahre.

Hochwertige, wenn auch kleine Felle liefert auch das Lohkaninchen, das zu den kleinen Rassen gehört. Seine Grundfarben sind Schwarz, Braun oder Blau, ergänzt durch lohfarbene (rostrote) Abzeichen im Nacken, um die Augen, Ohren, Nüstern und Lippen. Lohfarben ist auch die Körperunterseite vom Kinn bis an die Schwanzspitze. Lohkaninchen stellen an Fütterung und Pflege keine Ansprüche. Beide Rassen werden nur in Kleinzuchten gehalten.

Lohfarben blau

Castorrex

Gelbe Burgunder

Gewichtsminimum 3 kg, Optimum 4 kg, Maximum 5 kg.

Das ist eine der alten, vor allem in Italien, Frankreich und der Schweiz gehaltenen Rassen, die eine große Ähnlichkeit mit den Roten Neuseeländern aufweist, jedoch ein noch dunkler rotes, stellenweise satt rostrotes Fell mit heller Unterwolle hat.

Die Kleinzüchter schätzen dieses Kaninchen, da es ein sehr guter Futterverwerter ist, gut wächst, genügsam in der Stallung und dabei relativ fruchtbar ist (im Jahr hat die Häsin 2–3 Würfe mit durchschnittlich 7 Jungen). Wegen dieser Eigenschaften wird die Rasse auch für die Großzucht herangezogen, vor allem in den westeuropäischen Staaten. Hier dienen sie einerseits zur leistungssteigernden Einkreuzung, andererseits zur Aufzucht von zum Braten geeigneten Mastkaninchen.

Bei allen veredelten Nutzkaninchenrassen ist eine genaue Übersicht über die Tiere die Voraussetzung für eine erfolgreiche Zuchtarbeit. Nur so ist es möglich, den Erblichkeitsgrad der Nutzeigenschaften zu werten und die Zucht zu organisieren und zu lenken. Eine der Möglichkeiten, die einzelnen Tiere zu kennzeichnen, ist eine Ohrmarke mit den entsprechenden Angaben. Eine andere ist das Tätowieren der Ohrlöffel; dieses Verfahren wird allgemein bevorzugt. In jedem Land ist die Tätowierung unterschiedlich. Meist enthalten die Angaben die Registrationsnummer des Kreises oder Bezirks, des Züchters und des Landes sowie Geburtsmonat und -jahr des Tieres. Beim Einstechen der Tätowiernadeln in die Innenseite des Ohres muß die Durchblutung berücksichtigt werden, damit das Tier nicht durch Verletzung einer der großen Adern im Ohr verblutet.

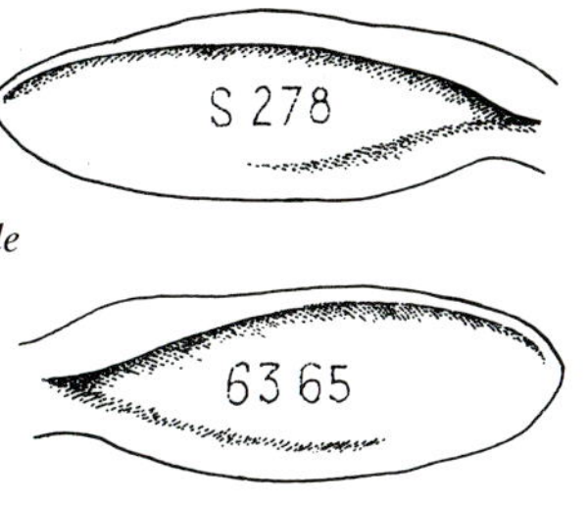

Tätowierungsbeispiele

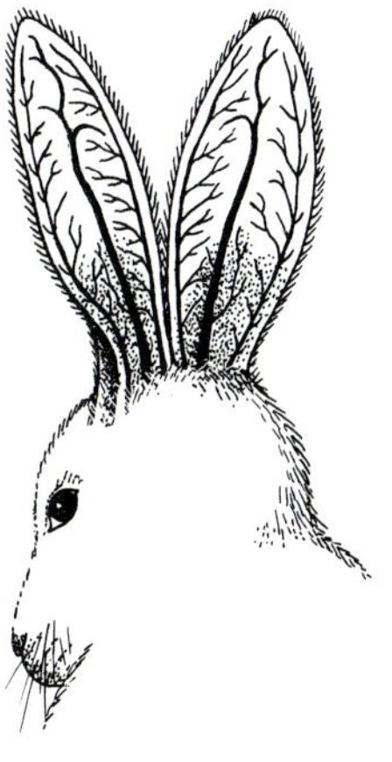

Schema des Aderverlaufs in der Ohrmuschel

Französisches Silberkaninchen

Gewichtsminimum 3,5 kg,
Optimum 4,3–4,7 kg,
Maximum 5 kg.

Hier handelt es sich um einen hervorragenden Vertreter der Kaninchen vom Fleischtyp, der sich für die Haltung in Kleinzuchten und Großbetrieben eignet. Es gehört zu den ganz alten Rassen; bereits 1730 wird es in der Literatur erwähnt, allerdings noch unter dem ursprünglichen Namen Champagne-Kaninchen, da die Rasse in der Champagne herausgezüchtet worden ist. Dieses Kaninchen liefert nicht nur ein ausgezeichnetes Fleisch, sondern auch einen erstklassigen Pelz. Richtig gefärbte Pelze mit einer hinreichenden Begrannung sind in der Pelzindustrie sehr begehrt. Schönheit und Qualität dieser Felle hängen vom Wechsel der weißen und schwarzen Grannenhaare ab, der ihnen den berühmten Silberglanz verleiht. Die schwarzen Grannenhaare sollen zu den weißen im Verhältnis 1:10 bis 1:20 stehen, die Unterwolle um etwa 10 mm überragen und gleichmäßig über den ganzen Körper verteilt sein. Je deutlicher die schwarze Begrannung, desto wertvoller ist der Pelz. Die graublaue Unterwolle ist sehr dicht.

Die Häsin des Französischen Silberkaninchens wirft 4mal im Jahr durchschnittlich 6–8 Junge. Diese sind unmittelbar nach dem Setzen unbehaart und haben eine schwarze Haut. Binnen zwei Tagen wächst dichtes, samtschwarzes Haar. Im Laufe der Zeit verschwindet das schwarze Haar wieder und wird vom typischen Silberfell abgelöst. Das Haaren beginnt um Augen, Maul und Pfotenspitzen und schreitet über Bauch und Seiten bis zum Rücken fort. Als letzte Partie wechselt der Scheitel das Haar. Der Farbwechsel setzt etwa in der dritten Lebenswoche ein und schließt im 3. bis 4. Monat ab. Dabei kommt es sehr auf die Ernährung und den guten physischen Gesamtzustand des Einzeltieres an.

Farbwechsel bei den Jungtieren

Angorakaninchen

Optimalgewicht 3,5–4 kg, Grenzwerte sind nicht festgelegt.

Das Angorakaninchen ist eine der ältesten Kaninchenrassen und gleichzeitig die einzige, die lebend Wolle liefert. Es handelt sich um ein typisches und in der Gegenwart am häufigsten gezüchtetes Langhaarkaninchen. Die Wolle wird normalerweise durch Scheren gewonnen, seltener durch Auskämmen oder Rupfen. Diese Prozedur wird in der Regel alle 3 Monate vorgenommen. Ein erwachsenes Kaninchen liefert 300–500 g Wolle im Jahr, interessanterweise sind gerade die mittelschweren Tiere (um 3 kg) die größten und wirtschaftlichsten Wolleproduzenten. Die Jungen sind kurzhaarig, das lange Fell wächst nach dem ersten Haarwechsel im Alter von etwa 30 Tagen.

Die Wolle ist 60–80 mm lang, fein, mit einem minimalen Grannenhaaranteil. Die beste Wolle hat nicht mehr als 2% Grannenhaare in der Gesamthaarzahl. Hinsichtlich der Wollproduktivität auf 1 kg Lebendmasse ist die Leistungsfähigkeit von Angorakaninchen ganz enorm. Ein Kaninchen von 3 kg Lebendgewicht liefert im Jahr Wolle für einen Herrenpullover. Schafe produzieren auf 1 kg Lebendgewicht nur 300–400 g Wolle, d. h. nur ein Drittel der Wollproduktion eines Angorakaninchens. Dabei ist die Angorawolle feiner, leichter und hat unter Umständen den zehnfachen Wärmeeffekt im Vergleich zur Schafwolle.

Die Angorakaninchenzucht ist sehr pflegeaufwendig und befindet sich daher nur in den Händen von Kleinzüchtern. Die Kaninchen müssen jeden zweiten Tag leicht gebürstet und einmal in der Woche durchgekämmt werden, damit die Wolle nicht verfilzt. Die Tiere müssen auf sauberen Rosten gehalten werden und sind von Staub, Futterresten und Luftverschmutzung zu schützen. Die Häsin setzt 2–3mal im Jahr durchschnittlich 4–6 Junge. Die häufigste Färbung der Angorakaninchen ist albinotisch (weiß mit roten Augen), weiß mit blauen oder bernsteingelben Augen, weniger häufig sind die Farbschläge Blau, Grau, Schwarz und Gelb.

Richtiger Tragegriff für Kaninchen

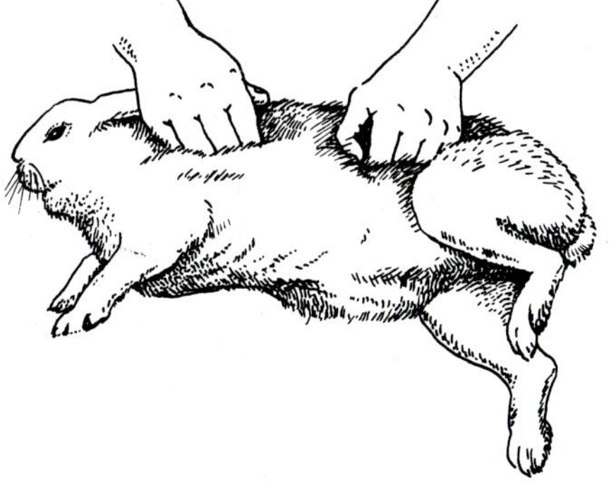

Seitliches Festhalten eines Kaninchens

Hasenkaninchen

Gewichtsminimum 3,8 kg, Maximum 4,5 kg

Mit dem Hasen hat dieses Kaninchen lediglich Haltung und Körperform gemeinsam. Überraschenderweise zeigt sein Aussehen keine Ähnlichkeit mit seinen Vorfahren, den Wildkaninchen und Belgischen Riesenkaninchen, aus denen es gegen Ende des vorigen Jahrhunderts in Belgien gezüchtet worden ist. Die Enden mancher Grannenhaare sind schwarz, so daß auf dem mahagonifarbenen Fell eine eigenartige wellige Schattierung zustandekommt. Die Unterwolle ist satt blau. Wirtschaftlich wichtig ist das Fell nur dann, wenn es im Naturzustand ohne weitere Aufbereitung verwendet werden kann. Die Häsin hat meist 2–3mal im Jahr durchschnittlich 4–6 Junge. Im Hinblick auf seine Ansprüche an Ernährung und Stall gilt das Hasenkaninchen als sog. Sportrasse, die aus Liebhaberei von Kleinzüchtern gehalten wird.

Auch bei den Kaninchen ist die Fruchtbarkeit eine bedeutende, die Wirtschaftlichkeit der Haltung beeinflussende Eigenschaft. Die Voraussetzungen für eine hohe Fruchtbarkeit bei zur Zucht ausgewählten Tieren lassen sich in gewissem Umfang anhand verschiedener Merkmale abschätzen. Eins dieser Merkmale ist die Kopfform. Der robustere Schädelbau und die besser entwickelte Kaumuskulatur der Rammler haben ihre Ursache in der Wirkung des männlichen Geschlechtshormons. Bei reichlicher und frühzeitiger Produktion dieses Hormons in den Hoden tritt beim Männchen eine bessere Eiweißverwertung als bei den Weibchen ein. So entsteht beim Männchen ein mächtigeres Skelett und auch eine mächtigere Muskulatur, und es formt sich der sog. Geschlechtsausdruck von Rammler und Häsin. Will man das Geschlecht von heranwachsenden Kaninchen feststellen, drückt man mit Daumen und Zeigefinger auf die vom After zum Bauch hin liegenden äußeren Geschlechtsorgane. Bei der Häsin zeigt sich eine Längsspalte, beim Rammler eine runde Öffnung, aus dem das kegelförmige Glied gestülpt wird.

Kopf von Rammler und Häsin

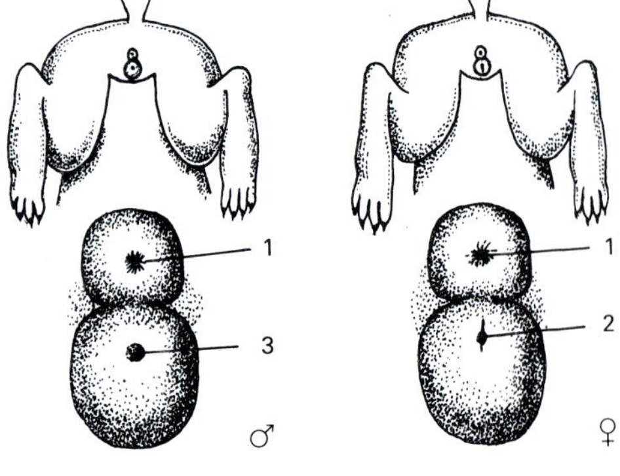

Geschlechtsbestimmung anhand der äußeren Geschlechtsorgane: 1 Afteröffnung, 2 Schamspalte der Häsin 3 Schamspalte des Rammlers

Sumpfbiber, Nutria

Körperlänge 40–60 cm, Schwanzlänge 30–45 cm, Gewicht 6–14 kg. Trächtigkeitsdauer 111–138 Tage.

In Europa gilt der Sumpfbiber als ein ausschließlich in Farmen gehaltenes Tier. Nur wenige wissen, daß er in einigen Ländern auch in der freien Natur vorkommt, er ist nämlich aus den Farmen in die freie Wildbahn geraten, vor allem während der Kriegsjahre. Er ist aus den gemäßigten Zonen Südamerikas nach Europa gebracht worden und wird nicht nur wegen seines wertvollen Fells, sondern auch wegen des biologisch hochwertigen Fleisches gezüchtet.

Der Sumpfbiber ist ein Pflanzenfresser, der sich in der freien Wildbahn von Wasser- und Uferpflanzen ernährt, auf den Farmen von Hackfrüchten, Gemüse und Futterpflanzen, vor allem Klee. Er ist ein tüchtiger Schwimmer (mit Schwimmhäuten zwischen den Zehen), die Verschlüsse von Gehörgängen und Nase erlauben ihm, mehrere Minuten unter Wasser zu bleiben. Auf dem Trockenen bewegt er sich nur plump. Die Jungen kommen behaart, seh- und hörfähig zur Welt.

Der Sumpfbiber behielt auch die ursprüngliche Färbung (graubraun bzw. orangebraun) seines als Nutria bezeichneten Fells, nachdem er aus seiner natürlichen Umgebung in die Farmen gelangt ist. Diese Färbung wird als Standard bezeichnet. In der graubraunen Färbung (De Nuri) überwiegt ein graubrauner bis sandfarbener Ton, für die orangebraune (Brunellis) ist ein Mahagoniton auf Flanken und Bauch charakteristisch. In den heutigen Zuchtanstalten finden sich aber beide Typen miteinander gekreuzt, so daß reine Formen nur selten auftreten. Daneben kommen noch sog. Mutationen (Erbveränderungen) in Gestalt von schwarzer, weißer, goldener oder saphirener Färbung vor. Diese Farbschläge bilden durch Kreuzung untereinander noch weitere farbliche Mischungen.

Auf den Farmen werden die Sumpfbiber meist in Auslaufgehegen mit Wasserdurchfluß gehalten. Das Anlegen solcher Gehege ist aufwendig, deshalb versucht man auch die Käfigzucht ohne Wasser, wobei die Erfahrungen auseinandergehen. Ein Teil der Züchter gibt an, daß die Tiere geringere Fruchtbarkeit und eine mindere Fellqualität zeigen, andere stellen keine Unterschiede fest.

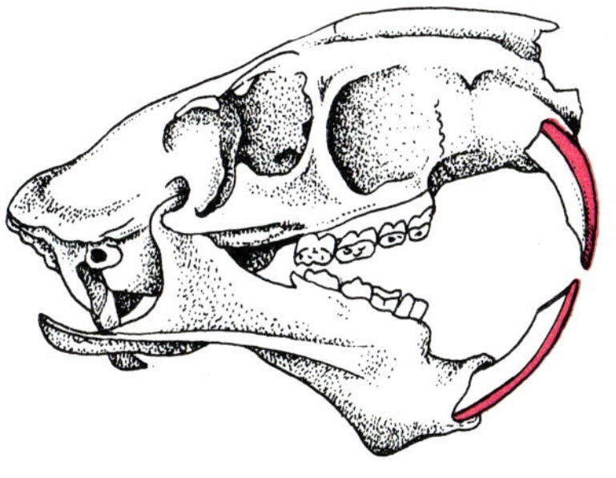

Schädel mit den typisch pigmentierten mächtigen Schneidezähnen

Säugendes Weibchen. Die Milchwarzen sitzen nicht auf dem Bauch, sondern seitlich.

andard De Nuri

Bisamratte

Körperlänge 25–40 cm, Schwanzlänge 19–29 cm, Gewicht 800–1600 g. Trächtigkeitsdauer 28 Tage.

Die Existenz der Bisamratte *(Ondatra zibethicus)* in Europa verdanken wir dem böhmischen Grafen Colloredo-Mansfeld, der im Jahr 1905 mehrere Bisamrattenpärchen aus Nordamerika nach Böhmen mitgebracht und auf seinen Besitztümern in der Nähe von Prag in einen Teich ausgesetzt hat. Innerhalb von knapp 25 Jahren hat sich die Bisamratte von dort über ganz Europa verbreitet. Anfänglich hat sie durch das Wühlen ihrer Baue ernsthafte Schäden an Deichen angerichtet, später baute sie ihre haufenförmigen Winterbehausungen aus zusammengeschlepptem Teichunkraut. In diesen Burgen haben sie ihren Wohnkessel oberhalb des Wasserspiegels, doch liegen die Ein- und Ausgänge unter Wasser. Die Bisamratte ernährt sich von Pflanzen, in freier Natur gelegentlich auch von verschiedenen in Gewässer lebenden Tieren, insbesondere Weichtieren. Fische fängt sie nicht. Bisamratten paaren sich 4mal im Jahr und haben in jedem Wurf 6–8 Junge. In vielen Ländern werden sie wegen des wertvollen Fells in Halbfarmhaltungen gezüchtet.

Das Fell der Bisamratte ist braun, auf der Rückenseite dunkler, auf dem Bauch heller mit einem Hauch von Gelb bis Rosa. Die Stichelhaare sind glänzend und sehr schütter, dafür ist die Unterwolle sehr dicht, graublau mit gelblichen Spitzen. In der Unterwollfärbung können Unterschiede von grauen über schwarze bis zu gelben Tönen auftreten. Länge der Stichelhaare 3,5 cm, der Unterwolle 1,6 cm. Der Pelz ist vom Dezember bis Ende März am wertvollsten.

Die Bisamratte ist stärker von einem Wasserbiotop abhängig als der Sumpfbiber, sie muß Gelegenheit zum Schwimmen und zum Nestbau für ihre Jungen haben. Werden diese Bedingungen nicht erfüllt, mindert sich bei den meisten in der Gefangenschaft gehaltenen Tieren die Fruchtbarkeit und Lebensfähigkeit der Jungen. Die Züchter sind daher bestrebt, eine Population zu züchten, die in der Lage ist, sich den Bedingungen der Sumpfbiberhaltung anzupassen.

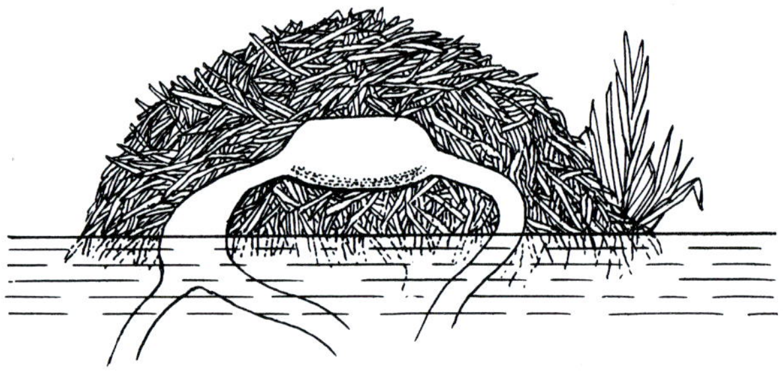

Wohnburg einer wildlebenden Bisamratte

Nerz

Körperlänge 28–34 cm, Schwanzlänge 16–19 cm,
Gewicht in freier Natur 600–800 g, in Farmhaltung bis zu 3000 g.
Trächtigkeitsdauer 48–54 Tage.

)er Nerz ist das Pelztier, das am häufigsten in Farmen ;ehalten wird; sein Fell gehört zu den allerteuersten. Die Nerze der Farmen stammen alle vom amerikanischen Nerz *Mustela vison)* ab; dieser ist größer, sein Fell wertvoller, lichter und ansehnlicher als das des europäischen Nerzes *Mustela lutreola)*.

Die Färbung der Zuchtnerze teilt sich in Standard- und Mutationsfärbung, letztere umfaßt rund 60 Farbtöne. Je ıach Typ des Fellgrundes werden drei Farbreihen unterchieden (Braun, Blau, Beige) sowie weitere Typen, z. B. veiße Nerze, Typ Schwarzkreuz usw. Außer den Farbvaianten wurde auch der Schlag Gigas herausgezüchtet, der ›is 3 kg Körpermasse erreicht.

Die Nerzhaltung ist hinsichtlich Ernährung und Zuchtwahl eine ziemlich anspruchsvolle Angelegenheit. Die Tiere müssen in Käfigen mit Drahtböden gehalten werden. Während in der freien Natur die Nahrung der Nerze durch das bunte Futterangebot gedeckt wird, ist in der Gefangenschaft die Fütterung die brennendste Frage, wenn die Zucht Erfolg haben soll. Nerze brauchen reichlich hochwertige und frische Nahrung, die aus Muskelfleisch, Innereien, Blut, Geflügelläufen, -hälsen und -köpfen besteht. Eine schwierige Zeit bricht für den Züchter vor Eintritt des Winters an, wenn die Nerze einen ausreichenden Energievorrat in Form von Unterhaut- und Eingeweidefett anlegen müssen. Die kritischste Zeit ist jedoch der Sommer, wenn das Futterfleisch durch Mikroben rasch verdirbt. Besonders gefährlich ist die Mikrobe *Clostridium botulinum*, die das tödlich giftige Botulotoxin erzeugt. Die Nerze sind diesem Gift gegenüber äußerst empfindlich und sterben daran schnell.

4

1 Standardnerze haben eine dunkelbraune bis schiefergraue Unterwolle und schwarze Stichelhaare. Sie sind wesentlich dunkler als wilde Nerze.

2

3

1

2 In die braune Reihe gehört der finnische Topas mit hellbrauner Unterwolle und zimtfarbenen Stichelhaaren.
3 In die blaue Reihe gehört der Silver Blue.
4 Nerze vom Schwarzkreuztyp haben auf Schultern, Rücken und Schwanz eine kräftige schwarze Pigmentierung.

Iltis

Waldiltis: Körperlänge 31–38 cm, Schwanzlänge 11–21 cm, Gewicht 500–2000 g.
Steppeniltis: Körperlänge 32–56 cm,
Schwanzlänge 12–15 cm, Gewicht 480–2000 g.
Trächtigkeitsdauer bei beiden Arten 35–45 Tage.

In Europa leben zwei Iltisarten – der Waldiltis *(Mustela putorius)* und der Steppeniltis *(Mustela eversmanni)*; sie stellen verschiedene Anforderungen an ihren Lebensraum. Der Waldiltis bevorzugt eine offene Landschaft, kommt aber auch in Waldgebieten vor und erscheint in den Bergen, den Berghütten folgend, auch in höchsten Lagen. Am liebsten hält er sich in der Umgebung von Gewässern und in der Nähe menschlicher Behausungen auf. Der Steppeniltis hingegen meidet menschliche Ansiedlungen, Berge und zusammenhängende Waldungen, er ist ein Tier der Kultursteppen mit Buschgehölzen, buschbestandenen Rainen und verwachsenen Schluchten.

Der Steppeniltis nähert sich den menschlichen Behausungen, wo er in Gefangenschaft geraten könnte, nicht, daher wird ausschließlich der Waldiltis gehalten. Die jungen Iltisse werden so lange in Gefangenschaft aufgezogen, bis sie ihren Winterpelz bekommen. Er ist sehr dauerhaft, außerdem dicht und schön durch den Kontrast der dunkelbraunen Stichelhaare mit der gelben Unterwolle.

Werden Iltisse längere Zeit in Gefangenschaft gehalten, pflanzen sie sich nur ausnahmsweise fort. Die häufigste Ursache dafür ist die Dämpfung des Geschlechtstriebes und die unzureichende Lebensfähigkeit der Nachkommenschaft, sei es noch während der Trächtigkeit oder nach dem Werfen. Die Paarung verläuft am Übergang vom Winter zum Frühjahr und hat nur dann Aussicht auf Erfolg, wenn Rüde und Fähe längere Zeit in Käfigen nebeneinander gehalten werden. Außerdem brauchen sie abwechslungsreiche Nahrung (kleine Säuger, Vögel, aber auch Lurche, Kriechtiere und Fische), dabei müssen sie Gelegenheit haben, das Futter in einem Versteck zu verzehren. Dämpfend auf den Geschlechtstrieb wirkt auch der beengte Raum des Käfigs ohne die Möglichkeit ausgiebiger Bewegung. Die in Gefangenschaft gehaltenen Iltisse scheiden aus ihrer Schwanzdrüse ein übelriechendes Sekret aus.

Steppeniltis

Waldiltis

Baummarder

Körperlänge 40–59 cm, Schwanzlänge 18–28 cm, Gewicht 8000–1750 g.

Der Baummarder *(Martes martes)* lebt in den Waldlandschaften und Waldsteppen fast ganz Europas, die Pyrenäenhalbinsel ausgenommen. Er ist ein Nachttier, jagt Insekten, kleine Vögel, Mäuse, Hasen und auch schwächere Rehkitze, doch verschmäht er auch verwildertes Obst oder Waldfrüchte nicht. Er ist eines der wenigen bislang freilebenden Raubtiere, die ein sehr schönes, dauerhaftes und hochwertiges Fell liefern, das nach wie vor auf dem Markt sehr geschätzt wird.

Fast alle Erzeugnisse aus Baummarderfell stammen von wildlebenden Tieren. Die meisten werden als Jungtiere in freier Natur eingefangen (alte Marder lassen sich nur schwerlich fangen) und bis zur Reife des Pelzes in Gefangenschaft gehalten. Während eine ganze Reihe von Pelztieren heute auf Farmen gehalten wird, befassen sich in ganz Europa nur einige wenige Farmen mit der Baummarderzucht, die Haltung ist vor allem auf die Kleinzüchter konzentriert. Der Grund liegt darin, daß der Marder zu seinem Gedeihen eine Nahrung braucht, wie sie ihm nur die freie Natur bietet und die ihm allenfalls ein Kleinzüchter verschaffen kann. In Großzuchtanstalten ist das kaum möglich. Haben die in Gefangenschaft lebenden Marder nicht das richtig zusammengesetzte Futter, leidet ihre Fruchtbarkeit, sie werden paarungsunwillig, die Weibchen werden nicht trächtig, eventuell geworfene Junge haben nur eine geringe Lebensfähigkeit.

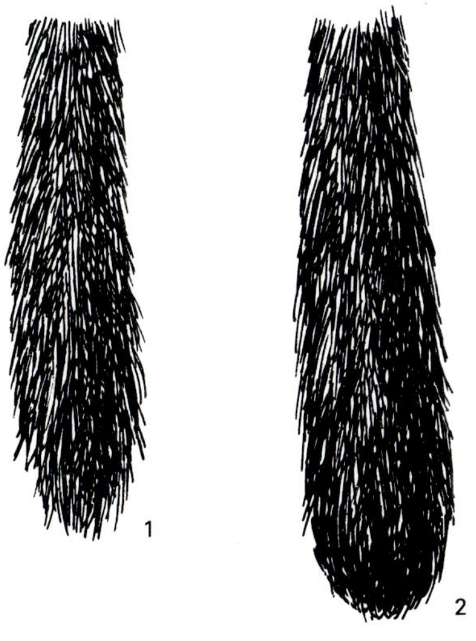

Schwanz des Baummarders (1) und Steinmarders (2)

Steinmarder

Körperlänge 38–60 cm, Schwanzlänge 23–32 cm, Gewicht 900–2100 g.

Der Steinmarder *(Martes foina)* ist der robustere Verwandte des Baummarders. Der Baummarder hat ein dunkelbraunes, glänzendes Fell mit sehr dichter, gelblicher Unterwolle, beim Steinmarder überwiegt ein graubrauner Ton, seine Unterwolle ist grauweiß. Der Lebensraum des Steinmarders ist die offene Landschaft, vor allem Waldränder und Felsgründe. Sehr gern hält er sich in der Nähe menschlicher Ansiedlungen auf (sogar in größeren Städten), in Scheunen und Strohmieten. Aus diesem Grund erscheint er in den Kleinzuchten öfter als der Baummarder. Die Nahrungsansprüche sind bei beiden Mardern die gleichen, daher lassen sich auch beim Fang beider Marder die gleichen Lockspeisen verwenden. Sehr beliebte Köder beim Lebendfang von Mardern in Kastenfallen sind außer Sperlingen Dörrpflaumen, -birnen oder mit Honig bestrichene Vogelbeeren. Die Fallenstellerei bringt im Herbst die größten Erfolge, wenn sich die Jungtiere selbständig machen.

Die Ranzzeit beider Marderarten dauert von Juli bis Anfang August. Die befruchtete Eizelle stellt für einige Monate ihre Entwicklung ein, dadurch verlängert sich die Trächtigkeit. Erst im Februar setzt der Keimling seine Entwicklung fort. Geworfen wird im April oder Anfang Mai, also in der klimatisch günstigen Zeit mit Nahrungsüberfluß.

Die Reproduktion des Steinmarders stößt auf die gleichen Schwierigkeiten wie die des Baummarders. Die besten Ergebnisse bringen neben abwechslungsreicher Nahrung die Haltung von zwei Tieren beider Geschlechter im Geruchskontakt bis zur völligen Reife, die wahrscheinlich erst im Alter von zwei Jahren eintritt. Die einfachste Lösung sind zwei benachbarte Käfige.

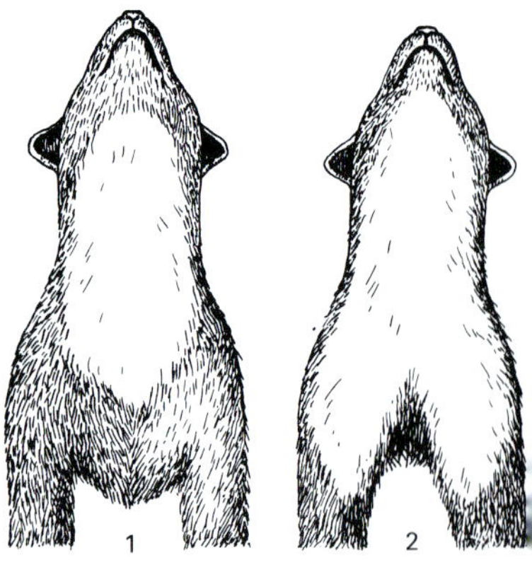

Brustfell von Baummarder (1) und Steinmarder (2)

Fuchs

Silber- und Platinfuchs: Körperlänge des Rüden 55–80 cm, Schwanzlänge 45 cm, Gewicht 6–8 kg, Körperlänge der Fähe 55–70 cm, Schwanzlänge ebenfalls 45 cm, Gewicht 5–6 kg.
Polarfuchs: Rüde und Fähe haben eine Körperlänge von 45–75 cm und eine Schwanzlänge von 24–30 cm, Gewicht 2–6 kg.

Der Fuchs ist ein sehr verbreitetes Pelztier. Er wird sowohl im kleinen als auch in Großfarmen gehalten. Er vermehrt sich sehr gut, stellt keine besonderen Ansprüche an sein Futter und ist relativ widerstandsfähig gegen Krankheiten. In Gefangenschaft werden einerseits Farbmutationen des Gemeinen Fuchses gehalten, vor allem der Unterart *Vulpes vulpes fulva* aus Nordkanada, Alaska und Sibirien, andererseits des Polarfuchses *(Alopex lagopus)*, der in Nordeuropa, Asien und Amerika vorkommt. Eine veredelte Farbabweichung des Gemeinen Fuchses ist der Silberfuchs mit unterschiedlich dunklem bis schwarzem Fell, das einen Silberhauch zeigt. Die Farbintensität ist aber stark veränderlich, und der silbrige Ton ist meist unregelmäßig über den Körper verteilt. Am wertvollsten ist eine vom Hinterteil bis zum Widerrist verteilte silbrige Tönung, dann spricht man von 100% Silber. Der Schwanz ist an der Wurzel silbrig, geht dann ins Schwarze über und endet in einer weißen Spitze (der sog. Blume) von 10–15 cm Länge. Füchse mit geringerer Pigmentmenge, wobei die Unterwolle blau und die Stichelhaare grau erscheinen, heißen Platinfüchse. Sie bilden vier Schläge: Standard, Weißnacken, Perlplatin und Schneefuchs.

Die Standardfellfarbe des Polar- oder Blaufuchses ist hellgrau, die Stichelhaare sind dunkler und bilden über der Unterwolle einen sog. Schleier. Neben dieser Färbung bringt er noch weitere Schläge hervor (Weißnacken, Schattiert, Weiß). Der Polarfuchs hat ein wesentlich feineres Fell als der Silber- oder Platinfuchs, die Unterwolle ist sehr üppig und fein.

Blaufuchs

Silberfuchs

Weiße Leghorn

Gewicht der Henne 1,5–2 kg, des Hahns 2–2,4 kg.
Legeleistung 230–250 Eier pro Jahr,
Eigewicht 50–60 g, Schale weiß.

Aussehen und Nutzen des Leghorns vom heutigen Typ sind das Arbeitsresultat einer ganzen Reihe von Züchtern. Die Wurzeln dieser Rasse reichen bis in die italienische Stadt Livorno (englisch Leghorn) zurück. Von dort wurden um 1835 Hähne in die USA exportiert, wo sie veredelt wurden. Um 1870 wurden sie unter der Bezeichnung Leghorn wieder nach Europa zurückgebracht, vor allem nach England. Die Engländer setzten die Veredelung durch die Kreuzung mit einheimischen Minorkas und malaiischen Kampfhuhnrassen fort, bis sie die heutige Gestalt und die Nutzleistung der Leghorns erzielten.

Durch die Zucht auf eine möglichst hohe Legeleistung sind überall auf der Welt Varianten mit kleinen Modifikationen in Kammform, Gewicht und Färbung zustande gekommen. Die am häufigsten bei Tieren beiderlei Geschlechts auftretende Farbe ist aber Weiß, der Kamm der Henne ist schlaff umgeklappt, der des Hahns aufgerichtet.

Leghorns sind sehr bewegliche, lebhafte und gefräßige Hühner, ihre Küken wachsen und befiedern sich schnell. Schon im Alter von 4½ Monaten werden sie geschlechtsreif. Durch die hochgezüchtete Legeleistung für die Großzuchtanlagen ist der Muttertrieb, die Brütigkeit, nahezu unterdrückt worden.

Bei der Auswahl von Zuchthähnen muß dem Geschlechtsausdruck große Aufmerksamkeit geschenkt werden. Eines der markantesten Merkmale für eine gute Reproduktionsfähigkeit ist ein hinreichend großer, sattroter Kamm mit kräftigen Zacken. Seine Größe muß mit der Kopfgröße des Hahns harmonieren; der Kopf des Hahns wiederum muß größer als bei der Henne sein. Weitere wichtige Merkmale sind Kehllappen und Ohrscheiben. Auch diese Gebilde müssen beim Hahn größer als bei der Henne sein, die Ohrscheiben weiß, die Kehllappen genauso rot wie der Kamm.

Detail des Hahnenkopfes

Küken am zweiten Tag nach dem Schlüpfen

♀

Italiener

Gewicht der Henne 1,75–2,5 kg, des Hahnes 2,25–3 kg.
Legeleistung mehr als 200 Eier pro Jahr,
Eigewicht 50–60 g, Schale weiß.

Die Vorfahren dieser Rasse stammen aus Italien und sind von dort in die USA gelangt; dort wurden die heutigen rebhuhnfarbenen Italiener geschaffen. Durch deren Kreuzung mit einigen importierten Rassen und anschließender Reinzucht sind insgesamt 17 in der Farbe abweichende Schläge (bzw. Varianten) herausgezüchtet worden. Die Hähne von 11 Schlägen haben einen Blattkamm, die der übrigen 6 einen Rosettenkamm. Der Kamm der Hennen ist umgeklappt.

Italiener sind sehr lebhafte, bewegungsfreudige, jedoch scheue Hühner. Für die Großzuchtanlage eignen sie sich nicht, da sie emsig nach Nahrung suchen und daher einen hinreichenden Auslauf brauchen. Die hochgezüchtete Legeleistung unterdrückt die Brütigkeit. Ihre Ansprüche an die Klimaverhältnisse sind wesentlich bescheidener als die der Leghorns. Die Legeleistung ist nicht so gleichmäßig über das Jahr verteilt wie bei den Leghorns, sie konzentriert sich vielmehr auf Frühjahr und Sommer.

Bei der Hühnerzucht ist eine Identifikation der Tiere genau so unentbehrlich wie bei allen anderen Tierarten auch. Ohne Identifikation eines jeden Tieres ist eine Vorstellung vom Zuchteffekt nicht möglich. In den Zuchtanstalten, in denen eine individuelle Kontrolle von Nutzleistung und Erblichkeit durchgeführt wird, werden alle Küken (aber auch die Jungtiere von anderem Geflügel) durch eine Flügelmarke mit Plombenverschluß markiert, und zwar bereits einen Tag alte Küken. Auf der rechten Seite der Marke befindet sich das Zeichen des Züchters, auf der linken die Nummer, die der Nachkommenschaft eines Muttertieres zugeteilt worden ist. Die Marke wird in der Hautduplikatur der Flügelbeuge angebracht.

♀

Silberne Italiener

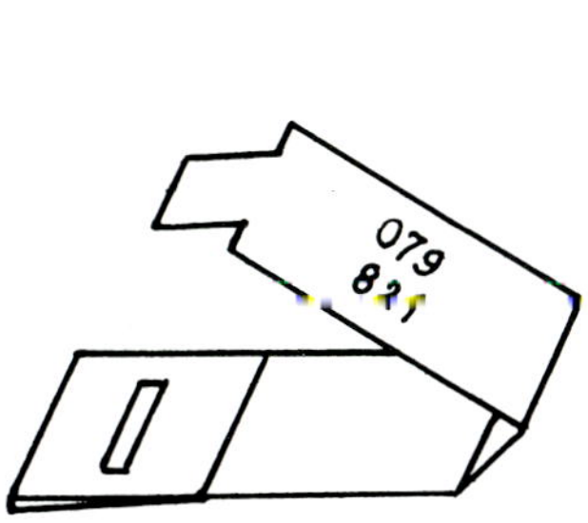

Flügelmarke

♀

Goldene Italiener

Schwarze Italiener

Gewicht der Henne 1,75–2,5 kg, des Hahnes 2,25–3 kg.
Legeleistung 180–200 Eier pro Jahr,
Eigewicht 60–65 g, Schale weiß.

Einer der sechs Italiener-Farbschläge mit Rosettenkamm ist der schwarze. Die Grundfarbe des Gefieders ist ein sattes Schwarz mit starkem Glanz auf Flügeln, Satteldeckfedern und Schwanzfedern. Schnabel und Läufe sind auffällig sattgelb. In Körperrahmen und Nutzleistung bestehen keine Unterschiede zwischen Italienern mit Rosetten- und einfachem Kamm.

Die übrigen Schläge mit Rosettenkamm sind Goldhals, Silberhals, Gelb, Weiß, Streifung.

Für jede Geflügelrasse ist die Kammform ein Bestandteil des Rassenstandards. Es gibt Rassen, bei denen alle Schläge die gleiche Kammform haben, allerdings auch solche, die in den verschiedenen Schlägen auch verschiedene Kammformen aufweisen (z. B. Italiener). Auf Abb. 1 ist ein einfacher, regelmäßig gezackter, blattförmiger Hahnenkamm mit einer richtig geformten ganzrandigen Fahne dargestellt, auf Abb. 2 ein blattförmiger Kamm mit einer leicht angehobenen Fahne. Abb. 3 zeigt einen ebensolchen Kamm mit angewachsener Fahne, Abb. 4 eine zweigeteilte Fahne und gesägte Zacken, Abb. 5 zweigeteilte Kammzacken und einen seitlichen Fahnenauswuchs. Auf Abb. 6 ist ein Rosettenkamm mit feiner Perlung und einem angehobenen Dornfortsatz zu sehen, auf Abb. 7 der Rosettenkamm eines Hahnes feiner Perlung mit einem kurzen, der Halslinie folgenden Dornfortsatz.

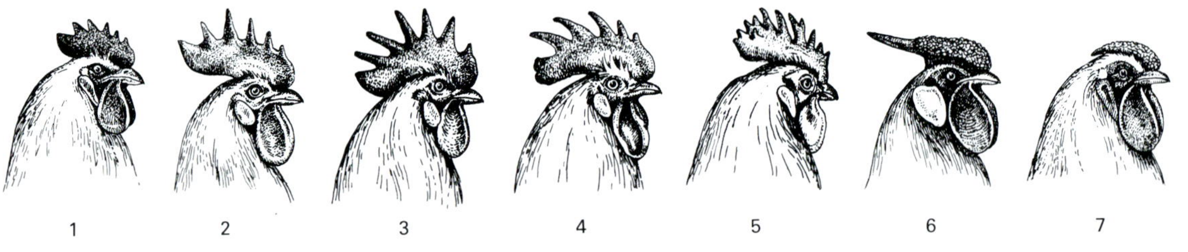

Hahnenkammtypen

Goldene Brakel

Gewicht der Henne 1,75–2,25 kg, des Hahnes 2–2,75 kg. Legeleistung 200 und mehr Eier pro Jahr, Eigewicht 55–60 g, Schale weiß.

Ende des vorigen Jahrhunderts wurde in Belgien eine sehr temperamentvolle und farblich recht ansprechende Geflügelrasse gehalten, deren Hähne auch zu Kämpfen verwendet wurden. Das war ein in der Konstitution recht kräftiges Huhn mit sehr guter Nutzleistung, daher haben englische, belgische und deutsche Züchter mit seiner Veredelung begonnen und es ist ihnen gelungen, eine frühreife Rasse herauszubringen – die Junghennen fangen mit dem Eierlegen bereits im 4.–5. Lebensmonat an. Ihr Muttertrieb ist aber infolge der hochgezüchteten Legeleistung weitgehend unterdrückt.

Brakel werden in zwei Farbvarianten gehalten – als goldene und silberne. Die Grundfarbe des Gefieders der Goldenen Brakel ist goldbraun, darüber verlaufen schwarze Querbänder mit stark metallischem Glanz. Diese Bänder, doppelt bis dreimal so breit wie die Zwischenräume, sind für die Brakel kennzeichnend. Bei den Hennen wird verlangt, daß das quergestreifte Gefieder auch auf den Schwanz übergeht. Der Schnabel ist bläulich, die Spitze ist wie helles Horn gefärbt. Die Läufe sind schieferblau.

Bei der zweiten Variante, der Silbernen Brakel, sind Kopf, Hals- und Satteldeckfedern silberweiß, am restlichen Körper weist das Gefieder eine ähnliche Färbung auf wie bei der Goldenen Brakel.

Die Zuchttiere von reinrassigem Geflügel (Hennen sowie Hähne) müssen an den Beinen mit Registrationsringen versehen sein. Jeder Staat hat auf diesen Leichtmetall- oder Plastikringen seine Registrations- und Identifikationskennzeichnung, die Beringung von rechtem bzw. linkem Lauf dient der weiteren Unterscheidung. Die Tiere werden mit 12–14 Wochen beringt.

♀

♂

Schwarze Nackthälse

Gewicht der Henne 1,8–2,2 kg, des Hahns 2,2–2,6 kg.
Legeleistung 200 Eier pro Jahr,
Eigewicht 55–60 g, Schale weiß.

Im vorigen Jahrhundert sind die Nackthälse aus Persien und Indien nach Südosteuropa gebracht worden, haben sich von dort über ganz Europa ausgebreitet und bei vielen Hühnerzüchtern wegen ihres extravaganten Aussehens Anklang gefunden. Die Kreuzung mit anderen Rassen hat ihr hervorstechendstes Merkmal – den ungefiederten Hals – nicht unterdrückt, allerdings zur Entstehung einer Reihe von Farbvarianten geführt. Am häufigsten ist die schwarze Gefiederfarbe, dann Weiß, Rot und Gelb. Daneben gibt es noch eine quergestreifte Zeichnung mit verschiedenen Farbtönen. Zu den charakteristischen äußeren Merkmalen gehört der S-förmig geschwungene, ungefiederte Hals, ein relativ kleiner, schon auf dem Schnabel ansetzender Kamm und beim Hahn ein feines Nackengefieder, das zu einem als Spitze bezeichneten Gebilde geformt ist. Bei der Henne ist diese Befiederung etwas reicher und wird Haube genannt. Im Vergleich mit den anderen Hühnerrassen ist die Befiederung des Körpers verhältnismäßig dünn, doch darf sie nicht so schütter werden, daß die Haut durchscheint. Erwachsene Nackthälse sind abgehärtet, die Küken jedoch recht kälteempfindlich. Auch bei dieser Rasse zeigen die Hennen eine geringe Brütigkeit. Obwohl die Nackthälse zur Gruppe der leichten Legerassen zählen, deren Fleisch in der Regel keine besondere Qualität aufweist, ist ihr Fleisch doch von guter Beschaffenheit.

Zur Kontrolle der Legeleistung werden die Hennen mit Flügelmarken aus Kunststoff oder Metall gekennzeichnet, die Nummer der Marke wird auf die gelegten Eier geschrieben.

♀

Kopf eines Hahns mit horngelbem Schnabel

♂

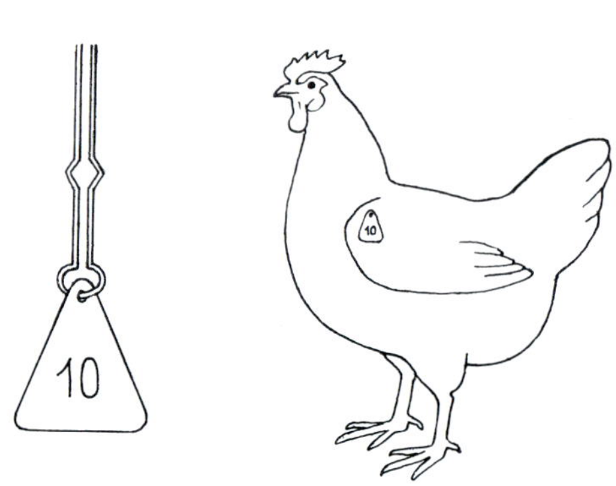

Flügelmarke

Hamburger

Gewicht der silberpunktierten Hamburgerhenne 1,5–2 kg, des Hahns 2–2,5 kg. Die übrigen Farbschläge sind wesentlich leichter. Legeleistung 180 Eier pro Jahr, Eigewicht 45–55 g, Schale weiß.

Mit der Stadt Hamburg hat diese Rasse nichts zu tun. Sie wurde von den Engländern aus einheimischen Rassen durch deren Kreuzung mit Minorkas, Andalusiern, Sumatras und vermutlich noch weiteren herausgezüchtet. Als erste sind die silberpunktierten Hamburger entstanden, die auf der Ausstellung in Birmingham 1850 erstmalig der Öffentlichkeit vorgestellt wurden. Hier haben sie die Aufmerksamkeit der Hühnerzüchter erregt, die dann für ihre schnelle Verbreitung über ganz Europa sorgten und sie mit weiteren Rassen kreuzten. So kamen mehrere Farbschläge zustande: Goldpunktiert, goldene Fleckstreifung, silberne Fleckstreifung, Schwarz. Zu den Rassenmerkmalen der Hamburger gehören große, weiße, anliegende Ohrscheiben mit Emailglanz, nicht besonders große Kehllappen und ein vorn breiter Rosettenkamm mit kleinen, tropfenförmigen Perlen. Dieser Kamm läuft nach hinten in einen langen, geraden Dorn aus. Das Aussehen dieser Tiere, vor allem der Hähne, ist recht attraktiv, ja sogar stolz, aber seine Erhaltung ist züchterisch nicht leicht. Hamburger sind recht kämpferisch und haben einen verhältnismäßig intensiv ausgeprägten Muttertrieb, weswegen sie nicht in Großanlagen gehalten werden.

Der Kamm ist ein für das Haushuhn typisches Gebilde. Er ist eine Hautduplikatur von gleichem Aufbau wie die Körperhaut, nur ist seine Lederhaut vergleichsweise viel stärker entwickelt. Diese Lederhaut (Corium) sitzt unter der obersten Hautschicht, der Oberhaut. Sie ist reichlich durchblutet, was dem Kamm seine rosige oder rote Farbe verleiht. Ähnliche Hautgebilde sind die Ohrscheiben und die Kehllappen. Je nach Rasse haben sie unterschiedliche Form und Größe. Die Kehllappen haben die gleiche Farbe wie der Kamm, die Ohrscheiben können auch weiß sein.

Detail des Hahnenkopfes mit der typischen Kammform

Henne der goldpunktierten Hamburger

Hahn der silberpunktierten Hamburger

Deutsche Sperber

Gewicht der Henne 2–2,5 kg, des Hahns 2,5–3 kg.
Legeleistung 190 Eier pro Jahr,
Eigewicht 60 g, Schale weiß.

Diese Rasse ist ein Beispiel für die Zucht eines Huhns, das eine gefällige Streifenfärbung haben sollte. Dazu wurden mehrere Rassen untereinander gekreuzt: Plymouth, Minorka, Italiener und andere. Bei dieser Züchtung sind vor allem die positiven Eigenschaften der gekreuzten Rassen verstärkt worden, so daß nicht nur eine hübsche, sondern auch leistungsstarke Rasse zustande gekommen ist. Außerdem sind die Tiere temperamentvoll und gute Futtersucher. Ihnen behagt eher Bewegungsfreiheit als ein umfriedeter Raum, nur so sind die Hennen zur vollen Legeleistung fähig. Deshalb werden sie auch nur von Kleinzüchtern gehalten, die diese Bedingungen erfüllen können.

Dieses Huhn kommt nur in einem einzigen Farbschlag vor. Die Grundlage besteht aus einem satten Schwarz, das auf den einzelnen Federn von quer verlaufenden, geschwungenen, blauen Bändern unterbrochen wird. Bei den Hennen sind die schwarzen Streifen zwischen den blauen Bändern breiter als beim Hahn, ihr Kamm ist in der hinteren Hälfte umgeklappt.

Die Ausbildung von Kamm, Ohrscheiben und Kehl- oder Kinnlappen der Hennen ist, ähnlich wie bei den Hähnen, eins der wichtigen Kriterien bei der Auswahl von Zuchttieren, darüber hinaus signalisiert sich auch die Voraussetzung für eine gute Legefähigkeit. Kamm, Ohrscheiben und Kehllappen gehören zu den sekundären Geschlechtsmerkmalen der Henne und sind ein Bestandteil ihres sog. Geschlechtsausdrucks. Den Kopf einer guten, gesunden Legehenne erkennt man auf den ersten Blick: Sie hat einen vollen, roten Kamm, gut entwickelte Kehllappen und muntere, lebhafte Augen. Eine schlechte hat einen niedrigen, schlecht durchbluteten Kamm, kleine, schmale Kehllappen und einen matten Blick.

1

2

1 gute Legehenne,
2 schlechte Legehenne

♂

Schwarzes sächsisches Huhn

Gewicht der Henne 2–2,5 kg, des Hahns 2,5–3 kg.
Legeleistung 200 Eier pro Jahr,
Eigewicht 55–60 g, Schale sehr fest, hellgelb bis hellbraun.

Diese Rasse ist in Oberbayern und Sachsen entstanden. Hier wurden einheimische Hühner mit schwarzen Minorka-, schwarzen Langschan-, Sumatrahühnern und Italienern gekreuzt. Die genannten Rassen haben die Konstitution der sächsischen Hühner günstig beeinflußt, die widerstandsfähig gegen Witterungsunbilden und Infektionen, außerdem genügsam bezüglich Einstallung und Fütterung sind und sich daher für das rauhere Klima der Berge eignen. Die Tiere sind sehr bewegungsfreudig und eifrige Futtersucher und werden daher als Haushuhn gehalten. Die Brütigkeit ist allerdings recht schwach entwickelt. Neben der schwarzen Gefiedervariante ist auch eine weiße aufgetreten, jedoch mit roten Augen, hellem Schnabel und hellen Läufen.

Vogeleier sind äußerst komplizierte und höchst vollkommene Gebilde, im wahrsten Sinne des Wortes lebende Konserven. Weder Eiweiß noch Dotter haben eine homogene Struktur, ihre einzelnen Schichten sind unterschiedlich dicht und daher auch verschieden gefärbt. Die von der Dotterhaut umschlossene Dotterkugel wird in der Eimitte von den zwei Hagelschnüren (Chalazen) festgehalten. Das Eiweiß ist von zwei papierartigen Membranen umschlossen, das Ganze ruht in einer kompliziert gebauten Eierschale. Am stumpfen Pol des Eis befindet sich eine Luftkammer, an deren Größe man auf das Alter des Eis schließen kann. Lebt in einem Hühnerschwarm ein mit den Hennen kopulierender Hahn, ist nahezu jedes gelegte Ei ein Embryo, da die Befruchtung noch vor der Schalenbildung in den Unterpartien des Eileiters erfolgt. Vier bis sechs Stunden nach der Befruchtung und in der Wärme des Eileiters ist im Augenblick des Legens die Keimscheibe des Dotters schon deutlich entwickelt. Nach dem Legen verlangsamt sich diese Entwicklung aber infolge der Abkühlung.

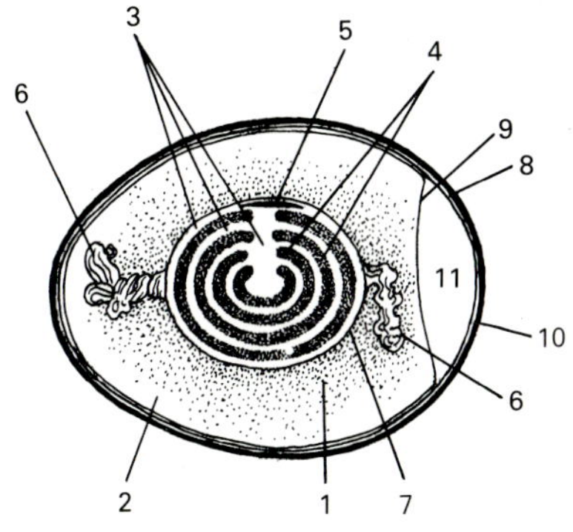

Bau des Eis: 1 dichtes Eiweiß, 2 dünnflüssiges Eiweiß, 3 dünnflüssiger heller Dotter, 4 dichter dunkler Dotter, 5 Keimscheibe, 6 Hagelschnüre, 7 Dotterhaut, 8 und 9 papierartige Eihaut, 10 Schale, 11 Luftkammer

Lakenfelder

Gewicht der Henne 1,25–1,75 kg, des Hahns 1,5–2 kg.
Legeleistung 180 Eier pro Jahr,
Eigewicht 50 g, Schale weiß.

Diese kleinen Hühner mit langen Läufen wurden von jeher auf den Hühnerhöfen Westfalens und des Hannoveraner Landes gehalten. Obwohl sie eine ganz anständige Legeleistung aufwiesen (150–180 Eier im Jahr), konnten sie mit den modernen, hochproduktiven Legerassen mit 200–250 Eiern jedoch nicht konkurrieren. Daher haben sie rasch an Beliebtheit eingebüßt, in der Gegenwart ist ihre Zucht zurückgegangen. Dazu hat auch der Umstand beigetragen, daß sie ein geringeres Gewicht und eine weniger feste Konstitution haben.

Die bis zum Ausschlüpfen des Kükens notwendige Zeit ist relativ kurz, nur 20–21 Tage nach Brutbeginn der Glucke, oder nach dem Einlegen in den Brutapparat. Werden Eier in Brutanlagen ausgebrütet, wird der Verlauf der Keimentwicklung kontrolliert, die Eier werden »geschiert«. Dazu dient eine zum Durchleuchten der Eier in einem abgedunkelten Raum besonders hergerichtete Lampe, die Schierlampe. Die erste Kontrolle wird am 5.–6. Tag durchgeführt, die zweite am 18.–19. Tag. Dabei werden die sog. schieren, d. h. unbefruchteten, Eier und die mit abgestorbenem Keim ausgesondert.

Ein abgestorbener Keim im Ei läßt sich an einem rötlichen oder bräunlichen Fleck, der sich nicht bewegt und von dem kein Kapillarnetz ausgeht, erkennen. Beim Vergleich mit anderen, sich normal entwickelnden Keimen ist er leicht auszumachen. Beim Schieren am 18. oder 19. Tag wird die Luftblase zum guten Anhaltspunkt; sie hat sich vergrößert, und in der Nähe befindet sich der bogenförmig gekrümmte Hals des Kükens mit dem Köpfchen. Auch zeigen sich erste Anzeichen dafür, daß die Schale angepickt wurde.

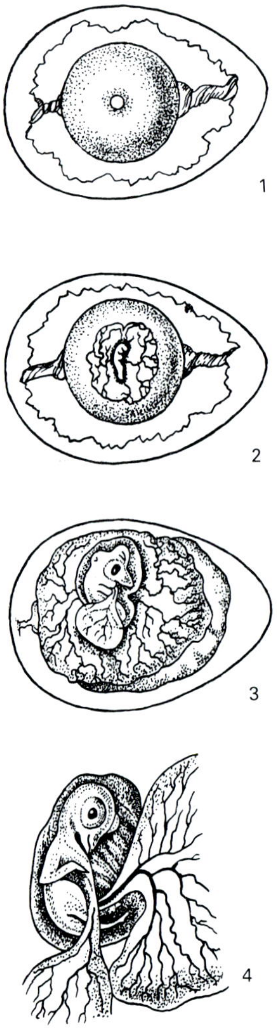

Entwicklung des Hühnerembryos: Nicht angebrütetes Ei (1), 2. Tag nach dem Anbrüten (2), 5. Tag nach dem Anbrüten (3), 9. Tag nach dem Anbrüten (4)

Vorwerker

Gewicht der Henne 2–2,5 kg, des Hahns 2,5–3 kg.
Legeleistung 190 Eier pro Jahr,
Eigewicht 50–60 g, Schale weiß.

Durch die Kreuzung von Lakenfeldern und Orpingtonhühnern hat der deutsche Züchter Vorwerk in den Jahren 1900–1910 eine Rasse zustandegebracht, die in ihrem Körperbau mit der Lakenfelder übereinstimmt, abgesehen davon daß sie wesentlich größer ist und eine andere Farbe hat. Die schwarze Farbe von Halsdeckfedern und Schwanz der Lakenfelder sind bei der Vorwerker erhalten geblieben. Die Färbung und die größere Körpermasse hat sie vom Orpingtonhuhn geerbt, das ja zu den Fleischhuhnrassen gehört. Bei der Vorwerker fällt die glatte Bauchbefiederung auf.

Diese Rasse hat sich in den bäuerlichen Hühnerhaltungen wegen ihrer zufriedenstellenden Legeleistung, der guten Fleischqualität und der emsigen Futtersuche weit verbreitet. Begrüßt wurde auch der Umstand, daß die Hennen gleichmäßig das ganze Jahr über legen. Der Muttertrieb ist bei diesen Hennen nicht unterdrückt worden, sie werden hauptsächlich in den Frühjahrsmonaten brütig. Auch diese Eigenschaft ist den Kleinzüchtern willkommen, denn nicht jeder hat die Möglichkeit, Eier in Brutanlagen zu bringen.

Das Ei in der uns bekannten Gestalt ist das Ergebnis eines komplizierten Prozesses. Der Eierstock setzt eine reife Eizelle frei, eigentlich einen großen Dotter, der von der trichterförmigen Mündung des Eileiters aufgenommen wird. Auf dem Weg durch den Eileiter wird der Dotter nach und nach von den Eiweißschichten, den Eihäuten und schließlich von einem Kalkbrei umhüllt, der zur Eierschale erstarrt. Die peristaltischen Bewegungen der Eileiterwand schieben das Ei voran; erst vor dem Legen wird es um 180° gedreht und mit dem stumpfen Pol voran hinausbefördert. Die Entstehung eines Eis vom Augenblick, in dem der Dotter aus dem Eierstock frei wird, bis zum Legen dauert 20–28 Stunden, manchmal auch länger.

♂

♀

Ostfriesische Möwe

Gewicht der Henne 1,75–2,5 kg, des Hahns 2,25–3 kg. Legeleistung 180 Eier pro Jahr, Eigewicht 57–60 g, Schale weiß.

Diese Rasse stammt aus Westeuropa, überwiegend aus Belgien und Holland. Sie wird in Kleinzuchten in zwei Farbschlägen gehalten, die auffällig an die Farbschläge der Brakel erinnern. Allerdings fehlt den Möwen das bei den Brakeln vorhandene quergestreifte Gefieder.

Der Hahn der Ostfriesischen Silbermöwe ist silberweiß mit völlig schwarzen oder weißgerandeten, schwarzen Schwanzfedern, der Rücken ist unter den Halsdeckfedern schwarz punktiert. Bei der Henne sind die Halsdeckfedern weiß, der Körper ist von schwarzen, flockenförmigen Tupfen bedeckt, deren Dichte und Farbintensität nach hinten zunimmt. Diese Tupfen müssen einen intensiven grünen oder metallblauen Glanz haben.

Die Goldmöwe hat anstelle der weißen Gefiedergrundlage auf dem Hals eine goldbraune Grundlage, die Federzeichnung ist die gleiche wie bei der Silbermöwe. Die Farbzeichnung von Körper- und Flügelgefieder nimmt zum Schwanz hin an Intensität zu.

In einem gelegten Ei verlangsamt sich zwar die Entwicklung der befruchteten Keimscheibe, doch kommen die Lebensprozesse nicht völlig zum Stillstand. Davon zeugt die ständige Vergrößerung der Luftkammer am stumpfen Pol. Über 15 Tage alte Eier, auch wenn sie bei Temperaturen von 5–10 °C gelagert wurden, haben bereits eine verminderte Brutfähigkeit und eine kurze Verbrauchsfrist. Das Alter des Eis erkennt man daran, wie es sich beim Eintauchen in kaltes Wasser verhält. Ein frisches Ei sinkt auf den Grund, weil es eine kleine Luftkammer hat, ein altes schwimmt. Auch nach dem Aufklopfen kann man das Alter eines Eis beurteilen. Bei frischen Eiern ist das Eiweiß deutlich in einen dichteren und einen dünnflüssigeren Teil getrennt, bei über 15 Tage alten Eiern ist dieser Unterschied nicht mehr zu sehen.

Junghenne der Goldmöwe

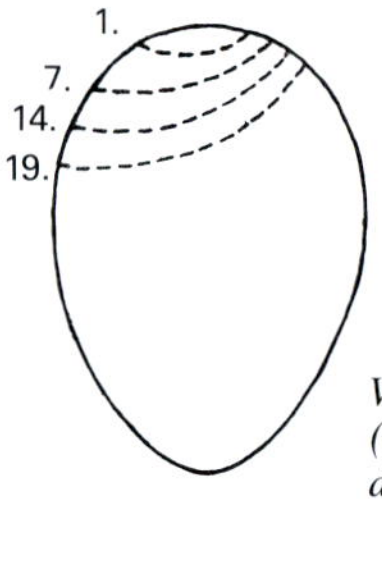

Vergrößerung der Luftkammer (die Zahlen bedeuten Tage nach dem Legen)

Hahn der Silbermöwe

Thüringer Barthuhn

Gewicht der Henne 1,5–2 kg, des Hahns 2–2,5 kg.
Legeleistung 170 Eier pro Jahr,
Eigewicht 50 g, Schale weiß.

Auch das Thüringer Barthuhn ist ein Beispiel für die Anstrengungen der Züchter, eine Rasse entstehen zu lassen, die mit ihrem attraktiven Äußeren eine Zierde des Hühnerhofs bildet. Diese Rasse ist nicht besonders weit verbreitet, da längst nicht jeder Hühnerhalter das Aussehen über den Nutzwert stellt. Die Rasse wurde in Thüringen durch die Kreuzung von einheimischen Hennen mit mutmaßlichen italienischen Paduanern herausgezüchtet.

Ein typisches Merkmal der Thüringer Hühner ist der mächtige Federbart, der die Kehllappen und einen Großteil des Gesichts verdeckt. Ein weiteres ist der auffällig, anders als bei allen übrigen Rassen, im Bogen geschwungene, massige Hals. Das stolze Aussehen entspricht auch dem Charakter dieser Rasse, die Tiere sind temperamentvoll und mutig bis angriffslustig. Sie reifen bald heran, sind recht abgehärtet und gehören zu den leichten Legehuhnrassen mit ganz geringer Brütigkeit.

Das Thüringer Barthuhn gibt es in mehreren Farbschlägen: das schwarze Thüringer Huhn mit schwarzem, metallisch grün schillerndem Gefieder, dunklen Läufen und ebensolchem Schnabel, das weiße mit rein weißem Gefieder und blauen, hellgrauen bis hellgelben Läufen und Schnabel. Die mehrfarbigen Schläge (Goldpunktiert, Blau, Gelb, Silberpunktiert, Chamois mit weißer Punktierung, Gestreift) haben auf der Grundfarbe ein andersfarbiges Muster.

Die Farbzeichnung, die man beim Anblick einer bunten Henne wahrnimmt, ist das Resultat aus der Zusammensetzung der einzelnen Federmuster, vor allem der Kontur-, Schwanz- und Schwungfedern. Dieses Muster ist achsensymmetrisch auf jeder Fahnenhälfte zu finden und wird im Standard der jeweiligen Rasse spezifiziert.

Federzeichnungen

Eine bis in die Federspitze gehende, den Schaft nachvollziehende Zeichnung ist unerwünscht.

♂

Chamois mit weißer Punktierung

Andalusier

Gewicht der Henne 2–2,5 kg, des Hahns 2,5–3 kg.
Legeleistung 170 Eier pro Jahr,
Eigewicht 55–58 g, Schale weiß.

Viele Hühnerzüchter halten die Andalusier wegen ihrer eigenartigen Federfärbung, aber viele andere haben ihre Haltung aufgegeben, weil es schwierig ist, diese Färbung bei allen Hühnern eines Schwarms zu erzielen. Daher ist diese Rasse nicht besonders verbreitet, obwohl ihre Nutzleistung zufriedenstellend ist.

Die blauen Andalusier sind durch die Kreuzung von weißen und schwarzen Andalusiern entstanden. Durch die Paarung von blauen Hähnen mit blauen Hennen erhält man nur 50% blaue Tiere, dazu 25% schwarze und 25% schmutzigweiße. Diese ungewöhnliche Färbung hat das Interesse der englischen Züchter geweckt; sie haben die ursprünglich aus Andalusien stammende Rasse auf das heutige Niveau gebracht. Die Grundlage der Färbung ist taubenblau, wobei jede Konturfeder einen blauschwarzen Saum aufweisen muß. Die Henne ist etwas heller als der Hahn. Der Kamm des Hahns ist aufgerichtet, bei den Hennen hängt seine Hinterpartie über, doch darf sich nicht das Auge verdecken. Die Ohrscheiben sind mittelgroß, oval, glatt und rein weiß. Die Brütigkeit der Hennen ist minimal.

Das Verdauungssystem des Geflügels unterscheidet sich im anatomischen Bau und damit auch in der Funktion der einzelnen Organe von dem der Säuger. Typisch sind der vor dem mächtigen Muskelmagen liegende Drüsenmagen, zwei Blinddärme, der Dickdarm und die Kloake. Die Kloake ist der Raum, in den Dickdarm, Harnwege und Geschlechtsapparat münden.

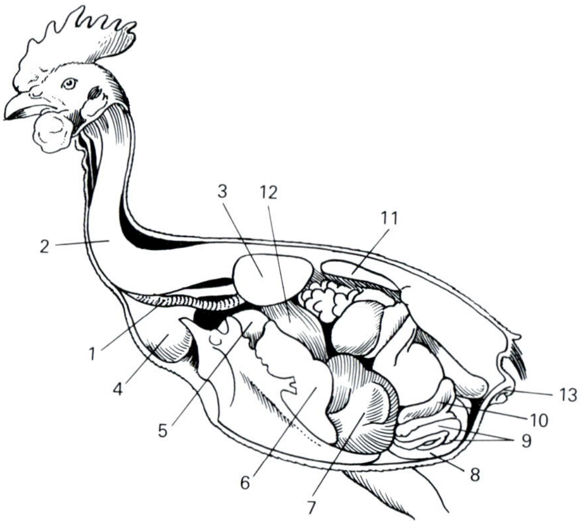

Aufriß des Inneren eines Huhns: 1 Luftröhre, 2 Speiseröhre, 3 Lunge, 4 Kropf, 5 Herz, 6 Leber, 7 Muskelmagen, 8 Zwölffingerdarm, 9 Dünndarm, 10 Dickdarm, 11 Nieren, 12 Drüsenmagen, 13 Kloake

Dominikaner

Gewicht der Henne 2–2,5 kg, des Hahns 2,5–3 kg.
Legeleistung 180 Eier pro Jahr,
Eigewicht 60–65 g, Schale bräunlich.

Die Bezeichnung dieser Rasse kommt von der Dominikanischen Republik, dort war sie als ein ursprüngliches Haushuhn stark verbreitet. Aus Amerika gelangten diese Hühner in der zweiten Hälfte des 19. Jahrhunderts nach Europa, wo sie wegen ihres gestreiften Gefieders zur Veredelung der gestreiften Plymouth-Hühner herangezogen wurden. Diesen wurde aber dann allgemein der Vorzug gegeben, und die Dominikaner sind als Rasse nahezu untergegangen. Das Wiederaufleben ihrer Zucht hat viele weitere Anstrengungen erfordert.

Die Färbung stimmt nahezu mit den Deutschen Sperbern überein, doch unterscheiden sich die Dominikaner von diesen durch die rote Farbe der Ohrscheiben, den Rosettenkamm und die kleinen Kehllappen. Die beiden großen Vorzüge der Dominikaner: sie sind widerstandsfähig gegen Infektionen und sehr abgehärtet.

Die Verarbeitung der aufgenommenen Nahrung verläuft bei den Vögeln anders als bei den Säugern. Die Verdauung beginnt weder in der Mundhöhle noch im Kropf, sondern erst im Drüsenmagen. Hier wird die Nahrung von sauren Magensäften angedaut, hauptsächlich vom proteolytischen Enzym Pepsin. Anschließend gelangt sie in den Muskelmagen, wo sie vor allem mechanisch verarbeitet wird. Da aber das Pepsin aus dem Drüsenmagen auch hierher geflossen kommt, wird im Muskelmagen auch die chemische Verdauung fortgesetzt. Die halbflüssige, angedaute Nahrung wandert durch Zwölffinger- und Dünndarm, wo sie durch chemische (enzymatische) Prozesse weiter verdaut wird. Der Zwölffingerdarm bildet eine Schlinge um die Bauchspeicheldrüse, deren Ausgänge in diese Schlinge münden, ebenso die Gallenausgänge. Der Dünndarm ist der längste Abschnitt des Verdauungstraktes. An seinem Übergang zum Dickdarm sitzen zwei miteinander durch Bänder verbundene Blinddärme; dort wird mit Hilfe von Bakterien der Zellstoff in der Nahrung verdaut. Der Dickdarm ist eigentlich der Enddarm, er ist sehr kurz und mündet unmittelbar in die Kloake.

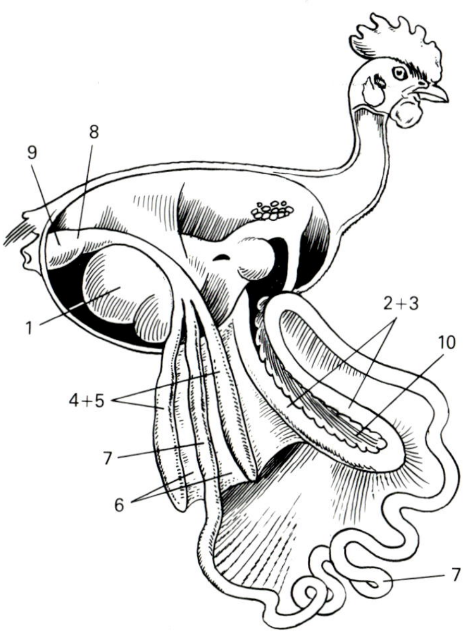

Schema des Verdauungssystems: 1 Muskelmagen, 2 und 3 auf- und absteigender Teil der Zwölffingerdarmschlinge, 4 und 5 links- und rechtsseitiger Blinddarm, 6 Bänder, 7 Dünndarm, 8 Dickdarm, 9 Kloake, 10 Bauchspeicheldrüse

Schwarze Weißschopfholländer

Gewicht der Henne 1,5–2 kg, des Hahns 1,75–2,5 kg.
Legeleistung 150 Eier pro Jahr,
Eigewicht 45 g, Schale weiß.

Erste Nachrichten über die Zucht dieser Rasse stammen aus dem 16. Jahrhundert, und zwar aus den Ostseeländern sowie England. Heute ist es recht schwierig zu entscheiden, ob das jetzige Aussehen das Resultat der Zuchtarbeit in Holland ist oder ob die Holländer in dieser Gestalt aus Ostasien mitgebracht worden sind. Diese Rasse wird manchmal auch als Polnisches Huhn bezeichnet (Dutch Crested oder Polish Crested).

Die Holländer gehören zu den Ziergeflügelrassen, die gleichzeitig auch eine gute Legeleistung zeigen. Deshalb sind sie bei den Kleinzüchtern relativ stark verbreitet. Andere Züchter schätzen darüber hinaus noch ihre beträchtliche Abhärtung, da auch die strengsten Fröste die Legetätigkeit nicht negativ beeinflussen. Die Hühner brauchen jedoch hinreichende Bewegung im Auslauf. Das charakteristische Merkmal der Holländer ist der große, seitlich bis auf die Augen fallende, weiße Federbusch. Ein Kamm ist nicht ausgebildet, der kurze Schnabel ist an der Wurzel relativ breit. Der Federschopf des Hahns ist groß und hat zugespitzte Federenden, bei der Henne ist er weniger imposant, dicht und kugelig, seine Federn sind kurz und haben gerundete Ecken. Höhe und Ausdehnung des Schopfes rühren von der eigenartigen Form der Schädelknochen her (Stirn hoch, Hinterhaupt stark gewölbt). Dadurch verteilen sich die Federn der Haube strahlenförmig nach hinten und zu beiden Seiten. Sie dürfen sich aber vorne nicht zu einem Scheitel teilen, sich nicht ringeln oder die Augen verdecken. Das seitlich vom Schopf wachsende Gefieder wirkt von unten wie eine Stütze. Dieser Kopfschmuck entwickelt sich sehr schnell. Die attraktive Färbung der Holländer hat die Züchter dazu veranlaßt, noch weitere Farbvarianten herauszubringen (Weiß, Blau, Sperberfarbe).

Detail des Hahnenkopfes

♀

Küken am 7. Tag nach dem Schlüpfen

Hampshire

Legehuhntyp: Gewicht der Henne 3 kg, des Hahns 4 kg.
Legeleistung 180 Eier pro Jahr, Eigewicht 55–60 g, Schale braun.
Masthuhn: Gewicht wie der Legehuhntyp,
Legeleistung 120–130 Eier im Jahr.

Diese Rasse ist im zweiten und dritten Jahrzehnt unseres Jahrhunderts im amerikanischen Staat New Hampshire durch die Auswahl von Tieren aus der Rasse der Rhodeländer aufgekommen. Die Anerkennung als Rasse erfolgte 1935. Mit ihrer Zucht wollte man der Nachfrage nach Geflügel mit hochwertigem Fleisch und guter Leistung gerecht werden. Gegenwärtig werden zwei Hampshiretypen gehalten – Masthühner und Legehühner. Der Masthuhntyp hat im Vergleich mit dem Legehuhntyp Fleisch von besserem Geschmack und besserer Qualität, einen besseren Muskelansatz auf Brust und Schenkelpartien, ein zarteres Skelett, jedoch eine niedrigere Legeleistung, die sich zudem nur über 7 Monate im Jahr hinzieht.

Dank der relativ geringen Fütterungsansprüche, vor allem was die Eiweißzufuhr anbelangt, des raschen Wachstums, der schnellen Befiederung und einer beträchtlichen Infektionsresistenz gehören die Hampshires zu den weit verbreiteten und recht aussichtsreichen Doppelnutzungsrassen, die sich vor allem für den Kleinzüchter eignen. Für die Großzucht besteht ihr Nachteil darin, daß sich mit Sommerbeginn bei zahlreichen Hennen die Brütigkeit einstellt.

Die gelbbraune Farbe weist auch innerhalb einer einzigen Zucht verschiedene Töne auf. Hampshires werden häufig mit Hähnen der hellen Sussex gekreuzt; die Hybriden sind je nach Geschlecht unterschiedlich gefärbt (die Junghähne haben die Farbe der Sussex, die Junghennen die der Hampshires). Die Rasse hat einen Blattkamm, die Läufe sind gelb.

Hahn (Masthuhntyp)

Henne (Legehuhntyp)

Rhodeländer

Gewicht der Henne 2–2,2 kg, des Hahns 2,2–2,8 kg.
Legeleistung 280 Eier pro Jahr,
Eigewicht 60–62 g, Schale braun.

Dieses Huhn wurde in den fünfziger Jahren des vergangenen Jahrhunderts in den USA durch die Kreuzung von einheimischen Hennen mit rebhuhnfarbenen Italienern, Malaien und Cochinchinahühnern gezüchtet, in der Absicht, eine Rasse mit vielseitiger Nutzung zu schaffen. Ihren Namen erhielt die Rasse nach dem Staat Rhode Island, weil sich vor allem dortige Züchter an ihrer Entstehung beteiligt hatten. Die Rasse wurde in Großanlagen in reinrassiger Zucht gehalten. Heute dient sie bei der Produktion von Legehuhnhybriden als Vaterrasse bei der Kreuzung mit Gestreiften Plymouth oder Weißen Rhodeländern bzw. Hellen Sussex.

Der Nutzwert als Fleischhuhn wurde in der Regel durch die langsame Befiederung und das langsame Wachstum gemindert, die Legeleistung wiederum durch die häufige Brütigkeit der Hennen. Die heutigen Rhodeländer wurden in einer Reihe von schnellbefiedernden Linien veredelt und sind eine der Ausgangsrassen für die Großzucht. Mit 4,5 Monaten werden sie erwachsen und beginnen sogleich zu legen, ihre Legeleistung ist ganz hervorragend. Als Masthühner werden sie in der Großproduktion heute so gut wie gar nicht verwendet, die kleinen Hühnerhalter nutzen sie auch als Fleischhuhn.

Die Grundfarbe der Rhodeländer ist rotbraun. Dank der vielen bei ihrer Zucht herangezogenen Rassen ist auch die Zucht von weiteren Färbungen gelungen, z. B. von weißen und gelben.

Die Geschlechtsunterschiede zwischen Hahn und Henne zeigen sich vor allem in der Größe.

Silberwyandotte

Gewicht der Henne 2,5–3 kg, des Hahns 3–4 kg.
Legeleistung 180 Eier pro Jahr,
Eigewicht 55 g, Schale gelblich bis braun.

Die ersten Nachrichten über diese Rasse wurden 1864 in Amerika laut; damals erhielt sie den Namen Amerikanische Silberne. Nach der offiziellen Registrierung als anerkannte Rasse im Jahr 1893 wurde sie zur Ausgangsform einer ganzen Reihe von Farbschlägen. Den späteren Namen erhielt sie möglicherweise vom ausgestorbenen Indianerstamm der Wyandots. Anderen Quellen zufolge hat sie diesen Namen vom Züchter Houdlet erhalten, der sie ganz einfach nach seinem Schiff Wyandotte benannt hat. In der Deckfederfärbung kommt die Silberwyandotte dem Andalusier nahe. Während bei diesem die Federmitte taubenblau ist, hat die Feder der Wyandotte weiße Mittelzonen. Sie hat auch eine andere Schwanzfarbe – Schwarz mit dunkelgrünem Glanz. Die kleinen Deckfedern auf Hals und Sattel haben schwarze Schäfte. Der Saum der großen Flügeldekken läßt auf den Flügeln der Wyandotten eine Zeichnung mit drei scharf abgegrenzten, quer verlaufenden Bändern entstehen. Die Unterarmschwingen des Hahns sind weiß.

Das erste gelegte Ei ist der Ausdruck der Geschlechtsreife eines Junghuhns. Von solchen sog. Ersteiern legt ein Tier 12–18, sie sind um etwa 40% leichter und können blutbeschmiert sein, doch das ist eine ganz normale Erscheinung. Sie eignen sich zum Verbrauch, aber nicht zum Bebrüten.

Jedes Ei sollte die typische Eiform aufweisen, doch sind bei jeder Leghenne individuelle Abweichungen möglich. Größere Abweichungen von der Normalform – die zwar für den Verzehr keine Rolle spielen – signalisieren bei wiederholtem Auftreten eine Abnormalität. Die häufigste Ursache sind zwei und mehr Dotter.

♀

♂

Weiße Wyandotte

Gewicht der Henne 2,5–3 kg, des Hahns 3–4 kg.
Legeleistung 210 Eier pro Jahr,
Eigewicht 55 g, Schale gelblich bis braun.

Die Weiße Wyandotte ist eine der berühmten Hühnerrassen der Vergangenheit, sie ist aus dem ursprünglichen silbernen Farbschlag hervorgegangen. Wegen ihrer ausgezeichneten Fleischqualität und der sehr guten Eierproduktion erfreut sie sich großer Beliebtheit. Der Zucht von Weißen Wyandotten hat sich in erster Linie der Engländer Reines gewidmet, der sie auch erstmalig 1891 in London der Weltöffentlichkeit vorgestellt hat. Da dies neue Huhn ein ausgezeichnetes Fleisch hatte, richteten die Züchter ihr Augenmerk auf die Schaffung eines Huhns mit längerem Rumpf. Das ist dem Amerikaner Dunston gelungen, der aus England und Deutschland in die USA gebrachte Wyandotten veredelt hat. Dazu hat er schwere Fleischhuhnrassen herangezogen, wie Cochin-, Brahma- und Dorkinghuhn, gekreuzt mit der leichten Legehuhnrasse der Hamburger.

Die Weißen Wyandotten sind sehr ruhig, lieben einen großen Auslauf, in dem sie sehr emsig nach Futter suchen. Dabei sind sie auch in der Lage, sich den Bedingungen der Großbetriebshaltung anzupassen. Bei unrichtiger Fütterung und zu wenig Bewegung setzen sie Fett an. An ihrem Aussehen fällt das geplusterte Gefieder auf, das die Tiere noch massiger erscheinen läßt. Die Rosettenkämme sind klein, mit feinen Perlen besetzt. Das Gelege ist gleichmäßig über die Sommer- und Wintermonate verteilt, die Eier sind sichtlich kugeliger als die der übrigen Hühnerrassen.

Neben den abgebildeten Farbschlägen kommen die Wyandotten noch in 13 weiteren vor, die sich voneinander teilweise auch in Körperform und -gewicht unterscheiden. Diese Unterschiede haben ihre Ursache darin, daß an der Entstehung der Wyandotten zahlreiche verschiedene Rassen beteiligt waren.

Die bekanntesten Schläge sind Schwarz, Blau, Gestreift, Goldhals, Rebhuhnfarbe, Dunkel, Silberhals, Hell und Weißgold.

Henne der Schwarzen Wyandotte

Hahn der Weißen Wyandotte

Blaugoldene Wyandotte

Normalwuchs: Gewicht der Henne 2,3–3 kg, des Hahns 3–4 kg.
Legeleistung 180 Eier pro Jahr,
Eigewicht 55 g, Schale gelb bis braun.
Zwergrasse: Gewicht der Henne 0,9 kg, des Hahns 1 kg.
Legeleistung 120 Eier pro Jahr,
Eigewicht 35 g, Schale rosig bis hellbraun.

Die Zeichnung dieses Wyandotten-Farbschlags beruht auf dem Kontrast des blauen Streifens, der die gelbbraune Mitte jeder Deckfeder säumt. Die Federschäfte an der Halsdekkung haben eine blaue Zeichnung, die Fahnenränder sind golden. Die größten Schwanzfedern des Hahns sind blauviolett, die Federn auf Brust und Bauch blau. Dank der attraktiven Färbung erscheint diese Rasse auch als Ziergeflügel, weshalb sie natürlich für die Einzelhaltung bevorzugt wird.

Die Hühner gehören zu den wenigen Nutztierarten, bei denen zahlreiche sog. verkümmerte Rassen auftauchen. Dieser gängig gewordene Ausdruck ist allerdings aus biologischer Sicht unrichtig. Von Verkümmerung kann man nur in solchen Fällen sprechen, wenn ein Individuum durch äußere und innere Einflüsse in seiner Entwicklung zurückgeblieben ist, wobei diese Störung meist nur gewisse Körperpartien oder Organe betrifft. Verkümmerung im eigentlichen Sinn des Wortes ist nicht erblich und kommt nur sporadisch vor. Daher ist es richtiger, den Begriff Zwerghuhnrassen zu verwenden. Die Tiere der Zwerghuhnrassen sind treue Miniaturen der normalwüchsigen Exemplare, ihre Entstehung ist genetisch bedingt. Nur dank der großen und schnellen Reproduktionsfähigkeit des Geflügels konnte der Mensch durch gezielte Selektion geeigneter Individuen eine derartige Vielfalt von Zwergrassen züchten.

Blaue Wyandotte-Zwerghenne

Blaugoldene Wyandotte-Henne

Gestreifte Plymouth

Gewicht der Henne 2,5–3 kg, des Hahns 3–4 kg.
Legeleistung 180 Eier pro Jahr,
Eigewicht 58–60 g, Schale dunkelgelb.

Die Entstehung des Plymouth-Huhns verdanken wir vor allen Dingen dem Züchter Thompson aus den USA; er hat diese Rasse nach der Stadt Plymouth benannt. Thompson hat sich am meisten um die Stabilisierung von Federzeichnung, Masse und Körperformen der Plymouth verdient gemacht. In den 30er Jahren wurden die Plymouth mit einer Reihe weiterer Rassen gekreuzt, diese Kreuzungen wurden dann überall auf der Welt gehalten. Plymouth-Hühner haben eine sehr gute Legeleistung, gutes Wachstum und eine sehr gute Fleischqualität. Sie gehören zu den besonders abgehärteten Rassen. Bei den Kleinzüchtern ist ihr Muttertrieb (Brütigkeit) sehr geschätzt, denn sie sitzen zuverlässig auf den Eiern und führen ihre Küken sorgsam.

Die Grundfarbe der Gestreiften Plymouth ist hellgrau bis bläulich. Jede Feder ist quergebändert, ihre Spitze endet mit einem genau abgegrenzten schwarzen Band. Die Bänder einer Feder schließen genau an die der nächsten an, so daß quer über den ganzen Körper verlaufende schwarze Streifen entstehen. Diese schöne Zeichnung wird von den Züchtern Königringe genannt. Bei Hennen sind Bänder und Zeichnung dunkler als beim Hahn.

Die Speiseröhre des Huhns erweitert sich allmählich zum Drüsenmagen. Dessen Schleimhaut enthält zahlreiche Drüsen, die Pepsin, Salzsäure und Schleim zum Schutz der Magenwand produzieren. Hinter dem Drüsenmagen sitzt der von einer festen Schleimhaut ausgekleidete Muskelmagen. In ihm werden mit Hilfe einer recht großen Menge von aufgepickten Sandkörnern und Kontraktionen der mächtigen Magenwandmuskulatur auch verhältnismäßig harte Bissen (z. B. Körner) zermalmt, zerquetscht und vermengt. Die halb verflüssigte Nahrung wandert durch den Magenpförtner in den Zwölffingerdarm weiter.

Typische Federzeichnung

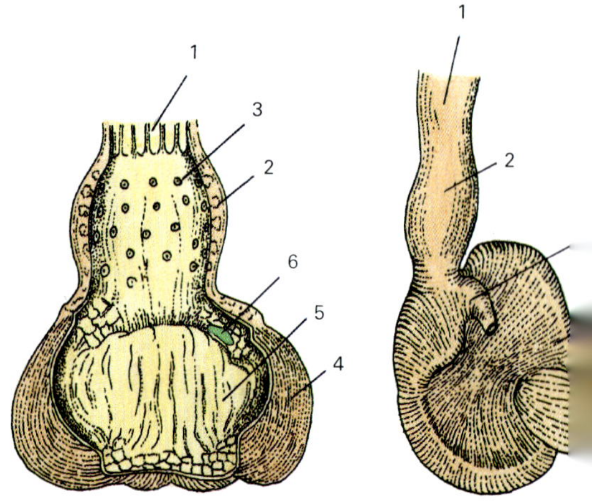

Hühnermagen (im Schnitt und in Gesamtansicht): 1 Speiseröhre, 2 Drüsenmagen, 3 Drüsen, 4 Muskelmagen, 5 Magenschleimhaut, 6 Magenpförtner (Pylorus)

Weiße Plymouth

Gewicht der Henne 3–4 kg, des Hahns 4–6 kg.
Legeleistung 180 Eier pro Jahr,
Eigewicht 58–62 g, Schale braun.

Dieser Farbschlag ist aus den Gestreiften Plymouth herausgezüchtet worden. Anlaß dafür waren mehrere Forderungen der Großzuchtanstalten: schnelles Wachstum sowie schnelle und gute Befiederung der Küken, größtmögliche Legeleistung und geringe Brütigkeit der Hennen.

Die Entstehung der weißen Farbe bei diesem Schlag wird immer noch diskutiert. In manchen Schwärmen erscheint die weiße Farbe auch nach der Kreuzung mit anderen Plymouth-Farbschlägen. Das hieße, daß bei ihnen die Erbanlage für Weiß dominant wäre. Da aber die weiße Farbe bei den Leghorns erblich dominant auftritt, nehmen viele Fachleute an, daß die Weiße Plymouth aus der Gestreiften mit Hilfe der Leghorns gezüchtet worden ist. Unklar bleibt dabei aber der Umstand, warum der größte Teil der Weißen Plymouth die weiße Farbe nicht allen, sondern nur einem Teil der Nachkommen vererbt.

Ähnlich wie die Gestreifte und Gelbe hat auch die Weiße Plymouth-Henne im Unterschied zum Hahn einen auffallend niedrigen Kamm. Die Küken reifen recht bald heran, etwa mit 180–220 Tagen.

Das wertvollste Fleisch des Geflügels ist die Brust- und Schenkelmuskulatur. Die Züchter von Mast- und Kombinationsrassen (Fleisch-Legehühner) richten ihr Augenmerk daher auch auf die Proportionen. Die Ausbildung des Brustmuskels läßt sich gut beim Blick von vorn beurteilen. Die Beine sollen muskulös sein und weitraumig stehen, denn diese Stellung drückt die Breite der Brustmuskulatur aus. Der Kiel des Brustbeins (Crista sterni) muß tief sein, da die Brustmuskeln an diesem Knochen befestigt sind.

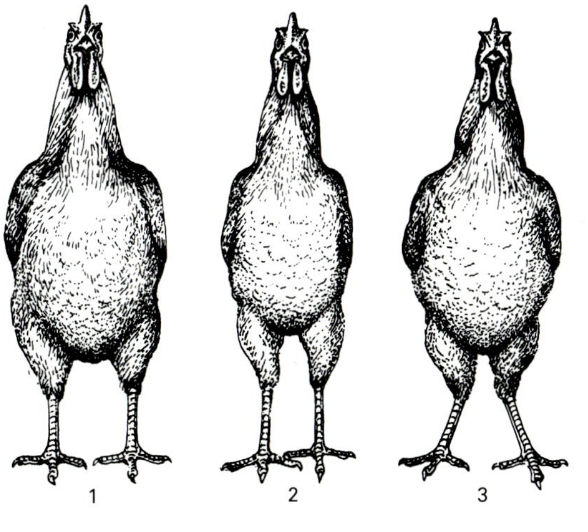

1 Gute Ausbildung von Brustkorb und Schenkeln, 2 enger Rumpf, 3 schlecht entwickelte Schenkelmuskulatur

Gelbe Plymouth

Gewicht der Henne 2,5–3 kg, des Hahns 3–4 kg.
Legeleistung 140–160 Eier pro Jahr,
Eigewicht 58–62 g, Schale braun.

Der Körperrahmen dieser Plymouth-Farbvariante stimmt mit dem der übrigen Schläge überein. Das Gefieder hat eine gleichmäßig sattgelbe Farbe ohne rötlichen Hauch, nur der Schwanz darf einen Bronzeton zeigen. Viele Hühnerliebhaber halten die Gelben Plymouth wegen ihrer sehr ästhetisch anmutenden Farbe, auch wenn ihre Legeleistung geringer ist als die der anderen Plymouth.

Neben den Gestreiften, Weißen und Gelben Plymouth werden auch die Färbungen Gelbgestreift, Schwarz, Rebhuhnfarbe und Blau gehalten, es wurden sogar Plymouth mit Rosettenkamm herausgezüchtet.

Der größte Teil der gegenwärtigen Geflügelfleischproduktion stammt von Masthühnern. Als solche haben sich am besten die Kreuzungen (Hybriden) von Plymouth-Hennen, vor allem der Weißen, und Hähnen der Weißen Cornish bewährt. Die Plymouth wurden als Mutterrasse gewählt, da sie sich mit ihrer großen Anpassungsfähigkeit für die Haltung in Großzuchtanlagen eignen und auch unter diesen Bedingungen ihre Fruchtbarkeit erhalten. Die Weißen Cornish-Hähne als Vaterlinie werden deshalb genommen, weil sie eine außerordentliche Fähigkeit zur Schnellmast haben und viel hochwertiges Brust- und Schenkelmuskelfleisch bilden. Die Hybriden werden gemästet und geschlachtet.

In den letzten 10–15 Jahren werden als Mutterlinie sowohl für Legehennen als auch für die Masthuhnaufzucht sog. Plymouth-Minihennen verwendet. Diese haben ein Gewicht von 1,8 bis 2,7 kg und sind aus Tieren mit einem Gen für Zwergwuchs gezüchtet worden. Sie legen genauso viele Eier wie die normalwüchsigen Hennen und bieten dabei noch wesentliche Futter- und Platzersparnis. Für die Masthuhnproduktion werden sie mit normalwüchsigen Hähnen der Weißen Cornish gepaart; das Schlachtgewicht dieser Masthähnchen liegt nur 2–3% unter dem der Masthähnchen von normalen Hennen.

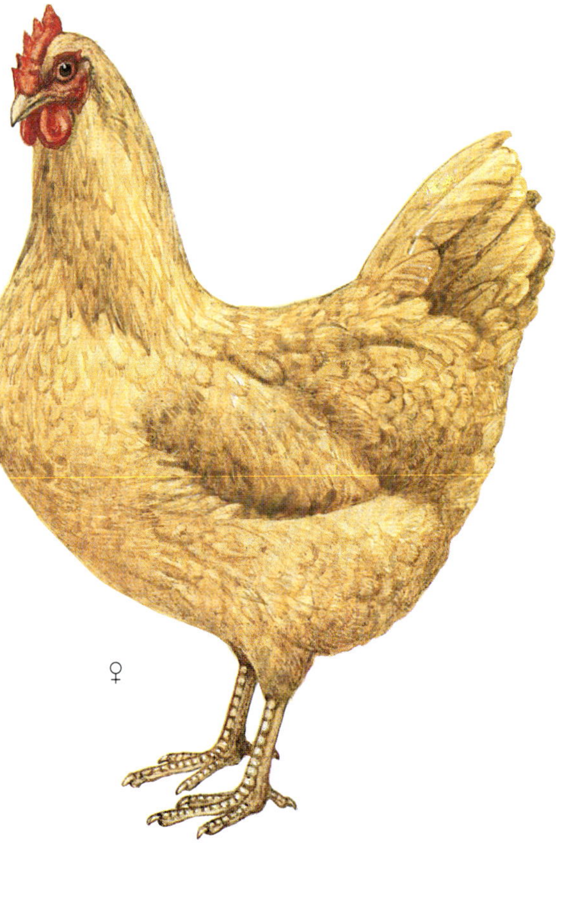

Hahn mit gut entwickelter Brustmuskulatur (vorn), die übrigen haben eine unzulänglich entwickelte Muskulatur.

Barnevelder

Gewicht der Henne 2–2,5 kg, des Hahns 2,5–3 kg.
Legeleistung 200 Eier pro Jahr,
Eigewicht 60–65 g, Schale dunkelbraun.

Der Ursprung dieses Huhns reicht bis ins Holland der Jahrhundertwende zurück. In der Absicht, eine Doppelnutzungsrasse zu gewinnen, haben holländische Züchter einheimische Hühner mit Langschan und Goldwyandotten gekreuzt. Die Fleischleistung wurde zwar nicht sonderlich beeinflußt, doch steigerte sich die Legeleistung bedeutend. Da die Nachkommen eine nicht standardgemäße Färbung zeigten, wurden die Barnevelder mit indischen Kampfhühnern gekreuzt. Dadurch stabilisierte sich die Farbe – Rotbraun mit einem doppelten Saum auf jeder Feder –, aber andererseits ging das Gewicht der Tiere zurück. Neben dem grundlegenden Farbschlag wurde noch eine Barnevelder in sattem Schwarz mit Grünschimmer und eine mit rein weißem Gefieder gezüchtet. Von den indischen Kämpfern hat die Rasse das sehr lebhafte Temperament geerbt, von den Wyandotten die relativ gute Bemuskelung von Brust und Gliedmaßen. Die Färbung und das große Gewicht der Eier haben die Barnevelder bei vielen Züchtern beliebt gemacht.

Aus Holland wurde diese Rasse zunächst nach England exportiert, von dort aus hat sie sich in Europa verbreitet.

Oft macht es einem Hühnerhalter beträchtliche Schwierigkeiten, ein bestimmtes Huhn einzufangen. Das ist oft mit erheblichen Anstrengungen verbunden und verursacht große Aufregung im Hühnerschwarm. Dieses Problem löst ein langstieliger Haken, mit dem man das Tier fängt und heranzieht. Scharrgeflügel fängt man am Lauf, Wassergeflügel am Hals.

♀

♂

Helle Sussex

Gewicht der Henne 2,5–3 kg, des Hahns 3,5–4 kg.
Legeleistung 160–200 Eier pro Jahr,
Eigewicht 55–60 g, Eierschale hell gelbbraun.

Die Helle Sussex ist Ende des 19. Jahrhunderts in der englischen Grafschaft Sussex aufgekommen. An ihrer Entstehung war eine ganze Reihe von Rassen beteiligt, vor allem Dorking-, Cochin-, Brahma-Hühner und Sussexer Landhühner. Nachdem sich die Farbenerblichkeit stabilisiert hatte und die Legeleistung in die Höhe gegangen war, haben sich die Sussex über die ganze Welt verbreitet. Die Hühner dieser Rasse sind typische Vertreter für eine kombinierte Nutzung: Legeleistung sehr gut, Fleischleistung und -qualität ebenfalls. Wegen des zarten Knochenbaus und der guten Bemuskelung wurden die Sussex zur Kreuzung mit anderen Rassen zwecks Masthuhnproduktion in Großbetrieben herangezogen. Gegenwärtig werden sie von Kleinzüchtern gehalten, die sie wegen der ganzjährig gleichmäßigen Legetätigkeit und ihrer großen Widerstandsfähigkeit gegen Witterungsschwankungen und Krankheiten schätzen.

Für die Färbung ist ein schwarzes Längsstreifchen in der Mitte jeder Feder auf der Halsdeckung typisch, aber auch die fleischroten Läufe. Sussex kommen noch in folgenden Farben vor: Rot, Rebhuhnfarbe, Gelb, Weiß und Braunschwarz-weiß.

Die Geschlechtsorgane der Henne haben, wie die aller übrigen Vögel, einige Besonderheiten. Der Eierstock (Ovarium) und der Legedarm genannte Eileiter (Oviductus) sind für gewöhnlich nur linksseitig entwickelt. Der Eierstock sieht wie eine Traube aus, an der die Eizellen nacheinander heranreifen und daher in allen Größen zu sehen sind. Der Legedarm beginnt mit einer trichterförmigen Mündung, ist lang und bildet zahlreiche Windungen. Seine drüsenreiche Auskleidung scheidet mehrere Hüllen um die Eizelle ab. Das Eiweiß wird im Magnum abgeschieden, die Eihaut im Isthmus, der Uterus scheidet Kalkbrei für die Schale und das ganz dünnflüssige Eiweiß ab. Die Vagina sondert einen die Eiablage erleichternden Schleim ab. Diese beiden Teile gehören eigentlich schon zur Kloake.

♀

♂

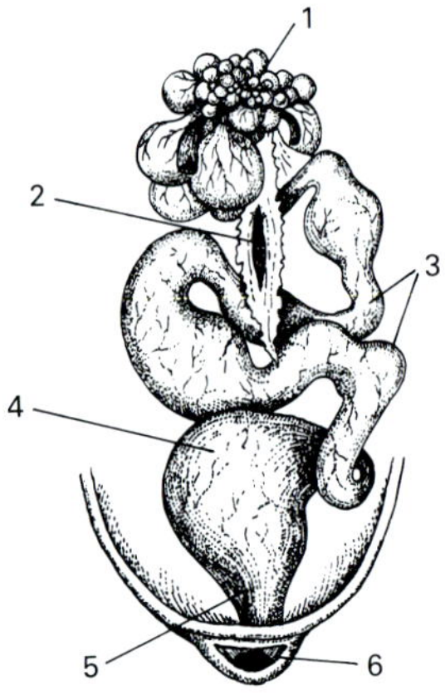

*Geschlechtsorgane der Henne:
1 Eierstock, 2 Legedarmmündung,
3 Magnum, 4 Uterus, 5 Vagina,
6 Kloake*

Lachsfaverolle

Schwererer Typ: Gewicht der Henne 2,5–3 kg, des Hahns 3,5–4 kg. Legeleistung 150 Eier pro Jahr, Eigewicht 55 g, Schale gelb bis braun.
Leichterer Typ: Gewicht der Henne 2,5 kg, des Hahns 3,5 kg. Legeleistung 180 Eier pro Jahr.

Die französische Gemeinde Faverolle war in der zweiten Hälfte des 19. Jahrhunderts weit und breit dafür bekannt, daß dort das Geflügel vor dem Schlachten gestopft wurde. Um die Fleischleistung noch mehr zu verbessern, kreuzte man sie mit eingeführten Huder-, Dorking- und später Brahma-Hühnern. So gelang es, zwei Faverolle-Typen herauszubringen: einen leichteren mit sehr guter Legeleistung und einen schwereren mit sehr guter Fleischleistung. Als Schlachtgeflügel dienen beide, aber der schwerere Typ zeichnet sich durch größeres Wachstum, bessere Fleischbildung und feines, durchwachsenes Fleisch aus.

Die Lachsfaverolle ist sehr bunt und unterscheidet sich je nach Geschlecht: beim Hahn überwiegen dunkle Farben, bei der Henne helle. Kinn, Bart und Laufbefiederung sind beim Hahn schwarz, bei der Henne weißlich. Eine Besonderheit der Faverolle sind fünfzehige Läufe, deren Außenseite befiedert ist. Außer der Lachsfaverolle wird in geringerem Umfang auch eine weiße Faverolle gezüchtet.

Die Hoden (Testes) des Hahns sind paarige Organe von Bohnen-, Ei- oder Kugelform. Ihre Farbe ist gelblich, in der Paarungszeit nehmen sie bei den meisten Vögeln eine weiße Farbe an. Bei jungen Hähnen und Putern sind sie meist in den Vorderpartien pigmentiert. In der Paarungszeit verdoppelt bzw. verdreifacht sich ihr Umfang. Die Samenleiter (Vasa deferentia) münden gemeinsam mit den von den Nieren kommenden Harnleitern in den Urodeum genannten Hinterabschnitt der Kloake. Ein Paarungsorgan (Penis) ist nicht vorhanden. Die Spermien des Hahns verbleiben im Geschlechtsapparat der Henne bemerkenswert lange – bis zu drei Wochen. Sie haben eine typische Form und eine Länge von 118 μm.

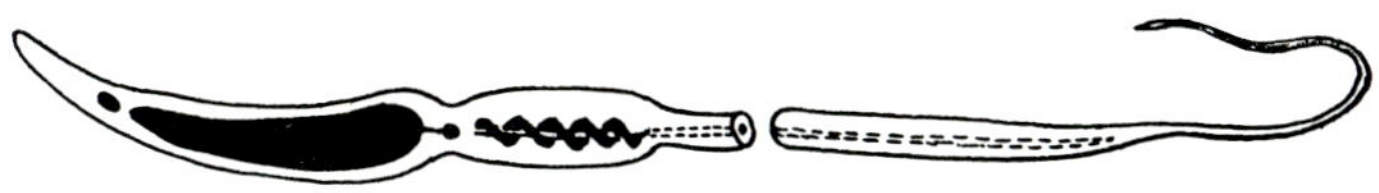

Spermium des Hahns

Schwererer Typ

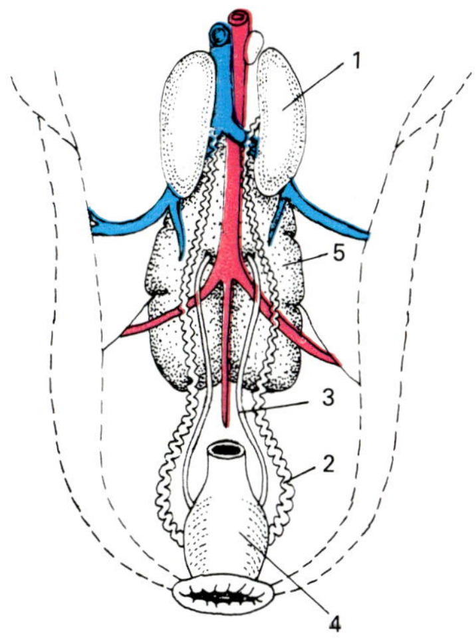

Geschlechtsorgane des Hahns: 1 Hoden, 2 Samenleiter, 3 Harnleiter, 4 Urodeum, 5 Nieren

La Flêche

Gewicht der Henne 2–2,5 kg, des Hahns 2,5–3 kg.
Legeleistung 180 Eier pro Jahr,
Eigewicht 55 g, Schale weiß mit einem Hauch von Rosa.

Das La-Flêche-Huhn gehört zu den ältesten westeuropäischen Geflügelrassen und stammt aus der Umgebung der gleichnamigen französischen Stadt, wo es seit dem 15. Jahrhundert gezüchtet wird. Die französischen Züchter geben ihm vor allem wegen des ausgezeichnet schmeckenden Fleisches der verschnittenen Hähne den Vorzug vor anderen Rassen, hinzu kommt eine verhältnismäßig gute Legeleistung. In die übrigen europäischen Länder haben sich die La Flêche erst in der zweiten Hälfte des 19. Jahrhunderts verbreitet. Diese Rasse ist besonders schnellwüchsig mit guter Fleischbildung. Ihr Nachteil ist die sehr geringe Abhärtung; in Gegenden mit strengen Wintern läßt die Legeleistung erheblich nach. Ein weiterer Nachteil für den Kleinzüchter ist (sofern er keine Brutanlage hat) die geringe Brütigkeit.

Der Kamm der La Flêche hat eine charakteristische Form: er läuft in zwei Hörnchen aus, die beim Hahn 2–3 cm lang sind und senkrecht in die Höhe ragen. Bei der Henne sind sie etwas kleiner. Die La Flêche werden in einigen Farbschlägen gehalten – in Schwarz, Weiß, Blau (der Färbung der Andalusier ähnlich) und gestreiftem Blaugrau (mit auffälligen, bogenförmig verlaufenden Streifen).

Die Geschlechtsunterschiede kommen besonders in den sekundären Geschlechtsmerkmalen zum Ausdruck. Am klarsten differenziert sind Kamm, Kehllappen, Körpergröße, Reichtum und Farbigkeit des Gefieders. Der Hahn hat immer einen mächtigeren Kamm, größere Kehllappen, eine reichere Befiederung und eine größere Farbigkeit als die Henne.

Um ein wohlschmeckendes Fleisch zu erzielen, werden die Junghähne kastriert. Die Kastration der Junghennen ist sehr schwierig und wird in der Praxis nicht angewendet. Die Hähnchen werden im Alter von 3–4 Monaten verschnitten und mit 10 Monaten geschlachtet. Ihr Fleisch ist zart, saftig und fein mit Fett durchwachsen.

Kopfdetail eines La Flêche-Hahns

Henne der gestreiften La Flêche

Hahn der schwarzen La Flêche

Habitus von Hahn (1) und Henne (2)

Gelbe Cochin

Gewicht der Henne 4 kg, des Hahns 6 kg.
Legeleistung 100 Eier pro Jahr,
Eigewicht 55–60 g, Schale weiß und sehr fest.

Die Züchter Sturgeon und Mondy haben 1847 die ersten Cochins aus Schanghai nach England gebracht. Ihren Namen erhielt die Rasse jedoch nach der alten Bezeichnung für Indochina: Cochinchina. Die ersten Zuchttiere hatten unbefiederte Läufe, erst während der weiteren Zucht in Europa sind Hühner mit Federn an den Beinen aufgetaucht. Der Körper dieser Hühner ist breit, tief und massiv, die Befiederung sehr reich. Infolge der mächtigen Muskulatur wirkt die Bewegung der Cochins langsam und schwerfällig. Die Cochins weisen eine sehr gute Fleischleistung auf, doch ist ihr Fleisch grobfaserig; eine feinere Struktur läßt sich durch Verschneidung erzielen. Der Muttertrieb (Brütigkeit) ist sehr gut entwickelt. Neben der Gelben Cochin werden oft auch noch rebhuhnfarbene gehalten, seltener schwarze, weiße, blaue und gestreifte. Die Cochin-Hühner sind an der Entstehung vieler weiterer Rassen beteiligt, vor allem der Rhodeländer und Wyandotten.

Wird der Einfluß der Geschlechtshormone beseitigt, beginnen die Geschlechtsunterschiede schon zwei Monate nach der Kastration zu schwinden. Eine kastrierte Henne wird in Körperform, Färbung und Verhalten dem Hahn ähnlich, die sekundären Geschlechtsmerkmale des kastrierten Hahns werden kleiner und weniger ausgeprägt. Der Einfluß der Geschlechtshormone ist äußerst stark. Werden einem Huhn anders geschlechtliche Keimdrüsen implantiert, nähert sich sein Geschlechtsausdruck schon nach etwa zwei Monaten dem des anders geschlechtlichen Tieres an.

1

2

3

4

1 kastrierter Hahn, 2 kastrierte Henne, 3 kastrierter Hahn mit implantierten Eierstöcken, 4 kastrierte Henne mit implantierten Hoden

♂

Brahma-Huhn

Gewicht der Henne 3,5–4,5 kg, des Hahns, 4–6 kg.
Legeleistung 130–140 Eier pro Jahr,
Eigewicht 53–55 g. Schale gelb bis gelbbraun.

Die Brahmanenhühnerrasse ist seit 1850 bekannt, in diesem Jahr wurde sie erstmalig der Öffentlichkeit auf einer Ausstellung in Boston vorgeführt. Zu ihrer heutigen Gestalt wurden die Brahmanen in den USA veredelt, wo die Züchter die aus dem Gebiet des Golfs von Bengalen importierten asiatischen Hühner mit anderen, vorwiegend Fleischrassen kreuzten, z. B. mit Cochins. Malaiische Kampfhühner wurden gleichfalls eingekreuzt.

Ein besonderes und für die Brahmanen typisches äußeres Merkmal ist die reichliche Befiederung der mittleren und äußeren Zehe des Laufs mit harten Federchen, die Latschen bilden. Vom Fersengelenk aufwärts sind die Schienbeine reichlich mit weichem Gefieder bedeckt, das nach hinten hin Hosen bildet.

Brahmanen wurden in zwei Grundfarben gezüchtet – hell und dunkel. Der helle Schlag ähnelt den hellen Sussex, die Hähne unterscheiden sich farblich kaum von den Hennen. Die weiße Farbe im Gefieder der Brahmanen glänzt silbrig. Dieser Glanz ist vor allem im Kontrast zur schwarzen Farbe der Halsbefiederung und der Satteldeckfedern sehr effektvoll. Die Hennen des dunklen Schlags unterscheiden sich markanter von denen des hellen als die Hähne der beiden Schläge voneinander. Am deutlichsten wird dieser Unterschied in der Gefiederfärbung auf Rumpf und Schwanz. Die Rumpfbefiederung ist blaugrau, die einzelnen Federchen sind an den Rändern zwei- bis dreifach gesäumt, der Schwanz ist dunkelgrau. Im Laufe der letzten zehn Jahre wurde auch eine gelbe Brahma herausgezüchtet, die Columbia, bei der offensichtlich die gelbe Farbe der Cochins zum Durchbruch gekommen ist.

An der Ausbildung von Brust und Rücken wird deutlich, daß die Brahmanen in erster Linie eine schwere Fleischrasse sind. Sie haben ein behäbiges Temperament und neigen zum Fettansatz. Ihr Fleisch ist gröber und weniger saftig als das anderer Rassen.

Hähnchen – kleine Brahma, dunkler Schlag

Gelbe Brahmanenhenne – Columbia

Gelbe Orpington

Gewicht der Henne 3–3,5 kg, des Hahns 3,5–4,6 kg.
Legeleistung 160 Eier pro Tag,
Eigewicht 55 g, Schale dunkelgelb.

Im Jahr 1886 erschienen auf einer Ausstellung im englischen Birmingham schwarze Hühner, die den Namen der Farm Orpington House im Besitz des bekannten Züchters William Cook trugen. Cook hatte sich zum Ziel gesetzt, den Fleischtyp einer Legehuhnrasse zu erzüchten. Das ist ihm durch die Paarung von Minorka-Hähnen mit Plymouth-Hennen gelungen. Bei der Weiterzucht hat er dann Langschan-Hähne verwendet. Es ist nicht bekannt, ob er noch weitere Rasse herangezogen hat, da er seine Methode streng geheimgehalten hat. Die ersten Orpingtons waren schwarz, im Verlauf der weiteren Zucht sind verschiedene Farbschläge aufgekommen: Weiß, Porzellanfarbe, Schwarzweiß, Blau, Rot, Rebhuhnfarbe, Gestreift, Dreifarbig und Gelb, letzterer ist der schönste.

Typisch für den Hahn ist der kurze und sehr breite Schwanz. Die Henne hat rundlichere Konturen und einen kaum herausragenden Schwanz. Beide haben kleine, eng am Körper anliegende Flügel. Der Muttertrieb der Henne ist gut erhalten, Kleinzüchter machen von dieser Eigenschaft gern Gebrauch. Die Küken wachsen schnell und verwerten das Futter gut. Ihr Fleisch hat eine sehr gute Qualität.

Form, Größe und Anzahl der roten Blutkörperchen von Vögeln sind anders als bei den Säugetieren. Die Blutkörperchen der Säuger (Kamele ausgenommen) haben Scheibenform, sind in der Mitte eingedrückt und haben keinen Kern. Die Blutkörperchen der Vögel sind oval und haben eine durch den Kern aufgeblähte Mitte. Ein Säuger-Blutkörperchen hat im Schnitt eine Länge von 4–7 µm (10^{-6} m), das des Vogels 12 µm. Ein großer Unterschied besteht auch in der Anzahl der Blutkörperchen. Der Mensch hat in 1 mm^3 Blut 4,5–5,5 Millionen rote Blutkörperchen, das Rind 6,7 Millionen, das Huhn 2,5–3,5 Millionen.

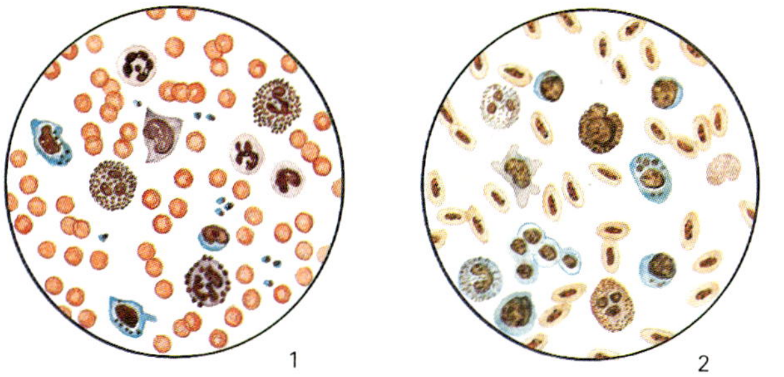

1 2

Blutbild von Säugern (1) und Vögeln (2)

♀

♂

Cornish

Dunkle Variante: Gewicht der Henne 3–4 kg, des Hahns 3,5–5 kg. Legeleistung 70–90 Eier pro Jahr, Eigewicht 50 g, Schale bräunlich mit verschiedenfarbigen, einander überlappenden Sprenkeln.
Weiße und rote Variante: Gewicht wie die dunkle, Legeleistung pro Jahr 140–160 Eier, Eigewicht 55 g.

Die Cornishs gehören zu den sehr alten, den Engländern schon im 15.–16. Jahrhundert aus der Zeit des Ostindienhandels bekannten Rassen. Sie sind aus dem indischen Kampfhuhn und englischen Fleischhühnern entstanden, ihr schneller Wuchs und die ausgezeichnete Bemuskelung machen sie zu einer der besten Fleischrassen, vor allem zum Braten.

Typisch für Hahn und Henne ist die breitbeinige Stellung, wobei die auffallend fleischige Brust und die fleischigen Schenkel gut zur Geltung kommen. Von den indischen Kämpfern haben die Cornishs die Form der ovalen Augenspalte geerbt, die dem Auge einen bösartig-drohenden Ausdruck verleiht, doch sind sie in Wirklichkeit recht friedfertige Hühner. Das Gefieder ist schütter, doch liegen die Federn fest am Körper an. Cornish-Hühner sind in drei Farbvarianten gezüchtet worden: eine dunkle (fasanfarbene), den indischen Kampfhühnern ähnlich, eine rote und eine weiße. Die dunklen Cornishs legen weniger Eier als die roten und weißen. Die weißen haben gegenwärtig große wirtschaftliche Bedeutung, da sie als Vaterlinie zur Produktion von Broilern verwendet werden. Bei den roten Cornishs kann man bald nach dem Schlüpfen Hähnchen- und Hühnchenküken voneinander unterscheiden, absondern und getrennt mästen. Die Legetätigkeit nimmt diese Rasse erst spät auf, etwa im achten Lebensmonat; das Schlachtgewicht für Brathähnchen erreichen sie jedoch schon mit drei Monaten.

Für den Gesundheitszustand des Bewegungsapparats ist das Profil der Sitzstangen für die Nachtruhe wichtig. Am geeignetsten sind 5–6 cm breite und 5 cm hohe Stangen mit abgerundeten Oberkanten. Bei unrichtiger Stangenstärke und -form werden die Sehnen der Läufe stark beansprucht, und die Hühner lassen sich nur ungern auf ihnen nieder. Ein Huhn kann auf der Stange schlafen ohne herunterzufallen, da sich durch die besondere Anordnung der Sehnen bei der Beugung von Fersen- und Kniegelenk die Zehen automatisch fest schließen. Will das Huhn die Stange verlassen, muß es sich mit Hilfe der Flügel anheben.

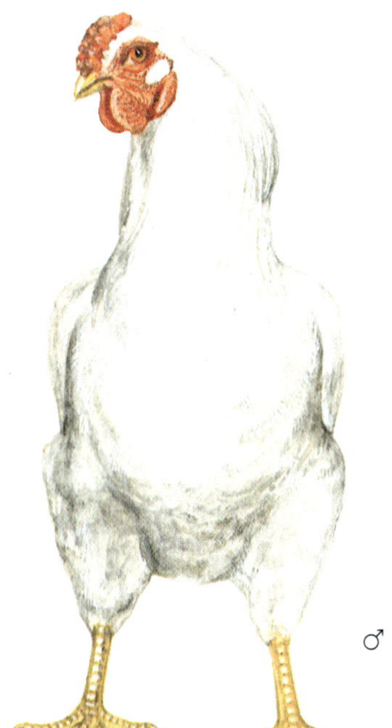

Typische Stellung der Cornishs

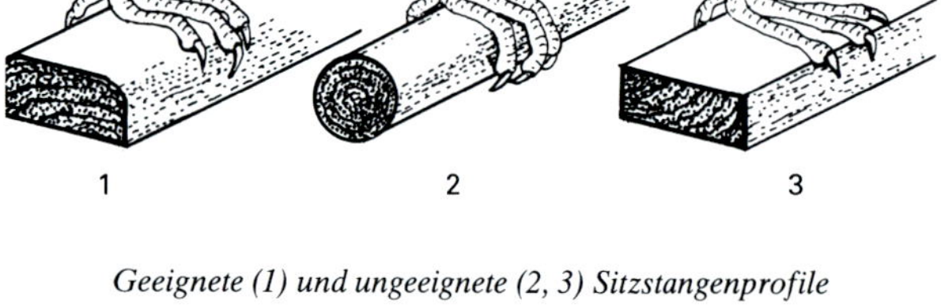

Geeignete (1) und ungeeignete (2, 3) Sitzstangenprofile

Schwarze Langschan

Gewicht der Henne 2,5–3,5 kg, des Hahns 3–4,5 kg.
Legeleistung 180 Eier pro Jahr, Eigewicht 55 g,
Schale strohgelb bis braungelb.

Im Jahr 1872 wurde aus Fernost ein Huhn nach England gebracht, das seinen Namen nach einem Kloster am Fuß des Lang-schan (Wolfsberg) 150 km westlich von Schanghai erhielt. Noch zu Beginn unseres Jahrhunderts war es überall in Westeuropa wegen seiner hohen, damals unübertroffenen Legeleistung weit verbreitet. Im Laufe der Zeit sind die Zahlen vor allem in den Großzuchten zurückgegangen, wahrscheinlich wegen der dunklen Hautfarbe. Bei den Kleinzüchtern erfreuen sich die Langschan nach wie vor großer Beliebtheit. Dazu trägt offensichtlich auch ihre Widerstandsfähigkeit gegenüber ungünstigen Lebensbedingungen bei. Wegen der Fleischqualität, der guten Bemuskelung, der Legeleistung und der guten Futterverwertung waren die Langschan an der Entstehung einer ganzen Reihe von hervorragenden Hühnerrassen beteiligt.

Am Äußeren fallen sofort die hohen Läufe ins Auge, die so bei keiner anderen Rasse vorkommen. Sie sind entweder leicht oder gar nicht befiedert. Die Tiere beider Geschlechter haben einen schwach ausgebildeten Schwanz. Das schwarze Gefieder zeigt einen kräftigen grünen Metallglanz. Als weitere Farbschläge werden noch blaue Langschan mit einer andalusierähnlichen Färbung gehalten sowie weiße und rote in der Farbe der Rhodeländer.

Bei den Wildhühnern (Fasanen, Birkhühnern usw.) ist die Eiablage und das ihr vorausgehende Sexualverhalten ausschließlich an die Sommermonate gebunden. Bei den domestizierten Hühnern, vor allem bei den hochgezüchteten Rassen, zieht sich dieses Gebaren praktisch über das ganze Jahr hin. Das Sexualverhalten hat mehrere Phasen, deren Aufeinanderfolge regelmäßig und unveränderlich ist.

♀

♂

Amrock

Gewicht der Henne 2,5–3 kg, des Hahns 3–4 kg.
Legeleistung 200 Eier pro Jahr, Eigewicht 60 g,
Schale gelbbraun bis braun.

1874 erschien in den USA vor der Züchteröffentlichkeit eine neue Geflügelrasse, die wegen ihrer Ähnlichkeit mit den Plymouth die Bezeichnung Plymouth-Rocks erhielt. Dieser Name wurde später in Amrock geändert. Sie ist durch die Kreuzung von Dominikanern, schwarzen Cochins und schwarzen malaiischen Kampfhühnern entstanden. Amrocks sind ungewöhnlich lebensfähige, abgehärtete und frühreife Hühner, in der Lage, über mehrere Jahre hinweg ihre hohe Legeleistung aufrechtzuerhalten, dazu haben sie eine gute Fleischqualität. Bisher überwiegt ihre Kleinzuchthaltung, doch herrscht ein lebhaftes Interesse an dieser Rasse, und es werden Möglichkeiten für ihre Haltung in Großzuchtanstalten erprobt.

Eine Besonderheit dieser Rasse besteht darin, daß man bereits bei eintägigen Küken an der unterschiedlichen Beinfarbe das Geschlecht unterscheiden kann (bei den weiblichen Küken haben die gelben Läufe einen dunkleren Ton). Amrocks sind kräftige Hühner mit breitem Rücken, voller und tiefer Brust, die Henne hat einen vollen, tiefen Bauch. Das Gefieder liegt fest am Körper an. Seine Grundfarbe ist schwarz mit grauweißen Streifchen, die quer über jedes Federchen verlaufen und dank der regelmäßigen Befiederung eine ebenmäßige Streifung am ganzen Körper entstehen lassen. Beim Hahn sind die grauweißen Streifen genauso breit wie die Streifen der Grundfarbe. Die Streifenzahl auf einer Feder ist der Federlänge direkt proportional. Die Hennen machen einen etwas dunkleren Eindruck, denn die schwarzen Streifen sind etwa doppelt so breit wie die grauweißen. Jede Feder endet in einer schwarzen Spitze.

Beim Sexualverhalten übernimmt stets der Hahn die Initiative. Durch Anbieten von im Schnabel gehaltener oder auf dem Boden gefundener Nahrung versucht er, kopulationswillige Hennen anzulocken. Durch Picken auf den Boden oder Scharren täuscht er auch oft einen Fund nur vor. Weiter entfernte Hennen ruft er mit einem besonderen Kehllaut herbei. Dieses Verhalten zeigt der Hahn um so häufiger, je mehr Hennen im Schwarm auf das angebotene Futter reagieren und somit kopulationsbereit sind.

Werbung durch einen auf dem Boden und im Schnabel dargebotenen Bissen

♂

Mechelner Masthuhn

Gewicht der Henne 3–3,5 kg, des Hahns 4–4,5 kg.
Legeleistung 150–170 Eier pro Jahr, Eigewicht 55 g,
Schale gelblich bis braun.

Das ist eine sowohl hinsichtlich der Fleischbildung als auch der Legeleistung sehr dankbare Rasse. Widerstandsfähig gegen ungünstige Umwelteinflüsse, in der Fütterung anspruchslos, ein guter Futterverwerter, schnell und ausgezeichnet wachsende Küken – kein Wunder, daß sie sich aus der Mechelner Umgebung, wo sie erzüchtet worden ist, schnell über Belgien und die benachbarten Länder verbreitet hat. Auf dem Mechelner Land wurden die Hähnchen kastriert, gemästet und unter der Bezeichnung Brüsseler Poularden ausgeführt. Gegenwärtig werden sie noch an manchen Orten Westeuropas in Kleinzuchten gehalten.

Der Körper dieses Huhns, vor allem der Henne, ist tief, breit, rechteckig, die Brust tief, breit, sehr gut bemuskelt, der Schwanz verhältnismäßig klein. Der Bauch ist dicht befiedert, die Außenseiten der Läufe tragen gleichfalls Federchen. Der Hahnenkamm hat relativ flache Zacken. Das Mechelner Masthuhn kommt in zwei Schlägen vor. Der gestreifte hat kein regelmäßig angeordnetes Gefieder, daher erscheint die Streifenzeichnung nicht scharf begrenzt. Der andere Schlag ist rein weiß.

Auch wenn diese Hennen einen sehr gut entwickelten Muttertrieb aufweisen, erlaubt ihr zu hohes Gewicht kein Brüten, da sie ihre Eier zerdrücken würden.

Das Stolpern über einen Flügel stellt schon eine ziemlich eindeutige Paarungsaufforderung dar. Der Hahn nähert sich der Henne, läßt den Flügel auf der abgewendeten Seite hängen, schleift ihn mit den Spitzen der Handschwingen über den Boden und umkreist die Henne. Läuft sie davon, verfolgt er sie mit beiden hängenden Flügeln.

Stolpern über einen Flügel

Verfolgung

♂

Shamo-Kampfhuhn

Minimalgewicht der Henne 3 kg, des Hahns 4 kg, eine Obergrenze ist nicht gesetzt. Legeleistung etwa 80 Eier pro Jahr, Gewichtsminimum für Bruteier 55 g.

Die erste Nachricht von der Existenz dieses Huhns in Europa stammt aus dem Jahr 1953, als es als eine Variante des malaiischen Huhns aus Japan in die Bundesrepublik gebracht worden war. Hier erhielt es den Namen Shamo-Kampfhuhn. Sein Ursprungsland ist aber Malaysia. Es bleibt diesem Namen nichts schuldig, denn es überrascht durch seine Kampflust, auch das Äußere stimmt mit dieser Charaktereigenschaft überein. Die physische Leistungsfähigkeit wird von der ungewöhnlichen Höhe und dem aufrechten, kräftigen Körper dokumentiert. Die Kopfform erinnert an einen Greifvogelkopf. Der Hals geht im Bogen in den breiten, mächtigen Rumpf über. Dem starken Rumpf entspricht der lange, breite und leicht gewölbte Rücken sowie die mächtige, schwach gewölbte Brust. So bilden sowohl die Rückenlinie als auch die von Hals, Brust und Schenkel gebildete Linie eine sich steil nach hinten neigende Gerade. Auch die Form der Flügel und die Art ihrer Befestigung am Körper entsprechen nicht dem normalen Bild eines Huhns. Sie sind kurz, breit, hoch angesetzt und liegen fest am Körper an. Der lange Schwanz wird niedrig gehalten, die Schwanzfedern unterstreichen durch ihre geringe Krümmung die Länge des Körpers. Das Gefieder liegt dicht am Körper an, es ist schütter und kurz. Wegen der dünnen Flügelbefiederung schimmert an manchen Stellen die rötliche Haut durch.

Die Männchen der Hühnervögel haben wie die meisten Vögel keinen Penis. Beim Tretakt, d. h. bei der Kopulation, stülpen Hahn und Henne die Kloaken vor und drücken sie aufeinander, so daß die Schleimhäute der Kloaken aufeinander zu liegen kommen. Aus den Samenleitern, die auf niedrigen Warzen in den inneren Teil der Kloake (Urodaeum) münden, werden Spermien in die Urodaeum der Henne gespritzt. Durch ihre aktive Fortbewegung mittels Geißeln gelangen die Spermien bis in den obersten Teil des Eileiters, wo sie die einzelnen Eier befruchten.

Tretakt (Paarung)

Paduaner

Gewicht der Henne 1,5–2 kg, des Hahns 2–2,5 kg.
Legeleistung 120 Eier pro Jahr,
Eigewicht 50 g, Schale weiß.

Bei den Paduanern lassen sich Entstehungsland und -ort nicht mehr zuverlässig bestimmen. Bekannt ist lediglich, daß diese Rasse vor 100–150 Jahren in weit voneinander entfernten Ländern recht verbreitet war – in Holland und Italien. Der Ursprung des Namens ist gleichfalls unklar. Da das Huhn in Italien sehr beliebt war, wird sein Name von der Stadt in der Poebene hergeleitet. Ihr heutiges Aussehen und ihre Nutzeigenschaften verdankt die Rasse den Engländern.

Die üppige Haube auf dem Kopf und die kräftige, reiche Gefiederzeichnung reihen die Paduaner unter die Zierhühner ein; in der Eier- und Fleischproduktion bleiben sie weit hinter den übrigen Hühnerrassen zurück.

Paduaner sind sehr zutraulich, die Hennen haben einen schwach entwickelten Muttertrieb, der sich im unzuverlässigen Brüten und im geringen Interesse am Führen der Jungen äußert. Zur Aufzucht müssen folglich Hennen anderer Rassen genommen werden. Die Färbung zeigt fünf Varianten, und zwar: Chamois, Schwarz, Weiß, Silber und Gold.

Während bei den Junghühnern die Zweikämpfe ohne Unterschied der Geschlechter Spielcharakter haben, nehmen die Kämpfe zwischen erwachsenen Hühnern den Charakter von Territoriumsverteidigung im Hinblick auf den Nahrungsgewinn an. Die Zweikämpfe der Hähne sind weitaus häufiger, denn hier kommt zum Kampf um die Nahrung noch der Kampf zum Schutz und zur Erhaltung der Sexualpartnerinnen. In der freien Auslaufhaltung kann der Hahn einer leichten Rasse auf die Dauer 15–20 Hühner begatten, bei einer schweren Rasse einen Schwarm von 10–12.

Kopfdetail eines Chamois-Hahns

Henne der Variante Chamois

Altenglisches Zwergkampfhuhn

Gewicht der Henne 0,65 kg, des Hahns 0,75 kg.
Legeleistung 45 Eier pro Jahr,
Eigewicht 30 g, Schale gelblich.

Die Rasse der altenglischen normalwüchsigen Kampfhühner wird in England schon so lange gezüchtet, daß sich nicht mehr nachweisen läßt, ob sie in dieser Gestalt aus Asien eingeführt oder in England durch die Kreuzung einheimischer Rassen mit dem Bankiva-Huhn *(Gallus gallus)* erzüchtet worden ist. Mit größerer Wahrscheinlichkeit ist diese Rasse erst in England entstanden, denn sie hat schließlich doch eine etwas von den asiatischen Kampfhuhnrassen abweichende Körperform, darüber hinaus wird sie schon seit jeher mit dem Attribut »nationale Rasse« bezeichnet. Das Gesamtbild der Vögel, zumal der Hähne, ist kämpferisch.

Mit ausgehendem Mittelalter und vor allem zu Beginn der Neuzeit gerieten die Hahnenkämpfe immer mehr in Verruf, so daß die normalwüchsige Form dieser Rasse, in der ein Hahn 2–3 kg und eine Henne 1,75–2,5 kg wog, immer weniger gefragt war. Deshalb wurde die Zwergform des altenglischen Kampfhuhns herausgezüchtet, die nun keine Rasse für Sportzwecke mehr war, sondern eine Zierrasse wurde.

In Normal- und Zwergform des altenglischen Kampfhuhns existieren insgesamt 15 Farbschläge oder Varianten (Weiß, Goldhalsig, Braunbrüstig usw.).

Bei den einzelnen Hähnen zeigt sich deutlich eine individuell unterschiedliche Paarungsfähigkeit. Hähne der leichteren Rassen kopulieren 30–50mal am Tag, mittelschwere Rassen 12–20mal und die schweren Fleischrassen (z. B. Orpington) nur 5–10mal. Die Paarungs- oder Tretfrequenz ist am Spätnachmittag am höchsten. In Schwärmen mit mehreren Hähnen hängt die Kopulationsfrequenz der einzelnen Hähne von ihrem Rang ab. Dominante Tiere kopulieren wesentlich häufiger.

Henne, weizenfarbener Schlag

Hahn, blaugoldener Schlag

Dreifarbiges Orlow-Huhn

Gewicht der Henne 2,5 kg, des Hahns 3,5 kg.
Legeleistung 150–160 Eier pro Jahr, Eigewicht 53 g, Schale weiß bis bräunlich.

Nach Westeuropa ist diese Rasse aus dem zaristischen Rußland gelangt, wohin sie wahrscheinlich aus Persien gelangt war. Obwohl vor allem in der UdSSR Versuche unternommen werden, aus dem Orlow-Huhn eine Nutzrasse zu machen (gute Bemuskelung, wohlschmeckendes Fleisch), erfüllt es in erster Linie doch die Funktion eines Ziergeflügels und wird folglich von den Kleinzüchtern bevorzugt.

Die Erscheinung der Orlow-Hühner ist dank der abstehenden Federn an der Kehle, die einen Kinn- und Backenbart bilden, sehr attraktiv. Entgegen ihrem kämpferischen Ausdruck, den sie dem großen Anteil an malaiischem Kampfhuhnblut verdanken, sind sie Hühner von ruhigem und sanftem Temperament. Der Kamm ist beim Hahn nur durch einen kleinen, von borstigen Federchen bewachsenen Auswuchs angedeutet, die Hennen haben anstelle des Kamms nur eine helle Fläche. Sie halten ihren Körper wesentlich stärker in der Waagerechten als die Hähne. Der Schnabel der Orlow-Hühner ist sehr kurz und kräftig. Außer der dreifarbigen Variante werden noch eine braune und eine weiße gezüchtet.

Konfliktsituationen lösen die Hähne meist durch Zweikampf, der oft sehr erbittert geführt wird. Diese Duelle verlaufen nach einer genetisch fixierten Ordnung und beginnen immer mit der Drohung. Der Anfang eines solchen Treffens sieht ganz harmlos aus. Jeder Hahn hält sich bei seiner Herde auf. Nähern sich die Herden bis auf etwa 10 m, beginnen die rivalisierenden Hähne langsam umeinander zu kreisen und sich gegenseitig durch ihr Krähen zum Kampf aufzufordern. Sie machen ein paar Schritte aufeinander zu und kehren dann wieder zu ihren Hennen zurück. Dieses Gebärdenspiel kann Stunden dauern. Der Zweikampf beginnt, wenn sich die Gegner bis auf 5 m genähert haben. Dann gehen sie mit Schnäbeln und Krallen aufeinander los. Der Kampf endet immer mit der Siegerpose des einen und dem Rückzug des unterlegenen Hahns.

Drohung

Zweikampf

♀

Deutsches Zwerghuhn

Gewicht der Henne 0,6 kg, des Hahns 0,7 kg.
Legeleistung 120 Eier pro Jahr,
Eigewicht 30 g, Schale weiß.

Die Entstehung dieser sehr verbreiteten Zierhuhnrasse datiert vom Anfang dieses Jahrhunderts in Deutschland. Schon sehr bald hat sie sich über ganz Westeuropa ausgebreitet; für ihre Beliebtheit spricht auch die große Palette ihrer Farbschläge. Die Ausgangsrassen für die Zucht waren das Bantam- und altenglische Zwerghuhn. Die Vögel sind sehr temperamentvoll und bewegungsfreudig und haben ein großes Auslaufbedürfnis. Sie zeigen eine relativ hohe Legeleistung und trotzdem eine gute Brütigkeit.

Der walzenförmige Körper von Hahn und Henne wird waagerecht gehalten. Der gleichfalls in der Waagerechten getragene Schwanz des Hahns hat sehr schöne, im Bogen gekrümmte Sichelfedern. Das Gesamtbild von Hahn und Henne ist sehr effektvoll und elegant. Das Deutsche Zwerghuhn tritt in sechs Farbschlägen auf: Natur, Silber, Gold, Orange, Weiß und Schwarz.

Eine moderne Intensivproduktion von Eiern und Schlachtgeflügel ist ohne künstliche Brutanlagen undenkbar. Obgleich es den Anschein hat, als ob die künstliche Bebrütung mit dem Namen des berühmten französischen Physikers Réaumur zusammenhängt und zeitlich in der ersten Hälfte des 18. Jahrhunderts angesetzt werden muß, geht sie doch auf die alten Ägypter zurück. Die bauten schon vor 2000 Jahren Brutanlagen aus Ziegelsteinen. Sie waren gut isoliert, und um einen Zentralgang waren gemauerte Kammern angeordnet, die jede eine Kapazität von rund 6000 Bruteiern hatten. Beheizt wurden sie mit Stroh oder getrocknetem Kameldung. Beheizt wurde nur während der ersten elf Tage der Bebrütung, was unter den herrschenden Klimabedingungen ausreichte. Das Mauerwerk war dadurch genügend temperiert und konnte für die restlichen zehn Tage die erforderliche Wärme halten.

Henne, goldener Farbschlag

Hahn, silberner Farbschlag

Perlhuhn

Gewicht bei beiden Geschlechtern 1,5–2 kg, das Weibchen ist stets schwerer, etwa um ein Viertel. Legeleistung 140–150 Eier pro Jahr, Eigewicht 40–45 g, Schale graubraun mit feiner, dunklerer Sprenkelung.

In Afrika, der Urheimat der Perlhühner, leben bis auf den heutigen Tag 6–7 wilde Arten, von denen nur eine einzige *(Numida meleagris)* domestiziert worden ist. Sie wird in Kleinzuchten, aber auch schon auf Farmen gehalten.

Der Domestikationsprozeß hat beim Perlhuhn nur geringe Spuren hinterlassen. Dem Menschen gegenüber verhält es sich mißtrauisch, sein Nest legt es an entlegenen Stellen an. Es ist recht beweglich, vor allem bei der Nahrungssuche. Es frißt vor allem Insekten und Unkrautsamen, scharrt aber im Gegensatz zum Haushuhn nicht. Deshalb war es anfänglich nicht möglich, Perlhühner in geschlossenen Räumen zu halten, sie benötigten einen Auslauf. Den konnten aber nur die Kleinzüchter schaffen. Erst im Laufe der weiteren Veredelung ist es geglückt, die Vögel an die Bedingungen der Farmhaltung zu gewöhnen.

Zwar haben Perlhühner ein zartes Skelett, dafür aber eine feste Konstitution und eine beträchtliche Widerstandskraft gegen alle Unbilden der Witterung. Sein Fleisch kommt im Geschmack dem Wildgeflügel nahe und wird daher auch wie dieses zubereitet. Die Eier sind wohlschmeckender als Hühnereier und haben einen höheren Gehalt an biologisch wertvollen Stoffen einschließlich Vitaminen. Bei einer Temperatur von 4–6° C bleibt der Eiinhalt 3 Monate unbeeinträchtigt.

Im Gegensatz zu den übrigen Geflügelarten sind die Geschlechtsunterschiede beim Perlhuhn kaum sichtbar. Am deutlichsten sind die Unterschiede am Kopf. Beim Weibchen sind Helm, Schnabelrand und Kehllappen kleiner als beim Männchen. Perlhühner werden in mehreren Farbschlägen gehalten, z. B. in Blau, Weiß, Silber, Gelb. Am häufigsten ist das blaue Perlhuhn, das Körperform und Gefiederfarbe seiner wilden Vorfahren erhalten hat.

Kopf des blauen Perlhuhnweibchens

Blaues Perlhuhnweibchen

Weißes Perlhuhnmännchen

Bronzepute

Gewicht einer Zuchtpute 6 kg, Mastgewicht 8 kg,
Gewicht eines Zuchtputers 9 kg, Mastgewicht 11–12 kg.
Legeleistung 50–80 Eier im Jahr,
Schale dunkelbraun, fein gesprenkelt.

Diese Pute ist in den USA entstanden, sie ist ein getreues, jedoch wesentlich größeres Abbild der ihr zugrundeliegenden Art, der nordamerikanischen Wildpute *(Meleagris gallopavo)*. Von diesem Urahnen hat sie die Widerstandsfähigkeit gegenüber ungünstigen Existenzbedingungen geerbt und die Fähigkeit, Futter zu suchen und vollkommen zu verwerten. Sie ist nicht wählerisch und konsumiert sowohl pflanzliche als auch tierische Nahrung. Zur 30 Tage dauernden Mast werden vor allem Puter im Alter von 7–8 Monaten herangezogen. Bei der Mast vergrößert sich das Ausgangsgewicht der Tiere im erfolgreichsten Fall um 50%. Reichliches, hochwertiges Futter wirkt sich auch günstig auf die Legeleistung aus. Die Bronzepute ist eine bei den Kleinzüchtern beliebte Rasse. Die Hennen haben einen stark entwickelten Muttertrieb, sie bleiben unverdrossen volle vier Wochen auf den Eiern sitzen und führen anschließend die Küken zuverlässig.

Im Äußeren der Tiere besteht ein deutlicher Unterschied zwischen den Männchen und Weibchen, die auffälligsten Merkmale befinden sich am Kopf. Der Puter hat an der Schnabelwurzel einen 5–7 cm langen, im Ruhezustand aufwärts ragenden Hautzapfen. Die Kopfhaut ist blaurot bis violett, nur mit Härchen besetzt und bildet keinen Kamm, sondern perlförmige Warzen. Diese Gebilde beginnen an der Schnabelwurzel und setzen sich über Scheitel, Genick und Nacken bis zur Kehle und noch tiefer fort. In Richtung zum Hals nimmt ihre Größe zu. Ihr Inhalt besteht aus schwammigem Gewebe, das sehr leicht und schnell mit Blut gefüllt werden kann. Um die Augen ist die Haut glatt. Wird das Tier gereizt, schwellen sowohl der Zapfen über dem Schnabel als auch die Perlen an und werden blutrot.

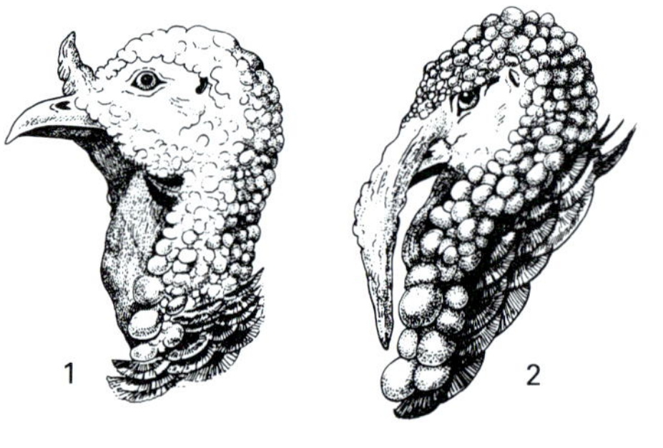

Puter in Ruhe (1) und in erregtem Zustand (2)

Breitbrüstige Pute

Gewicht der Zuchtpute 8–10 kg, gemästet 15 kg,
Gewicht des Zuchtputers 12–16 kg, gemästet 20 kg.
Legeleistung 70 Eier pro Jahr, Eigewicht 80 g,
Schale braun, gesprenkelt.

Diese Pute ist in den zwanziger Jahren in den Zuchten aufgetaucht, und zwar in den USA. Die Ausgangsrasse war die Bronzepute, bei der die Züchter Exemplare mit besonders mächtiger Brustmuskulatur ausgewählt hatten, um diese dann miteinander zu paaren. Alle übrigen günstigen Eigenschaften der Bronzepute sind erhalten geblieben (Resistenz gegenüber ungünstigen Existenzbedingungen, sehr gute Mastleistung und zufriedenstellende Fruchtbarkeit). Die breitbrüstige Pute wird in Großzuchten gehalten, und zwar in drei Farbschlägen: Bronze, Schwarz und Weiß. Da sich diese Rasse nur unter Schwierigkeiten auf natürliche Weise paart, wird hier zur künstlichen Besamung gegriffen. Die Puten werden in Käfigen gehalten, die Puter in Kleingehegen mit Bodenstreu; einmal pro Woche werden die Puten mit frischem Sperma inseminiert.

Das Durchschnittsgewicht von Schlachtputen beträgt im Alter von 12 Wochen 4–6 kg. Diese Puten sind für den alsbaldigen Verzehr bestimmt. Die Mast kann aber noch bis ins Alter von 20–24 Wochen fortgesetzt werden, dann erreichen die Puten eine Lebendmasse von über 20 kg. Tiere über 5–6 kg werden von der Fleischindustrie verarbeitet. Das Fleisch wird von den Knochen gelöst, zu Fleischwaren verarbeitet oder als Halbfabrikat verkauft (Schnitzel, Keulen). Das Putenfleisch der verschiedenen Körperpartien weist Unterschiede in Farbe und Geschmack auf, daher sagt man, die Pute habe neunerlei Fleisch. Gegenwärtig orientiert sich die Zucht auf die Produktion von kleineren Rassen.

Weitere geschlechtsbedingte Unterschiede zwischen Pute und Puter werden auch am Körper sichtbar. Im siebenten Monat wächst dem Hahn auf der Brust unterhalb des Kopfes ein bis zu 10 cm langes Büschel aus Haarfedern. Bei der Pute fehlt es, auch sind bei ihr die Hautgebilde am Kopf wesentlich kleiner, im ganzen ist sie ein Drittel kleiner als der Puter.

♂

♂ ♀

Geschlechtsunterschiede von Puter und Pute

Norfolkpute

Gewicht der Zuchtpute 6 kg, gemästet 8 kg,
Gewicht des Zuchtputers 8 kg, gemästet 10–12 kg.
Legeleistung 40–60 Eier pro Jahr, Eigewicht 80 g,
Schale braun, gesprenkelt.

Der Ursprung dieser Pute läßt sich ins vorige Jahrhundert datieren; sie entstand in der englischen Grafschaft Norfolk. Noch bis in die zwanziger Jahre dieses Jahrhunderts war sie in England recht stark verbreitet, doch wird sie heute auch dort allmählich von den aus den USA eingeführten weißen und bronzenen Puten verdrängt. Auf dem europäischen Kontinent hat sie keine sonderliche Verbreitung erfahren, da die Verbraucher durch die sehr dunkle Hautfarbe abgestoßen wurden. Ihre Nutzeigenschaften sind die gleichen wie bei der Bronzepute, doch hat sie einen schlankeren Körper. Sie wird von Kleinzüchtern gehalten.

Im zeitigen Frühjahr, wenn sich die Puten zum Legegeschäft anschicken, wird den Zuchtputen ein Rückenschutz aus Leinwand übergezogen, damit sie bei der Paarung nicht von den Krallen des Puters verletzt werden. Beim Tretakt ist nämlich die Vorbereitungsphase die längste. Nach der Balz klettert der Puter auf die niedergeduckte Pute und tritt einige Zeit, meist 3–5 Minuten, auf ihrem Rücken herum, ehe es zur Kopulation kommt. Bei dieser Treterei könnten das Rückengefieder und die Rückenhaut der Henne Schaden leiden, daher wird beides durch ein starkes, imprägniertes Leinwandstück mit Schlaufen für die Flügel geschützt. Nach der Paarungszeit werden diese Schurze wieder abgenommen.

Die Aufzucht von Putenküken ist schwieriger als die von Hühnern. Während die kritische Zeit bei den Hühnern 6 Wochen dauert, hält sie bei Puten bis in die 9. Woche an. Hühnerküken brauchen in der ersten Woche eine Umgebungstemperatur von 22–24 °C, Putenküken 26–28 °C. Bei Temperaturen unter 25 °C gehen sie an Unterkühlung ein. Ihr Futter muß sehr eiweiß- und vitaminhaltig sein. Der Mutterinstinkt der Puten ist außerordentlich stark entwickelt. Ohne Schwierigkeiten lassen sie sich zum Brüten bringen, um ihre Küken kümmern sie sich mustergültig.

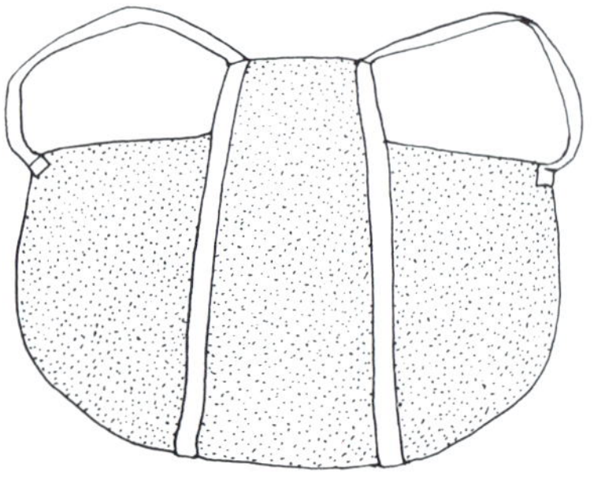

Rückenschutz für die Pute

♀

Weiße Beltsville-Pute

Gewicht der Zuchtpute 3,5–4 kg, gemästet bis 6 kg,
Gewicht des Zuchtputers 5,5–6 kg, gemästet 7–7,5 kg.
Legeleistung 80–90 Eier pro Jahr, Eigewicht 70 g,
Schale weiß, braun gesprenkelt.

Zur Zucht dieser Rasse sahen sich die Züchter durch die Nachfrage der Verbraucher nach kleinwüchsigen und folglich leichteren Puten veranlaßt, die sich unzerteilt braten ließen. Bronze- und Breitbrustputen sind wesentlich umfangreicher und müssen normalerweise vor der Zubereitung zerteilt werden.

Die Beltsville-Pute ist in der Nähe der Stadt Beltsville/USA herausgezüchtet worden; 1934 wurde sie als Zucht- und Marktrasse offiziell anerkannt. Ihr Vorzug ist, daß sie schnell wächst und heranreift, sich leicht mästen läßt und trotz des zarteren Skeletts eine gut entwickelte Brustmuskulatur besitzt. Diesem Umstand verdankt sie auch ihre sehr gute Schlachtleistung. Außerdem eignet sie sich sowohl für Kleinzüchter als auch für Großzuchtanlagen.

Außer Schnabel und Läufen ist der Geflügelkörper mit Gefieder bedeckt. Die sog. Deck- oder Konturfedern (Pennae) verleihen dem Körper seine Kontur. Die in die Haut eingebetteten Federscheiden, aus denen die Federn wachsen, sind nicht gleichmäßig über die gesamte Körperoberfläche verteilt, sondern wachsen nur auf bestimmten Zonen, die Federfluren (Pterylae) genannt werden. Zwischen den einzelnen Federfluren befinden sich Federraine (Apteriae), die bei den Enten und Gänsen die Daunenfedern hervorbringen. Bei den Puten wachsen ähnlich wie bei den Hühnern und Perlhühnern auf den Federfluren Fadenfedern.

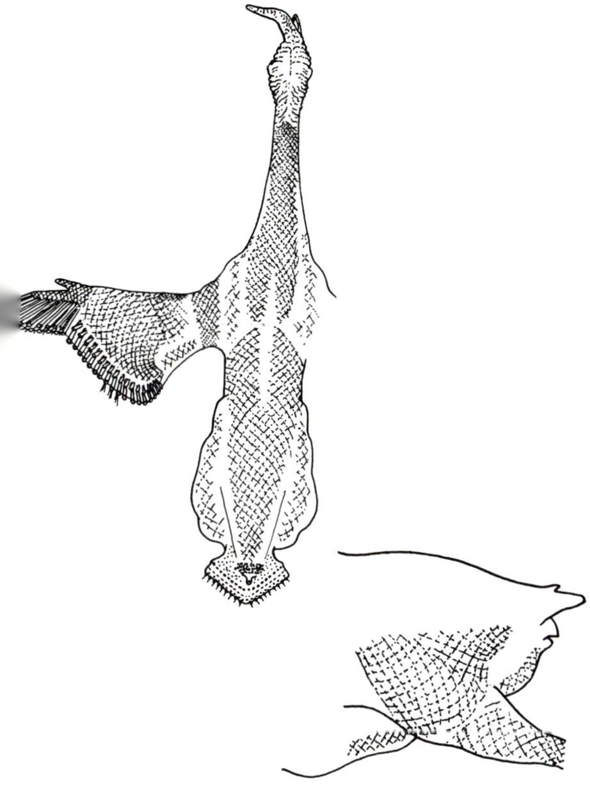

Federfluren (kreuzschraffiert) und Federraine (weiß)

Pekingente

Gewicht der Ente 2,5–3 kg, des Erpels 3–3,5 kg.
Legeleistung 140 Eier pro Jahr, Eigewicht 80–90 g,
Schale weiß mit einem Hauch von Grün.

Diese Ente stammt aus Südostasien, von wo sie der amerikanische Züchter Palmer 1873 in die USA mitgebracht hat. Nach ihrer Herkunft erhielt sie den Namen Pekingente. Von den übrigen Enten unterscheidet sie sich durch die aufrechte Körperhaltung; die Körperlängsachse bildet mit der Waagerechten einen Winkel von 45°. Im Vergleich zu den übrigen bislang gehaltenen Enten wuchs sie schnell und setzte gut Federn an, stellte keine Ansprüche an das Futter und zeigte sich den verschiedensten Klimabedingungen gegenüber anpassungsfähig. Daher hat sie auch bald ihren Weg zu den Züchtern in einer Reihe von Ländern gefunden. Die aufrechte Haltung machte sie aber recht schwerfällig, deshalb hat sie Palmer mit der weißen englischen Aylesbury-Ente gekreuzt. Er hat erreicht, daß die Enten ihren Körper fast waagerecht in einem Winkel unter 30° tragen, außerdem veränderte sich die weißgelbe Federfarbe in Weiß. Die so entstandene Ente erhielt die Bezeichnung Amerikanische Pekingente.

Fast gleichzeitig brachte unabhängig von Palmer der englische Züchter Keele aus den klimatisch rauhen Gebieten Nordchinas Enten nach England, deren Aussehen dem der von Palmer eingeführten Ente nahekam. Gegen Ende der achtziger Jahre brachte der deutsche Züchter Marten die von Keele gezüchteten Enten nach Deutschland mit. Keele und Marten haben dann jeder auf seine Art diese Ente weiter veredelt, das Zuchtergebnis fiel bei jedem etwas anders aus. Die deutsche Rasse hatte die aufrechte Haltung und das gelbliche Federkleid ihrer chinesischen Urmutter beibehalten, die englische ihre Farbe verloren, die aufrechte Haltung jedoch nicht. Die Amerikanische Pekingente hat also mit der Deutschen oder Englischen wenig gemein.

Englische Pekingente

Erpel der Amerikanischen Pekingente

Küken drei Tage nach dem Schlüpfen

Moschus- oder **Warzenente**

Gewicht der Ente 2,5–3 kg, des Erpels 3,5–5 kg. Legeleistung bei einem Zyklus 20–25 Eier pro Jahr, bei zwei Zyklen 30–35 Eier, Eigewicht 70 g, Schale gelblich.

Kaum eine Entenrasse hat sich seit der Zeit ihrer Domestizierung so wenig verändert wie diese. Von ihrer Wildform hat sich die Moschusente ihren Mutterinstinkt in Form von Brüten, Aufzucht und Schutz der Jungen bewahrt. Unerschrocken stellt sie sich auch einem wesentlich größeren Feind. Ihr exotisches Aussehen, ihre große Resistenz gegenüber ungünstigen Einflüssen und ihre Anspruchslosigkeit im Futter haben für ihre starke Verbreitung bei den kleinen Entenhaltern gesorgt. Sie ist eine der wenigen ausschließlich Pflanzen fressenden Entenrassen, die meisten anderen nehmen auch tierische Nahrung (Insekten, Würmer usw.) auf. Wie die Gans weidet sie Gras und andere Vegetation ab und ist ein ausgezeichneter Flieger. Sie wächst schnell und ist mit acht Wochen vollkommen befiedert. Beim Erpel fehlen am Schwanz die sog. Erpelfedern, die Sicheln, dafür hat er lange und harte Steuerfedern. Die Moschusente hat ein hochwertiges Gefieder, dessen Qualität den Gänsefedern nahekommt. Aus diesem Grund wurde auch eine weiße Variante herausgezüchtet. In den USA ist ihre Kreuzung mit der Amerikanischen Pekingente gang und gäbe geworden, auch in Großzuchtanlagen. So werden Hybriden gewonnen, die eine ausgezeichnete Fleischqualität aufweisen und bis zu 6 kg schwer werden, allerdings unfruchtbar sind. Die Kreuzung von Moschuserpeln mit Pekingenten ist ein Beispiel für eine sog. Hybridisierung (die Kreuzung zwischen verschiedenen Arten) beim Geflügel. Hybriden haben die guten Eigenschaften beider beteiligter Arten. Von der Mutter erwerben sie die Fähigkeit, gut zu legen, vom Vater die guten Wachstumseigenschaften und die Fleischqualität. Allerdings sind sie unfruchtbar, da sie das Paarungsergebnis von zwei zoologisch verschiedenen Spezies sind (*Anas platyrhynchos* und *Cairina moschata*).

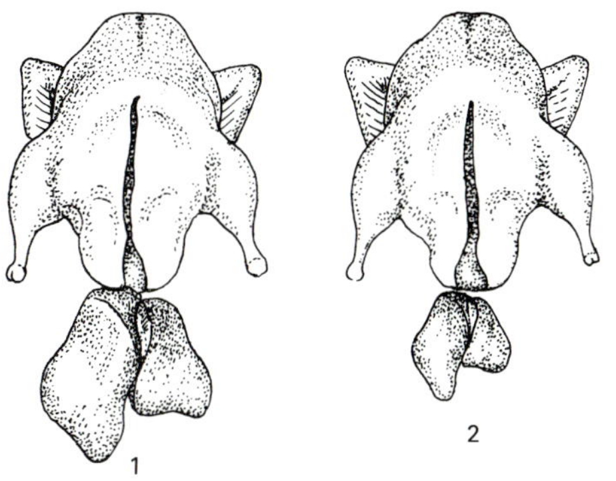

Leber einer reinrassigen Ente (2) und eines Hybriden (1)

Pommernente

Gewicht der Ente 2,5 kg, des Erpels 3 kg.
Legeleistung 30–40 Eier pro Jahr, Eigewicht 70 g, Schale bläulich.

Für diese Ente wird oft auch die Bezeichnung Schwedenente gebraucht. Sie ist in Deutschland entstanden und wird vorwiegend in den Ostseeländern gehalten. Härteren Klimabedingungen gegenüber ist sie widerstands- und anpassungsfähig, stellt dabei aber keine besonderen Futteransprüche. Die Jungen wachsen verhältnismäßig schnell, die Schlachtreife erreichen sie mit 8–10 Wochen.

Die Beliebtheit der Pommernente beruht nicht nur auf ihrer Nutzleistung, sondern auch auf ihrer attraktiven blauen Färbung. Eine Zucht in einem einheitlich blauen Farbton zu erhalten, ist aber eine recht knifflige und anspruchsvolle Angelegenheit, da die blaue Farbe keine dominante Erbeigenschaft ist. Auch bei ideal gefärbten Eltern haben in der Regel 40% der Nachkommen eine Beimengung von schwarzen, graublauen bis weißen Federn. Schwarze und graublaue Tiere werden zur Weiterzucht verwendet, die weißen werden ausgemerzt. Ein Tier der schwarzen Variante muß ein ins Grünliche schillerndes Gefieder haben. Die ideale hellblaue Farbe ist bei der gegenwärtigen Population vorerst noch in der Minderheit, es überwiegt die graublaue Färbung. Bei jeder Färbung muß vorn auf Hals und Oberpartie der Brust eine weiße Zeichnung auftreten.

Bei den meisten Hausentenrassen besteht zwischen Ente und Erpel weder in der Größe noch in der Gefiederfärbung ein besonders markanter Unterschied. In der Ausformung von Schwanz und Kopf treten freilich Unterschiede auf. Der Erpel hat gekrümmte Schwanzfedern, einen robusteren Kopf und am Hinterkopf abstehende Federn.

Ente der schwarzen Variante

Erpel der blauen Variante

Hollandente

Gewicht der Ente 2 kg, des Erpels 2,5 kg.
Legeleistung 120–130 Eier pro Jahr, Eigewicht 60 g, Schale weiß.

Sie wird wegen des zierenden Schopfs auch Königsente genannt. In den Staaten West- und Mitteleuropas wird diese Rasse als Zierente gehalten, in ihrem Ursprungsland Holland noch nach dem Zweiten Weltkrieg als gängiges Wirtschaftstier. Die Zucht dieser Ente ist wegen der eigenartigen Schädelanatomie recht schwierig. Der kugelförmige Federschopf wächst aus der verdickten Kopfhaut auf dem Scheitel, die aber nicht auf dem Schädelknochen ruht, da dieser hier nicht ausgebildet ist. Das Gehirn wird also lediglich von der dicken Haut geschützt. Je größer der Schopf einer Ente, desto höher wird zwar ihre Schönheit geschätzt; da jedoch der große Schopf als Zuchtziel gilt, sind der Schönheit Grenzen gesetzt. Die von einem Elternpaar mit großem Schopf abstammenden Küken kommen während ihrer Frühentwicklung um, der Grund ist der unzulängliche Schutz des Gehirns. Die Größe des Schopfs und die damit zusammenhängende Verletzlichkeit des Gehirns rühren von der hohen Erblichkeit dieses Merkmals her, das mit den fortschreitenden Generationen immer ausgeprägter auftritt. Daher muß darauf geachtet werden, daß nur eins der Elterntiere einen großen Schopf besitzt.

Aus der Konstitution einer Ente kann man darauf schließen, ob es sich um einen ausgeprägten Nutzungstyp handelt. Das Musterbeispiel für einen einseitigen Legeententyp mit lebhaftem Temperament ist die Indische Laufente. Die Rouen-Ente hingegen hat ein ruhiges bis phlegmatisches Temperament und ist eine ausgesprochene Mastente. Doppelnutzungsenten, wie z. B. die Hollandente, bilden einen Übergang zwischen diesen beiden ausgeprägten Konstitutionstypen.

1 Legeententyp, 2 Mastententyp

Cayuga-Ente

Gewicht der Ente 3 kg, des Erpels 3,5 kg.
Legeleistung 130–150 Eier pro Jahr, Eigewicht 65 g,
Schale weiß bis dunkelgrün.

Die Entstehung dieser Entenrasse fällt in die Zeit der Besiedelung Nordamerikas. Damals wurde mit der Domestizierung der um den Cayugasee im Staat New York lebenden Wildenten begonnen. Im weiteren Verlauf wurde diese Ente zur heutigen Form veredelt. Obwohl ihr Fleisch hervorragend schmeckt, blieb ihre Verbreitung doch vor allem auf die Landschaft ihres Ursprungs beschränkt. Andernorts hat sie keine Beliebtheit gewonnen, da die sehr dunkle Hautfarbe die Verbraucher abstieß. Das Gefieder ist rein schwarz, Scheitel, Hals und Rücken haben einen metallischen Glanz, auf den Flügeln sitzt ein kleiner metallblauer Spiegel. Aus der Sicht des Halters ist sie eine sehr dankbare Rasse: anspruchslos in Fütterung und Haltung erreicht sie relativ bald ihr Schlachtgewicht. Im Jahr 1870 hat der englische Züchter William Cook diese Ente nach England gebracht und ihre hervorragenden Eigenschaften bei der Veredelung der Orpington-Ente genutzt.

Bei den meisten Enten treten als äußeres Merkmal des männlichen Geschlechts zumal in der Paarungszeit die sog. Erpelfedern auf. Das sind sichelförmig gekrümmte, kurze Federchen in der Hinterpartie des Körpers über den Steuerfedern. Zu den sekundären Geschlechtsmerkmalen der Enten gehört auch die Stimme. Der Erpel gibt einen kräftigen, weniger klaren bis heiseren Laut von sich, die Ente hat eine klare, aber schwächere Stimme. Das kommt durch den anderen Bau des Stimmorgans beim Erpel. Er hat an der Gabelung der Luftröhre eine schalltrommelartige Erweiterung (Bulla tympaniformis), die bei der Ente fehlt.

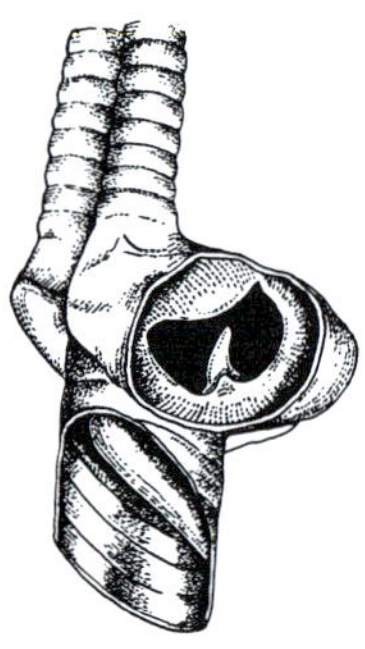

Stimmorgan des Erpels

Orpington-Ente

Gewicht der Ente 3 kg, des Erpels 3,5 kg.
Legeleistung 160 Eier pro Jahr, Eigewicht 60 g, Schale weiß.

Der englische Züchter William Cook hatte eine Vorliebe für gelbe Farbe und war deshalb bemüht, gelbes Geflügel zu züchten. Das ist ihm bei den Orpington-Hühnern gelungen. Durch diesen Erfolg ermutigt, machte er sich auch an die Zucht einer gelben Ente, und zwar durch die gezielte Kreuzung von weißen Aylesbury-Enten, schwarzen Cayuga-Enten, blauen Pommernenten und naturfarbenen Indischen Laufenten. Die neue Rasse benannte er ebenfalls nach seiner Geflügelzuchtfarm Orpington House.

Hinsichtlich der Haltung hat die Orpington-Ente von ihren Vorfahren eine Reihe günstiger Eigenschaften mitbekommen. Sie ist schnellwüchsig, frühreif, hat ausgezeichnetes Fleisch und eine sehr gute Legeleistung, die schon im Januar einsetzt und bis ins späte Frühjahr anhält. Außerdem ist sie anspruchslos in Fütterung und Haltung und verwertet die Nährstoffe des Futters sehr gut. Ihr Nachteil besteht in dem schwer zu rupfenden Gefieder, da die Federn tief in die Haut eingewachsen sind, so daß diese häufig einreißt.

Der Erpel hat auf Kopf und oberer Halspartie schokoladenbraunes Gefieder, am übrigen Körper ist es hell braungelb. Die Ente ist heller und völlig einfarbig. Die Orpington-Ente ist eine der sehr wenigen Rassen, bei denen der Geschlechtsunterschied in der Gefiederfarbe zum Ausdruck kommt. Ihre stärkste Verbreitung hat sie auf Kleinzuchtbasis in England und Westeuropa gefunden.

♀

♂

Indische Laufente

Gewicht der Ente 1,75 kg, des Erpels 2 kg.
Legeleistung 200–270 Eier pro Jahr, Eigewicht 65 g,
Schale weiß bis blaßgrau.

Die Gründe, warum diese Ente nach Europa und Amerika gebracht worden ist, waren ganz andere als die für ihre heutige Haltung. Dank ihrer farbenfrohen, gefälligen und wilden Färbung, der interessanten aufrechten Haltung und des typischen Ganges wurde sie anfangs als exotischer Vogel aus Südostasien, Malaysia und von den Sundainseln eingeführt und als Ziergeflügel sowie in zoologischen Gärten gehalten. Erst gegen Ende des vorigen und zu Beginn dieses Jahrhunderts bemerkten die Züchter ihre außerordentliche Legefähigkeit und begannen in nahezu allen Ländern Westeuropas mit ihrer Zucht. Die Legeleistung hat sich dadurch noch gesteigert, der Preis dafür war die verminderte Brutfähigkeit. Die große Beweglichkeit, Lebhaftigkeit und Vitalität blieben aber dank der hohen Erblichkeit dieser Eigenschaften erhalten. Sie waren auch der Grund, warum die Laufenten auch zur Veredelung anderer Hochleistungsrassen herangezogen wurden, z. B. Orpington-Ente.

Die Indische Laufente weist eine schöne Mischung von Schlankheit und Eleganz auf. Sie hat einen langen, schlanken Kopf, dessen Stirn geradlinig in den Schnabel übergeht. Dieser ist breit, kräftig, gelb gefärbt mit feinen, grünen Sprenkeln und schwarzem Vorderrand. Auch die Ausbildung von Rumpf und Gliedmaßen ist bei der Laufente ganz typisch. Der Rumpf hat die Gestalt eines schlanken, langen Zylinders, die Unterschenkel treten weit hervor und sind ebenfalls recht lang. Auffällig ist die Länge der Zehen, deren Orangefärbung mit den schwarzen Krallen kontrastiert. Diese Enten treten in den Kleinzuchten in einer Reihe von Farbschlägen auf: Braunschwarz, Weiß, Natur, Schwarz, Braun, Forellengrau und Blau. Der braunschwarze und weiße Schlag sind am weitesten verbreitet.

Naturfarbe

Rouen-Ente

Gewicht der Ente vom englischen Typ 4 kg, des Erpels 4,5 kg.
Legeleistung 120 und mehr Eier pro Jahr,
Eigewicht 75–80 g, Schale weiß bis grünlich.
Gewicht der Ente vom französischen Typ 3 kg, des Erpels 3,5 kg.

Diese Ente stammt aus der Umgebung der französischen Stadt Rouen. Sie reift sehr schnell heran, erreicht bald ein hohes Gewicht und hat ein feines, schmackhaftes Fleisch. Mit dem Eierlegen beginnt sie etwa einen Monat später als z. B. die Pekingente, also Anfang Mai. Unter günstigen Existenzbedingungen und bei richtiger Ernährung legt sie häufig über 120 Eier pro Jahr, die meist auch gut befruchtet sind. Allerdings hat sie einen schwach entwickelten Muttertrieb und brütet die Eier nur selten aus. Die Küken lassen sich aber gut in Brutanlagen erzeugen, sie wachsen schnell und legen ebenso schnell ihr Federkleid an, so daß sie bereits mit 8–10 Wochen ein Gewicht von über 2,5 kg erreichen.

Die Engländer haben diese Ente weitergezüchtet und eine größere Lebendmasse und eine stabilere Färbung erzielt, die der ursprünglichen Wildentenfärbung nahekommt. Im übrigen Europa hat der englische Typ stärker Fuß gefaßt, in Frankreich ist der ursprüngliche Typ der Rouen-Ente beliebt. Sie wird immer noch überwiegend in Kleinzuchten gehalten, doch werden auch Versuche mit der Großzucht unternommen.

Die Küken der farbigen Enten sind fast immer farbig, nur die hellgefärbten Tiere haben gelbe Küken.

Die Farbe der Füße hängt bei den Enten vom Alter ab. Bei den jungen, heranwachsenden Tieren ist die Farbe kräftiger als bei alten Enten, oft zeigt sie infolge der gut durchbluteten Lederhaut einen Hauch von Rosa. Während des Eierlegens oder danach färbt sich die Haut der Füße etwas heller, die Ursache ist der Pigmentabbau beim Erzeugen der Dotter.

Entenküken, etwa eine Woche alt

♂

Sächsische Ente

Gewicht der Ente 2,5–3 kg, des Erpels 3–3,5 kg.
Legeleistung 80–100 Eier pro Jahr, Eigewicht 80 g, Schale weiß.

Der deutsche Züchter A. Franz begann nach dem Ersten Weltkrieg in Chemnitz (heute Karl-Marx-Stadt) mit der Züchtung einer neuen Entenrasse, die alle Anforderungen der Kleinzüchter im Hinblick auf ein gefälliges Äußeres und gute Nutzleistung zufriedenstellen sollte. Nach langjähriger Anstrengung ist ihm das auch gelungen. Die Hausenten sind mit einer neuen Farbrasse bereichert worden, die 1957 auf einer Ausstellung in Leipzig unter der Bezeichnung Sächsische Ente anerkannt wurde. Seither hat sie sich über die meisten mittel- und westeuropäischen Länder verbreitet. Bislang überwiegt die Kleinzuchtmethode, doch wird auch schon die Großbetriebszucht versucht. Die Jungenten wachsen sehr gut, schon mit 8–10 Wochen erreichen sie ihre Schlachtreife. Eine ihrer Besonderheiten ist das farbige Deckgefieder, wobei die Daunen weiß sind, auch die Haut ist weiß.

Eine naturgegebene Eigenschaft aller Entenküken ist die Plantscherei mit Wasser. Das um die Tränke verspritzte Wasser weicht den Boden auf und in dem so entstehenden Schlamm halten sich Parasiten, die zu Erkrankungen und zum Eingehen der Küken führen können. Darüber hinaus können sie sich im Schlamm leicht verkühlen, denn in den ersten drei Lebenswochen haben sie noch keine hinreichend isolierende Gefiederschicht zum Schutz der Körperunterseite. Daher werden Tränken am besten auf einen Rost gestellt.

Der Schenkelknochen ist beim Geflügel kurz und sitzt im Körper verborgen. Was beim Gänse- und Entenbraten als Keule bezeichnet wird, ist eigentlich der Unterschenkel. Die Mittelfußknochen sind zum sog. Lauf verwachsen. Von den Zehen fehlt die fünfte gänzlich. Enten und Gänse haben kräftige, zum Schwimmen geeignete Füße. Die ersten drei Zehen sind durch breite Schwimmhäute miteinander verbunden, der Daumen ist klein und sitzt nach hinten gewendet oberhalb der übrigen Zehen. Die Läufe sind kurz und wie die Zehen mit Hornschildchen bedeckt, an den Zehenspitzen sitzen Krallen.

♂

Entenfuß

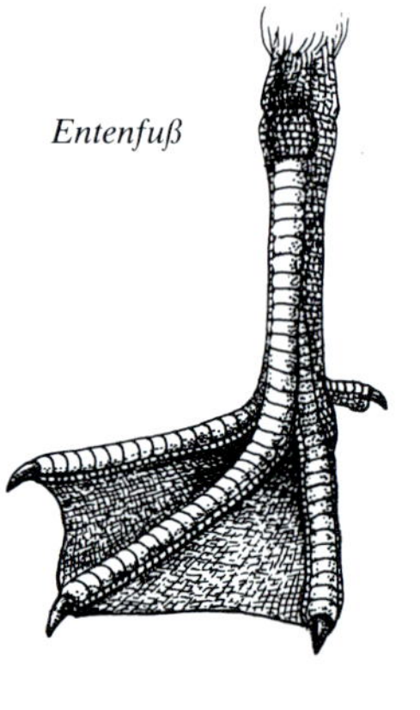

♀

Rheinische Gans

Gewicht der Gans 4,5–6 kg, des Ganters 5,5–7 kg.
Legeleistung 50–70 Eier pro Jahr, Eigewicht 150 g, Schale weiß.

Diese Gans ist durch die Kreuzung von lokalen Rassen mit der Pommerngans in Deutschland entstanden. Die Rheinische Gans hat eine große Legeleistung. Dieser Umstand macht sie für die Großzucht geeignet, da die Legeleistung auf Kosten des Muttertriebs geht. Den unzulänglichen Mutterinstinkt der Rheinischen Gans machen die Kleinzüchter dadurch wett, daß sie die Eier schweren Glucken oder Puten zum Ausbrüten unterschieben. Die Ergebnisse sind häufig besser als die einer Brutanlage. Das künstliche Ausbrüten von Gänsen ist im Vergleich zu anderen Geflügelarten am wenigsten erforscht.

Ansonsten zeichnet sich die Rheinische Gans durch schnelles Wachstum aus, denn schon 60 Tage nach dem Schlüpfen erreicht sie ein Gewicht von 4 kg. Sie hat eine gute Fleisch- und Schlachtleistung und ist daher eine dankbare Rasse für die Zucht von Broiler- (bzw. Poularden-)kreuzungen. Manche Tiere erzielen erstaunliche Legeleistungen, bisher liegt der Rekord bei 135 Eiern im Jahr. Auch die Federqualität der Rheinischen Gans ist gut.

Das erste Federkleid am Körper der Entenküken und Gössel ist das Daunengefieder. Es ist dicht, fein und schützt das Junge gegen Kälte. Im Alter von 3–5 Wochen verschwindet das Daunengefieder allmählich, und es wächst wie bei den erwachsenen Vögeln ein differenziertes Gefieder. Gänsefedern sind ein geschätzter Artikel. An Qualität übertreffen sie Entenfedern, denn sie sind elastischer, stechen nicht durchs Inlett und weisen eine höhere Fülligkeit auf, d. h. sie haben die Fähigkeit, bei einem möglichst geringen Gewicht einen möglichst großen Raum einzunehmen.

Etwa einwöchiges Gössel

♀

Höckergans

Gewicht der Gans 5 kg, des Ganters 6 kg.
Legeleistung 50–70 Eier pro Jahr, Eigewicht 120 g, Schale weiß.

Diese Rasse ist durch die Domestizierung der Asiatischen Wildgans *(Cygnopsis cygnoides)* entstanden. Im Hinblick auf den Körperbau steht sie zwischen Schwan und Gans. Der Stirnhöcker am Kopf und der lange Hals erinnern an den Schwan, der Körper ähnelt dem der Gans. Der Höcker am Übergang vom Schnabel zur Stirn ist beim Ganter größer und wesentlich stärker ausgeprägt als bei der Gans. Die Farbe des Gefieders ist Weiß oder Grau. In den Mitteleuropäischen Ländern wird dem weißen Schlag der Vorzug gegeben, in Asien ist der graue beliebter.

Das Fleisch der Höckergans ist von zufriedenstellender Qualität. Wegen seines geringen Fettgehalts in der Muskelmasse wird es von vielen Verbrauchern gegenüber fettdurchwachsenem Fleisch anderer Rassen bevorzugt. Kreuzungen dieser Gans ergeben ein Fleisch von hervorragender Qualität.

Ein großer Vorzug der Gans ist ihre Fähigkeit, pflanzliche Aminosäuren in Körpereiweiß umzuwandeln, ähnlich wie die Wiederkäuer oder Kaninchen; das macht die Gänsezucht zu einer höchst rentablen Geflügelzuchtsparte. Nach der Weidezucht im Alter von 10–14 Wochen werden die Junggänse einer 6–8 Wochen dauernden Mast unterzogen. Das Durchschnittsgewicht einer gemästeten Gans hängt von der Rasse ab, es beträgt 4–10 kg.

Bei der Vermehrung kommen auf einen Ganter 3–4 Gänse. Die Zusammenstellung der Familien muß rechtzeitig, d. h. bis Anfang November, erfolgen, ehe sich der Geschlechtstrieb meldet. Die Ganter lassen sich nur schwer von den Gänsen unterscheiden. Sie haben eine kräftigere und klarere Stimme als die Gänse, in ihrer Kloake ist ein Penis ausgebildet.

Gans der grauen Variante

Ganter der weißen Variante

Detail des Ganterkopfs

Pommerngans

Gewicht der Gans 7 kg, des Ganters 8 kg. Jahreslegeleistung bei einem Zyklus 15–18 Eier, bei zwei Zyklen 20–30 Eier, Eigewicht 170 g, Schale weiß.

In der Mecklenburger Seenplatte und in Pommern wurden seit jeher in großer Zahl graubraune oder gefleckte Gänse gehalten. Ihr Gefieder zeigte auf dem Kopf, wo es eine Kapuze bildete, und auch auf den Flügeldecken sowie an den Schenkeln graubraune Inselchen. Das waren anpassungsfähige und anspruchslose Weidegänse mit sehr guter Fleisch- und Federqualität und guten Brutgewohnheiten, die ihre Jungen zuverlässig aufzogen.

Diese ursprünglichen Gänse wurden durch eine gezielte Auswahl zu einem neuen, rein weißen Nutzganstyp veredelt, der heute fast ausschließlich in den beiden deutschen Staaten gehalten wird. In Mitteleuropa dient er zum Kreuzen mit einheimischen Rassen sowohl in Groß- als auch in Kleinzuchten. Die graubraunen und gefleckten Tiere haben braune Augen, bei den weißen sind die Augen hellblau. Die weißen Gänse haben eine tiefe, einfache Wamme, bei den farbigen kann eine doppelte Wamme auftreten.

Eine Wamme bildet sich nur bei bestimmten Gänsen. Sie besteht aus einem mächtigen Fettpolster zwischen Bauchdecke und Gedärm, dem Unterhaut-Fettpolster des Bauches und einer starken Schicht von Daunen- und Deckfedern. Durch diese Wamme sind die Gedärme ausgezeichnet vor Verkühlung im taunassen Gras oder Wasser geschützt.

Ihre Legetätigkeit nehmen die Gänse immer in dem auf das Schlüpfen folgenden Jahr auf; unter den Klimabedingungen Mitteleuropas ist das für gewöhnlich im Januar der Fall. Meist spielt sich das in einem einzigen Zyklus ab, ausnahmsweise in zweien. Bei der Pommerngans sind zwei Gelege pro Jahr die Regel, doch ist das auch bei anderen Rassen möglich, es hängt von den Existenzbedingungen, vor allem von Ernährung und Klima, ab.

Gans der weißen Variante

Gans der gefleckten Variante

Emdener Gans

Gewicht der Gans 7–9 kg, des Ganters 8–12 kg.
Legeleistung 40–60 Eier pro Jahr, Eigewicht 170 g, Schale weiß.

Die ursprünglichen Emdener Gänse sind vor etwa zwei Jahrhunderten in Ostfriesland aufgekommen. Im 19. Jahrhundert haben Engländer Zuchttiere von hier mitgenommen und in ihrem Land mit Toulouser Gänsen gekreuzt. Zwar erhielten sie so Gänse mit einem höheren Körpergewicht, jedoch mit weniger gefälligem Äußeren. Die mit dem englischen Typ der Emdener Gans unzufriedenen deutschen Züchter machten sich an die Rückkreuzung des englischen Typs mit den ursprünglichen Emdener Gänsen. Durch strenge Auswahl der Zuchttiere gelang ihnen der verbesserte deutsche Typ der Emdener Gans.

Der englische Typ der Emdener Gans wird in England und in den Ostseeländern gehalten, der deutsche in den meisten übrigen europäischen Staaten, wo er mit großem Erfolg zur Kreuzung mit den einheimischen Gänsen genommen wird. Zwischen den beiden Typen bestehen äußere Unterschiede, im Gewicht kommen sie einander etwa gleich. Der englische Typ hat auf Kopf und Rücken ein Inselchen aus grauen Federn, beim deutschen erscheint diese Färbung nur im ersten Lebensjahr. Die englische Emdener Gans hat eine mächtigere doppelte Wamme als die deutsche, und ihre Flügel ragen teilweise über den Schwanz hinaus. Die Eiablage erfolgt bei beiden Typen überwiegend von Februar bis Ende Mai, gegen Ende dieser Periode sind die Eier aber nicht mehr zuverlässig befruchtet. Die Emdener Gans braucht zur vollen Fruchtbarkeit einen freien Auslauf, daher wird sie vor allem von Kleinzüchtern gehalten.

Je nach Nutzung werden die Federn in Bett-, Zier- und Industriefedern eingeteilt. Hauptrohstoff für die Herstellung von Bettfedern ist das weiche, am besten weiße Konturgefieder und das Daunengefieder der Gans. Die harten Federn von Schwingen und Schwanz, die Fadenfedern sowie das Gefieder der meisten übrigen Wassergeflügelarten sind weniger wertvoll. Das Gefieder der Scharrvögel liefert einen minderwertigen Rohstoff.

Deutscher Typ der Emdener Gans

Federtypen: 1 Schwungfeder, 2 Konturfeder, 3 Daunenfeder, 4 Fadenfeder

Toulouser Gans

Gewicht der Gans 8–10 kg, des Ganters 10–12 kg.
Legeleistung 20–24 Eier 1 mal im Jahr,
Eigewicht 160 g, Schale weiß.

Zwar stammt diese Rasse aus Südostfrankreich, genauer aus der Gegend von Toulouse, doch sind ihr heutiges Aussehen und ihre Nutzleistung den Zuchtbemühungen der Engländer zu verdanken. Sie gehört zusammen mit der Emdener Gans zu den ganz schweren Mastgansrassen und wird sowohl in Großzuchtanlagen als auch Kleinzuchten gehalten. Die Toulouser Gans zeichnet sich durch schnelles Wachstum aus, gute Fleischqualität und -leistung; wird sie gestopft oder genudelt, bringt sie auch viel Schmalz und eine große, fettdurchsetzte Leber hervor, die zur Herstellung von Leberpasteten dient. Die Leber erreicht ein Gewicht von 1,5–2 kg.

Die Toulouser Gans stellt hohe Ansprüche an Fütterung, Pflege und Einhaltung einer höheren Stalltemperatur. Sie hat einen sehr tiefen Rumpf, die Wamme berührt fast den Boden. Ein charakteristisches Merkmal ist die beim Ganter deutlich größere Kehlwamme. Das Gefieder der Toulouser Gans gehört zum besonders wertvollen Material.

Die Schnäbel von Enten und Gänsen haben an den Kieferrändern querstehende Hornfortsätze, deren Bau hervorragend dem Nahrungstyp und der Art der Nahrungsaufnahme angepaßt ist. Enten haben rings um den Schnabelrand dichte Lamellen, mit deren Hilfe sie ihre Nahrung aus Wasser und Schlamm seihen. Bei den Gänsen haben diese Lamellen eine zahnähnliche Gestalt, die ihnen das Grasrupfen erleichtert.

Erpel und Ganter haben ein Paarungsorgan (Penis), das sie bei der Begattung aus der Kloake hervorstülpen und in die Kloake des Weibchens einführen. Das ist eine Anpassung an die Begattung im Wasser; beim bloßen Aneinanderdrücken der Kloaken ginge zuviel Samen verloren.

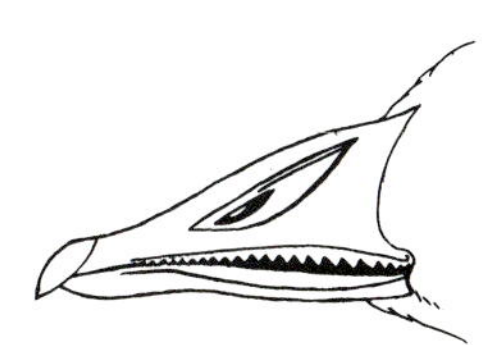

Gänseschnabel

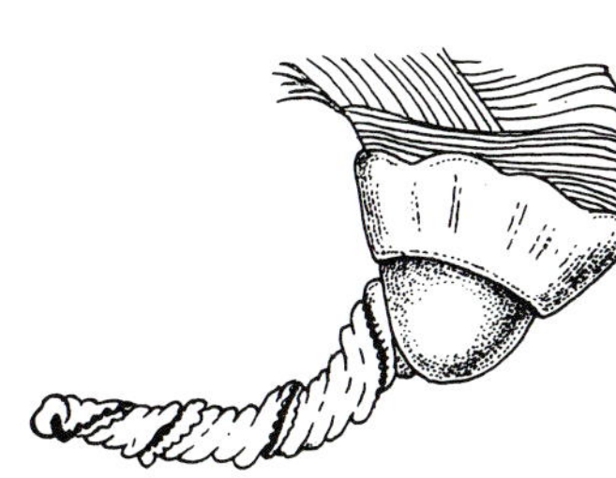

Penis

Kingtaube

Durch die Kreuzung von Malteser Huhntauben, weißen Römertauben, französischen Carneau- und Mondaintauben sowie weißen Brieftauben ist in den amerikanischen Bundesstaaten New Jersey und Kalifornien die Kingtaube, eine Nutzrasse von hohem Effekt, entstanden. Kingtauben sind sehr fruchtbar und ziehen große, fleischige Junge auf. Das Futter verwerten sie sehr gut zu Muskelfleisch und Fett.

Der Körperbau der Kingtaube entspricht den Vorstellungen der Züchter. Sie hat eine massive Konstruktion, einen breiten tiefen Rumpf, eine mächtige, hoch angesetzte Brust, die eine Breite von 12 cm erreichen kann, kräftige, kurze Flügel und einen leicht angehobenen Schwanz. Infolge ihrer körperlichen Disposition sind diese Tauben nicht zu längeren Flügen – z. B. zur Nahrungssuche – fähig. Daraus wurde eine züchterisch begrüßenswerte Eigenschaft, denn so wird die durch die Nahrung erzeugte Energie nicht zum Flug verbraucht, sondern in wertvolles Muskelfleisch und Fett umgewandelt. Die Kingtauben gehören zu den schweren Tauben (sie wiegen 700–900 g) und werden daher auf den Großzuchtfarmen mit Intensivfütterung bevorzugt.

Das Gefieder kann weiß, silbrig, blau, gelb, rot und auch schwarz sein, es gibt auch gefleckte Kings. Die Farben sollten rein und intensiv sein.

Bei erwachsenen Tauben ist die Unterscheidung der Geschlechter schwieriger als bei Geflügel. Sekundäre Geschlechtsmerkmale sind nur schwach ausgeprägt. Bei der aufmerksamen Untersuchung von Tauben kann man feststellen, daß der Tauber größer ist, einen größeren Kopf und Schnabel hat und eine mächtigere Brust infolge der besser entwickelten Brustmuskeln.

Rotweiß gefleckte Variante

Blaue Variante

Cauchois-Taube

In Frankreich ist die Cauchois eine sehr beliebte und sogar in Großzuchtanstalten gehaltene Taube, sonst wird sie weniger häufig gehalten. Sie ist eine imposante, sehr große Taube mit einer Spannweite bis zu 90 cm, einer mächtigen Brustmuskulatur und einem leicht geblähten Kropf. Trotz ihrer Größe wird sie eher als Zier- denn als Nutztaube gehalten.

Die Cauchois wird in mehreren Farbvarianten gehalten: Rebhuhnfarbe, Gelb, Rot und Blau. Bei braun geschuppten Flügeln tritt noch Blau mit roten Binden an den Flügelenden auf und Silber mit gelben Binden. Neben der Rebhuhnschuppung auf den Flügelschildern können auch braune oder schwarze Schuppen auf blauen oder silbernen Schildern auftreten. Als ernsthafte Exterieurmängel gelten verschwommen braune Schuppen auf den Flügelschildern, ein zu großer oder zu kleiner Halbmondfleck (Sichel) auf dem Hals, ein weißer Bauch (er soll bei allen Varianten leuchtend blau sein) und ein kleiner Körperrahmen.

Das Geschlecht von Tauben erkennt man eher am Verhalten als am Aussehen. In der Zeit vor der Paarung, die meist im Januar beginnt, zeigen die Tauber eine höhere Bewegungs- und Flugtätigkeit als die Täubinnen, auch gurren und rufen sie häufiger. Bringt man einen Tauber in einen Paarungskäfig, in dessen anderer Hälfte eine Täubin sitzt, will er nach 2–3 Tagen zu ihr, auch wenn ihm die Trennwand dabei im Weg ist. Das Geschlechtsverhalten wird noch ausgeprägter, wenn man während des Winters Tauber und Täubinnen voneinander trennt.

Zwei Tage alte Jungtaube

Rebhuhnfarbene Variante

Strasser

Die Taubenrasse Strasser ist in Deutschland durch die Kreuzung von Mährischen Strassern mit dem deutschen Schlag der Rasse Mondain entstanden. Ziel der Züchter war es, die Lebendmasse der erwachsenen Tauben auf 700–900 g hochzuzüchten, um sie zur Fleischnutzung geeigneter zu machen, andererseits aber auch das Gewicht der Jungtauben zu heben, so daß sie ausgenommen und gerupft ein Gewicht von 450–500 g erreichten. Die Mondains wurden zur Veredelung herangezogen, weil sie eine volle, gut entwickelte Muskulatur besitzen, die den größten Anteil an der Fleischleistung der Jungtauben stellt und eine Masse von 1000–1300 g auf die Waage bringt. Den Mährischen Strasser wählten die Züchter, weil er zu den intensiv feldernden (d. h. Nahrung auf den Feldern suchenden) Taubenarten gehört, fruchtbar ist und eine attraktive Färbung aufweist. So ist es gelungen, eine schwerere Taube als den Mährischen Strasser zu erzüchten, doch ging dieser Vorzug auf Kosten der Haltungsrentabilität. Das höhere Gewicht der Strasser führte zum Verlust der Fähigkeit zu feldern, so daß der Nahrungsausfall durch Zusatzfütterung ausgeglichen werden muß, wodurch wiederum die Kosten der Taubenhaltung steigen.

Halsunterteil und Rumpf des Strassers sind weiß, die übrigen Körperteile können als Grundfarbe Blau, Schwarz, Rot, Gelb und Fahl tragen. Diese Farben können auf den Flügeln mit schwarzen oder weißen Binden bzw. weißen Schuppen kombiniert sein. Die schönste Grundfarbe ist ein heller Blauton.

Der Erfolg in der Taubenzucht hängt von der Verpaarung geeigneter Tiere ab. Die Zuchtpaare werden je nach Erfahrung oder Absicht des Züchters zusammengestellt. Die ausgewählten Tauber und Täubinnen werden je in eine Hälfte des sog. Paarungskäfigs gesteckt. Die Länge des Aufenthalts in diesem Käfig hängt von ihrem Verhalten ab. Halten sie sich in der Nähe der Trennwand auf, wird diese herausgenommen, und die Partner werden noch 4–7 Tage im Käfig belassen. Zeigen die Vögel kein Interesse füreinander, wechselt man einen aus, am besten gegen ein Tier, dessen Geschlecht man kennt.

Jungtauben, annähernd 21 Tage alt

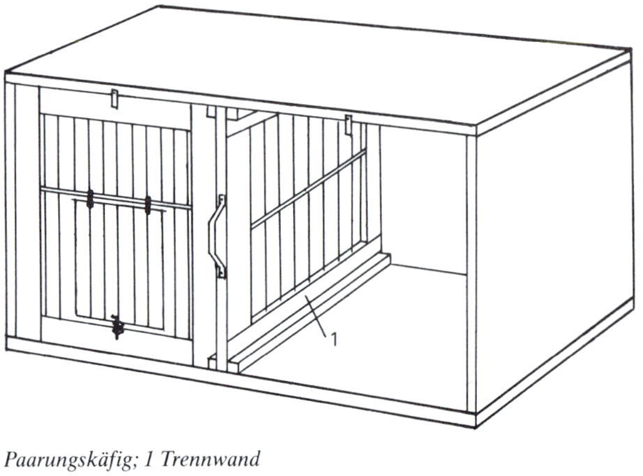

Paarungskäfig; 1 Trennwand

Mährischer Strasser blau

Coburger Lerche

Das ist ein typischer Vertreter der sog. Nutztauben, die in Körperform und -größe den Wildtauben gleich- oder nahekommen. Sie müssen hinreichend fruchtbar sein, d. h. 5–6 Bruten in einer Heckzeit (von Januar bis Herbst) hervorbringen, und die Täubinnen müssen über 8 Jahre hinweg fruchtbar bleiben. Eine erwünschte Eigenschaft der Nutztauben ist die Nahrungssuche auf den Feldern, wodurch die Haltungskosten spürbar gesenkt werden.

Diese Rasse ist zu Beginn des 19. Jahrhunderts in Deutschland aufgekommen. Zuchtgrundlage waren sächsische Tauben mit einem Gewicht um 600 g. Welche der großwüchsigen Taubenrassen zur Veredelung herangezogen worden sind, läßt sich heute nur noch schwer bestimmen. Nach dem offiziellen Debüt auf dem Taubenzuchtforum im Jahr 1876 hat diese Rasse eine recht komplizierte Entwicklung durchgemacht. Die Züchter suchten nach dem richtigen Weg zur weiteren Veredelung dieser Taube: ob sie sich bei der Gestaltung des Äußeren einer der größten und fleischigsten Rasse zuwenden sollten, nämlich der Römertaube, oder ob sie der Ausgangsform der Taube den Vorzug geben sollten, denn damit würden die ursprünglichen Eigenschaften erhalten bleiben: sie ist ein guter Flieger und fleißiger Felderer, ist sehr fruchtbar und treibt eine außerordentlich gute Brutpflege, so daß sie große und fleischige Jungtauben hervorbringt. Letzten Endes entschieden sie sich für den ursprünglichen Taubentyp. Die Coburger Lerche ist eine relativ große Taube. Der deutsche Standard hat eine Mindestspannweite von 750 mm und ein Gewicht von 800 g bei erwachsenen Tauben.

Silbern mit Binden

Standardtyp

Malteser

Die Malteser sind in Österreich wahrscheinlich aus Livorner oder Florentiner Tauben hervorgegangen, die mit einheimischen österreichischen Rassen gekreuzt worden sind.

Die ursprüngliche Maltesertaube hatte einen kurzen, kräftigen Hals, einen ziemlich langen Körper und niedrige Beine, sah also wie eine typische Fleischtaube aus. Die Züchter waren aber mit diesem Typ nicht zufrieden und kreuzten ihn zu Beginn dieses Jahrhunderts mit französischen Bagdetten. So entstand eine Taube von attraktivem Aussehen und gefälliger Färbung, die aber die Fähigkeit verloren hat, fleischige Junge hervorzubringen, zu feldern und gut zu fliegen.

Die Malteser gehört in die als Huhntauben bezeichnete Gruppe. Die Huhntauben erhielten diesen Namen, weil ihr Körperbau den Zwergrassen einiger Hühner ähnlich sieht. Ihre Gefiederfärbung ist dabei mannigfaltig: weiß, schwarz, rot, gelb, fahl mit braunen Binden, blau mit schwarzen Binden. Die Maltesertaube ist die farbenfreudigste.

Der Kropf (Ingluvies) ist ein von der Speiseröhrenwand gebildeter, blinder Vorratssack. Bei den Hühnern sitzt er rechtsseitig, bei den Tauben beidseitig symmetrisch. Gänse und Enten haben keinen Kropf, ihre Speiseröhre hat aber die Fähigkeit, sich beträchtlich zu erweitern. Im Kropf wird erst dann Futter angehäuft, wenn die Mägen bereits gefüllt sind. Dort werden die harten Nahrungsstoffe, vor allem Samen, durch Wasser und die Absonderungen der Schleimdrüsen in Mundhöhle und Speiseröhre erweicht.

Wenn die Jungen schlüpfen, schwellen bei den Alttauben die Kropfwände stark an, sie werden stärker durchblutet, und ihre Auskleidung zerfällt zu einer quarkähnlichen Masse, der Kropfmilch. Damit werden die Jungen etwa 16 Tage lang gefüttert.

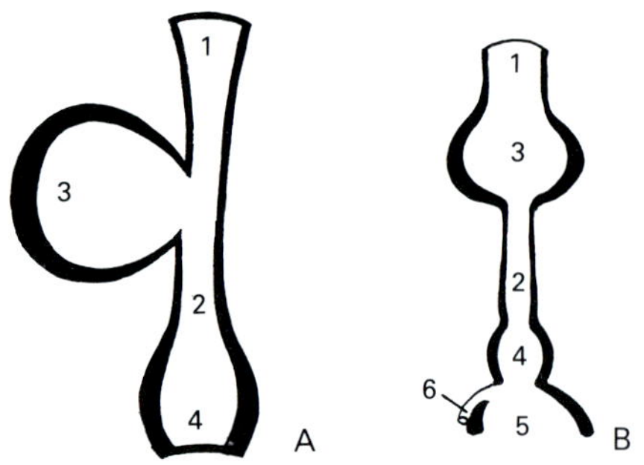

Oberpartie der Verdauungsorgane bei Hühner- (A) und Taubenvögeln (B)
1 Halsteil der Speiseröhre, 2 Brustteil der Speiseröhe, 3 Kropf, 4 Drüsenmagen, 5 Muskelmagen, 6 Anfang des Zwölffingerdarms

Blaue Variante

Fahlbraune Variante

Thüringer Mäusertaube

Die Thüringer Mäusertaube gehört zu den alten Farbentaubenrassen. Sie ist in Thüringen und Hessen entstanden, wo sie sich nach wie vor großer Beliebtheit erfreut. Ihr Gefieder ist schwarz, blau, rot, gelb oder fahl. Bei den schwarzen Tauben kann auf dem Kropf ein weißer, halbmondförmiger Fleck sitzen. Charakteristisch für alle Farbvarianten ist der weiße Kopfoberteil vom Schnabelwinkel bis zur Muschelhaube. Ebenso typisch ist der weiße Schwanz. Auch der Schnabel hat eine besondere Färbung: der Oberschnabel ist stets rosa, der Unterschnabel entspricht der Grundfarbe des Gefieders.

Bei der Zucht von Farbentauben ist der wirtschaftliche Nutzeffekt zweitrangig, der Züchter hält seine Tauben nur aus Freude an ihrer Farbenpracht. Jeder Taubenfreund hat da seine eigenen Vorlieben und will solche Farben erhalten, wenn nicht verbessern. Im Hinblick auf die recht komplizierte genetische Bedingtheit der Färbung gelingt es häufig nicht, bei der Nachkommenschaft die korrekt geforderte Zeichnung zu erzielen, so daß Enttäuschungen keine Seltenheit sind, doch stellen sich andererseits auch angenehme Überraschungen ein.

Zum Nisten dienen die Nistfächer, von denen jedes Taubenpärchen zwei braucht. Eins für die Jungen, das zweite fürs neue Gelege. Zehn Tage nach dem Schlüpfen der Jungtauben wird die Schale mit den Tieren ins zweite Fach gesetzt, ins erste kommt eine neue Schale für das neue Gelege.

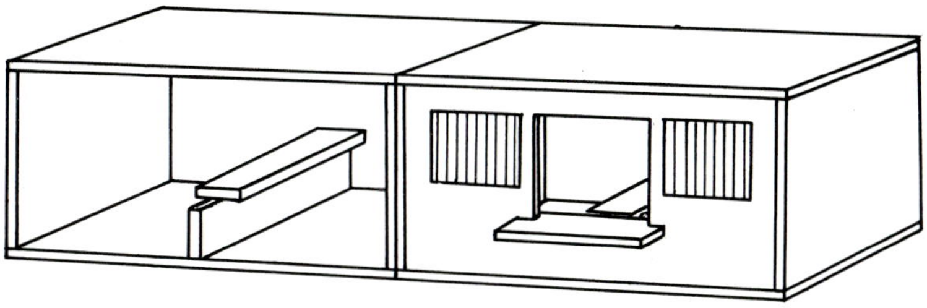

Nistfächer

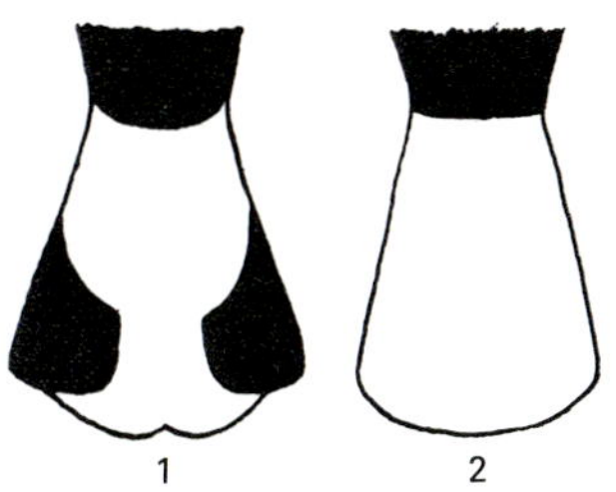

Schwanz von unten (1), von oben (2)

Schwarze Variante

Bernburger Trommeltaube

Vor 200–300 Jahren wurden erstmalig aus Mittelasien Tauben nach Europa eingeführt, die anstelle des für Tauben typischen Gurrens einen eigenartigen langen, vibrierenden Laut von sich gaben, der als Trommeln bezeichnet wird. Ursprünglich wurden diese Tauben nur wegen dieses Rufs gehalten. Zur Ausgangsrasse aller europäischen Trommeltauben wurde die bucharische Trommeltaube. Durch die Kreuzung mit einheimischen, aber auch importierten Tauben sind mehrere Trommeltaubenrassen entstanden, die vor allem zur Zierde gehalten werden. Ihre Zucht bereitet keine Schwierigkeiten – sie sind sehr fruchtbar und pflegen ihre Jungen gut. Die Trommeltauben werden in zwei große Gruppen eingeteilt: in glattfüßige und bestrumpfte (mit befiederten Füßen), wobei letztere in den Zuchten überwiegen. Der Kopf ist entweder glatt oder hat eine Haube. Die haubentragenden Tiere haben entweder nur eine Haube auf dem Kopf oder auch noch eine Schnabelkuppe, dann heißen sie doppelkuppig. Trommeltauben gibt es in mehreren Farbvarianten: schwarze, rote, gelbe, fahle, blaue und auch sog. gemönchte. Tauben in der sog. Mönchsfarbe müssen allgemein 7–10 weiße Schwungfedern in den Flügeln und einen weißen Schwanz haben, weiße Flügeldecken, einen ebensolchen Unterleib und Kopf, wobei die weiße Färbung auf einer Linie 1 cm unter dem Auge beginnt und bis an die Haube (Kuppe) reicht. Auf die Färbung wird bei allen Trommeltauben ein so großer Wert gelegt, daß die eigentliche Eigenschaft, derentwegen sie ursprünglich gezüchtet wurden, in den Hintergrund gedrängt worden ist.

Von den bestrumpften Trommeltauben wird in Westeuropa die Bernburger häufig gehalten. An ihrer Entstehung aus der bucharischen Trommeltaube waren deutsche rauhfüßige Trommeltauben und Mönchstauben beteiligt. Die Füße der Bernburger sind sehr dicht befiedert, an den Unterschenkeln sitzen lange Geierfedern, die die Läufe und auch Zehen bedecken. An den Unterpartien der Füße wachsen sogar aus den kurzen Häuten zwischen den Zehen Federn hervor. Sie sitzen dicht nebeneinander und sind an der Außenseite zu einem dichten Fächer (Latsche) angeordnet, der sogar mehrere Reihen enthalten kann.

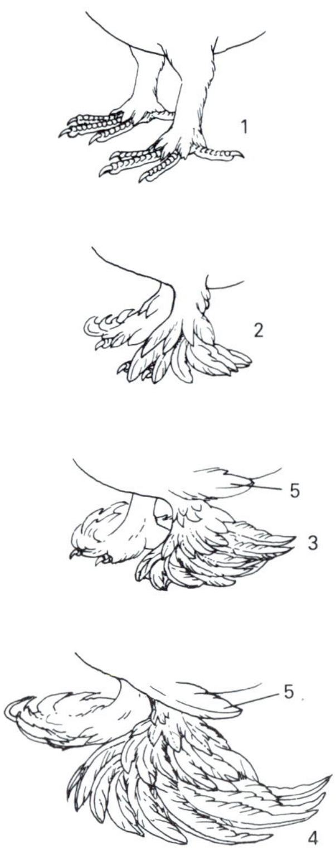

Die Läufe und Zehen der Tauben sind meist glatt, d. h. unbefiedert. Bei den rauhfüßigen Rassen sind sie in unterschiedlichem Umfang federbedeckt. 1 bestrumpft, 2 behost, 3 schwach belatscht, 4 stark belatscht, 5 Geierfedern

Schwarze Bernburger mit Latschen

Französische glattfüßige Trommeltaube

Pommerscher Kröpfer

Zu den besonders beliebten und folglich auch sehr zahlreichen Taubengruppen in Mittel- und Westeuropa gehören die sog. Kropftauben. Charakteristisch für sie ist das Aufblasen des Kropfs, der bei ihnen im Vergleich zu anderen Rassen elastischer ist. Kropftauben blasen ihren Kropf nicht nur in der Paarungszeit auf; Kropfform und -größe sind ganz verschieden. Je nach Form unterscheidet man kugelige, birnen-, becher-, ballon- und walzenförmige Kröpfe. Ihre Größe kann die eines Tennisballs annehmen, ja sogar die Größe des ganzen Taubenkörpers ausmachen, auch kann der Kropf die Körperbreite in beiden Richtungen überragen. Die Taube bläst ihren Kropf auf, indem sie Luft schluckt und für eine Weile im Kropf zurückhält. Täubinnen blasen den Kropf wesentlich seltener auf als Tauber. Jungtauben erwerben diese Fähigkeit erst mit der Geschlechtsreife, d. h. nach dem 5. Lebensmonat.

Kropftauben werden nach verschiedenen Kriterien eingeteilt: nach der Größe, der Fußbefiederung und der Beinlänge. Nach Europa sind diese Tauben schon zu Beginn des 17. Jahrhunderts aus Asien gekommen, sowohl auf dem Seeweg über Holland als auch auf dem Landweg über Ungarn und Böhmen.

Der Pommersche Kröpfer ist ein Repräsentant der großen Kropftaubenrassen, sein Körper erreicht eine Länge von 50–52 cm. Seine Gestalt ist auffällig aufrecht (bis zu 60°), seine langen Beine sind stark belatscht.

In der Färbung treten alle Grundfarben auf (Schwarz, Weiß, Gelb und Blau), daneben noch Fahl mit gelben Binden. Bei blauer Grundfarbe wird die Zeichnung durch dunkle Flügelbinden ergänzt. Neben diesen Farben erscheinen oft auch rein weiße Varianten mit farbigem Schwanz (schwarz oder blau).

Der Tschechische Kröpfer ist eine mittelgroße Rasse.

Blaue Variante des Pommerschen Kröpfers

Englische Perückentaube

Die englische Perückentaube ist die größte Ziertaubenrasse und überhaupt die älteste Taubenrasse in Europa; sie ist schon seit 1550 bekannt, als englische und holländische Seefahrer sie aus Indien mitbrachten. Ihr hervorstechendstes Merkmal ist ein als Perücke bezeichnetes Federgebilde. Zu beiden Seiten des Halses wächst eine kreisrunde Scheibe aus längeren Federn, die aus einem Zentralpunkt strahlenförmig nach allen Seiten ragen. An der Vorderseite des Halses liegen die Federn der beiden Körperseiten aneinander an und bilden die sog. Kette, an der Hinterseite liegen sie über eine größere Länge aneinander und bilden die sog. Mähne. Die Mähne geht nach oben über Nacken, Scheitel und Stirn in den sog. Hut über. Am Übergang von Hut und Kette befindet sich im Gefieder der Perücke eine kleine Öffnung, aus welcher der Schnabel und ein Teil des Kopfes herausragen. Von vorn gesehen hat die Kette die Gestalt eines sich nach oben über die Stirn und nach hinten bis auf die Halshinterseite ziehenden Kammes, in der Seitenansicht hat sie die Form eines Kranzes mit strahlenförmig angeordneten Federn. Von der Üppigkeit, Regelmäßigkeit und Kompaktheit der Perücke hängt die eigenartige Schönheit dieser ungewöhnlichen Tauben ab. Allerdings verdeckt die Perücke die Augen, und so haben die Perückentauben Schwierigkeiten mit dem Sehen und der Orientierung. Daher muß in der Heckzeit die Perücke gestutzt werden.

Die englische Perückentaube ist einheitlich weiß, gelb, golden, silbrig, gemöncht (wie bei der Bernburger Trommeltaube beschrieben). Alle diese Farbvarianten können auch in verschiedenen Farben gescheckt sein. Besonders schön sind die sog. Chrysanthemen, bei denen weiße und farbige Federn in der Perücke einander regelmäßig abwechseln.

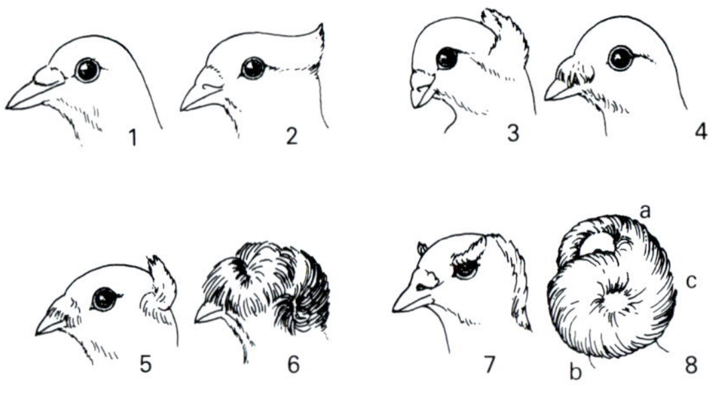

Kopfputztypen der verschiedenen Taubenrassen:
1 Taubenkopf ohne Kopfzeug, 2 Spitzkappe oder -haube, 3 Muschelkappe oder -haube, 4 Schnabelkuppe, -rose, -nelke, 5 Schnabelkuppe und Muschelkuppe mit seitlichen Rosen, 6 Doppelkuppigkeit, 7 schaukuppig mit anliegender Muschelkuppe, 8 Perücke: a Hut, b Kette, c Mähne

Goldweiße Variante

Englische Pfautaube

Diese sehr alte Rasse stammt aus Nordostindien, von wo sie vor rund dreihundert Jahren nach Holland und England gebracht worden ist. Aus diesen Ländern hat sie sich dann über die ganze Welt verbreitet.

Im Laufe der Zeit hat sich die Englische Pfautaube weitgehend verändert. Während sie zu Beginn ihrer Existenz in Europa zu den hervorragenden Flugakrobaten gehörte, wurde sie später zu einer ausgesprochenen Volièrentaube mit minimalem Flugbedürfnis, doch ist sie dafür eine Ziertaube erster Klasse. Durch Zuchteingriffe ist es gelungen, Farbkombinationen zu erzielen, durch die der Effekt des ausgebreiteten Schwanzes noch gesteigert wird. Die Fähigkeit, den Schwanz aufzufächern, hat dieser Taube auch den Namen eingebracht. Bei Erregung stellt sie ihren Schwanz senkrecht zum Körper und spreizt seine Federn. Dabei wird die Brust so weit wie möglich herausgedrückt und der Hals über den Körper zurückgelegt, so daß der Hinterkopf die oberen Schwanzdecken berührt. Dabei wird der Kopf aufrecht gehalten und der Schnabel vorn auf den Hals gelegt, der dabei zittert. Die Flügel werden dabei halbwegs hängen gelassen. Pfautauben haben ihr Gefieder in den Farben Weiß, Gelb, Schwarz, Blau. Blaue Tauben haben Binden oder geschuppte Flügelschilder. Die Tauben aller genannten Farben können einen weißen Schwanz haben, weiße Tauben hingegen einen farbigen.

Vogelfedern sind funktionell mannigfaltige und veränderliche Hautgebilde. Das Grundschema sieht folgendermaßen aus: Die Achse besteht aus dem Kiel (Scapus), der in der Oberpartie voll ist und Schaft (Rhachis) genannt wird; unten befindet sich die hohle Spule (Calamus), die im Federbalg sitzt. Zu beiden Seiten des Kiels sitzt die Fahne (Vexillum), aus zahlreichen Ästen bestehend (Rami), die sich mit kurzen Nebenästen aufeinander stützen (Radii), die ihrerseits wieder mit Häkchen (Hamuli) einander festhalten. Dank dieser Struktur ist die Vogelfeder ein ungewöhnlich elastisches und auch bei beträchtlicher Größe sehr leichtes Gebilde.

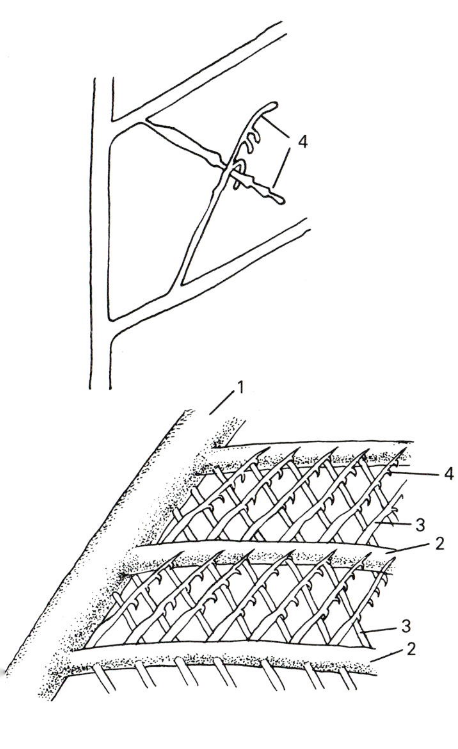

Bau der Vogelfeder: 1 Rhachis, 2 Rami, 3 Radii, 4 Hamuli

Blaue Pfautaube

Englischer Elstertümmler

Die Tümmler oder Flugtauben sind die größte Taubengruppe. Ihre charakteristische Eigenschaft besteht in der Fähigkeit, in Höhen von mehreren hundert bis mehreren tausend Metern fliegen zu können. Beim Aufsteigen beschreiben sie eine Spirale, manche Tiere führen dabei Purzelbäume und Rollen aus. Meist fliegen sie in Schwärmen. Diese Gruppe stammt aus dem Orient. In verschiedenen Ländern wurden die Tümmler mit einheimischen Rassen gekreuzt, so daß einige Dutzend neuer Rassen in dieser Gruppe entstanden sind. Durch die gezielte Auswahl von Tieren mit außerordentlichen Flugleistungen bzw. Veranlagung zur Flugakrobatik wurden Rassen gezüchtet, die in der Lage sind, den ganzen Tag in sehr großen Höhen zu fliegen.

Eine der verbreiteten Tümmlerrassen ist der Englische Elstertümmler. Er wurde aus den Orientimporten durch die Kreuzung mit der französischen Bagdette erzüchtet. Auf diese Weise wurden der typische keilförmige, niedrige Kopf und der lange Hals erzielt. Diese Taube gibt es in den Färbungen Schwarz, Rot, Gelb, Blau, Hellblau und Fahl. Die letzten drei Varianten haben vor der Schwanzspitze eine dunkle Querbinde. Zulässig sind auch Kombinationen mit Weiß. Bei allen Farbvarianten soll die Färbung möglichst intensiv sein, Schnabelfarbe in allen Fällen rosa.

Schnabelform und -größe sind ein Merkmal für die Rassenzugehörigkeit und werden bei der Auswahl von Zuchttieren besonders streng beurteilt. Die Knochengrundlage des Schnabels ist von einem Hornüberzug bedeckt (Rhamphotheca). Bei den Tauben sind diese Hornscheiden dünn, zur Spitze hin werden sie stärker. An der Wurzel des Oberschnabels sitzt die weiche Warze (Ceroma), die bei einigen Rassen stark wuchert und bizarre Gebilde hervorbringt.

Taubenschnabeltypen

Englischer kurzschnäbliger Tümmler

Ein ganz typisches Merkmal des Englischen Tümmlers ist der Kopf mit der weit vorgewölbten Stirn, die beim Anblick von oben einen Großteil des Schnabels verdeckt. Sonst ist der Kopf rundlich ohne Kuppen. Der Schnabel ist hornfarben. Die Färbung dieser Tauben ist eigenartig. Ihre Grundfarbe ist Braunrot oder Gelbrot mit mehr oder weniger gleichmäßig verteilten schwarzen Flecken. An den Enden der Steuer- und Schwungfedern treten noch weiße Flecken hinzu. Die schwarzen Körperflecken bestehen aus gefärbten Fahnensäumen oder Flecken auf den Federkielen. Jungtauben haben eine einfarbige Grundfarbe, die Fleckigkeit entwickelt sich erst in der Reife. Als sekundäres Geschlechtsmerkmal weisen die Tauber eine dunklere Färbung auf als die Täubinnen. Neben dieser typischen Färbung der Englischen kurzschnäbligen Tümmler existieren weitere Farbvarianten.

Tümmler sind in Größe und Aussehen ganz unterschiedlich; sie haben kurze oder lange Schnäbel und sind belatscht oder unbelatscht. Sie werden wegen ihrer Flugeigenschaften gehalten. Der Name Tümmler kommt von mittelhochdeutsch tumeln »sich drehen, taumeln«; man hat sie wegen ihres spielerischen, akrobatischen Fluges so genannt.

Die Skala ihrer Flugkunststückchen ist sehr reich. Schnelles Aufsteigen im Spiralflug, rollender Horizontalflug, bei dem die Taube Rollen rückwärts ausführt, vertikaler Rollflug, wobei die Taube im vertikalen Sturzflug in schneller Folge einen Überschlag nach dem anderen macht, und Libellenflug, bei dem das Tier am Scheitelpunkt eines leichten Steigflugs mit den Flügelschlägen innehält und mit gespreizten Flügeln in die Tiefe stürzt, um sogleich wieder aufzusteigen.

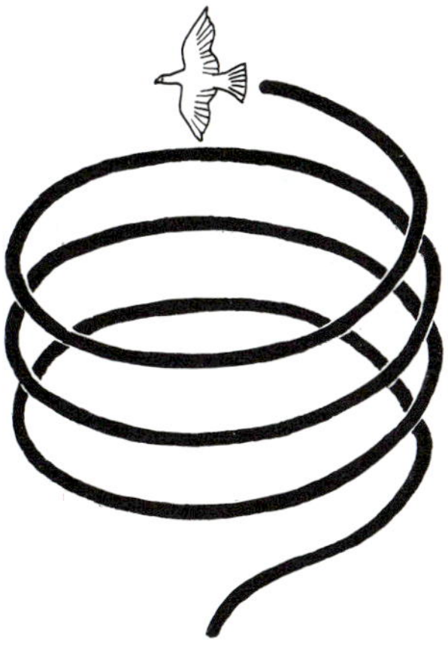

Spiralflug

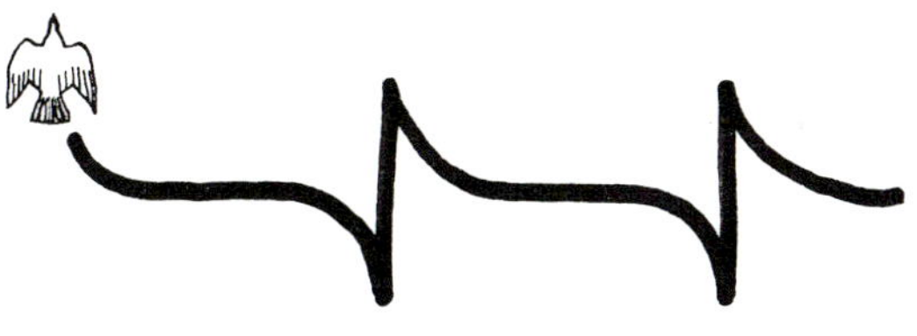

Libellenflug

Tauber in der typischen braunroten Färbung

Dänischer langschnäbliger Tümmler

Diese Rasse ist reich an Farbvarianten; ihre Färbung erinnert an die Englischen Elstertümmler. Es gibt auch einfarbige Varianten mit weißen Flügelspitzen, weißem Schwanz oder auch beidem, eine kastanienbraune Variante mit einer nahezu schwarzen Binde vor der Schwanzspitze, mit gleichfarbigen Flecken an den Enden der Handschwingen und einem intensiven roten Glanz der Körperbefiederung sowie geschuppte Varianten in den Farben Schwarz, Gelb und Rot. Die Jungen der geschuppten Tauben sind einfarbig, nach der ersten Mauser bleibt auf dem ganzen Kopf, der Kehle, einem Teil des Halses, auf Schwung- und Schwanzfedern die ursprüngliche Farbe erhalten. Die übrigen Partien werden weiß, und nur hier und da bleibt ein Fleckchen in der ursprünglichen Farbe zurück. Bei allen Farbvarianten hat das Gefieder einen hohen Seidenglanz. Die Gestalt dieser Tauben ist recht lang, die Brust ist hoch angesetzt.

Die Gefiederfärbung rührt einerseits von der Pigmentierung durch Melanine und Lipochrome her, andererseits von der Lichtzerlegung in der Federstruktur. Durch die Reduktion von schwarzem, rotem und braunem Melanin kommen verschiedene Farben zustande. Die Lichtzerlegung in der Federstruktur läßt den Glanz entstehen; Weiß kommt durch Luft im Innern der Zellkammern zustande, Blau durch die Unterlegung dieser Kammern mit Melanin. Die Intensität der Pigmentierung und die bei Entstehung oder Zerfall von Melaninen und Lipochromen ablaufenden chemischen Prozesse hängen von der Veranlagung und auch von der Ernährung, sowie von Licht und Temperatur der Umgebung ab. Die Färbung von bereits gewachsenem Gefieder kann man durch diese Faktoren nicht mehr wesentlich beeinflussen. Wirken sie aber in der Frühphase der Federbildung, kommen bei einigen Taubenrassen kräftige Farbmodifikationen zustande. Ändern sich die Lebensbedingungen während des neuen Federwuchses in der Mauser, ändert sich auch die Gefiederfarbe.

Vertikaler Rollflug

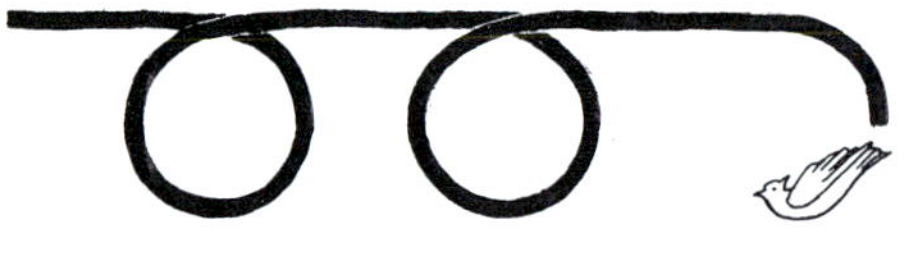

Horizontaler Rollflug

Variante Schwarzer Tiger

Deutsche Schautaube

Die Deutsche Schautaube ist eine der besten Nutztaubenrassen, doch wird sie wegen ihrer ungewöhnlich gut entwikkelten Orientierungsfähigkeit unter die Brieftauben eingeordnet.

Diese Rasse ist zu Beginn des 20. Jahrhunderts in Deutschland aufgekommen, 1909 wurde der Züchterverein für diese Rasse gegründet. Die deutsche Schautaube wird in zahlreichen Farbschlägen gehalten. Es gibt Tauben mit weißen oder schwarzen Federn, blaue ohne Binden, blaue mit geschuppten Flügelschildern oder Streifen, gelerchte Tiere, fahle mit schwarzen oder gelben Binden, rein weiße oder schwarze, graue, rote usw. Das typischste Exterieurmerkmal der Deutschen Schautaube ist der ausgeprägte Kopf, der mit dem Oberschnabel eine kontinuierliche, ungebrochene Bogenlinie bildet.

Tauben sind gesellige Vögel mit einem stark entwickelten Heimkehrtrieb. Daher ist es auch sehr schwierig, eine Zucht aus erwachsenen Tauben anzulegen. Falls man nicht mit der Zucht von Jungtauben beginnen kann oder gezwungen ist, den Bestand durch ein neues erwachsenes Zuchttier zu ergänzen, muß dieses zur Gewöhnung an die neue Umgebung und zum Vergessen der ehemaligen Heimat in einen sog. Eingewöhnungskäfig. Dort wird die neue Taube mindestens 14 Tage belassen, und zwar in einiger Entfernung vom Taubenschlag, doch so, daß sie ihn gut sehen kann. Erst danach läßt man sie in den geschlossenen Schlag, wo sie abermals eine Woche zubringt, ehe man ihr den freien Flug gestatten darf. Auch danach ist das Auflassen einer solchen Taube sehr riskant.

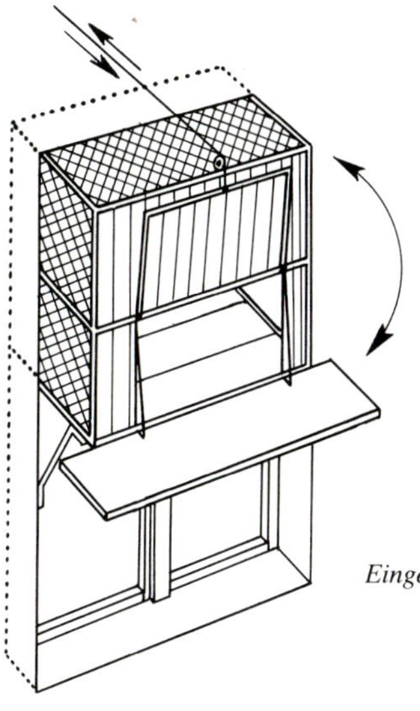

Eingewöhnungskäfig

Rote Variante

Blaubindige Variante

Habicht

Länge des Männchens 48 cm, des Weibchens 58 cm,
Flügelspannweite des Männchens 100–105 cm,
des Weibchens 130–140 cm,
Gewicht des Männchens 600 g, des Weibchens 750 g.

In Mitteleuropa jagen die Falkner meist mit dem Habicht *(Accipiter gentilis)*. Zum Abrichten werden sowohl erwachsene Vögel – das ist bei den Greifvögeln eine Ausnahme – als auch Junge herangezogen. Erwachsene Habichte werden in einem Drahtkäfig (dem sog. Habichtskorb) mit einem lebenden Köder gefangen (z. B. einer Taube). Dieser Lockvogel wird in einer besonderen Abteilung des Korbes untergebracht, so daß der Habicht ihn sehen, aber beim Angriff nicht verletzen kann. Junge Habichte werden aus dem Horst genommen, wenn aus ihrem weißen Daunengefieder die Flügelschwingen und Stoßfedern 2–3 cm herausragen. Beim Jungvogelfang oder Ausnehmen muß man allerdings die in jedem Land unterschiedlich strengen Greifvogelschutzbestimmungen beachten. Der aus dem Horst genommene Junghabicht muß dreimal täglich getötete kleine Vögel oder Säuger mitsamt Feder- bzw. Haarkleid und Knochen erhalten, damit in seinem Verdauungstrakt Gewölle entstehen können. Zerhackte Käfer können ebenfalls gereicht werden. Erwachsene Vögel brauchen ein solches Futter einmal täglich.

Der Habicht schlägt überwiegend Vögel bis zu Auerhuhngröße; Säugetiere bis Hasengröße machen nur etwa 10% seiner Beute aus. Seine Jagdweise ist der Überfall, wobei er das Überraschungsmoment ausnutzt. Er greift mit großer Geschwindigkeit an und setzt seiner Beute nur über geringe Entfernung nach. Die kurzen, abgerundeten Flügel verleihen ihm eine bewundernswerte Manövrierfähigkeit bei der Jagd in den Baum- und Strauchkronen.

Der Falkner schützt seine Faust, auf der der Habicht aufblockt, durch einen festen Handschuh. Der sitzende Beizvogel trägt um seine Läufe ein weiches Lederband, die sog. Fessel, an dem ihn der Falkner hält, das ihn aber nicht beengt.

Jungvogel (auf der behandschuhten Faust des Falkners). Die tropfenförmige Sprenkelung der Körperunterseite wandelt sich erst gegen Ende des 2. Lebensjahres.

Erwachsener Habicht

Angriff auf ein Kaninchen

Sperber

Körperlänge des Männchens 28 cm, des Weibchens 38 cm,
Flügelspannweite des Männchens 60 cm, des Weibchens 75–80 cm,
Gewicht des Männchens 140 g, des Weibchens 240 g.

Für die Abrichtung zur Beizjagd eignen sich die im Alter von 12–14 Tagen aus dem Nest genommenen Jungvögel am besten. Ihre Pflege wie auch die Pflege der erwachsenen Vögel späterhin ist anspruchsvoller als die Habichthaltung, da Sperber *(Accipiter nisus)* empfindlicher auf Qualität und Zusammensetzung des Futters reagieren. Die beste Nahrung sind frisch getötete oder lebende Fledermäuse, Sperlinge und Tauben. Zur Abwechslung kann man ihnen gelegentlich auch ein wenig reines Rindfleisch, mageres Hammel- oder Kaninchenfleisch reichen. Vor jeder Fütterung muß unbedingt überprüft werden, ob die unverdaulichen Futterbestandteile vom Vortag aus dem Kropf ausgewürgt wurden und ob Menge und Zusammensetzung des Gewölles der vorgelegten Nahrung entsprechen. Das ist übrigens bei allen Raubvögeln durchzuführen. Die geeignetste Fütterungszeit ist nachmittags zwischen 12 und 17 Uhr, bis dahin hat sich der Vogel normalerweise schon der Gewölle entledigt. Hat der Vogel noch kein Gewölle ausgeworfen, darf man ihn weder füttern noch mit zur Beize nehmen, denn der Gewölleauswurf lenkt den Vogel von jeglicher Tätigkeit ab. Unerläßlich für Ernährung und Pflege ist Wasser. Der Raubvogel braucht es nicht nur zum Trinken, sondern auch zum Baden.

Manche Falkner lieben den Sperber wegen seiner Ausdauer und Geschwindigkeit, wegen seines Kampfgeistes und auch, weil er sich nur schwer zähmen läßt; dazu gehört großes falknerisches Können und viel Erfahrung. Die beliebteste Beizjagd mit dem Sperber ist die Sperlingsjagd. Der Sperber ähnelt in seiner Färbung dem Habicht, seine Jagdweise ist die gleiche.

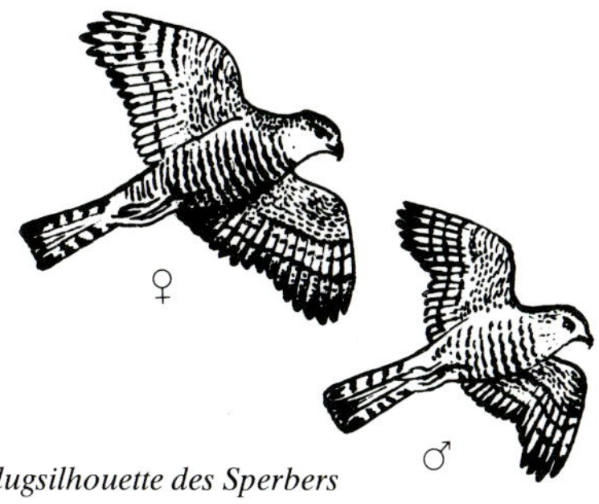

Flugsilhouette des Sperbers

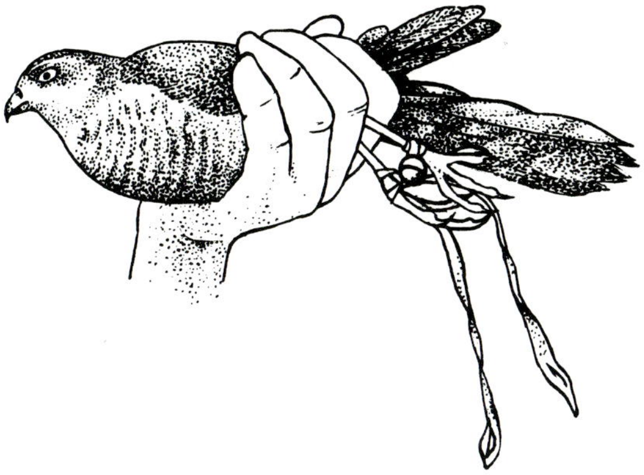

Vor der Freigabe nimmt der Falkner den Sperber auf bestimmte Weise in die Hand und wirft ihn dem fliehenden Wild nach, möglichst mit dem Wind, um so die geringe Anfangsgeschwindigkeit des Beizvogels auszugleichen.

Wanderfalke

Länge des Männchens 42–47 cm, des Weibchens 48–52 cm, Flügelspannweite des Männchens 85–106 cm, des Weibchens 100–114 cm, Gewicht des Männchens 650 g, des Weibchens 1 kg.

In fast allen Gebieten, wo Wanderfalken *(Falco peregrinus)* vorkommen, sind die Bestände stark zurückgegangen. In der Bundesrepublik Deutschland beispielsweise, wo 1950 noch 320–380 horstende Paare festgestellt werden konnten, waren 1965 nur noch 160–180 Paare bekannt, in Finnland 1950 rund 1000, 1965 nur noch 10 Paare. Die Ursache für diesen Rückgang, der fast zum Aussterben des Wanderfalken und anderer Greifvögel führt, besteht hauptsächlich in den von Landwirtschaft und Industrie verwendeten Chemikalien. Die schädlichen Stoffe reichern sich im Tierkörper an – von den Insekten angefangen über insektenfressende Vögel bis zu den Greifvögeln, die solche Insektenfresser jagen. Sie beeinflussen die biologische Qualität der Eier sehr negativ, mindern die Befruchtungsmöglichkeit der Eier, bewirken die Verdünnung der Schale, die vom brütenden Weibchen folglich leichter zerdrückt wird, führen zu Entwicklungsstörungen der Embryos und schränken die Lebenstüchtigkeit der geschlüpften Jungen ein. Verglichen mit den früher so beliebten und berühmten Beizjagden mit dem Wanderfalken ist die Beizjagd heute nur noch ein schwacher Abglanz. Da in Europa keine Falken oder andere große Falkenvögel aus der Natur entnommen werden dürfen, werden sie aus Asien oder Nordamerika eingeführt.

Der Wanderfalke erlegt nur Vögel, die er ausschließlich in der Luft schlägt. Ihm fallen auch so große Vögel wie Gänse, Reiher, Kraniche oder Trappen zur Beute. Er überfällt einzeln fliegende Vögel oder versucht, schwächere Tiere von ihrem Schwarm zu trennen. Im geschlossenen Schwarm fliegende Vögel greift er nicht an. Einen ins Gebüsch entkommenen oder auf den Boden niedergegangenen Vogel fällt er auch nicht an, denn dabei würde er wegen seiner hohen Angriffsgeschwindigkeit selbst leicht zu Schaden kommen. Durch exakte Messungen wurde festgestellt, daß die Geschwindigkeit eines aus der Höhe herabstoßenden Wanderfalken 260–280 km/h ausmacht. Erzielt wird sie durch die schnellen Flügelschläge bei Angriffsbeginn und dann durch den freien Fall mit angelegten Flügeln, sein Körper ist für diesen Sturzflug hervorragend geeignet.

Wanderfalke mit erbeutetem Kuckuck

Würgfalke

Länge des Männchens 49 cm, des Weibchens 54 cm,
Gewicht des Männchens 850 g, des Weibchens 1300 g.

In Europa wird der Würgfalke *(Falco cherrug)* lediglich in Ungarn gelegentlich zur Beizjagd benutzt, hier gilt er als der nationale Greifvogel und wird mindestens ebenso hoch geschätzt wie der Wanderfalke. In größerem Umfang wird mit dem Würgfalken im Nahen sowie Mittleren Osten und auch in Asien gejagt. Er ist ein sehr gewandter Jäger, im Angriff aber nicht so schnell wie der Wanderfalke. Im Gegensatz zu diesem schlägt er auch Tiere am Boden. Zu seiner Beute gehören also Säuger (bis zu Eichhörnchengröße) und Vögel (bis zu Entengröße). Er jagt im Tiefflug dicht über dem Boden und kann dabei auch wie ein Turmfalke auf der Stelle verharren. Wegen der Schutzbestimmungen überall in Europa können die europäischen Falken nicht zur Jagd abgerichtet werden; die Tiere werden daher aus Asien und Nordamerika importiert. In spezialisierten Vogelwarten einiger Länder ist sogar die künstliche Aufzucht von Würgfalken geglückt.

Jeder freigegebene Beizvogel kann sich verirren oder entfliehen. Deshalb befestigt man vor der Jagd mit einem weichen, dünnen Lederriemen ein Glöckchen an seinem Geläuf. Es ist bei seinen Bewegungen zu hören, erleichtert dadurch die Suche und verrät auch dem Zufallsfinder, daß es sich um einen abgerichteten Beizvogel handelt.

Zum Herbeirufen von freigegebenen Beizvögeln, bei der Fütterung und zum Abrichten wird ein sog. Locker benutzt. Er besteht aus einem hufeisenförmigen Gebilde aus mittelschwerem Material, z. B. Kieseln, und ist mit Leder bezogen. An beiden Seiten ist ein Vogelflügel (Krähe, Rebhuhn usw.) beweglich angebracht. Zwischen den Flügeln wird eine 2,5–3,5 m lange Schnur befestigt. Auf der Oberseite des Lockers sitzen zwei Schlaufen für einen Futterbissen. Der Falkner schwingt den Locker senkrecht im Kreis und lockt den Vogel damit herbei.

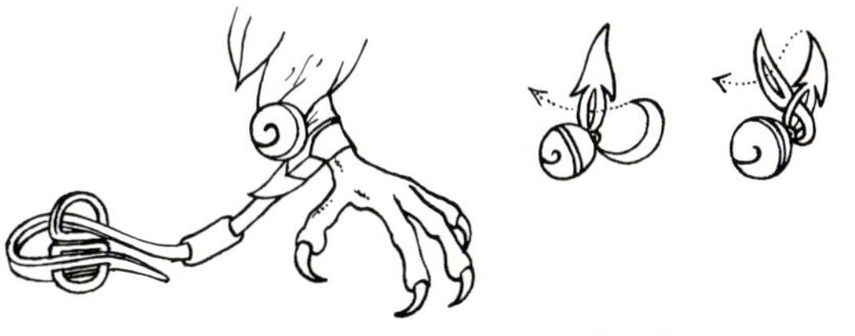

Fessel mit Glöckchen

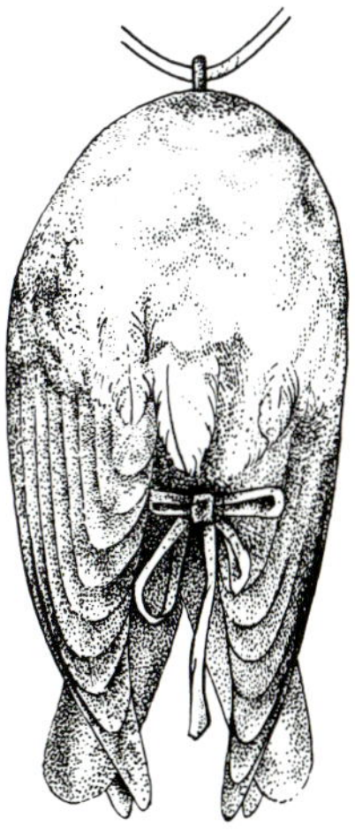

Locker

Baumfalke

Länge des Männchens 32 cm, des Weibchens 36 cm, Gewicht des Männchens 200 g, des Weibchens 300 g, Flügelspannweite 75–79 cm.

Im waagerechten Flug ist der Baumfalke *(Falco subbuteo)* einer der schnellsten Vögel, er ist sogar noch schneller als der Wanderfalke. In einigen Ländern, z. B. in Ungarn, erfreut er sich bei den Falknern großer Beliebtheit, anderswo wird er wegen seiner recht schwierigen Abrichtung nicht zur Beize herangezogen. Schlägt er eine Beute, trägt er sie davon und bleibt nicht bei ihr sitzen wie die übrigen Beizvögel. Seine Jagdleistungen sind recht unbeständig, da er psychisch sehr labil ist und empfindlich auf jegliche Änderung in der Umgebung oder auf störende Eindrücke bei der Jagd reagiert. Beim Abrichten muß man von seiner psychischen Verfassung ausgehen und von vornherein mit Enttäuschungen rechnen. Die Gemütslage des Vogels erkennt der Falkner an den verschiedensten Ausdrucks- und Verhaltensweisen. Ein weiteres Hindernis für seine Verwendung als Beizvogel ist die Tatsache, daß er fast ausschließlich Vogelarten jagt, die in den meisten Ländern unter Naturschutz stehen (z. B. Schwalben).

Der Locker dient dazu, dem Vogel beizubringen, zuverlässig auf die Faust des Falkners zurückzukehren. In den Schlaufen wird ein Leckerbissen für den Vogel festgemacht. Dann wird er in die Luft freigegeben, und wenn er sich im Flug nähert, schwingt der Falkner den Locker in einer senkrechten Kreisbewegung. Zeigt der Beizvogel Interesse, ändert man die Rotationsebene des Lockers in die Schräglage und läßt ihn nach einem erfolglosen Stoß des Tieres zu Boden fallen. Augenblicklich stürzt sich der Vogel auf die Beute. Man setzt die Abrichtung solange fort, bis dem Vogel der Angriff auf den Locker in der Luft gelingt. Dabei wird die Entfernung zwischen Locker und Hand des Falkners allmählich verkürzt, bis der Vogel gelernt hat, auf dem Arm niederzugehen.

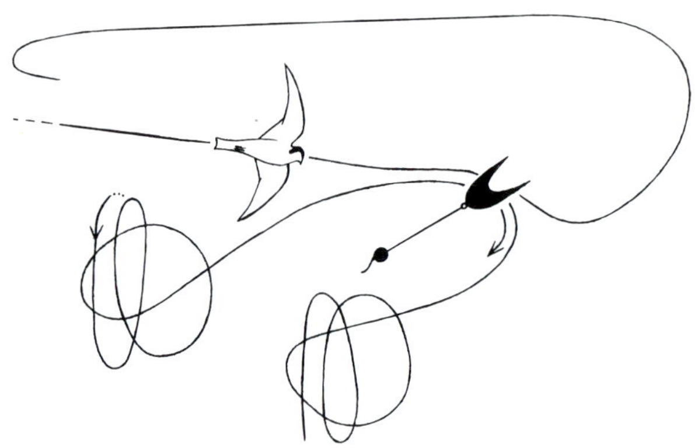

Die Arbeit mit dem Locker

Erregungszustand

Turmfalke

Länge des Männchens 32 cm, des Weibchens 35 cm,
Gewicht des Männchens rund 180 g, des Weibchens 220 g,
Flügelspannweite 68–74 cm.

Die Jagdweise des Turmfalken *(Falco tinnunculus)* ist eigenwillig. Er steht rüttelnd an einer Stelle in der Luft und beäugt sorgfältig das Gelände unter sich. Beim Erblicken einer Beute legt er blitzschnell die Flügel an und stößt im Sturzflug zu. Dicht über dem Boden bremst er den Fall ab, indem er Flügel und Stoß jäh spreizt, ergreift die Beute mit seinen kurzen Klauen und tötet sie mit dem Schnabel. Fliegende Beute schlägt er in der Regel nicht, kleine Vögel greift er nur dann an, wenn sie sich sitzend überraschen lassen. Den größten Teil seiner Beute machen Feldmäuse aus. Sind genügend vorhanden, kröpft er nur die Köpfe und läßt den Rest unberührt. Zur Sättigung braucht der Turmfalke 2–3 Feldmäuse.

In der Gefangenschaft wird dieser Vogel recht zutraulich. Deshalb ist er besonders bei der Jugend beliebt. Während bei der Beize mit größeren Vögeln der Falkner neben dem Erlebnis, seinen Vogel bei der Jagd verfolgen zu können, noch einen gewissen Gewinn durch die Beute verzeichnen kann, ist die Jagd mit dem Turmfalken eine reine Vergnügungsjagd. Mit dem Turmfalken stellen die Falkner hauptsächlich den Feldmäusen nach. Wie die anderen Beizvögel wartet der Turmfalke über der geschlagenen Beute, bis sein Herr herbeikommt, ihn belohnt und ihm die Beute abnimmt. Beizvögel apportieren ihre Beute nicht.

Zu den besonderen Sorgen bei der Beizjagd gehört das Sichverirren des Vogels; jeder Falkner hat das mehr als einmal erlebt. Deshalb ist es nützlich, den Vogel mit einem Schildchen mit Namen und Adresse des Halters zu versehen. In der Praxis hat sich eine dünne Aluminiumplatte mit eingravierten Angaben an einem dünnen Riemen bewährt. Das Plättchen soll etwa in der Mitte der Fessel sitzen, möglichst leicht und nicht breiter als das Riemchen sein.

Silhouette des Turmfalken

♂

Detail der Falknerhand mit dem freigegebenen Turmfalken

Merlin

Körperlänge des Männchens 24 cm, des Weibchens 28 cm, Gewicht des Männchens 160 g, des Weibchens 250 g, Flügelspannweite 61–64 cm.

Der Merlin *(Falco columbarius)* wird in Mitteleuropa nicht mehr zur Falkenbeize benutzt, obgleich er sehr leistungsfähig ist, in England und Deutschland erfreut er sich jedoch bei den Falknern noch immer großer Beliebtheit. Die Jagdweise des Merlins gleicht der des Wanderfalken. Seine Beute besteht aus Vögeln und Insekten, mit besonderer Vorliebe schlägt er Lerchenvögel. Mit dem Wanderfalken verglichen, ist der Merlin noch kampflustiger und mutiger. Daher wagt er sich auch oft mit Erfolg an einen Angriff auf Rebhühner und Tauben. Im Unterschied zu den übrigen Falken ist er sehr zutraulich und gelehrig. In der Ernährung ist er überaus empfindlich, deshalb wird er nur von erfahrenen Falknern gehalten. Er muß zwei- bis dreimal täglich gesättigt werden. Hauptbestandteil der Nahrung sind kleine Vögel, die aber teilweise gerupft sein müssen, damit nicht zu viele Gewölle zustande kommen. Das für andere Greifvögel geeignete Rindfleisch darf nur im Notfall vorgelegt werden und auch dann höchstens 30% der Futterration ausmachen.

Das Auge eines Greifvogels ist beim Jagen auf Fernsicht akkommodiert, d. h. er ist in der Lage, eine Beute über große Entfernung zu eräugen, nicht selten sogar einen Kilometer weit. So kann es geschehen, daß ihnen in ihrer unmittelbaren Nähe eine Beute unbemerkt entgeht. Um das zu vermeiden, werden den Beizvögeln Hauben auf den Kopf gestülpt; nimmt man sie ab, ist das Auge des Vogels auf Nahsicht akkommodiert, und er ist augenblicklich in der Lage, ein nahes Wild anzugreifen. Überdies erlaubt die aufgesetzte Haube, ihn ungestört auf der Faust herumzutragen, da er nicht von der Umgebung abgelenkt wird. Die Hauben werden nach Maß gefertigt, sie müssen leicht sein und dürfen nicht dicht anliegen. Zu ihrer Herstellung darf kein weiches, schmiegsames Leder verwendet werden, sondern nur festes, dünnes, elastisches und leichtes Material, das die ursprüngliche Form immer wieder annimmt.

Beizvogelhaube von europäischer (1) und asiatischer (2) Form

Ausdruck eines aufmerksam eine Beute verfolgenden Raubvogels

Steinadler

Länge des Männchens 75–80 cm, des Weibchens 85–95 cm, Flügelspannweite des Männchens 125 cm, des Weibchens 160 cm, Gewicht des Männchens 3,5 kg, des Weibchens 4,5 kg.

Obwohl der Steinadler *(Aquila chrysaetos)* wie fast alle Greifvögel in den meisten Ländern unter Naturschutz steht, ist er vom Aussterben bedroht. Ebenso wie für den Falken sind auch für den Adler die in der Nahrung enthaltenen chemischen Stoffe sehr schädlich. Die geringe Fortpflanzungsfähigkeit der Adler tut das ihre dazu, denn sie legen meist nur zwei Eier, von denen eines nicht selten so minderwertige biologische Eigenschaften aufweist, daß der Jungvogel entweder gar nicht ausschlüpft oder bald eingeht. Oft wird dies schwächere Junge von seinem stärkeren Geschwister aus dem Horst gedrängt.

Steinadler sind sehr kühne Jäger – sie erbeuten alles, was sie überwältigen können. In ihrer Nahrung sind sie nicht wählerisch, sie nehmen auch Aas an. Am häufigsten schlagen sie eine Beute bis zu 7 kg Körpergewicht (Füchse, Murmeltiere, Lämmer, Auerhühner). Adler sind in der Lage, die Aufwinde in der Luft vollendet auszunutzen und stundenlang unermüdlich viele Kilometer weit dahinzusegeln. Auf eine lebende Beute stoßen sie im Sturzflug herunter. Die Jagd im Waagerechtflug macht den Adlern beträchtliche Schwierigkeiten, und so werden sie in der Schlußphase des Angriffs nur sehr schwer mit dem Hakenschlagen eines Tieres fertig. Schräg geführte Angriffe aus dem Sturzflug heraus sind schneller, genauer und deshalb erfolgreicher.

Ihren Charaktereigenschaften nach sind die Adler ein anderer Greifvogeltyp als die bisher vorgestellten Vögel, sie sind langsam bis phlegmatisch. An ihrer Jagdweise imponiert die Kraft und Selbstsicherheit. Sie lassen sich zur Jagd auf große Beute abrichten – auf Antilopen und Wölfe –, die sie zwar nicht töten, aber so lange festhalten können, bis der Jäger herbeigekommen ist. Bis auf den heutigen Tag wird in Asien mit Adlern gejagt. Die Jäger durchstreifen die Steppe zu Pferd, den Beizvogel frei auf der Faust, um ihn nach einer erspähten Beute auszuschicken. In Europa werden Steinadler nur ganz selten zur Beizjagd verwendet.

Die Silhouette des fliegenden Adlers zeigt die typisch fingerartig gespreizten Flügelenden.

Die Faust anfliegender Adler

Weiterführende Literatur

BAUMANN, D.: Beliebte Hunde. Ulmer, Stuttgart 1986

BEHRENS, H.: Lehrbuch der Schafzucht. Parey, Hamburg 1983

BORWICK, R.: Esel halten. Ulmer, Stuttgart 1984

BRENTJENS, B.: Die Erfindung des Haustieres. Urania, Leipzig – Jena – Berlin 1973

BRENTJENS, B.: Wildtier und Haustier im Alten Orient. Akademie-Verlag, Berlin 1962

COLE, D. J. A.: Pig Production. Butterwords, London 1972

DATHE, H., und SCHOPPS, P.: Pelztieratlas. Fischer, Jena 1986

GALL, C.: Ziegenzucht. Ulmer, Stuttgart 1984

GOMBERG, G. u.a.: Schweinezucht. Ulmer, Stuttgart 1978

HEBERER, G.: Die Evolution der Organismen. Ergebnisse und Probleme der Abstammungslehre. Bd. II/2, Fischer, Stuttgart 1971

JARRIGE, R., und MARTIN-ROSSET, W.: Le Cheval. Reproduction, sélection, alimentation, exploitation. TEC-DOC, Lavoisier 1985

KRÄUSSLICH, H. u.a.: Rinderzucht. Ulmer, Stuttgart 1981

MARMET, H.: Connaissances du bétail. Tom. 2. Les ovins, les caprins et les chevaux. TEC-DOC, Lavoisier 1970

MARMET, H.: Connaissances du bétail. Tom. 1. Les bovins. TEC-DOC, Lavoisier 1983

MATOLCSI, J.: Domestikationsforschung und Geschichte der Haustiere. Internationales Symposium in Budapest 1971. Akadémiai Kiadó, Budapest 1971

NESHEIM, M. C., und AUSTIC, F. R., und CARD, L.: Poultry Production. Lea-Febiger, Philadelphia 1974

RETZLAFF, H., und LUTZE, F.: Fürstliches Jagen. Frankfurt/Main 1965

ROUSSE, J. F.: Worlds Cattle, Vol. I–III. University of Oklahoma Press, 1970

RUDOLF, W., KALINOWSKI, T., und KNOOP, A.: Das Hauskaninchen. Ziemsen, Wittenberg 1982

SAMBRAUS, H. H.: Atlas der Haustierrassen. Ulmer, Stuttgart 1986

SCHEELJE, R., NIEHAUS, H., und WERNER, K.: Edelpelztiere, DLV, Berlin 1984

SCHOLE, J., HARISCH, G., und SALLMANN, H. P.: Belastung, Ernährung und Resistenz. Parey, Berlin-Hamburg 1978

SCHÜTTE, J.: Handbuch der Taubenrassen. Neumann, Radebeul-Leipzig 1971

TIES, D.: Europäische Kurzhaarkatzen und verwandte Rassen. Ulmer, Stuttgart 1980

TODD, N. B.: Cat Husbandry. Springfield 1974

UPPENBORN, W.: Ponys. Ulmer, Stuttgart 1981

WOLF, R.: Katzen. Verhalten – Pflege – Rassen. Ulmer, Stuttgart 1974

WRIGHT, HG. M., und WALTERS, S.: Die Katze. Handbuch für Haltung, Zucht und Pflege. Mosaik Verlag, München 1985

Register der Tiere

Sachregister